景印香港新亞研究所

新亞學報

第一至三十卷

第三六冊・第二十五卷

總策畫 林慶彰 劉楚華
主　編 翟志成

景印香港新亞研究所《新亞學報》(第一至三十卷)

景印本・編輯小組

總策畫

林慶彰　劉楚華

主　編

翟志成

編輯委員

卜永堅　李金強　李學銘　吳　明　何冠環
何廣棪　張宏生　張　健　黃敏浩　劉楚華
鄭宗義　譚景輝

編輯顧問

王汎森　白先勇　杜維明　李明輝　何漢威
柯嘉豪（John H. Kieschnick）科大衛（David Faure）
信廣來　洪長泰　梁元生　張玉法　張洪年
陳永發　陳　來　陳祖武　黃一農　黃進興
廖伯源　羅志田　饒宗頤

執行編輯

李啟文　張晏瑞

（以上依姓名筆劃排序）

頁 編-1

景印香港新亞研究所《新亞學報》（第一至三十卷）

景印香港新亞研究所《新亞學報》第三六冊

第二十五卷　目次

王世襄與中國傳統工藝美術	李學銘	頁 36-9
基督教和儒教在十九世紀的接觸：基督教入南洋和中國先驅麥都思研究（下）	龔道運	頁 36-47
論《新世訓》對中庸之道的新詮釋	翟志成	頁 36-83
康德的形而上學新論	盧雪崑	頁 36-139
德里達（Derrida）與柏拉圖（Platon）的文字遊戲	莫詒謀	頁 36-185
吳敬恆與丁福保之學術情誼	何廣棪	頁 36-213
劉沅禮學中的儒道關係	盧鳴東	頁 36-233
從來是拾得，不是偶然稱——唐白話詩僧拾得生平年代考略	方志恩	頁 36-265
韓愈貶潮行跡與三詩繫年新論	柯萬成	頁 36-287
日本天理圖書館所藏宋刊《劉夢得文集》流傳考略	劉衛林	頁 36-305
楊億與北宋詩文革新	馮志弘	頁 36-319

| 從修辭格的運用看《三國》《水滸》之文藝特色 | 馬顯慈 | 頁 36-365 |
| 風格之確立與藝術之表現——現代新詩人舊體詩十二家選評 | 朱少璋 | 頁 36-393 |

新亞學報

第二十五卷

新亞研究所

景印香港新亞研究所《新亞學報》（第一至三十卷）

新亞學報

第二十五卷

新亞研究所

景印香港新亞研究所《新亞學報》（第一至三十卷）

《新亞學報》學術顧問

王爾敏　宋　晞　李潤生　李豐楙　吳宏一　陳永明
陳祖武　張玉法　湯一介　單周堯　廖伯源　趙令揚
劉昌元　錢　遜　饒宗頤

（按姓氏筆畫為序）

《新亞學報》編輯委員會

鄺健行　（主席）
李學銘
莫廣銓

NEW ASIA JOURNAL EDITORIAL BOARD

KWONG Kin-hung　(Chairman)
LEE Hok-ming
MOK Kwong-chuen

景印香港新亞研究所《新亞學報》（第一至三十卷）

新亞學報第二十五卷

目　錄

一	李學銘	王世襄與中國傳統工藝美術	1
二	龔道運	基督教和儒教在十九世紀的接觸：	39
		基督教入南洋和中國先驅麥都思研究（下）	
三	翟志成	論《新世訓》對中庸之道的新詮釋	75
四	盧雪崑	康德的形而上學新論	131
五	莫詒謀	德里達 (Derrida) 與柏拉圖 (Platon) 的文字遊戲	177
六	何廣棪	吳敬恆與丁福保之學術情誼	205
七	盧鳴東	劉沅禮學中的儒道關係	225
八	方志恩	從來是拾得，不是偶然稱	257
		—— 唐白話詩僧拾得生平年代考略	
九	柯萬成	韓愈貶潮行跡與三詩繫年新論	279
十	劉衛林	日本天理圖書館所藏宋刊《劉夢得文集》流傳考略	297
一一	馮志弘	楊億與北宋詩文革新	311
一二	馬顯慈	從修辭格的運用看《三國》《水滸》之文藝特色	357
一三	朱少璋	風格之確立與藝術之表現	385
		—— 現代新詩人舊體詩十二家選評	

景印香港新亞研究所《新亞學報》（第一至三十卷）

王世襄與中國傳統工藝美術

李學銘*

提要

　　王世襄玩心特重,是一位玩物成家的傳統工藝美術研究者。他玩的東西很多,從蟋蟀、鳴蟲、百靈、鴿子、大鷹、獵狗、摔跤,到蛐蛐罐、蟈蟈葫蘆、鴿哨、鳥籠、古代家具、竹刻、書畫、瓷器、佛像、古琴,他都大玩特玩,而且把過去自己玩過的東西,大多寫成專文或編寫成專書。真是寓玩好於研究,寓研究於玩好。本文主要論述王氏研究中國傳統工藝美術的成就和心得,內容包括:王氏的家世、生平、性格;王氏對古代家具、古代漆器、葫蘆和鳴蟲、竹刻工藝等方面的研究;王氏論工藝美術的意見;王氏的才藝與工藝美術的語文應用。在結語中,本文更特別提到王氏的「菜花精神」和他的性格、態度、興趣、學識、表現對後學的啟發。

一、 王世襄的家世和生平

　　王世襄,字暢安,祖籍福州,1914年生於北京東城芳嘉園王家剛購置的四合院。王家在京城是書香門第的官宦之家。他的父親王繼曾(1882或1880-?)畢業於南洋公學,1902年隨中國駐法公使孫寶琦(1867-1931)赴法國進修;1909年,曾擔任軍機大臣張之洞(1837-1909)的秘書,後改任法國留學生監督;民國初年,供職北洋政府外交部;

---

*本所教授。

1902年，出任墨西哥使館公使兼理古巴事務，任滿回國，曾任國務院秘書長。王世襄的母親金章（1878?-1939），曾留學英國，善畫魚藻，能寫晉唐風韻的小楷，在當時是有名的女畫家。再往上溯，祖父王仁東（1854-?），曾任內閣中書、江寧道台。祖父的兄長王仁堪（1849-1893），清光緒三年（1877）丁丑科狀元，出任鎮江、蘇州知府，曾上書勸阻慈禧太后修頤和園。高祖王慶雲（1798-1862），《清史稿》有傳，曾任陝西、山西巡撫和四川、兩廣總督及工部尚書等職，著有《石渠餘記》（又名《熙朝紀政》）一書，講述清初至道光間的財政，至今仍然是研究清代經濟的重要史籍[1]。

　　王世襄在北京美僑學校讀書，由小學三年級到高中畢業，因此能講流利英語。1934年，王氏考入燕京大學理學院的醫預科，後因興趣轉入國文系；1938年大學畢業，考入研究院；1941年，王氏以《中國畫論研究》（先秦至宋代）的論文，獲得燕京大學的文學碩士學位。王氏最初有意在中央研究院歷史語言研究所工作，因此向當時的所長傅斯年（1896-1950）求職。傅氏瞧不起燕京大學畢業生，一口把他拒絕了。王氏只好轉投梁思成（1901-1972）所主持的中國營造學社工作。他以後歷任清理戰時文物損失委員會平津區助理代表、故宮博物院古物館科長、陳列部主任、中國音樂研究所副研究員、國家文物局中國文物研究所研究員、第六第七屆全國政協委員，現任國家文物鑑定委員會委員、中央文史研究館館員。王氏興趣廣泛，除了作詩填詞外，他更從事音樂、繪畫、古代家具、髹漆、竹刻、傳統工藝、民間游藝等多方面的研究，而且都有述作[2]。

---

[1] 參閱晨舟《王世襄》附錄之（二）《生平簡表》，2002年5月文物出版社（北京），頁219；王世襄《生活就是藝術》，《錦灰三堆》，2005年7月生活・讀書・新知三聯書店（北京），頁126-127。

[2] 參閱晨舟《王世襄》附錄之（二）《生平簡表》，同上，頁219-225；王世襄《生活就是藝術》，《錦灰三堆》，同上，頁129-137。

二、王世襄好玩的性格

　　王世襄性格好玩,是個玩心很重的人。由小到大,他玩的東西很多,從蟋蟀、鳴蟲、百靈、鴿子、大鷹、獾狗、摔跤,到蛐蛐罐、蟈蟈葫蘆、鴿哨、鳥籠、古代家具、竹刻、書畫、瓷器、佛像、古琴,他都大玩特玩。他愛吃,會吃,懂烹飪,善品評,因此也能把吃玩出個名堂來。據說到了晚年,一提到玩,他的臉上還是會馬上煥發光彩,眉眼間跳躍出歡快的神情,顯示出一種童稚之態。而這種只可意會、不可言傳的神態,只有在真正玩家的臉上才能看到【3】。他自己在《北京鴿哨‧自序》中,就這樣「招供」:

> 我自幼及壯,從小學到大學,始終是玩物喪志,業荒於嬉。秋鬥蟋蟀,冬懷鳴蟲,韝鷹逐兔,挈狗捉獾,皆樂之不疲。而養鴿飛放,更是不受節令限制的常年癖好。猶憶就讀北京美僑小學,一連數周英文作文,篇篇言鴿。教師怒而擲還作業,叱曰:「汝今後再不改換題目,不論寫得好壞,一律給『P』!」(P即Poor)燕京大學讀書時劉盼遂先生授《文選》課,習作呈卷,題為《鴿鈴賦》,可謂故態復萌。今年逾古稀,又撰此稿,信是終身痼疾,無可救藥矣!不覺自歎,復還自笑也。【4】

《自序》寫於1987年4月,王氏年齡已是七十多歲,他雖自嘲「玩物喪志,業荒於嬉」,「終身痼疾,無可救藥」,但給人的印象是:「其詞若有憾焉,其實乃心喜之。」王氏好玩之心,可謂老而彌堅。

　　關於玩的經歷,王氏在《生活就是藝術》一文中有簡要的自述:

> 我十歲時開始養鴿子,每天舉大竿子攆鴿子⋯⋯此後開始養蛐蛐

【3】參閱劉一達《玩出境界的王世襄》,《京城玩家》,2004年3月經濟日報出版社,頁4及19。

【4】見王世襄編著《北京鴿哨》(雙語本),2000年4月遼寧教育出版社,頁2。

（蟋蟀），不僅花錢買，還結伴去郊外捕捉。……此後又學武功，請老師教八卦和太極拳。我還拜清代遺老宮廷運動員學摔跤，他們都是有等級的「撲戶」。……「撲戶」們都喜歡養鷹捉兔和用強壯的大笨狗捉獾，我又愛上了這兩項非身體好不能玩的玩藝兒。【5】

在燕京大學四年，王氏還是玩個不停。他這樣敘述：

燕京大學附近我父親有一個園子，被人稱為「王家花園」……我大學四年除了上課，就在這兒度過，在那裏養鴿、養鷹、養狗。還有兩位愛鷹、愛狗如命的朋友，但已窮極潦倒，願意和我一塊兒玩，有粗茶淡飯就行，不要工資。他們都是老行家，教我如何馴鷹馴狗。【6】

五十年代末期，王氏把「王家花園」賣給北京大學辦托兒所，後來北大又將托兒所改為小學。到了八十年代，這所小學的校長來請王氏為「王家花園」寫匾額，又請他給楹柱寫對聯。王氏所寫對聯的語句如下：

名曰花園，栽茶範匏，種瓜架豆。

號稱學子，鬥蛋放鴿，遛狗轟鷹。【7】

短短二十四個字，把王氏「玩」的生活，扼要地概括了。匏，指葫蘆，所謂「範匏」，是葫蘆「當其幼小時，納入有陰文花紋之範，秋老取出，形狀圖文，悉如人意，宛若斤削刀刻而成」，成為天然與人工的巧妙製成品【8】。

1939年，王氏的母親病逝，使他悲痛萬分，也促使他改變自己的生

【5】 見王世襄《錦灰三堆》，2005年7月生活・讀書・新知三聯書店（北京），頁128。

【6】 見同上。

【7】 見同上，頁129。

【8】 參閱王世襄編著《中國葫蘆》上卷之三，1998年11月上海文化出版社，頁23。

活。他這樣說：

> 一九三九年我母親病逝，給我極大的震撼。深感玩了多少年，實在讓父母傷心失望，絕不能再這樣下去了。那年考上研究院國文系，仍住在園中，但所有的玩物都不要了，鴿子送朋友，狗成了看家狗，專心致志，上課讀書，這是我一生中第一個大轉變。【9】

王氏考上燕京大學研究院，是1938年，他的母親病逝，則是1939年的事【10】。這時他正在研究院攻讀。慈母辭世，使他「翻然改悔，從此努力學習工作，直到今日。數十年來，出版著作約有四十種。二千又三年獲荷蘭克勞斯親王基金會獎及文化部等機構選出的傑出文化人獎」【11】。王氏這樣說，是不是表示他以後不再「玩」呢？事實證明，玩心特重的他，在1939年後只是不再為「玩」而「玩」，而是把「玩」與研究工作融合為一，「玩」是他以後研究工作的動力，「玩」使他對研究工作更投入、更專注，甚至更癡！在《捃古緣》一文中，王氏記述他搜集杌凳、鐵力五足大香几、明雕填漆櫃門、明鎏金銅雪山大士像、紅雁蛐蛐葫蘆的經歷【12】，字裏行間，流露出極大歡欣之情，如果只有研究的熱誠而沒有強烈的玩心作支持，恐怕不會如此投入、專注。下面試舉其中一例，作為證明：

> 五十年代初，我在通州鼓樓北小巷內一個回民老太太家看到一對杌凳……我非常喜歡……老太太說：「我兒子要賣二十元，打鼓

【9】見王世襄《生活就是藝術》，《錦灰三堆》，2005年7月生活‧讀書‧新知三聯書店（北京），頁129。

【10】參閱晨舟《王世襄》附錄之（二）《生平簡表》，2002年5月文物出版社（北京），頁219。

【11】語見王世襄為「王家花園」所寫對聯的附記文字，參閱王世襄《生活就是藝術》，《錦灰三堆》，2005年7月生活‧讀書‧新知三聯書店（北京），頁130。

【12】參閱王世襄《錦灰堆》貳卷，2000年4月生活‧讀書‧新知三聯書店（北京），頁759。

的只給十五元,所以未賣成。」我掏出二十元遞過去,老太太說:「價給夠了也得等我兒子回來辦,不然他會埋怨我。」我等到快天黑還不見她兒子進門,只好騎車回北京,準備過兩三天再來。不料兩天後在東西牌樓掛貨鋪門口看見打鼓的王四坐在那對杌凳上。我問他要多少錢,他說:「四十元。」我說:「我要了。」恰好那天忘記帶錢包,未能付款,也沒有交定錢。待我取錢馬上返回,杌凳已被紅橋經營硬木材料的梁家兄弟買走了。自此以後,我每隔些天即去梁家一趟。兄弟二人,每人一具,就是不賣。……歷時一年多,去了將近二十次,花了四百元才買到手,恰好是通州老太太要價的二十倍。【13】

用了一年多時間,往返近二十次,才把心愛的杌凳買到手。這種鍥而不捨的韌勁,充分顯示王氏癡執的性格。有這種性格的人,往往會煥發一種近似童真而令人覺得可親的魅力。只是視杌凳為「奇貨可居」的梁氏兄弟,要對付癡執、稚憨之態畢呈的王氏,就再容易不過了。

三、王世襄的工藝美術研究

1939年王世襄還正在燕京大學研究院攻讀,因慈母邃逝,於是化好玩之心為動力,努力從事畫論的研究,在1941年取得文學碩士學位。不過他的畢業論文《中國畫論研究》,只完成先秦至宋代的部分。後來他又在家裏用了兩年時間,完成元、明、清的部分,全稿長達七十萬言。完成《中國畫論研究》後,王氏就離開被日軍佔領的北平南下,到了四川成都,在朱啟鈐(1872或1871-1964)創辦、梁思成主持的中國營造學社工作。在學社,王氏有機會閱讀《髹飾錄》、《營造法式》和《清代匠作則例》等文獻資料,增加了他對古代漆器、傳統家具的興趣,對他

【13】見同上。

後來的研究，起了啟導作用【14】。例如《髹飾錄解說》、《清代匠作則例彙編》、《明式家具珍賞》、《明式家具研究》、《明式家具珍賞》、《中國古代漆器》等等，都是這方面的著述。此外，他曾養蟋蟀，後來就編了一本《蟋蟀譜集成》，收前人之作十七種，後有自撰的專文《秋蟲六憶》；他曾養鴿子，後來就與趙傳集合編了《明代鴿經·清宮鴿譜》，其中有彩圖二百多幅，還寫了二十篇《鴿話》和專書《北京鴿哨》；他曾馴鷹，於是就寫了專文《大鷹篇》；他曾養狗捉獾，於是就寫了專文《獾狗篇》；他曾玩葫蘆和種葫蘆，於是就寫了專講葫蘆和鳴蟲的專書《說葫蘆》（增訂本改名為《中國葫蘆》）【15】。其他如竹刻、雕塑、竹木牙角器、中國古代音樂、飲食等方面，都有著述。他又曾編《畫學彙編》、《金章》（附《濠梁知樂集》）、《高松竹譜》（《遯山竹譜》），等書。至於《自珍集——儷松居長物志》，則是王氏自編的藏品圖片專集，內容包括古琴、銅鑪、雕刻、漆器、竹刻、書畫、圖書、家具、諸藝、玩具各類，並附有他為藏品所撰寫的簡要說明。可以說，王氏差不多把過去自己玩過的東西，都寫成專文或編寫為專書，真是寓玩好於研究，寓研究於玩好。而洋洋大觀的著述，足以顯示王氏所識之廣，所研之深。有訪問者引述別人的話來稱讚他，說：

　　　　本世紀可能還出大學問家錢鍾書，但是王世襄恐怕出不來了。【16】
王氏對稱讚的回應是：

　　　　我認為這種說法實在有點不倫不類。錢鍾書先生的學問，我連一根汗毛都比不了，怎能相提並論呢？【17】

【14】 參閱王世襄《生活就是藝術》，《錦灰三堆》，2005年7月生活·讀書·新知三聯書店（北京），頁130-131。

【15】 參閱同上，頁128。

【16】 見同上，頁135。

【17】 見同上。

王氏的話，未免過分自我貶抑。其實錢氏和王氏各有專長，研究範疇有別，是兩種不同類型的學者，又怎可以相比？因此訪問者這樣說：

> 古今學問方面如經、史、子、集，包括外國的文學歷史，像錢鍾書搞的那些，固然是傳統文化的主流，博大精深，十分了不起；但中國人的生活，中國人的工藝美術——生活習俗，以及游藝情趣等，也能體現中國人的偉大。[18]

而王氏正正是通過中國傳統工藝美術，去研究中國人的生活習俗和游藝情趣。如果傳統工藝美術可體現中國人的偉大，學識淵博、研究傳統工藝美術卓有大成的王氏，算不算偉大呢？不過，秉性謙抑的王氏，大抵不會接受「偉大」的形容，但佩服他的博識、愛讀他的著作的讀者，總嫌中國內地以至本港的學術界，對他並沒有作出適當的相應表揚。當位高權重的政要、長袖善舞的富商和名利雙收的演藝人士，都紛紛得到以學術水平、研究成就為標榜的大專院校頒授各種榮銜時，有人不禁為王氏的受到冷待而不平。然而世間本多不平之事，為苦心孤詣、矻矻窮年的老學者抱不平，未免有點不合時宜。而且，今年（2006）已八十多歲的王氏，大抵也會把旁人的代抱不平視為多事罷！

為了要具體認識王世襄的學術成就，我們當然要直接閱讀他各方面的著作。因此，向讀者特別是年輕讀者扼要介紹王氏每部著作的情況，似乎也有必要。不過限於篇幅，勢不能逐一介紹，我在下面只打算擇要從幾方面談談。

1. 古代家具方面的研究，王氏的主要著述有《明式家具珍賞》、《明式家具研究》。《明式家具珍賞》是一部大型圖錄，內容收錄明式家具珍品共一百六十二件，分為文字論述（《前言》）、彩色圖版和圖版解說三部分。全書彩圖連局部特寫三百三十二幅，家具實測圖四十二幅，黑

---

[18] 見同上。

白圖一百八十六幅。《前言》部分有插圖五十二幅。所收家具,先分類,後按器形由簡而繁、由基本形式到成熟階段來作次序。《前言》其實是一篇以《中國傳統家具的黃金時代》為題的論文,內容包括:明至清前期是傳統家具的黃金時代;製造家具的珍貴木材;傳統家具造型溯源;家具的品種和形式;精密巧妙的榫卯結構;豐富多彩的裝飾手法;家具的欣賞和使用【19】。圖錄中的家具,以王氏自己收藏的明式家具為基礎,遵循明至清前期的特定範圍,編選了各類材質、造型、品種、結構和裝飾的家具,並對每件家具作扼要的說明。這書分別有中、英、法、德四種語文本,先後出版於1985年、1986年、1989年、1991年,除盜印本不計外,1996年中文本已有第八次重印本,出版機構包括中國內地、香港、台灣、英國、美國、泰國等地。這本精美的圖錄面世後,很快就受到中國內地、香港、澳門、台灣、歐美熱衷於中國傳統文化的學術界、出版界以及收藏家的歡迎,成為中國改革、開放以來在海內外最具影響力的文物圖集【20】。《明式家具研究》一書,本先於《明式家具珍賞》脫稿,這是王氏用了五十多年研究的心血結晶,字數近三十萬,插圖有七百多幅。全書分文字卷和圖版卷兩冊,文字卷中有大量插圖,圖版卷也附有文獻資料。王氏的夫人袁荃猷擅繪綫圖,書中就把袁氏所繪的數百幅家具綫圖依次插入上下兩卷,而且又將工匠口中和《匠作則例》等古籍所收集到的家具名詞、術語一千多條,依漢語拼音次序,編成《名詞術語簡釋》,置於卷末【21】。文字卷分為六章,章目是:《明式家具的時代背景和製造地區》;《明式家具的種類和形式》;《明式家具的結構》;《明式家具的裝飾》;《明式家具的用材》;《明式

【19】 參閱王世襄編著《明式家具珍賞》的「凡例」及「目次」,1996年11月生活‧讀書‧新知三聯書店(香港),頁7-8。

【20】 參閱晨舟《王世襄》2002年5月文物出版社(北京),頁110-111。

【21】 參閱同上,頁111-116。

家具的年代鑑定及改製問題》。卷末附有兩文，一篇是《明式家具的「品」與「病」》，另一篇是《〈魯班經匠家鏡〉家具條款初釋》[22]。本書在1989年6月至7月在港、台兩地同時推出，隨後又出版英文本。書中以大量實例、文獻經驗為依據，概括優劣，探索規律，提出了個人的研究心得。而《名詞術語簡釋》，更成為此後中外出版有關古代家具文章和圖書的依據，達致傳統家具語言、詞匯的規範效果[23]。朱家溍在《明式家具研究‧序》中指出，《明式家具珍賞》這本圖錄，是王氏應香港三聯書店之請，從《明式家具研究》的書稿中摘錄出部分內容，並把實物拍成彩色照片收入圖錄而編成。所以真正能體現王氏研究成果的，是《明式家具研究》[24]。《明式家具珍賞》和《明式家具研究》兩書的出版，使海內外研究中國古代家具的學者認識了王氏，而王氏也據此兩書，把中國古代家具的研究成果，向世界各地推廣。此外，1995年出版的《中國古典家具博物館藏精品》（或名《美國加州中國古典家具博物館選集》），由王氏與 Curtis Evarts 合編，是中華藝文基金會出版的英文圖錄，圖錄中的實物，原屬美國加州中國古典家具博物館的藏品，但1995年在三藩市舉辦展覽後已易新主，而在1997年出版的《明式家具萃珍》一書，則是《中國古典家具博物館藏精品》的中文本，內容由王氏作了一些取捨和增益[25]。這兩部圖錄，也為研究中國古代家具的學者專家提供了豐富的實物圖片，方便考察、研究。

---

[22] 參閱王世襄編著《明式家具研究》文字卷的目錄，1996年7月生活‧讀書‧新知三聯書店（香港），頁8-9。（初版是1989年7月）

[23] 參閱晨舟《王世襄》，2002年5月文物出版社（北京），頁111-116。

[24] 參閱朱家溍《明式家具研究‧序》，王世襄編著《明式家具研究》，1996年7月生活‧讀書‧新知三聯書店（香港），頁13。

[25] 參閱《王世襄編著書目》，王世襄編著《自珍集──儷松居長物志》，2003年1月生活‧讀書‧新知三聯書店（北京），頁306；王世襄《明式家具萃珍‧序》，《錦灰二堆》壹卷，2003年10月生活‧讀書‧新知三聯書店（北京），頁54。

2. 古代漆器方面的研究，王氏有《髹飾錄解說》的撰述。《髹飾錄》原是黃成（明隆慶年間人）的著作，由楊明（明天啟年間人）作注及作序。這書是我國古代漆工的專著，只有抄本，本已失傳，中國營造學社創辦人朱啟鈐從日本大村西崖得到孤本的副件【26】，在1949年交給王氏為它作解說。經過了多年的鑽研，中間雖曾受到政治運動的衝擊，《髹飾錄解說》初稿終於完成，並以自費油印的形式在1958年發表。但王氏並不滿足於自己的研究成果，在1963年至1966年及1973年至1979年這兩段期間，他用文獻與實物互證，用口頭傳述與實際操作相結合，對《髹飾錄解說》作了兩次大修訂。直到1983年，這書的增訂本由文物出版社正式出版，成為中國古代漆器研究的重要工具書【27】。1998年，《髹飾錄解說》再修訂出版，其中就吸納了好幾十條其他學者專家所提供的意見。王氏對學術著作力求完善、精益求精的認真態度，可見一斑。其他有關漆器的著述，還有1985年出版的《故宮博物院藏雕漆》，這書王氏參加編選，並為元、明部分的二百六十六幅圖版作說明；1987年，王氏編著的《中國古代漆器》出版，有中文本和英文本，這是當時我國第一部有系統地展示中國古代漆器源流的大型圖錄，增補了《髹飾錄解說》沒有插印圖版的缺憾。1989年，王氏領銜主編的《中國美術全集·漆器》也相繼出版，這書選錄了中國古代漆器精品二百多件，並有一篇由王氏撰寫的《概論》。在四萬多字的《概論》中，王氏把中國古代漆器工藝的發展過程分為六個階段，並具體說明每一階段的典型品種和工藝特點，比較起《中國古代漆器》的研究成果，顯然有更進一

【26】參閱錢定一編著《中國民間美術藝人志》，1987年5月人民美術出版社，頁66-67。

【27】關於《髹飾錄解說》成書的艱辛和出版的波折，可參閱王世襄《我與〈髹飾錄解說〉》一文，《錦灰二堆》壹卷，2003年10月生活·讀書·新知三聯書店（北京），頁110-115。

層的突破【28】。

3. 葫蘆和鳴蟲方面的研究，王氏也有很出色的成績。他在燕京大學就讀期間，就曾在王家花園試種葫蘆，並精心製作內壁有陰文花紋的瓦範，以便範製有紋飾的葫蘆，即所謂匏器。1979年，他在《故宮博物院院刊》發表《談匏器》一文，引起了同道的反響。為了讓範匏這一絕藝廣為人知，他寫了一部前人未寫過的書——《說葫蘆》。書中除了講述各種葫蘆裝飾方法、歷代藝人、標準器物外，還介紹了鳴蟲畜養、欣賞樂趣和舊京習俗，因為葫蘆主要是畜養鳴蟲的容器，研究葫蘆，不能不認識鳴蟲。1993年，《說葫蘆》以中英文合刊本的方式在香港出版。由於內容新穎、有趣、充實，因此廣受讀者的好評。1998年，《說葫蘆》改名為《中國葫蘆》重新出版，除文字、圖版略有修訂、增改外，「附錄」也有增益。這書分上下卷，上卷七目，包括：《天然葫蘆》、《勒紮葫蘆》、《範製葫蘆》、《火畫葫蘆》、《押花葫蘆》、《針畫葫蘆》、《刀刻葫蘆》；下卷五目，包括：《鳴蟲種類與所用葫蘆》、《畜蟲葫蘆各部位分述》、《秋山捉蛐蛐》、《育蟲與選蟲》、《鳴蟲之畜養》。至於「附錄」，除原有十一種資料外，新增三篇文章：《試談葫蘆文化的調查研究》、《葫蘆鼻煙壺》、《範匏絕藝慶重生》【29】。談到範匏工藝的絕處逢生，王氏喜不自勝，曾賦詩自娛，詩前有《序》云：

> 範匏文革後已絕跡，自拙作《談匏器》、《說葫蘆》問世，始有人來詢問範製之法。二十年來，業之者眾，京、津兩地，均有長巷，專賣模製匏器，人稱葫蘆一條街。【30】

【28】 參閱晨舟《王世襄》，2002年5月文物出版社（北京），頁123-132。

【29】 參閱王世襄編著《中國葫蘆》的總目錄，1998年11月上海文化出版社，頁180-184。

【30】 見王世襄《暢安吟哦》，《錦灰二堆》弍卷，2003年10月生活・讀書・新知三聯書店（北京），頁19。

此外,從《中國葫蘆》一書,我們更知道用葫蘆作原料,不但可製成鳴蟲的容器,還可製成各種工藝品。

4. 竹刻工藝方面的研究,王氏實受兩位舅父金東溪(生卒年不詳)和金西厓(1890-1979)的影響。兩位金氏曾留學英國,擅長竹刻,庋藏豐富。後來金西厓年事已高,於是囑咐王氏為他整理手稿——《刻竹小言》,這就成為王氏研究竹刻工藝的發端【31】。1980年,《竹刻藝術》出版。書的主要內容,是金西厓所撰的《竹刻小言》,由王氏整理,並在原著《述例》二十四則之外,增補十二則作為《附錄》。王氏在《附記》中云:

> 四舅父西厓先生所撰《竹刻小言》,遠道寄付,屬為編次繕正。襄謹受命,略加整理,析為《簡史》、《備材》、《工具》、《作法》、《述例》五篇。雖有所增補,亦得諸吾舅往日之所述。……原稿《述例》,至清人所刻而止。私以為《可讀廬刻竹拓本》、《西厓刻竹》兩書中,佳製尚多,敘其鐫刻經過,以告讀者,定有裨益。……於是襄乃試為之,贅作《附錄》,置於卷末,聊供觀覽云爾。【32】

除了《附錄》的增補,王氏還特別寫了《試談竹刻的恢復和發展》一文,為竹刻工藝提供了應該怎樣發展的重要意見。此外,他還翻閱典籍文獻和透過通信方式,蒐集到一些資料,寫成《近現代竹刻概況》一文,供關心竹刻工藝的人參考【33】。1983年,王氏藉中國竹刻展覽在美國舉辦

【31】 王世襄曾作詩自述:「外家才藝殊,兩舅工刻竹。《小言》命編校,敢不忠所託。從此癖此君,耽愛情頗篤。」見晨舟《王世襄》第八章第三節的引述,同上,頁133。曾遍檢《錦灰堆》、《錦灰二堆》、《錦灰三堆》的《暢安吟哦》,未見此詩。

【32】 見王世襄編著《竹刻藝術·附錄》,1980年4月人民美術出版社,頁67。

【33】 參閱同上,頁71-91。

的機會,與僑居美國的翁萬戈合編了英文本《中國竹刻展覽圖錄》(Bamboo Carvings of China)。1985年,《竹刻》一書出版,這是王氏在《竹刻藝術》出版後,繼續蒐集有關竹刻資料,又精選從漢、唐、西夏而歷明、清至當代的一百零五件作品所編成的書。書中既收錄金西厓的《竹刻小言》,也收錄有關竹刻工藝的文章十多篇,其中王氏所撰寫的,就佔了九篇。書中又收錄王氏根據金西厓手稿資料編成的《金西厓刻竹目錄》,顯示金氏的竹刻作品有:扇骨三百八十三種、臂擱六十七種、筆筒八種、手杖三種,為關心竹刻工藝的學者,提供了頗為難得的資料[34]。《竹刻》一書,應是王氏較重要的竹刻工藝著述,雖然在印刷方面,他的評語是:「拙編《竹刻》一書」,「被人民美術出版社印得惡劣不堪」,而且「交稿長達七載」,可見延誤之久[35]。此外,王氏又有《竹刻鑑賞》一書,1996年在台灣出版;他還寫了不少關於竹刻工藝的文章,分別收錄在自選集《錦灰堆》、《錦灰二堆》、《錦灰三堆》中[36]。

四、王世襄論工藝美術

王世襄研究工藝美術,主要以實物、經驗、文獻為依據,然後從中概括優劣,探索規律,再提出個人的心得,因此在研究風格上,是少談

---

[34] 參閱王世襄編著《竹刻》,1992年6月人民美術出版社,頁1-2及頁42-62。

[35] 語見王世襄《暢安吟哦》詩句及附記,《錦灰二堆》貳卷,2003年10月生活‧讀書‧新知三聯書店(北京),頁14-15。

[36] 參閱王世襄《錦灰堆》壹卷,2000年4月生活‧讀書‧新知三聯書店(北京),頁230-299;《錦灰二堆》壹卷,2003年10月生活‧讀書‧新知三聯書店(北京),頁148-151;《錦灰三堆》,2005年7月生活‧讀書‧新知三聯書店(北京),頁103-117。

理論，多講實證。但有些結合實物考察、操作經驗或實際情況而提出的討論意見或建議，仍可摘取出來，聊作舉隅，藉供參考。

1. 論古代家具

我國古代家具的收集和研究，是王世襄特別關注的項目。他在《呼籲搶救古代家具》一文中說：

> 在解放前，每年都有大量的明式家具被外國人買去……解放以後，文物法令中規定古代家具禁止出口……但它又遭到新的厄運，那就是成件的木器被大量地拆散鋸開作為材料使用。【37】

古代家具在解放前後所遭遇的厄運，實在使人痛心。因此，王氏呼籲：

> 古代家具經過保護、收集才能談到整理研究。繼承遺產及推陳出新又是在整理研究的基礎上才能獲得的。【38】

王氏認為，搶救古代家具，是一項刻不容緩的任務，所以才在1957年公開發出上述呼籲【39】。在當時，或許會得到不通達時務的批評，但在今天以至今後，這樣的呼籲，還是有鮮活的意義。

古代家具在得到保護、收集的先決條件下，就可以展開整理研究的工作。而考察和鑑定，是整理研究古代家具的重要內容。關於考察古代家具優劣的方法，王氏在《明代家具的「品」與「病」》中，建議可借用我國古代文藝的品評方法。他說：

> 唐司空表聖（圖）寫過《詩品二十四則》，清黃左田（鉞）曾仿表聖之作著《畫品二十四篇》。凡是他們所列的「品」，都是好

【37】見王世襄《錦灰堆》壹卷，2000年4月生活・讀書・新知三聯書店（北京），頁24。

【38】見同上，頁25。

【39】《呼籲搶救古代家具》一文，原發表於《文物參考資料》第6期（1957），參閱同上。

的，故「品」是褒詞。至於貶呢？古代往往稱之為「病」。梁沈約論詩創「八病」之說，明李開先《中麓畫品》也列出了「四病」。現在品評家具，姑且因襲前人，用「品」和「病」來區分好和壞。【40】

根據王氏的考察，古代家具的優劣，可大別為十六品、八病。十六品是：簡練、淳樸、厚拙、凝重、雄偉、圓渾、沈穆、穠華、文綺、妍秀、勁挺、柔婉、空靈、玲瓏、典雅、清新；八病是：繁瑣、贅複、臃腫、滯鬱、纖巧、悖謬、失位、俚俗【41】。王氏借用前人評詩、評畫的準則來評家具，竟然也能合轍，而且他的說明有實物的圖片為據，於是抽象的「品」、「病」措詞，就給人以具體的印象。

談到古代家具的優劣，不能不涉及結構的考察。王氏在《明式家具的結構》中說：

> 我國家具結構有悠久而優良的傳統，至宋代而愈趨成熟。自宋歷明，又經過不斷地改進和發展，各部位的有機組合既提練到簡單明確，合乎力學原理，又十分重視實用美觀。材料的使用，力求不背悖其本性，善於展顯其長而隱其短。某些手法在節約用料上頗有成效。這些優點的萃合，使我國家具結構千百年來形成一個精練合理、實用美觀而又具有民族特色的完整體系。【42】

至於家具結構的主要特點，王氏指出：以立木作支柱，橫木作聯結材，吸取了大木構架和壼門台座的式樣和手法；除個別變體外，都作方形【43】。其中尤以榫子和卯眼的作用，更值得特別注意。因此，王氏又說：

【40】見王世襄編著《明式家具研究》文字卷的「附錄」，1996年7月生活・讀書・新知三聯書店（香港），頁193。

【41】參閱同上。

【42】見王世襄編著《明式家具研究》文字卷第三章，同上，頁101。

【43】參閱同上。

> 各構件之間能夠有機地交代連結而達到如此的成功，是因為那些互避互讓、但又相輔相成的榫子（南方叫「榫頭」）和卯眼起著決定性的作用。……構件之間，金屬的釘子完全不用。鰾膠黏合也只是一種輔佐手段，憑借榫卯就可以做到上下左右、粗細斜直，連結合理，面面俱到，工藝精確，扣合嚴密，間不容髮，常使人讚歎，有天衣無縫之妙。我國古代工匠在榫卯結構上的造詣確實不凡，這項寶貴遺產值得我們格外重視，認真地加以整理、研究和總結。【44】

榫子和卯眼，無疑是我國古代家具結構上的精巧製作，值得仔細考察、深入研究，並作進一步推陳出新的繼承。

關於古代家具造型的發展、變化，王氏的意見，更可視為鑑定的原則。他在《談幾種明代家具的形成》中說：

> 在拙著的《明式家具研究》第六章中有這樣幾句話：「家具的造型，尤其是常見品種的基本形式，往往延續數百年無顯著變化。例如夾頭榫條案、燈掛椅或扶手椅，宋代已基本定型，而直到今天，有些工匠還在如法製造。」我所說的基本定型和無顯著變化，當然不等於說完全定型和無細微的變化。我們只有持比較慎重的態度——即使在明代家具中發現了某些前所未有的細微變化，也不宜貿然地肯定它們是明代的新發展。因為我們現有的明以前的家具形象知識，主要得自傳世的圖畫和雕塑，所反映的很不完全。實物更為稀少，只不過是當時家具的一鱗半爪而已。【45】

王氏認為，家具傳世形象的資料不足，實物稀少，因此造型上即使有一些前所未有的細微變化，也不宜貿然定造型的時代。這個意見，不但是

【44】 見同上。

【45】 見王世襄《錦灰堆》壹卷，2000年4月生活‧讀書‧新知三聯書店（北京），頁125。

鑑定古代家具的原則，也是鑑定其他古代文物的原則。王氏又說：

> 如果某一品種或某一形式乃至某一構件，在明代家具中大量出現，而在明以前的形象資料中並不見到，或只看到略有幾分相似的前身。那麼我們說這一品種、這一形式或構件形成於明代，或不致有大誤。【46】

王氏提供另一項鑑定古代家具的原則是：品種、形式、構件在某時期大量出現，就可判斷家具所屬的時代。王氏又說：

> 與上述情況不同的是某種家具形式在宋代曾大量出現，到明代卻發生了變化。其中某一部分被簡略掉而不再出現了，另一部分則被繼承，而且有較大的發展。我們把上述變化的時代定在宋、明之間，其完成、定型則在明代，或許不會引起太多的異議。【47】

這是說，變化時代與完成、定型時代宜有所辨別，不能一概而論。這也是鑑定原則之一。王氏又說：

> 還有同一品種的同一形式，在宋代有幾種不同的做法，驟然看去，似乎差異不大，經過分析比較，可以看出它們有不合理與合理、原始與先進之別。到了明代，絕大多數的實物都採用了合理而先進的做法。因此我們說這一形式的最終定型是在明代，似乎也是講得通的。【48】

某一品種或形式的家具，如果在宋代有幾種不合理或合理、原始或先進的做法，但到了明代，實物卻大多採用相近的做法，而且合理而先進，那麼，我們就可斷定這種家具的最終定型，是在明代。這又是王氏所提供的鑑定原則。

王氏在談到古代家具的鑑定原則時，措詞先後用了「或不致有大

【46】見同上。

【47】見同上。

【48】見同上。

誤」、「或許不會引起太多的異議」、「似乎也是講得通的」，可見態度的慎重。

2. 論古代髹飾工藝

「髹飾」一詞，最早見於《周禮》。古代用漆漆物，稱為「髹」，「飾」有文飾之意。前人說到漆工或漆器，往往用這兩個字來概括。我國用漆歷史悠久，殷商遺址已有描繪和雕嵌的漆器殘件。五代朱遵度（生卒年不詳）的《漆經》雖著錄於《宋史‧藝文志》，但已失傳。現在能看到的古代髹飾專著，是明代黃成的《髹飾錄》。根據王世襄的研究，《髹飾錄》的主要價值有：（一）使我們認識漆工藝的豐富多采；（二）是研究漆工史的重要文獻；（三）為傳統漆工藝繼承、出新，提供寶貴材料；（四）為髹飾工藝提出了比較合理的分類；（五）為漆器定名提供了比較可靠的依據；（六）重視質量，反對粗製濫造，反對造假古董【49】。王氏的《髹飾錄解說》是一部耗時甚久、用力甚深之作。關於研究《髹飾錄》的方法，王氏在《與西諦先生一夕談》中說：

> 他（鄭振鐸，字西諦）問我工作情況……還問我編定《解說》採用甚麼方法。我回答把實物研究包括材料、工具放在第一位，搞清古今名稱的異同。其次了解各種漆器的製作方法，拜老漆工為師，請求操作示範。隨時取文獻與實物及作法相印證，識別文獻的可信程度。【50】

根據王氏的自述，研究髹飾工藝，重要的是文獻資料與實物及作法互相印證，尤其是要請老漆工操作示範，不要盡信文獻資料的載述。這是撰

【49】 參閱王世襄《髹飾錄解說‧前言》，《髹飾錄解說》，1998年11月文物出版社（北京），頁5-8。

【50】 見王世襄《錦灰三堆》，2005年7月生活‧讀書‧新知三聯書店（北京），頁139-140。

述《髹飾錄解說》的基本方法，也是王氏研究工藝美術的主要風格。

不過，重視實物、操作，並不表示可以忽略文獻資料。王氏在《髹飾錄解說·前言》中說：

> 我們去博物館或工藝美術展覽會參觀漆器，品種紛呈，文飾奪目，往往使人讚歎不已。倘進而再讀一讀《髹飾錄》，會發現一般博物館及展覽會所陳列的，還只不過是傳統品種的一部分。【51】

如果沒有《髹飾錄》，我們就不能認識我國傳統髹飾工藝的豐富多采到何種程度！博物館和展覽會所陳列的實物品種數量，永遠比古籍也就是文獻的載述為少，這是不可抹殺的事實，只相信實物而不相信文獻，在研究上也是一種偏失。有了這樣的認識，再來看文獻資料的局限，態度就會較為持平。王氏在《我與〈髹飾錄解說〉》中就這樣表示：

> 有關漆工藝的古代文獻雖然很多，惟因出於士人之手，罕及技法。言之有物，翔實可信的實甚少……連僅記工料、不講做法的《清代匠作則例》，都要算是難得的文獻。古籍所提供的材料，並不像我想像得那樣豐富。【52】

這是說，古代工藝美術的文獻，大多出自缺乏操作經驗的士人之手，所以有關技法、工料等方面的材料並不多。王氏又說：

> 當代考古發掘報告、文物鑑賞文章有關漆器的材料甚多……不過除非參加發掘，或曾往探訪，目見實物並聆聽主其事者講述介紹，不可能獲得第一手材料。若僅憑讀報道、看圖片所得，只能算是獲自第三個來源——文獻記載，片面、錯誤都難免。【53】

【51】見王世襄《髹飾錄解說·前言》，《髹飾錄解說》，1998年11月文物出版社（北京），頁7。

【52】見王世襄《錦灰三堆》壹卷，2003年10月生活·讀書·新知三聯書店（北京），頁112-113。

【53】見同上，頁113。

王氏認為,考古發掘報告、文物鑑賞文章、器物圖片,只能算是文獻記載,都不是研究的第一手材料。第一手材料,應從直接參與、親見親聞取得。這可見王氏對待學術研究的矜慎態度。

基於矜慎的態度,王氏在《明清家具的髹飾工藝》中,為研究髹飾工藝的後學,提供指引的意見:

> 在過去的漫長歲月中,製造出髹飾的漆木家具數量無法統計。其中只有極少一部分被印入圖籍。未被印入圖籍,而有幸為我所見的,為數或許更少。因此我們只能見到甚麼說甚麼,而無法估計或臆測究竟明清家具採用了多少種不同的髹飾工藝。說到這裏我又想起了趙元任先生對語言學研究的一句名言:「說有易,說無難。」我們只有時時刻刻留心觀察,注意學習,一點一滴地發現我們還不知道的事物,增加我們的學識。【54】

歷代製造漆木家具的數量,固然遠多於文獻的載述,而文獻的載述,又遠多於博物館、展覽會的實物陳列和圖籍的著錄。因此,「說有易,說無難」一語,不但適用於髹飾工藝的研究,也適用於別類工藝美術的研究,甚至更適用於其他學術範疇的研究。

3. 論葫蘆及竹刻

葫蘆與我國各民族文化有密切關係,據說有些民族的始祖起源、圖騰崇拜、神話傳說,都與葫蘆有關;而且葫蘆既可佐餐,又可藥用,有實用價值。而採用葫蘆作原料,更可製成多種多樣、觀賞價值極高的工藝美術品。不過,要能得心應手創造出完美的製成品,必須找到符合要求、適宜使用的原料【55】。

【54】見同上,頁109。

【55】參閱王世襄《試談葫蘆文化的調查研究》,《中國葫蘆》附錄續一,1998年11月上海文化出版社,頁312-313。

王世襄在《試談葫蘆文化的調查研究》一文中表示：

> 通過採訪調查，廣泛地搜集葫蘆品種，不僅是全國的，還應包括世界各地的，經過培育，了解並穩定其特性，有選擇地保存它、發展它，是一項十分重要的工作。……只有搜集到大量的不同葫蘆品種，才可供我們選用，製造出千姿百態的工藝美術品來。【56】

要把葫蘆工藝發揚光大，首先要做採訪、調查的工作，然後在培育、製作過程中，要不斷研究和試驗。至於葫蘆工藝品的製作方法，據王氏的說明，不外乎天然、勒紮、範製、火畫、押花、刀刻幾種。所謂天然葫蘆，方法是保留葫蘆的天然形態，或裁截成器，不施雕飾；所謂勒紮葫蘆，方法是用木板或繩網夾紮取得扁形或隨人心意改變葫蘆的天然形態；所謂範製葫蘆，方法是在葫蘆幼小時，把它納入有陰文花紋的範模中，到秋老時取出，於是葫蘆的形狀和圖紋，就彷如用刀刻削，悉如人意；所謂火畫葫蘆，方法是用鐵針或粗香刺灸葫蘆表面，借焦黃的烙痕，呈現圖文；所謂押花葫蘆，方法是取質堅而潤的物體，如瑪瑙、玉、象牙、牛角等，磨成鈍刃，押、砑、擠、按葫蘆的表面，使呈現有如浮雕的花紋；所謂針畫葫蘆，方法是在葫蘆表面用針畫上纖幼圖文，並染墨使圖文清晰醒目；所謂刀刻葫蘆，方法是用利刃在葫蘆表面刻銘文、詩句、圖畫或透雕文飾【57】。

研究葫蘆工藝卓然有成的王氏強調，葫蘆是「我國獨有之特殊工藝」，它體質特殊，色澤美妙，無論天然美或人工美，都「賞心悅目」，「美不勝收」，值得大書特書，宣揚推廣【58】。今後更要改進、提高葫蘆的種植方法和裝飾技能，使「我國巧奪天工之特殊工藝或不致消逝泯滅

【56】見同上，頁313。

【57】參閱王世襄編著《中國葫蘆》上卷，同上，頁14-58。

【58】參閱王世襄《中國葫蘆・前言》，同上，頁9-10。

而終將獲得新生,發揚光大」[59]。

　　王氏論竹刻,主要以振興這類工藝美術為宗旨,而且態度是重古而不薄今,因為他認為,「研究傳統藝術要注意古為今用,決不能只向後看,不向前看」[60]。

　　根據王氏的考察,我國很早就懂得用竹和善用竹,而竹刻工藝,也有很長遠的歷史。他在《試談竹刻的恢復和發展》中指出:

> 現知較早的實物是西漢馬王堆一號墓出土的雕龍紋鬃彩漆的竹勺柄。漢以後各個時期都有竹製工藝品,並積累了豐富的雕刻經驗……到了明代,文人藝術家們在前人的基礎上又有所發展,把竹刻從比較簡單的、以實用為主的工藝品,提高到比較細緻的、以欣賞為主的藝術品,並逐漸形成了一種專門藝術。[61]

由西漢至明,竹刻由以實用為主的工藝品,逐漸發展為專門的藝術。王氏又說:

> 自明代中葉以來,名見典籍的竹刻家有二、三百人之多……姓名不彰而技藝頗高的也代有其人。他們不少都工書善畫,通詩能文,既吸取了前代工匠的雕刻技巧,又融會了其他文學藝術因素,創造出適宜表現多樣題材的種種刀法。……在傳世文物中,竹刻可自成一類……竹刻形成這樣一種專門藝術,是世界上其他國家所沒有的。[62]

王氏言簡意賅,交代了明代中葉以來竹刻工藝的發展因素和情況。同時,他語重心長地說:

---

[59] 語見王世襄編著《中國葫蘆》上卷,同上,頁39。

[60] 參閱王世襄《竹刻‧後記》,《竹刻》,1992年6月人民美術出版社。《後記》在圖版目錄之後,未編頁數。

[61] 見王世襄《試談竹刻的恢復和發展》,《竹刻》,同上,頁150。

[62] 見同上。

> 竹刻器物，不論是藝術品還是工藝品，可以豐富我們的物質生活和精神生活；既可自用，滿足人民需要，又可外銷，借以宣揚我國文化藝術。它對國家、對人民都有利，所以是我們民族的好東西。【63】

因此，王氏鄭重建議我們對這個「民族的好東西」，須留意「恢復」和「發展」的問題。

關於「恢復」方面的建議，王氏說：

> 對雕製竹刻藝術品來說，恢復傳統技法是一個十分重要的問題，而且是從清代中葉以來早就存在的一個問題。因為明代和清代前期常見的幾種刻法，如圓雕、高浮雕、透雕、陷地深刻等，自清中葉以後，越來越少人採用了。……上述幾種傳統刻法如能恢復，便可以改變清晚期以來由於過多地追求書畫的意趣，相對地損害了雕刻的本質，致使竹刻難於擺脫平淺單一的面目。【64】

過分追求書畫意趣，會損害雕刻的本質，恢復傳統技法，才可改變這種情況。王氏認為，竹刻傳統技法恢復以後，就可豐富竹刻的表現手法，因而可「為刻製新題材、新內容服務」【65】。

關於「發展」方面的建議，王氏所提意見頗多，包括：變革竹刻的舊題材，發展新內容；豐富器物品種，使能適合現代生活；竹刻與其他工藝（如竹工藝、漆工藝、玉石象牙工藝等）的結合；解決竹刻缺乏適用竹材的問題；保護老藝人，培養專門人材；進一步研究防裂、防蛀、染色的科學方法；開展其他促進竹刻發展的工作，例如整理研究、展覽陳列、學習觀摩等等【66】。上述建議，可說都與他重古而不薄今的精神

【63】見同上。

【64】見同上，頁154-155。

【65】參閱同上，頁155。

【66】參閱同上，頁151-158。

相契合。此外，王氏先後撰寫的《老樹綻新花——談白士鳳先生的幾件竹刻》、《父子竹刻家——徐素白、徐秉方》、《琅玕鏤罷耕春雨——記農民竹刻家范堯卿》、《貴在突破——談雕塑家劉萬祺的竹刻》等幾篇文章，更是大力表揚現代竹刻家之作，充分表現了他「不薄今」甚至「重今」的精神[67]。

四、王世襄的才藝與語文應用

王世襄常自嘲「不務正業」，正因為他的「不務正業」，所以成就了他的多才多藝。他能寫遒勁秀麗的楷書和行書，他用毛筆書寫的《濠梁知樂集》、《中國畫論研究》、《刻竹小言》、《錦灰堆》各集的《暢安吟哦》[68]和可見的手跡，足可作為證明；他也能畫，他的畫藝，表現在年輕時《高松竹譜》的臨摹和後來他在鴿哨葫蘆、蟈蟈葫蘆上火畫的山水、花卉、鳥獸、草蟲[69]；他也懂音樂，曾在中央音樂學院民族音樂研究所工作，並能了解古琴演奏家管平湖（1895-1967）的打譜和欣

---

[67] 參閱王世襄編著《竹刻》，同上，頁159-169。

[68] 金章《濠梁知樂集》，附見於王世襄為母親所編的魚藻花鳥畫冊——《金章》，1999年11月翰墨軒（香港）；《中國畫論研究》，2002年7月廣西師範大學出版社根據王氏手稿影印；《刻竹小言》，2003年11月中國人民大學出版社，王氏整理手寫；《暢安吟哦》，也是根據手稿影印，見《錦灰堆》各集，各集由生活·讀書·新知三聯書店（北京）出版，出版日期分別為2000年4月、2003年10月、2005年7月。

[69]《高松竹譜》，1958年5月人民美術出版社用王世襄的手摹明刊本影印出版。高松號邈山，1988年6月大業公司（香港）出版精印足本，改名為《邈山竹譜》。王氏其他方面的畫藝，參閱王氏編著《中國葫蘆》，1988年11月上海文化出版社，頁109、163、164、165、166、167、168、180、181、238、243、244、245、246。

賞他的彈奏【70】。不過我無意詳細介紹他在上述幾方面的才藝,我現在要着重介紹的,是他在工藝美術方面的語文應用。

我曾在《文學創作與實用文類寫作》一文中說過,文學創作與實用文類寫作,本來是兩種不同的寫作取向,但實用文有時也需要文學藝術的潤飾,「實用文有了恰如其分的文學藝術加工,不但不會與實用的要求相排斥,反而會相得益彰,增強語文的表達力和感染力」【71】。王氏在工藝美術的語文應用,不少就是文學與實用的適切結合,表現出語文表達的魅力。下面試舉數例。

我們試讀《竹刻》「東溪先生刻古木寒鴉垂枝竹扇骨」的說明:

> 竹刻畫稿,可繁可簡。此留青扇骨,可謂簡而又簡之例。古木略師宋元人筆意而汰其細枝,長空僅歸鴉數點而已。新篁有雨態,乃截取竹枝之垂梢,筆簡而意足,所謂以少許勝多許者。西厓先生曾謂如此畫本,只宜光地,不使糙地害其簡潔耳。【72】

說明文字既論寫竹繁簡,又述所刻畫意,最後引述金西厓語,指出留青扇骨畫本用「光地」不用「糙地」的理由。全篇措詞雅潔,內容精要,非深諳繪畫、竹刻之道而語文造詣又很高的人,不能成此短文。

再舉《中國葫蘆》「王世襄火畫赤壁圖大匏」的說明:

> 高中讀書時,始學火畫葫蘆。先父一日挾此匏歸,授襄曰:「如能炙此成圖,即以賜汝。」乃盡一夜之力,摹金武元直《赤壁圖》於上。十年浩劫,匏被掠去。嘗念從此已矣。即幸得重見,蒂柄脆弱,定已斷折。不期珠還合浦,竟完好如故,為之歡喜過望,

---

【70】參閱王世襄《試記管平湖先生打譜》,《錦灰三堆》,2005 年 7 月生活・讀書・新知三聯書店(北京),頁 90-92。

【71】參閱李學銘主編《大專寫作教學研究集刊》,1998 年 6 月香港理工大學中文及雙語學系,頁 20。

【72】見王世襄《〈述例〉續編》,《竹刻》,1992 年 6 月人民美術出版社,頁 37。

> 惟皮色漸深而炙痕淡褪矣。【73】

上文先憶述始學火畫葫蘆的緣起和亡父的話語，然後再說到大匏歷劫而「珠還合浦」的歡欣，最後用「惟皮色漸深而炙痕淡褪矣」作結，篇中隱隱透出「歲月流逝，感慨彌深」的懷人之思。全篇話語素淨，徐徐道來，而蘊含的文學情味，則有似明代歸有光（1507-1571）的《項脊軒志》。

在《自珍集》中，王氏對「明金髹木雕雪山大士像」作這樣的說明：

> 此尊金髹木雕，運刀爽利奔放，大膽而不越規度。剔鑿骨骼筋脈或衣裳褶紋，均似出於運斤成風而非矜持之精雕細琢。面部雕造，手法高妙，隆高之鼻準，向前探出之下頦，卷結堆積之眉髯，均使兩目陷得更深凹，兩頤瘦得更枯瘦，自然思及曾在幽寂雪山，度過無量歲月。全身通飾金髹，打金膠，貼金箔，上罩透明漆，即所謂「金箔罩漆」。只有眉髯在木地上略施本色漆灰，增強毛髮氄氄之感。此一技法亦不可不記。【74】

這則說明，既講運刀手法，又講雕造效果，對雕像的骨骼、筋脈、衣褶、鼻準、下頦、眉髯、兩目、兩頤，都有精簡傳神的描述，而有關「金箔罩漆」和「略施本色漆灰」的技法說明，非內行人不能道。至於「自然思及曾在幽寂雪山，度過無量歲月」云云，則是賦雕像以生命，同時也是間接稱許雕工的栩栩欲活。在上述文字之後，王氏還加一段記事：

> 1951年3月，已不記何事赴津，奔波竟日。傍晚經勸業場古玩店，入門即見此像坐櫃頂，問價後即如數付值。在車上已難按捺，取出審視，引得乘客圍觀。一日疲勞，已全消矣。【75】

【73】見王世襄編著《中國葫蘆》上卷，1998年11月上海文化出版社，頁109。

【74】見王世襄編著《自珍集——儷松居長物志》，2003年1月生活・讀書・新知三聯書店（北京），頁57。

【75】見同上。

這是如實敘述購得雕像經過，行文簡潔、平實，但王氏喜悅之情，躍然紙上。有了這段文字，使雕像的說明，富含社會生活的氣息。

《明式家具珍賞》一書，收錄一百六十多幅明式家具圖片，每幅圖片，都有簡要說明。如「圖版10」《明黃花梨無束腰小方櫈》的說明是：

> 小方櫈和前例（圖版9）大小相去懸殊，而用材粗細並未大減，因而顯得格外質樸，天真無邪，有憨稚之趣，彌覺可愛。數十年僅見一對，是黃花梨家具的難得小品。它自然不是廳堂上物，而是室中的日常用具。【76】

以上說明簡潔曉暢，文中帶白，而筆鋒蘊含感情，賦小方櫈以人性，使工藝品的實用說明，帶有文學意趣，但卻舉重若輕，毫無造作，值得在工作上需要撰寫實用說明文字的人借鑑。

《秋山捉蟈蟈》一文，是作者講述捕捉蟈蟈的過程和成功捉獲時的心情：

> 山蟈蟈隨時序而變顏色，與周圍之草木多相似，雖近在咫尺，不聞其聲，不知其所在。且性黠而動捷，或聞步履，半晌寂然，或窺人影，倏忽下墜，落入草中，疾馳遁去，不可蹤迹。……有頃，始再作聲，初僅三五響，短而促，或尚在近處，或已移往他許。此時仍不可少動，應俟其驚魂稍定，鳴聲漸長，徐徐爬出草叢，又緣枝柯而上，攀登已穩，泰然振翅不停，始可看明方向位置，枝葉稠疏，相度如何接近，如何舉罩相迎，方可攫捉。……捉時左手擎罩，右手戴手套，驟然掩之，受驚一竄，正入罩中，此時我與蟈蟈，皆怦怦心動，只一喜一驚，大不相同耳。【77】

根據王氏的說明，捕捉蟈蟈，必須輕其步履，候其作聲。待鳴聲由短而

【76】見王世襄編著《明式家具珍賞》，1996年11月生活・讀書・新知三聯書店（北京），頁263。

【77】見王世襄編著《中國葫蘆》下卷之三，1998年11月上海文化出版社，頁80。

長,然後看明位置,屏息接近。最後驟然以罩掩之,使蟈蟈竄入罩中。而神來之筆,是王氏寫自己與蟈蟈「怦怦心動」,只是喜、驚各異,正是外物有情,筆下亦有情!全篇行文採用淺易文言,狀寫人與蟲的表現細緻而傳神,情味則略似沈復(1763-?)自傳體散文《浮生六記》的《閑情記趣》[78]。

《大鷹篇》是一篇描述捉鷹、馴鷹、放鷹實況的專文。下面是一段有關放鷹獵兔的描寫:

> 往往田野中間有一大片荒草,二三尺高,赭黃色,黃得發紅,夾著荻子和枳荊棵,名叫「黃片草」,這是兔子喜歡藏身的地方。……在此舉鷹,要高高舉起,貓從哪裏出現,鷹都看得見。兔子決不肯輕易跑出去,老在草裏穿來穿去。鷹在草上扇著翅,低著頭,隨著兔子轉。忽然到了一個草稀的地方,鷹猛然撲下來,抓著不用說,抓不著,兔子便溜之大吉。鷹在草中,兩爪還緊緊抓著乾草,瞪著眼睛發愣,滿以為兔子已在牠的掌握之中。鷹也有被兔子誆了的時候。[79]

王氏指出:北京人習慣稱野兔為「貓」或「野貓」,尤其是在出獵的時候。如下地放鷹,不使用這個名詞,就好像脫離了實際生活而感到十分別扭[80]。文中對田野的描寫,用語精要,賦色鮮明。而有關大鷹對野兔追捕的情景,大鷹撲擊的神態,更寫得活靈活現,使讀者有如在現場目睹其事。最後一句,譏諷中有同情,為猛禽增添可親的成分。

《北京鴿哨》,是一部介紹民間工藝品的專書。除「附錄」外,書中

---

[78] 《浮生六記》原有《閨房記樂》、《閑情記趣》、《坎坷記愁》、《浪遊記快》、《中山記歷》、《養生記道》六卷,今存四卷。

[79] 見王世襄《錦灰堆》貳卷,2000年4月生活・讀書・新知三聯書店(北京),頁680。

[80] 參閱同上,頁677。

的主要內容是：《簡史》、《品種》、《佩繫與配音》、《製哨名家》、《製哨材料》，所用語文，當然屬實用文類。但書中的《前言》，卻有很濃的文學情味：

> 在北京，不論是風和日麗的春天，陣雨初霽的盛夏，碧空如洗的清秋，天寒欲雪的冬日，都可以聽到從空中傳來的央央琅琅之音。它時宏時細，忽遠忽近，亦低亦昂，倏疾倏徐，悠揚回蕩，恍若鈞天妙樂，使人心曠神怡。它是北京的情趣，不知多少次把人們從夢中喚醒，不知多少次把人們的目光引向遙空，又不知多少次給大人和兒童帶來了喜悅。⋯⋯不知道底細的人可能想像不到這空中音樂竟來自繫佩在鴿子尾巴上的鴿哨。[81]

王氏文白兼施，有長句，有短句，有寫景，有抒情，有目視，有耳聽⋯⋯，行文可說兼文學、實用而有之，是兩者順適、自然的結合。

上面所舉各例，只是聊供淺賞。其他不少描述或說明，王氏都寫得活靈活現或意趣橫生，很能引人入勝，顯示語文運用自如的功力。限於篇幅，不再多舉迹了。

五、結語

翻閱王世襄編著的《自珍集——儷松居長物志》，我彷彿看見一位神情專注的老學者，正在靠著自己設計、督造的花梨獨板面大畫案，撫弄著四龍海水紋三足爐、「玉壺清玩」大鬲爐、朱小松歸去來辭圖竹筆筒、清溪堂書水仙詩臂擱、紅雁倒栽蟈蟈葫蘆、官模子雙蕙圖蟈蟈葫蘆⋯⋯又拿起紫漆鴿哨，用口吹吹，使它發出悠揚悅耳的聲音。王氏的生活，就是文化，他的興趣，就是研究。他在《中國葫蘆》上卷中自述：

---

[81] 見王世襄編著《北京鴿哨》（雙語本），2000 年 4 月遼寧教育出版社，頁 3。

> 以望八之年，騎兩輪車，出入圖書館及師友之門，求教問字，乞借實物，拍攝照片，歸則夜以繼日，草寫此稿，襯紙複寫，力透四層，頭為之眩，目為之昏，指為之痛，豈不冤之又冤。但驅吾使然而終不悔者，實因無往而不有樂在。【82】

上文雖為《中國葫蘆》一書而寫，但王氏其實把「無往而不有樂在」的態度，應用到各方面的研究工作上去。能從研究中找尋樂趣，就會促使我們有持續研究的興趣，而且不會以學術研究的艱苦為「苦」。又據王氏在《咸寧瑣記》一文的自述，文革期間，他在幹校被分配看守菜地，見田埂上一株油菜遭風雨襲擊，根大半外露，莖亦傷折，但金黃色菜花開得燦爛奪目，頂部竟已開始結子。他受到激勵，稱之為「菜花精神」【83】，並賦詩《畦邊偶成》云：

> 風雨摧園蔬，根出莖半死；昂首猶作花，誓結豐碩子！【84】

這詩借物喻人，抒發壯志，堅持信念，顯示出無比的韌力。有這種韌勁的人，又怎會沒有出色表現？從王氏的性格、態度、興趣、學識、表現，我們或許可以得到一些啟發：

　　1. 王氏在不同的政治運動中，受過誣陷、屈辱、磨折，因此他也曾困惑、徬徨、憤懑。但他並沒有把困惑、徬徨、憤懑化為恨毒，更沒有放縱自己的情緒，去對認識的人甚至無關痛癢的人肆意報復、攻擊。他只是把自己的好玩之心，逐漸發展為研究的興趣，更儘量善用自己的精神、時間，專注而自得其樂地投入工作，最後使自己的工藝美術研究，取得豐碩的成果。

【82】見王世襄編著《中國葫蘆》，1998年11月上海文化出版社，頁97。

【83】參閱王世襄《錦灰三堆》，2005年7月生活·讀書·新知三聯書店（北京），頁161。

【84】見王世襄《暢安吟哦》，《錦灰堆》叁卷，2000年4月生活·讀書·新知三聯書店（北京），頁20。

2. 在中國傳統工藝美術的研究領域裏，大抵沒有人會質疑王氏的博識和專精，但他從來不會以此自傲、自詡，反而常常謙虛地向前輩、同輩和不同行業的從業員請教。因為他知道，即使只是工藝美術這塊園地，他的所知仍然有限，何況是中國學問的全部！如果有人只緊盯著自己一小塊研究範圍，為自己能出版幾篇或一兩本論著而沾沾自喜，妄以為「中國學問盡在是矣」，卻完全不知「論學貴知異己之美」[85]，更完全不知中國學問之大，山外有山，人外有人，豈不可笑？

3. 我國經、史、子、集的內容，博大精深，是傳統文化的主流，但中國人過往的生活習俗、游藝情趣、工藝美術，都是傳統文化中相當重要的部分。現代人愈來愈不重視古舊、傳統的東西，甚至有人認為「古舊」、「傳統」是落伍、保守的同義詞。王氏的研究表現，讓我們知道學問處處皆在，只要我們能以開放、接納的胸懷，張開心眼，肯用心、肯努力、肯費時間去認識、去鑽研，許多表面看來不足觀、不是學問的東西，都有可觀的成分，都是學問。

4. 最自卑的人，往往最自大。有人經常擺出自大的架式，其實正是缺乏自信的表現。缺乏自信的人，總好左瞅右瞄，較短論長，不斷跟人比較著述量的多少、學術地位的高低。而且開口就說誰怎樣怎樣不行，誰的著作有甚麼甚麼毛病，滿腦子儘是「求疵」的材料。王氏是真正謙抑而有識的學者，他從不妒忌他人的學術成就，又能欣賞人家的學問優點，更能肯定工匠經驗技能的可貴。他與人無所爭，也無意跟別人較量，他只是默默耕耘，專注研究，認真求證，最後成為既是工藝美術研究的多面手，又是其中一些研究項目的頂尖專家。

5. 王氏著作的行文，或用文言，或用白話，或文白兼施，大抵視乎應用的需要，並無一定，但整體給人的印象是：行文平實自然，筆底生

---

[85] 語見呂思勉《文史通義評·感遇》，《史學四種》，1981年12月上海文化出版社，頁224。

情,講究表達技巧,可讀性高,顯然很重視語文的應用。據說他曾為了自己一篇文章的兩處標點應置於引號內還是引號外,而與出版社的執行編輯和校對者反覆討論後才作定案[86],可見他重視語文應用的一斑。有識見通達的學者認為,凡屬好的著作,不但要有好的體例和內容,也要有好的語文表達。因此真正有卓識、有成就的學者,決不會忽視語文的應用,更不會輕視研究語文應用和研究語文教育的學術價值。

---

[86] 參閱蔡耕《奇人王世襄和他的蟋蟀研究》,《茶熟香溫集》,2005年1月上海文藝出版社,頁141。

附錄：王世襄編著書目	
一、古代家具珍賞	1. 《明式家具珍賞》 　1985年9月生活・讀書・新知三聯書店（香港） 　1985年9月文物出版社（北京） 2. 《明式家具珍賞》（英文本） 　1986年生活・讀書・新知三聯書店（香港） 　1986年寒山堂（英國） 　1986年China Books Periodicals（美國） 　1986年White Lotus Co.（泰國） 　1991年Art Media Resources（美國） 3. 《明式家具珍賞》（法文本） 　1986年Editions du Regard（法國） 4. 《明式家具珍賞》（德文本） 　1989年Deutsche Verlags Anstalt（德國） 5. 《明式家具研究》 　1989年6月生活・讀書・新知三聯書店（香港） 　1989年7月南天書局（台灣） 6. 《明式家具研究》（英文本） 　1990年生活・讀書・新知三聯書店（香港） 　1990年Art Media Resources（美國） 7. 《中國古代家具博物館藏精品》（英文本） 　（或名《美國加州古典家具博物館選集》） 　1995年Chinese Art Foundation（美國） 　與Curtis Evarts合編 8. 《明式家具萃珍》 　1997年1月中華藝文基金會（美國） 　2005年廣西師範大學出版社（廣西）

二、漆器	1. 《髹飾錄解說》 1958年油印初稿本 1983年文物出版社（北京）增訂本 1998年11月文物出版社（北京）修訂再版本 2. 《故宮博物院藏雕漆》 1985年10月文物出版社（北京） 負責選編及元明各件說明 3. 《中國古代漆器》 1987年12月文物出版社（北京） 4. 《中國古代漆器》（英文本） 1987年12月 Foreign Language Press（北京） 5. 《中國美術全集・漆器》 1989年7月文物出版社（北京）
三、葫蘆及鴿哨	1. 《說葫蘆》（中英雙語本） 1993年8月香港壹出版社（香港） 2. 《中國葫蘆》 1998年11月上海文化出版社（上海） 3. 《北京鴿哨》（中英雙語本） 1989年8月生活・讀書・新知三聯書店（北京） 1999年4月遼寧教育出版社（瀋陽）
四、竹刻	1. 《竹刻藝術》 1980年4月人民美術出版社（北京） 2. 《中國竹刻展覽圖錄》（英文本） 1983年3月華美協進社（美國） 與翁萬戈合編

	3.《竹刻》 1992年6月人民美術出版社（北京） 4.《竹刻鑑賞》 1997年9月先智出版事業股份有限公司（台灣） 5.《刻竹小言》 2003年11月中國人民大學出版社（北京）影印手寫本 金西厓著、王世襄整理
五、繪畫	1.《高松竹譜》（手摹明刊本） 1958年5月人民美術出版社（北京） 2.《畫學彙編》 1959年5月自費刻印 3.《遜山竹譜》（手摹明刊本） 1988年6月大業公司（香港）精印足本 與《高松竹譜》同書異名，高松號遜山 4.《金章》 1999年11月翰墨軒（香港） 附王世襄手錄金章遺著《濠梁知樂集》 5.《中國畫論研究》 2002年7月廣西大學出版社（廣西）影印手寫本
六、蟲鳥	1.《蟋蟀譜集成》 1993年8月上海文化出版社（上海） 2.《明代鴿經‧清宮鴿譜》 2000年6月河北教育出版社（鄭州） 與趙傳集合編，《鴿經》由趙氏注釋及今譯

七、各類器物鑑賞	1. 《雕刻集影》 1959年自費刻印 2. 《中國美術全集・竹木牙角器》 1987年12月文物出版社（北京） 與朱家溍合編 3. 《中國鼻煙壺珍賞》 1992年8月生活・讀書・新知三聯書店（香港） 4. 《自珍集——儷松居長物志》 2003年1月生活・讀書・新知三聯書店（北京）
八、音樂	1. 《中國古代音樂參考圖片》（1-5輯） 1954-1957年人民音樂出版社（北京） 2. 《廣陵散》 1958年6月人民音樂出版社（北京） 撰寫書首說明部分 3. 《中國古代音樂書目》 1961年7月人民音樂出版社（北京）
九、資料彙編	1. 《清代匠作則例彙編》（佛作、門神作） 1963年6月油印本 2002年2月古籍出版社（北京） 2. 《清代匠作則例》（八卷） 2000年4月大象出版社（石家莊） 已出一、二卷 3. 《趙州大石橋題記彙編》 1965年編成，未刊，稿存中國文物研究所

十、自選詩文集	1. 《錦灰堆》（三卷） 　　1999 年 8 月生活・讀書・新知三聯書店（北京） 2. 《錦灰二堆》（二卷） 　　2003 年 1 月生活・讀書・新知三聯書店（北京） 3. 《錦灰三堆》（一卷） 　　2005 年 7 月生活・讀書・新知三聯書店（北京）

基督教和儒教在十九世紀的接觸：基督教入南洋和中國先驅麥都思研究（下）

龔道運*

提要

麥都思於學術雖能分辨儒之意識形態與思想兩層次，但因傳教策略兼顧士紳與民眾，乃籠統講論儒之兩層內容，致儒教思想受歪曲。抑對儒教最高信仰對象由人格神演進為形而上實體無相應體會。但氏修訂漢譯聖經、確定「上帝」為"God"譯名、肯認儒教之宗教性、並以求同存異態度較論耶儒，則貢獻甚大。惜儒者對氏包容耶儒差異態度無相當回應，致二教接觸停於單向軌道。唯麥所提供之發展空間，預示十九世紀末一重要文化圖象，即從事比較不同宗教之相對與多元性，則意義重大。

論列儒教

麥氏前期傳教活動囿於南洋一隅之地，以致對中華文化，尤其是儒教認識不深，因此早期對儒教的論列，大體不脫馬禮遜和米憐的窠臼。[140]

---

*新加坡國立大學退休副教授。

[140] 關於馬、米二氏對儒教的論列，參考下列二篇拙作。〈基督教和儒教在十夷世紀的接觸——基督教入華先驅馬禮遜研究〉，《中國文化研究所學報》2003年新第十二期（總第四十三期）頁263-288；〈基督教和儒教的接觸——基督教入南洋先驅米憐研究〉，《新亞學報》2005年第二十二卷，頁125-166。

一　否定儒教的宗教性

在1847年以前，麥氏對"God"的譯名尚未有定論，而徘徊於「神」和「上帝」二譯名之間。即因此故，導致麥氏早期對儒教的宗教性體會不足而屢加否定。上文討論譯名之爭時，已涉及麥氏後期（1847年以後）的儒教觀，茲所以補述其前期的論點，則欲溯其淵源，以見其變遷之迹。

麥氏前期對儒教之論述，除散見於上述各期刊發表的宣教文字外，主要見於他在1838年出版的專著，即《中國的狀況和展望——注重對福音傳播的研究》。該書特闢〈論中國宗教〉一章，其中第一部分即涉及儒教的各種問題。[141]以下試據之而加論列。麥氏鑒於孔子生平以從事於政治性活動為主，故寧可視其系統為政治而非宗教之範疇，寧視其關懷現世而非永恆之善。麥氏復鑒於儒教的倫理和政治系統缺乏精神和神性之事物，故以為不應視儒教為宗教；否則，不免有用詞不當之嫌。令麥氏深感詫異者，孔子既然強調在五倫中對父母之孝道，卻忽略對人類精神大父之崇敬；復次，孔子追溯人之祖先，而教人對祖先尊敬備至，卻未思及對萬物始祖所應享有之殊榮。麥氏尤痛惜孔子徒具敏銳、明智、旺盛以及獨立之心靈，卻未探索萬物所從出之創造者，以致從學者於「唯一真上帝」存在之屬性和圓滿竟毫無所知，麥氏由是慨嘆人心之墮落。麥氏復覺察孔子在其著述中雖暗示「天」對大自然之主宰；「命」對萬物之限制；但以未歸之於原創性或合理性，故其系統終究缺乏構成一切真理基礎之「首要真理」。此「首要真理」即自存、永恆而具圓智上帝的存在。麥氏雖嘗徵引孔子及其從學者對天之體驗：「天之未喪斯文，匡人其如予何？」[142]「獲罪於天，無所禱也。」[143]「生死有命，

---

[141] Medhurst, *China*, pp. 184-197.

[142]《論語・子罕》，頁110。

[143]《論語・八佾》，頁65。

富貴在天。」【144】但麥氏並未切實加以體會。

麥氏指出,除上述對「天」的偶然暗示外,儒教經典中尚有各種對上帝之陳述。他推想上述「天」和「上帝」之概念,在遭受哲學和牽強附會的學說破壞以前,中國或從古老傳統獲得若干關於普遍而具絕對權力的君主概念。麥氏引《詩經》為證:「皇矣上帝,臨下有赫。監觀四方,求民之莫。」【145】詩中所見至高無上之上帝,駕御萬物而享受應有之殊榮。具言之,上帝一面於祓除之禮而受崇拜,一面則監察世間而主宰賞罰。此外,麥氏也措意於中國哲學家所講規範宇宙的「理則」,此即所謂「世界的靈魂」問題。麥氏引述中國哲學家的意見,謂「天地萬物只是一理」。此「理」藉大自然而籠罩萬物,即如水憑依於海洋;理之所以籠罩一切,則歸諸果報之力。依果報之理,惡人容或逍遙於世俗法律之外,但卻難容於天網恢恢之理。麥氏依據中國古代對「天」、「上帝」和「理則」之表述,仍未能確定古代中國人是否具有「上帝」的知識。他指出,如果對上述問題加以肯定,則當遇見中國人屢屢傾向於物質主義時,不免困惑於彼輩言論之不貫徹。

麥氏繼而陳述中國之陰陽宇宙論,謂其原理似立根於宇宙的「性系統」。此一系統原係瑞典博物學家林奈(Karl Von Linné)從植物中發現,中國人則以為遍及於整個自然界。具言之,天地既為人所見之最重大對象,則可視之為萬物之父母,或事物存在之高卑原則。中國人推溯其極,發現兩種綜合勢力而產生下列變化,即一生二,二生四,四生八,以此遞增,終致萬物之產生。萬物之存在,不論具生命與否,都憑依於「性」。因此物之居高主宰者、光明和剛強者即屬於雄性;反之,則歸諸雌性。數目也依此劃分,即凡單數屬雄性,雙數則屬雌性。麥氏

【144】子夏語。見《論語・顏淵》,頁134。

【145】《毛詩・大雅・皇矣》,《毛詩正義》(北京:中華書局,1957年),卷十六,頁1368。

指出儒教講「數」的學說略近於畢達哥拉斯（Pythagoras）所說之單（monad）雙（duad）概念。麥氏更據傳說中之河圖而講中國對象數之迷信。

為坐實中國人之物質主義，麥氏於是陳述中國人之形體觀，謂中國人推想在所有形體中都有三種因素存在：第一為有形之物質（質），係事物之粗糙和可感覺之部分；第二為主要之物料或基質（氣），乃形象和形體的其他性質所以產生之基礎；第三為普遍原理（理），乃內在或粘附於一切存在事物之中；但理究竟如何或在何處依存於事物，則不能決定。中國人稱此理為「適宜之道」，此略近於歐洲人所謂「事物的永恆合理性」或「內在和必要的形式」。理既非物質，也無形象可見；但卻為一組織原理；理內在於物質形體之中，而為其根源。中國人類皆承認理為一獨立原則，不受任何最高存在之制約；反之，理卻對人之善惡行為加以規範和賞罰。[146]麥氏曾與中國學者從容討論萬物的由來及對之監察的問題。他以為「物質之天」不足以駕御萬物；毫無意義之「數目」也不能以生命賦予物或從事理性之創造。中國學者回應之，則謂一切歸結於一理則。麥氏指出，中國人並未以個性賦予「理」，也未以神聖之榮耀待之，或期之於永恆之贊助，而歸根結柢，卻使之和質料以及不可分割的形體在本質上相聯繫。麥氏謂如以上文所述作為中國宇宙論的基礎，則顯示其整個系統不外乎物質主義之範疇，可見中國人始終以天地或普遍原理和質料之觀念相聯繫，而漠視一個純粹、獨立和自在之精神實體對萬物所表現的創造、贊助、安排和駕御的作用。麥氏早期固

---

[146] 麥氏嘗譯朱熹關於理和氣關係之言論為英文，見 " Philosophical Opinions of Chufutsz ", *The Chinese Repository* 8. 10 (Oct. 1844), pp. 552-59。彌道斯 (Thomas Meadows Taylor) 指麥氏譯文有數處誤譯，以致不可理解。見民撰：*The Chinese and Their Rebellions —— Viewed in Connection With Their National Philosophy* (London : Smith, Elder and Co., 1856), pp. 372-75.

已覺察中國經典所謂上帝，其屬性和耶教講"God"之至高無上、權威和尊嚴約略相當；但中國人常以上帝屬性和俗世帝王之浮華相聯繫，若干儒者也習以為常，視上帝為世俗所講的天地；因而使「創造者」和其所創造之事物相混淆。麥氏認為，如能防範上述錯誤，則中國人即可用「上帝」一詞表達"God"之概念。但麥氏以為中國人未放棄物質主義。他於是非議儒者之命運觀。麥氏不滿意中國人未說明命之由來。當儒者提及天命，麥氏即加質問：如視天為純質料之存在，對天何以能降下其命令？按麥氏認為儒教主張物質主義，實為誤解。然則他對儒者的質疑即難辭丐辭之過。

麥氏之誤解，如足之陷泥，而難以自拔。此可於下文之論述見之。麥氏論述儒教「物質三位一體」說（Material Trinity），謂儒教以天地生人類而不言說，故須聖人贊助之。聖人講修身治國之道，並參贊天地之化育，由此構成「三才」之鼎立。麥氏引下列一段經典說明聖人之化育作用：「唯天下至誠，為能盡其性；能盡其性，則能盡人之性；能盡人之性，則能盡物之性；能盡物之性，則可以贊天地之化育；可以贊天地之化育，則可以與天地參矣。」【147】麥氏以為該段經文對聖人之贊美，實指孔子而言，他遂更引另一段經文為證：「是以聲名洋溢乎中國，施及蠻貊；舟車所至，人力所通；天之所覆，地之所載，日月所照，霜露所隊；凡有血氣者，莫不尊親，故曰配天。」【148】麥氏謂中國人以孔子配天之說，實欲神化孔子。他依據有關資料，謂中國全境有孔廟1560所，以記念和祭祀孔子。在春秋兩祭中，祭品包含牛（6頭）、豬（27000頭）、羊（5800頭）、鹿（2800頭）和兔（27000頭）。麥氏質疑此一祭典之意義。因為在麥氏心目中，孔子既教導中國人，謂物質為永恆，一切存在都源於一理；然則持無神論的中國人神化孔子而祭祀之，寧非

【147】《中庸・第22章》，《四書章句集注》，頁32。

【148】《中庸・第31章》，頁38。

怪事！按儒教之祭孔，純出於對聖人之敬慕，此乃儒教的宗教性在時間方面之表現。【149】

　　麥氏雖以祭孔為不可思議，但他仍然必須正視儒教祭祀鬼神之事實。他覺察儒者雖高談鬼神，卻貶低其地位。儒者固未教人認識偉大之神靈（上帝）乃萬物之創造者，抑以為鬼神之地位，低於有形體可見和具物質屬性之天；甚至不及往聖和當前的君主。麥氏審察孔子對鬼神的態度，謂孔子自承對鬼神了解不深，故寧可談論其他事物。孔子答學生問事奉鬼神之事，謂「未能事人，焉能事鬼？」又答「死」之問，謂「未知生焉知死」。【150】總之，孔子對鬼神持「敬而遠之」的態度。【151】麥氏於孔子祭祀鬼神的意義並未深入研究，即轉而注意中國歷代君主、地方官員和庶民的祭祀對象。他說孔子認為必須保留此等禮俗，但指出孔子此一主張和反對獻媚鬼神的意見不符。

　　麥氏雖徵引米憐之說，謂以"spirit"翻譯漢文典籍的「上帝」殊不適宜；但麥氏其時仍未確認儒教「上帝」一詞之義蘊。麥氏未確認「上帝」之意義，反以為儒教對上帝認識不清。麥氏由是也非議儒教對「來世」未有清晰之認識。麥氏指出，儒教雖然區分心智之思維為魂，肉體的感覺為魄，但未確認死後的存在。麥氏認為孔子「未知生，焉知死」之說，係迴避死的問題。他也批評孔門後學講三魂七魄的歸趣。卻未說明魂魄究竟是處在苦或樂的狀態。儒教實未思及來世果報的觀念和靈魂或幽冥世界之間的聯繫；而只想像現在的善惡報應；如報應未顯現於當身，則將降臨於其子孫。因此，儒教訴諸父母對子女的感情以及留名於後世的欲望，但此種感性訴求未能影響人，使之獲得適當的依止。當儒

【149】 黃俊傑 (chun-chieh Huang), " On the Religiosityt of Confucianism, " *Journal of Humanities East / West* 20 and 21 (Dec. 1999-Jun 2000), pp. 345-47。

【150】《論語・先進》，頁125。

【151】《論語・雍也》，頁89。

者能指望逃避目前惡報,並能壓抑情感以冷待其子孫;此時之儒者即缺少指引,以趨向於善。其所有者,不過是為行善而行善之理則。但處於墮落之心靈,此一理則終不能使儒者臻於高明之境界。

麥氏於是總結儒教的兩方面缺失:即上帝以存在以及來世之關懷。他認為儒教所教導者只是一套缺少生命、冷酷和無影響力的系統。此一系統對現世缺少動力,對來世則缺少希望。麥氏質問:當人對所有道德基礎和人際關係所涉利益未能認清和忽視,則儒教所炫耀之五德和人倫尚有何益可言?麥氏非議孔子從未討論上帝之愛;儒者也從未思考和贊賞天的任務和歡樂。麥氏認為上帝之愛是一原理;他說孔門後學實有待於一高明導師(耶穌)之教導始能了解。此可謂麥氏論儒教之目的。

麥氏最終討論孔門後學對人性之見解。他引述傳統之見,謂人性本善,此善質與生俱來;及與物接,則引之向惡;但藉聖人教導提撕,足以復其本初之純善。此說為告子反駁。告子以為人性既不傾向於善,亦不傾向於惡,但可使之趨向於善或惡。麥氏引《孟子》為證:「告子曰:『性,猶杞柳也;義,猶桮棬也。以人性為仁義,猶以杞柳為桮棬。』孟子曰:『子能順杞柳之性而以為桮棬乎?將戕賊杞柳而後以為桮棬也?如將戕賊杞柳而以為桮棬,則亦將戕賊人以為仁義與?』告子曰:『性猶湍水也,決諸東方則東流,決諸西方則西流。人性之無分於善不善也,猶水之無分於東西也。』孟子曰:『水信無分於東西,無分於上下乎?人性之善也,猶水之就下也。人無有不善,水無有不下。』」[152]於徵引上文論述孟子和告子相辯之後,麥氏復引孟子之說,並謂其說充滿感情而聳人聽聞:「今夫水,搏而躍之,可使過顙,激而行之,可使在山。是豈水之性哉?其勢則然也。人之可使為不善,其性亦猶是也。」[153]麥氏謂以上荒謬之對話,顯示儒教感性用事,同時反

---

[152]《孟子・告子上》《四書章句集注》,頁325。

[153] 同上。

映其理解層面之缺乏說服力。

以上麥氏之論列儒教,大致沿襲馬禮遜和米憐所已討論之課題,並於二氏之說多所採納。於此可見麥氏受二氏之影響頗大,同時反映早期耶教教士在接觸儒教時所涉不深。至於麥氏提及馬、米二氏所未涉及之人性課題,則發而未論。他輕率批評孟子訴諸情感以及駁告子,固然誤解孟子取譬設喻的辯論方式,也未能體會儒教對人性之存有課題係由實踐理性加以體證,而與西方傳統形上學由理論理性以抽象論證有根本之差異。儒教以為如能充分實現實踐理性,則足以契接形而上實體之天命,而臻於「人而神」之境界。【154】以麥氏早期對儒教的認識,尚不足臻於此。

麥氏早期對儒教宗教性的探討也見於他所譯:*The Shll King, or The Historical Classic : Being the Most Ancient Authentic Record of the Annals of the Chinese Empire*(《書經》)。麥氏於該書「前言」斷言《書經》的不足處乃久缺宗教。他指出,對「上帝」之監察人間事物,書中雖時見稱說,但此天上威嚴之君主竟常見視為物質之天,並與設定之河嶽之神以及人鬼相聯繫也享其尊榮。至於對偉大上帝與萬物之父的愛戴,則從未灌輸予人;而且對冒犯上帝的和解,或上帝與人之間的調解,也止於偶一的暗示,而未反復申說。此是迄今關於獨立的自然宗教之最佳樣本。所可憾者,此一系統缺乏對人的精神和永恆之關懷。【155】

麥氏早期否認儒教之宗教性。自外表視之,似與一般教士無異,但其實質意義則不同。普通教士只純為取代儒教而否定其宗教性,麥氏則引經據典,由客觀以論列之;唯所見不深入,而不免於偏頗。但由於其態度客觀,麥氏終不失為教士中屈指可數之漢學家。

【154】 牟宗三:《心體》第一冊,頁184。

【155】 Medhurst, trans., *The Shoo King, or The Historical Classic : Being the Most Ancient Authentic Record of the Annals of the Chinese Empire, Illustrated by Later Commentators* (Shanghae : The Mission Press, 1846), pp. xiii.

二　肯認儒教的宗教性

麥氏對儒教宗教性之態度，至後期乃翻然改變。他在1843年末定居上海，得名士王韜等為助手，除相與討論漢譯《聖經》之修訂外，王氏等對麥氏研讀儒教經典必與有助力。【156】

如上所述，麥氏於遍讀儒教經典和注疏後，在1847年撰成 Theology（《論中國人的神學》）一書。該書廣徵博引儒教經典，集中討論神和上帝的觀念，由是建構一完整的中國神學系統，【157】而肯認儒教的宗教性。具言之，麥氏認為儒教經典所謂「帝」或「上帝」乃相當於耶教"God"的概念。【158】復次，麥氏於1848年在《中華叢報》發表"Inquiry"（〈探討《聖經》中 God 一字之適當漢譯〉）和"Reply"（〈復文惠廉博士論 Elohim 和 Theos 之適當漢譯〉）二長文。麥氏於二文中，不但博採儒教經典，而且廣引希伯來、希臘、拉丁、阿拉伯以及近代兩人著述等各種文獻，以論證英文"God"以及漢文「神」和「上帝」的意義。具言之，麥氏依據中國文獻，搜集其中引起爭議之關鍵詞彙如「上帝」（帝）、「天」（天帝）「神」），而追溯其真實意義，並從中指出何者相當於《舊約》希伯來文的"Elohim"以及《新約》希臘文的"Theos"【159】

【156】華士協助麥氏所搜集的儒教典籍達914種，見 The Archives of the Council for World Missions, Uniiversity of London, School of Oriental and African Studies Library,（以下省稱 CWM, SOAS） Pamphlet, Vol. 70, " The Catalogue of the London Mission Library ".

【157】上文論述麥氏修訂《聖經》時，曾引發譯名之爭，而涉及神學之諸多問題。麥氏此書即欲從譯名之討論，解決整個中國神學的問題。

【158】*Theologh*, Preface, pp. 1-2.

【159】文惠廉質疑麥氏 " Inquiry " 一文之論點和其早期 *China* 一書所說不符。麥氏辯稱 " Inquiry " 係居中國後，獲讀中國經典并得華人學者之協助所撰成者，自與早期在化外之地所撰通俗之書有別。見所撰 " Reply ", pp. 519-20。

上文於論述譯名之爭時，對二文多所徵引；下文所討論者，則以 Theology 為主；如有需要，也引二文為說。此外，麥氏於1849年撰 "Shin"（〈論神一字之真義——自《佩文韻府》所引為說〉）一文，闡論「神」之所以不適於譯"God"。【160】由於該文之論點顯而易見，故即此表過，下文不再具論，又麥氏早期論列儒教，由於意見尚未成熟，故對其所說，上文大體述而不論；以下據其專著討論相關問題，則視其需要而略作評論。

1　上帝和天的觀念

麥氏早期常疑儒教具有上帝的觀念，但後期則從儒教經典中確認上帝的觀念。如舉「克配上帝」、【161】「郊社之禮，所以事上帝也」、【163】「齋戒沐浴，則可以祀上帝」、【163】「類于上帝」【164】等例子，謂其中所稱「上帝」，即相當於耶教之"God"。【165】麥氏復引以下經文為證：「文王在上，於昭于天。周雖舊邦，其命維新。有周不顯，帝命不時。」文王陟降，在帝左右。」【166】麥氏謂此詩所稱「帝」，乃用作「上帝」之義。【167】他鄭重指出，上帝駕御於上，受命之神（文王）屢屢升降而在其左右。麥氏由是論斷儒教經典所稱上帝，其鄰近於耶教"God"之觀

【160】麥氏之文，見 CWM, SOAS, N 6/8, Pamphlet 4. 又該文也於1849年在上海以單行本出版。

【161】《大學・第10章》引《詩》，《四書章句集注》，頁10。

【162】《中庸・第19章》，頁27。

【163】孟子・離婁下》，頁297。

【164】《尚書・舜典》《尚書正義》（北京：中華書局，1957年），卷三，頁83。

【165】Medhurst, *Theology*, pp. 204-18.

【166】《毛詩・大雅・文王》，卷十六，頁1289。

【167】麥氏論證「帝」和「上帝」同義，二詞皆相當於耶教之"God"。見所撰"Reply", pp. 565-66; 619-45.

念者,更無過於此。【168】麥氏甚至以耶儒二教對上帝之作為相互比附。他引下列經文為說:「蕩蕩上帝,下民之辟。疾威上帝,其命多辟。天生烝民,其命匪諶,靡不有初,鮮克有終。」【169】麥氏謂詩之作為怨上帝之法度致人於病痛,他引人趨於歧途。他指出詩人抱怨於上帝之指令,其論調頗習見於西方世界。但詩人瞬即自我約束,轉謂上天賦人以善性,唯人未秉持善性而加以充分發展,以致趨向於邪惡。麥氏因此覺察此說和《聖經》之言極為相似。【170】麥氏再舉一例為言:「閟宮有侐,實實枚枚。赫赫姜嫄,其德不回。上帝是依,無災無害。彌月不遲,是生后稷。降之百福:黍稷重穋,稙穉菽麥。奄有下國,俾民稼穡。有稷有黍,有稻有秬。奄有下土,纘禹之緒。」【171】麥氏謂此詩所述姜嫄生后稷,其內容和《新約》所說耶穌誕生故事極相類似。【172】麥氏因此肯認儒教上帝確實降百福於民。【173】此外,麥氏也引以下詩篇為例:「皇矣上帝,臨下有赫。監觀四方,求民之莫。惟此二國。其政不獲。維彼四國,爰究爰度。上帝耆之,憎其式廓。乃眷西顧,此維與宅。」【174】麥氏謂詩人讚頌上帝偉大而高居在上,與《舊約》所說耶和華高居於永恆而至聖之地,【175】亦相吻合。【176】

【168】 Medhurst, *Theology*, p. 218.

【169】《毛詩・大雅・蕩》,卷十八,頁1549。

【170】 麥氏徵引《聖經》,謂上帝使人正直誠實,人卻矯揉造作,別生事端。見所撰 *Theology*, p. 223.

【171】《毛詩・魯頌・閟宮》,卷二十,見1873-74。

【172】 按《新約・路加1.29-32》講述童女馬利亞蒙上帝之恩而誕生耶穌的故事,見 *The New English Bible* (Penguin Books, Oxford and Cambridge University Press, 1974), p. 69。

【173】 Medhurst, *Theology*, p. 226.

【174】《毛詩・大雅・皇矣》,卷十六,頁1368。

【175】《舊約・以賽亞書57.15》,*The New English Bible*, p. 890。

麥氏援儒入耶而加以比附，雖徵引繁富，但所言都非從大處着眼，而流於瑣細。

麥氏出於善意，也試圖疏導儒教上帝觀的瑕疵。他舉以下經文為例：「帝牛不言，以為稷牛。帝牛必在滌三月，稷牛唯具。所以別事天神與人鬼也。萬物本乎天，人本乎祖，此所以配上帝也。郊之祭也，大報本反始也。」[177] 麥氏謂祭帝和祭后稷之牛不同，乃所以區分天神和人鬼之間的事奉。他據注疏家「上帝即天也，聚天之神而言之，則謂之上帝」之說，而推論其意，謂上帝之為上帝，乃聚集天之神質或自然界之生氣和效驗，以構成一最高存有；並結合天之至高權力和統治以及自然界之活動和活力而為言。但麥氏坦言不知漢文對"God"原義之表達，能否視上文之陳述更為完整。麥氏認為上文所陳述者固有其缺失，但他不奢望未受啟發之異教心靈能深入了解上帝之真理。麥氏因此不主張對之吹毛求疵；反之，應以欣喜之情對待其中所包含的諸多正確觀點，並且善加利用，以便向中國人灌輸一較為一致和符合《聖經》原義的上帝觀念。[178] 麥氏於耶儒之間，抱持求同存異而尊重儒教的態度，視馬禮遜鄙薄儒教，米憐欲摧毀其神學系統，實大有逕庭。

上文已述及麥氏據注疏家之說，指出上帝即天。麥氏復疊引以下經文為說：「萬物本乎天」、[179]「無教逸欲有邦……無曠庶官，天工人其代之」、[180]「天命之謂性」。[181] 麥氏指出上引文獻皆指證天為最

---

[176] Medhurst, *Theology*, p. 266.

[177] 《禮記・郊特牲》《禮記正義》（北京：中華書局，1957年），卷二十六，頁1195-96。

[178] Medhurst, *Theology*, pp. 231-32.

[179] 《禮記・郊特牲》，卷二十六，頁1196。

[180] 《尚書・皋陶謨》，卷四，頁148。

[181] 《中庸・第一章》，頁17。

高主宰之上帝。他也說明以天為上帝的觀念，不獨中國人如此，耶教的《聖經》亦然。[182] 按在儒教經典中，天和上帝同義而可相替為用，此誠如麥氏所說；但「上帝」或「帝」之稱始見於商代，至「天」之名則最早見於周初；抑商代之帝或上帝，其人格神之意味較濃，周初之天，則已滲入人文精神。[183] 麥氏雖指出「天」為最高統治權力，「帝」則為最高存有；[184] 但未說明帝（上帝）和天出現之先後以及二者之細微差別，則所見仍有所未逮。

2 太一（大一）的概念

麥氏以為儒教經典中相當於耶教 "God" 之概念，除上述帝或上帝二詞外，尚有「大一」一詞。他首引《禮記・禮運》所講大一為說：「是故夫禮，必本於大一，分而為天地，轉而為陰陽，變而為四時，列而為鬼神。其降曰命，其官於天也。」[185]

麥氏繼而歷引諸家對「大一」的注疏如下：「必本於大一者，謂天地未分，混沌之元氣也。極大曰太，未分曰一。其氣既極大而未分，故曰大一也。」[186]「極大曰太，未分曰一。太極，函三為一之理也：分為天地，則有高卑貴賤之等；轉為陰陽，則有吉凶刑賞之事；變為四時，則有歲月久近之差；列為鬼神，則有報本反始之情。聖人制禮，皆本於此，以降下其命令者，是皆主於法天也。官者，主之義。」[187]「以形之始而言之，謂之大始；以數之始而言之，謂之大一。大一之體分而為天地之氣，轉而為陰陽之用，變而為四時之序，列而為鬼神之情，其

---

[182] Medurst, "Inquiry", pp. 123-25.

[183] 參考拙著：《中國宗教論集》（台北：文史哲出版社，1993年），頁1-39。

[184] Medurst, "Inquiry", p. 128.

[185] 《禮記・禮運》，卷二十二，頁1048。

[186] 孔穎達：《疏》，《禮記正義》，卷二十二，頁1048-49。

[187] 陳澔：《禮記集說》（上海：上海古籍出版社，1987年），卷四，頁128-29。

降之於人曰命。凡此皆天造之禮而主之於天，故曰其官於天也。」[188] 麥氏認為大一之概念至為重要，故充分引述諸家之說。他體察〈禮運〉篇作者之旨，在顯示聖人制禮而歸本於大一，即本諸大一之發露以制禮。具言之，由於大一分天地而有高卑，故禮依其崇拜對象而有尊卑之等；又由於大一轉陰陽而有明暗，並於此生發哀樂之情，故禮亦相應而有吉凶和刑賞；復次，由於大一促四時之變化，故禮亦有久或近的周期性節日；最終則由於大一分配鬼神各項任務，故禮致意於天神地祇之功，並對大一所顯示至上神（上帝）之統一與至高無上之特質。他有見於注疏家釋「大」為極大，故譯「大」為至極（Supreme）；麥氏復覺察注疏家以極大為太極。至於「一」之概念，依注疏家，則「未分曰一」，然則合「大一」之名，其義乃為「至極之一」（The Supreme One），或「無限之大」與「未分之一」（Undivided One）。麥氏欲讀者注意，〈禮運〉此章之上，亦道及「帝」所承受之最高崇拜，所謂：「故祭帝於郊，所以定天位也。」[189] 彼所謂「帝」，即「大一」之義。麥氏因此以為〈禮運〉此整章所論述者乃統御萬物之「全能之一」（The Almight One）。此全能之大一，依注疏家之說，乃一切之源，即所謂「天地未分，混沌

---

[188] 陳祥道《禮書》。轉引自衛湜《禮記集說》，見《通志堂經解》（揚州：江蘇廣陵古籍刻印社，1996年），第13冊，頁20。

[189]《禮記・禮運》，卷二十二，頁1047。

[190] Medurst, *Theology*, pp. 82-85. 按麥氏疑儒教太一觀念源於挪亞子孫，又以「太極函三為一」觀念隣於「三位一體」之說，實不免於附會。麥氏旋即自覺其說之非是。麥氏論敵文惠廉於譯名之爭，曾用此借題發揮，謂麥氏持論失平，意欲藉此坐實其論"God"之譯名前後不符，而不足為信，又文氏由於堅持中國人為多神論者，因而贊許麥氏早期論斷中國人持物質主義以否認第一因（上帝），而批判其後期上帝（大一）論失諸主觀。〔見所撰"Defense", pp. 366-67。〕按此不免依個人偏見為說。

之元氣」；至其造化之用，則所謂「分而為天地之氣，轉而為陰陽之用，變而為四時之序，列而為鬼神之情。」總之，天地萬物之造化皆歸諸獨一而「全能之權力」（Omnipotent Power）。

麥氏以為中國人的太一概念或源於挪亞（Noah，《聖經》所說洪水後人類之新始祖）之子孫；其後由於人心墮落，此一概念乃受錯誤觀念所混淆。麥氏復指出，注疏家「太極函三為一」之說似鄰於「三位一體」之神秘學說。【190】但麥氏旋即說明，「函三為一」之表達方式容或有利於耶教徒對「三位一體」奇妙課題之體會，他卻寧可視之為中國人所謂「三才」之宇宙論，而不欲妄加附會。在天地人三才的宇宙論中，中國人歸本天地人於「大一」。麥氏因此總結謂，「上帝」在黑暗之中國土地並未銷聲匿迹，所堪哀嘆者，晦澀之人為哲學企圖掩蓋真理隨處放發之微光。【191】

麥氏肯認中國古代具有「上帝」之概念，其後由於人心墮落，以至以晦澀之哲學掩沒真理。此一論調，實承襲馬禮遜和米憐之意見。【192】按對於古代中國人之上帝觀念，馬、米二氏雖具模糊觀念，但未加確認。麥氏則大事徵引儒教經典和歷代注疏而詳為論證。至於麥氏承襲馬、米二氏之說，以為後世中國之晦澀哲學影響古代純正之上帝觀，則不免為白璧之瑕。

麥氏致憾於中國之晦澀哲學掩蓋大一（上帝）真理，他於此雖未細論，但如聯繫上文他批評《書經》欠缺宗教以觀，則可窺知他所以深致不滿者，乃由於儒教常聯繫大一和其他天神、地祇以及人鬼而同時祭祀之。【193】麥氏即由於儒教兼祭上帝與其他諸神，遂視儒教為多神

【191】 Medhurst, *Theology*, pp. 2, 82-86.

【192】 馬禮遜之說，見所撰：*A Parting Memorial* (London: W. Simpkin and R. Marshall, 1826), p. 240；至於米憐的意見，則見所撰：*Retrospect*, p. 25。

【193】 參考《周禮・春官・大宗伯》：「大宗伯之職，掌建邦之天神、人鬼、地示之

教。【194】按中國商代和西周先祖賓於上帝與配享上帝之禮。其禮具政治作用，故屬於意識形態之層面。春秋以降，儒教以「報本」之人文觀雖重新體認此一傳統，並提升而為思想之層面。【195】自儒教言之，先祖之為人神，足為溝通人與上帝之媒介。如無人神為之介，則上帝必高不可攀。耶教所以尊崇上帝復講求先知或上帝化身為耶教，即欲疏通人神之懸隔。但先知或上帝所化身之耶穌仍然較近於上帝而遠於人。儒教以先祖為神人媒介，一則因先祖曾生而為人，又為祭者生命所由出；先祖死後，魂雖升天，實亦接近於人。於是祭者由祭禮以感通先祖，進而契合於上帝（天，大一），便順適切近，直截融合宗教之超越精神與現實宗法親屬制度和人倫道德而為一。

儒教此一具人文精神之特殊宗教，不可以普通的多神論視之。抑其強調人文精神之宗教性，雖不盡同於普通宗教，但其超越一己之終極關懷，實不外於世界高級宗教之範疇。【196】

麥氏雖未體會儒教所具有之人文宗教精神，但對儒教所講至高無上之上帝，則有相當認識。他覺察儒教雖主張兼祭上帝和其他神祇，但同時也確定上帝之祭的地位遠在其他祭祀之上。麥氏即因此認為儒教兼

禮……以禋祀祀昊天上帝，以實柴祀日、月、星辰，以槱燎祀祠中、司命、風師、雨師，以血祭祭社稷、五祀、五嶽，以貍沈祭山、林、川、澤，以疈辜祭四方有物，以肆獻祼享先生，以饋食享先王，以祠春享先王，以禴夏享先王，以嘗秋享先王，以烝冬享先生。」見孫詒讓：《周禮正義》（北京：中華書局，1987年），卷三三，頁1296-330。

【194】Medhurst, " Reply ", p. 490.

【195】拙著：《宗教》，頁78-79。

【196】參考唐君毅：《中國哲學原論‧原道篇》卷一（香港：新亞研究所，1978年），頁144-45；何炳棣：〈華夏人本主義文化：淵源特徵及意義（下）〉《二十一世紀》1996年總第34期，頁97-98；雷海宗、林同濟：《文化形態史觀》（台北：業強出版社，1988），頁170。

有多神和一神的性質。【197】一般教士類以多神論視儒教，麥氏上述之見，實較彼輩為周備。【198】抑儒教最高信仰之對象由於涉及意識形態與思想兩層次，遂因此交織成一錯綜而複雜之關係。商代稱地位最高之人格神為「帝」或「上帝」。周代初年除沿用「帝」或「上帝」之名外，亦以「天」稱呼至上神。自商代以迄春秋，帝或天之主宰作用大體表現於政治，又由於缺乏創世神話與先知之傳統，故此一系統只構成作用性之宗教意識形態，而未形成具實體性（Entity）意義之西方有神論宗教。【199】另一方面，孔、孟由理性以自發實踐道德，復由情識順受天命之限制，以敬畏天命以及事天立命，但不主張天主持賞罰，以保證德福相稱，故其天命思想不類康德（Immanuel Kant, 1724-1804）依耶教傳統所建構之道德神學，而只為一道德或倫理之宗教。【200】復次，春秋以降，既缺乏獨立與張大之宗教團體，加以時代精神對人或人道之強調，遂使天之意義由人格神轉化為形而上實體。【201】此一轉化，使「天」之宗教情識減弱，但卻增強其宗教之思想性。此一思想發展至秦漢之際，儒教典籍〈禮運〉篇遂相應出現「大一」之觀念。麥氏慨嘆儒教晦澀哲學掩蓋大一真理，實不明儒教最高信仰對象由情識向思想演進

【197】 Medhurst, " Reply ", p. 490.

【198】 與麥氏同時而年紀略小之理雅各亦以為中國曾有一神教之信仰，雖然其性質容或不純。見所撰：*The Notions of the Chinese Concerning God and Spirits : With an Examination of the Defense of an Essay, on the Proper Rendering of the Words Elohim and Theos, into the Chinese Language, by William J. Boone, D. D.* (Hong Kong : Hong Kong Register Office, 1852), pp. 11, 23, 32-33, 36.

【199】 Suetoshi Ikeda, "Ancient China —— Especially the Concept of Ti（帝）and Tien（天）" in *Proceedings of the IXth International Congress for the History of Religions* (Tokyo and Kyoto : Maruzen Co. Ltd., 1958), pp. 104-05.

【200】 拙著：《宗教》，頁48。

【201】 同上，頁51-55。

之過程。【202】

3　鬼神的概念

麥氏依上引〈禮運〉，謂鬼神之地位甚低，「大一」按高低、遠近分配各項任務予鬼神；注疏家則謂鬼神之禮乃所以致意於報本返始之情。麥氏因此認為鬼神之概念包含天神與地祇以及祖先之幽靈和山川之神。他也覺察注疏家說明鬼神所獲分配之任務，包含生產與完成作物，即藉屈伸之功能，鬼神於自然界發揮生產與轉化萬物之作用。【203】麥氏依據〈禮運〉原文與注疏，從祭祀之禮與陰陽二氣屈伸以理解鬼神之意蘊。簡言之，他認為神之一名，最初用以指人之精靈，其次指「氣」或充斥於自然界之精氣活力。【204】

　　麥氏據〈禮運〉對鬼神之理解大體不差，但他依《中庸》對鬼神作用之體會，則有待商榷：「子曰：鬼神之為德，其盛矣呼！視之而弗見，聽之而弗聞，體物而不可遺。使天下之人齊明盛服，以承祭祀。洋洋乎！如在其上，如在其左右。詩曰：神之格思，不可度思！矧可射思！夫微之顯，誠之不可揜如此夫。」【205】麥氏引述朱熹等注疏家對此章之解說，而特別措意於「體物而不可遺」一語。他以為鬼神充塞於人與「植物」之中（原文："Kwei Shins enter into both plants and men"），而構成人與「植物」之活力與生氣。他依此遂謂英文 "Spirit" 一詞與鬼神之意蘊最相切合。【206】麥氏既以為《中庸》此章所謂「鬼神」只相當

【202】關於宗教之演進，參考 Alfred North Whitehead, *Religion in the Making* (Cambridge : The University Press, 1926), pp. 18-38.

【203】Medhurst, *Theology*, p. 86.

【204】Medhurst, "Reply", p. 615.

【205】《中庸·第16章》，頁25。

【206】Medhurst, *Theology*, pp. 8-17.

於英文"spirit",則鬼神即非"Divinity"(Deity, God)。其說至為正確。但他對鬼神之所以「體物不可遺」,則所見有所未逮。按《中庸》此章從祭祀體會鬼神,則鬼神只為曾經存在之生命而歸於幽冥者,故可視之為幽冥中之實然存在。人以誠敬之心祭祀鬼神,則於感格之際,即覺其洋洋乎周流充滿而無所不在。如就宗教言之,此中自然具有一虔誠的宗教之情。但儒教注重由道德踐履以契證天(帝)之創造生化,故「仁」與「天」乃儒教精神之所寄,鬼神則只為德性所帶起之夾縫存在。唯人以誠敬之心感格鬼神之際,輒覺其為類於「無限之存在」。實則鬼神既為實然之血氣,自屬形而有限之物;只由於人以主體誠敬之心加以感通並擴而大之,以臻於無限,遂使人感覺鬼神之盛德無所不包。總之,所謂「體物而不可遺」,乃從主體之感通為言,而非一客觀之肯定。【207】麥氏從客觀肯認「體物而不可遺」為鬼神在人與「植物」的積極功化,不知鬼神之功化乃踐德所帶出者,故其說不合《中庸》原意。

麥氏既從客觀理解鬼神之作用,則於後儒為祈福而祭祀鬼神,即以為乃違反經典傳統而嚴詞斥責。【208】麥氏復具體指出,後世迷信習俗以各種名稱附會於「上帝」之名,而用於不同之神祇;並依臆想建立廟宇加以祭祀。【209】按後世儒者之淫祀,誠然違背儒教經典而流為迷信之意識形態;但另一方面,儒教也為「報本返始」而從事於「三祭」,此則深具道德和宗教性,【210】故對儒教之祭祀須分別觀之,而不可以一概而論。

麥氏指後儒之淫祀為迷信,而與經典傳統所論鬼神和上帝之觀念有

【207】 牟宗三:《心體》第一冊,頁 480-81。

【208】 Medhurst, *Theology*, p. 24.

【209】 Ibid., p. 273.

【210】 參考唐君毅:中國人文精神之發展》(香港:人生出版社,1958 年),頁 392-96。麥氏雖知儒教祭祀有報本追遠之義,〔見所撰"Reply", pp. 559-61〕但未由此體認其宗教性。

別,可見他略能辨別儒教之意識形態與思想。即據此粗略認識,麥氏遂否定中國古代有偶像崇拜之說。他引以下經文和疏解為說:「其曰明器,神明之也。塗車芻靈,自古有之,明器之道也。孔子謂為芻靈者善,謂為俑者不仁,殆於用人乎哉。」【211】「死者之物,還可用塗車芻靈,即明器之物一類,自古帝王所制而有之,此則豈不可為用。故云:明器之道也。……孔子謂古之為芻靈者善,謂周家為俑者不仁,不近於用生人乎哉!言近於用生人,所以近者,謂刻木為人,而自發動,與生人無異,但無性靈知識,故云近。」【212】麥氏據上引文,謂偶像之概念首見於此。此類偶像係陪葬「死者之物」,其原型為「明器」,古代原塗車芻靈而略具象徵意義。周代以降,則刻本為之而酷似人(俑)。孔子以俑為近於用生人為殉,故斥之為不仁。麥氏依此推論,周代以前並無崇拜偶像(偶人)之習俗。【213】一般教士動輒批判儒教迷信於對鬼神之祈禮與偶崇拜,麥氏早期亦對此屢加非議;後期則依據儒教經典,說明此等習俗非儒教原本之思想,可見他後期對待儒教已糾正早期之誤解,故其對儒教此一意識形態之了解非一般教士所能及。

抑如上所論,麥氏於儒者在祭祀中所體認之鬼神意蘊,容或有所未見,但依儒教所論死後世界,其認識則有若干程度之正確性。他引以下經文與疏解為說:「復,盡愛之道也,有禱祠之心焉;望反諸幽,求諸鬼神之道也;北面,求諸幽之義也。」【214】「鬼神處在幽闇,故望幽以求之……北方是幽闇。復者,北面求鬼神之義。」【215】「孝子之事親,固有愛之道。及其死也,猶復以冀其復生,則愛之道於是為盡,故曰盡

【211】《禮記・檀弓》下,卷九,頁406。

【212】孔穎達:《禮記正義》,卷九,頁406-07。

【213】Medhurst, *Theology*, pp. 2, 72-73.

【214】《禮記・檀弓》下,卷九,頁396。

【215】孔穎達:《禮記正義》,卷九,頁396。

愛之道也。冀其復生，故所以有禱祠之禮也；特有是心耳，故曰有禱祠之心。莊子曰：鬼神守其幽，則幽者鬼神之道也。復之時，望其魂氣自幽而反，故曰望反諸幽。南為陽，有明之義；北為陰，有幽之義，故曰北面求諸幽也。」【216】麥氏據上引文，謂中國人似有死而復生之模糊概念。但他質疑此或為子孫對死者表現一誇大其辭之愛，而非心中積極期望其死後復活。【217】按所謂「復有禱祠之心」以及「北面求諸幽」以求諸鬼神之道，雖與耶教「復活」之教義不同，但其中實包含死後世界之觀念。唯須注意者，此對死後世界之觀念乃屬於儒教之意識形態。自思想層面而言之，儒教視祖先之鬼神為個體生命之精靈不散。生命之精靈屬於精氣之實然。既為精氣之實然，則無永久不散之理。儒教祭祖所注重者，在祭者以德與誠敬體現崇始報本，而不甚措意於祖先之精靈（靈魂）是否不滅。【218】麥氏質疑「復」之招魂含有復活觀念，乃欲從耶教立場以說明耶教對死後世界所持不同態度，此說固有其正確性；但他不知「復」的觀念屬於儒教之意識形態，抑未申論儒教對死後世界有意識形態和思想層次之別。

　　儒教於思想層次雖不重視個體靈魂不滅，卻肯認道德實體之常存。此道德實體乃人之所以為人，亦即人之仁德與誠敬之心（大體）所以能呈現之先天而超越之根據。此實體既超越於經驗，故普遍而常在，是即人之「義理之性」。人之精氣或聚或散而不能常在，但其心性實體則由道德踐履而常存，故儒教即由道德實踐直下肯認人之理性生命乃一宇宙之不朽大生命。此為儒者極深遠而廣大、極中正而莊嚴的「成德之宗教」。【219】麥氏於儒教道德實體不朽之奧義未有善會，遂謂耶教所講

【216】方松：《解義》，轉引自衛湜《禮記集說》，卷二十，頁450。

【217】Medhurst, *Theology*, pp. 70-71.

【218】牟宗三：《心體》第一冊，頁479-80。

【219】同上，頁456-57。

「悔罪而升天享福」的觀念不為孔子所措意。又謂耶穌為人贖罪之說，其價值勝於「四書」與「五經」之總和。【220】按儒教由道德踐履之充其極以體認心性實體之不朽，其取徑與耶教容有不同，但其所含奧義與上述耶教觀念皆顯示對宇宙與人生之終極關懷，誠可謂殊途同歸，安可只憑一偏之見而加軒輊！

麥氏復引以下經文與疏解所述魂魄觀念，以坐實儒教為物質主義：「及其死也，升屋而號，告曰：皋！某復。然後飯腥而苴孰。故天望而地藏也，體魄則降，知氣在上，故死者北首，生者南鄉，皆從其初。」【221】「體主於骨，魄藏於肺，知存於心，氣寓於體。體魄，陰也，故降之於下；知氣，陽也，故升而在上。而體魄不言下者，以其體魄有滅而無存，知氣感動而常在。」【222】「體有所附，魄有所營，皆動濁焉，則陰之類也，故降而在下；知無不周，氣無不之，皆輕清焉，則陽之類也，故升而在上。」【223】麥氏據上引文，謂中國經典討論魂之為「知氣」，雖「感動而常在」，但其為氣必須輕清，始能上升於天。當輕清之知氣上升之際，其重濁之體魄則下降於地。麥氏遂由此論斷中國人始終未放棄物質主義之概念。【224】按如上所論，儒教注重由仁德與誠敬以感格祖先，而不措意於所祭者之是否存在；或作何種形式之存在。此即孔子所

【220】麥氏此說，見於其對太平天國所印發《天條書》之評論，見：*Pamphlets Issued by the Chinese Insurgents at Nan-King to Which Is Added a History of the Kwang-se Rebellion Gather from Public Documents and a Sketch of the Connection between Foreign Missionaries and the Chinese Insurrection; Concluding with a Critical Review of Several of the above Pamphlets* (Shanghae : The Office of the N-C Herald, 1853), p. 1.

【221】《禮記·禮運》，卷二一，頁992。

【222】衛湜：《禮記集說》引陳祥道說，見卷五四，頁611。

【223】方愨：《解義》，卷五四，頁611。

【224】Medhurst, *Theologh*, pp. 76-77.

謂「祭如在」之精義。【225】至於上述引文所講魂魄觀念,【226】麥氏若據以論述秦漢儒教講死後世界之意識形態層面,則尚稱恰當;但如據之而泛論儒教思想為物質主義,則未為典要。【227】

【225】《論語・八佾》,頁64。

【226】關於〈禮運〉所講魂魄之觀念,參考余英時〈古代死後世界觀的演變〉,《明報月刊》1983年9月第18卷第9期,頁16;並見《燕園論學集》(北京:北京大學出版社,1984年),頁185。

【227】若必以魂魄為物質性觀念,則或可上溯子產論伯有「能為鬼」之魂魄觀。春秋之時,鄭國大夫伯有見逐於鄭,且為改政敵所殺,其鬼遂為厲,以致鄭人「相驚伯有」。子產乃立伯有之子為大夫,使有宗廟。伯有之鬼遂不復為厲。事後或以伯有「能為鬼」之事詢之子產。子產謂「人始化曰魄。既生魄,陽曰魂。用物精多,則魂魄強」。又以伯有「從政三世,其用物也弘矣,其取精也多矣……能為鬼,不亦宜乎?」〔左傳・昭公七年(公元534年)〕子產以「取精用弘」解釋伯有能為鬼,即從物質性以理解魂魄。子產又以魄為先有,魂則後生。此與後來魂魄二元說不類。自儒教言之,魂魄二元說分別發展為思想與意識形態兩層次。自思想方面言之,即為孟子「大體」與「小體」之說。孟子雖未逕言魂魄,但所謂大、小體之分,顯然從魂魄觀念中轉化而來。孟子謂「小體」為「耳目之官,不思而蔽於物」,「大體」為「心之官則思」〔《孟子・告子上》〕。魄為「耳目之官」屬於形;魂則為「心之官」,犀於氣。人如欲「不動心」,則須「養氣」。〔《孟子・公孫丑上》〕。〔以上論孟子大小體與魂魄之關係,參考余英時 (Ying-shih Yü):"O Soul, Come Back! A Study in the Changing Conceptions of the Soul and Afterlife in Pre-Buddhist China", *Harvard Journal of Asiatic Studies* 47. 2 (Dec. 1987), Note 3D, pp. 376-77〕孟子大、小體之說明雖由魂魄二元說轉化而來,但孟子強調「大體」為心性實體而為人生宇宙之本源。至於由意識形態方面言之,則魂魄二元說可以《禮記》〈禮運〉篇所說「體魄」與「知氣」(魂) 以及〈郊特牲〉篇所說「魂氣」與「形魄」為代表。此係秦漢以降,儒教由意識形態對魂魄之定說,故漢人鄭玄、唐人孔穎達即據以解釋子產之魂魄觀。孔氏引鄭氏《祭義注》:「氣謂噓吸出入者也;耳目之

抑儒教既由德性帶起鬼神，而不甚措意於其實際存在與否，則宋儒進而以陰陽二氣之屈伸加以說明，即為順理成章之事。以陰陽屈伸說明鬼神，則其於幽冥中為個體式之存在即完全融化於屈伸變化之中，是即顯示其為實然精氣之存在性乃無關重要者。麥氏對於由氣化視鬼神而建構之宇宙論，也曾引述並加評論。他說「神」用作天地之擴張者（伸），鬼則為收縮者（屈），乃指涉天地之靈活權力，即以屈伸進退而維持其運轉不息，同時展現其對人與萬物之永恆造化。麥氏據此論定此一系統極隣近於唯物論或自然機械論。【228】按上文謂儒教以為道德心性實體乃道德實踐而表現道德創造之超越根據，宋儒即由此實體進而體悟宇宙（天）對萬物之造化作用。【229】為方便說明而取喻，乃藉鬼神為陰陽二氣之屈伸，說明宇宙生成變化萬物之不測。宇宙生成變化萬物之神妙莫測，即所謂「神用」。麥氏徒見陰陽二氣之屈伸而未體悟其所本之形而上道德實體，則二氣之屈伸只不過是暫時或時動中之形態（temporal forms or modes），而非道德實體所生發之無限神用。此時鬼神之氣即淪為材質或機械的觀念而失其神妙不測之義。

4 陰陽不測之神

麥氏對於陰陽不測之神亦非毫無認識。上文謂儒教以為誠敬之道德心足以顯現鬼神之盛德，而反顯其無限之功用。自道德心可以呈現無限功用

聰明為魄。是言魄附形而魂附氣也。」〔《春秋左傳正義》（北京：中華書局，1957年），卷四四，頁1778。〕據此，則魄亦指一種精神或覺識。然則所謂「體魄」或「形魄」，即不能純以物質性視之。抑秦漢儒教之魂魄二元說與民間信仰相與滲透，其影響迄今不衰。

【228】 Medhurst, *Theology*, p. 186; "Inquiry", pp. 326-28.

【229】 儒教所表現之宗教超越性有時空二方面。其在空間方面，即由所謂「盡心知性知天」所顯示。參考黃俊傑（Chun-Chieh Huang）："Confucianism", pp. 347-51。

言，此道德心即為道德實體（神體）；自其所呈現之無限功用言，則此功用為「神用」。故此所謂「神」，乃指道德與形而上實體，而非實然之精氣，亦即非普通所謂鬼神之概念。麥氏對此非鬼神義之「神」亦略有所見。他引《易・繫辭傳》為說：「一陰一陽之謂道。繼之者善也，成之者性也。仁者見之謂之仁，知者見之謂之知。百姓日用而不知，故君子之道鮮矣。顯諸仁，藏諸用，鼓萬物而不與聖人同憂，盛德大業至矣哉。富有之謂大業，日新之謂盛德，生生之謂易，成象之謂乾，效法之謂坤，極數知來之謂占，通變之謂事，陰陽不測之謂神。」【230】麥氏覺察注疏家對以上引文詳為解析，並指出每節文字皆涉及物所具一陰一陽之正道，同時亦論及「陰陽不測之謂神」。注疏家解釋物之正道，非意圖說明物之正道存在的情況，而欲顯示物之正道乃構成一陰一陽之道的方向。一陰一陽之道意指動靜，故物之正道乃綜合動靜的觀念而言。注疏家進而以太極之運作說明物之正道的精義，最終則以「神」闡明物之正道所生發陰陽不測之變化。總之，〈繫辭傳〉此章之旨歸在使人依據太極以體會物之正道。

  麥氏由是論定〈繫辭傳〉此章乃闡論中國之宇宙論系統。他對此系統甚為好奇，雖費解之處不少，但他確認「神」在此系統中毫無作為可言。具言之，「神」只用作狀詞，形容神祕不測；而與幽冥中之存有物台它們的作用無關。若據此推論「上帝」之稱謂或屬性，則不免流於臆測；抑由此說明「神」之一詞與「上帝」（God）之關係，亦純為無的放矢之附會。【231】

  麥氏謂陰陽不測之「神」為一狀詞，用以形容神秘不測，其說至為確當。但不知神之為狀詞，乃所以指涉道德創造之形而上實體及其作用。道德形而上實體足以呈現道德創生之大用，故此實體可稱為「神

【230】《周易正義》（北京：中華書局，1957 年），卷七，頁 369-72。

【231】Medhurst, *Theology*, pp. 114-21.

體」，其用則可稱為「神用」。〈繫辭傳〉於此章之外，復有論「神」之說：「子曰：知變化之道者，其知神之所為乎？」又：「故神無方而易無體」，凡此即指涉神體與神用為言。【232】神既指涉神體與神用，則不能謂其無與於中國之宇宙論系統。麥氏又以狀詞之「神」無與於幽冥中之存有物或它們的作用，如果他欲藉此區別狀詞之「神」與幽冥存有之「鬼神」，則其說尚可成立。自深一層次言之，麥氏若知「神」可指涉道德形而上實體及其作用，則神之意蘊雖由具宗教情識之人格神轉化為具哲學意味之道德形而上實體及作用，但神在宗教性之層次仍然與「上帝」為同質。依此言之，則逕以鬼神之神視上帝固然高卑不侔，而有所不宜；但如以神體、神用之「神」與「上帝」相提並論，則無不可之理。然則麥氏徒以狀詞理解陰陽不測之神，豈足以盡其意蘊？

麥氏複引《易・說卦傳》說明神為神妙之表層意義：「神也者，妙萬物而為言者也。動萬物者，莫疾乎雷；橈萬物者，莫疾乎風；燥萬物者，莫熯乎火；說萬物者，莫說乎澤；潤萬物者，莫潤乎水；終萬物、始萬物者，莫盛乎艮。故水火相逮，雷風不相悖。山澤通氣，然復能變化，既成萬物也。」【233】麥氏據注疏家之說，謂神之一字，用為天地（自然）作用之神妙不可測。他指出在其「神妙」之義中，並無神（體）與創造物之對立義；也非某些學者所說神與創造物所具有的不即不離義。【234】可見麥氏所見者，始終不離天地氣化現象之神妙，而未能體認其所以神妙之根源，故對上文所論道德實體之「神體」與「神用」，其所知甚為淺陋。

麥氏對道德實體之「神體」與「神用」雖所知甚淺，但對自然（天地）氣化神妙之本體則略有所聞。他覺察上引一段文字之上，有「帝出

【232】 參考牟宗三：《心體》，第一冊，頁345。

【233】《周易正義》，卷九，頁456-57。

【234】 Medhurst, *Theology*, pp. 239-41.

26

乎震……萬物出乎震。震，東方也」【235】數語。他引注疏家謂「神」歸諸「帝」。由於帝為神之「體」或根源，神則作用，即帝之作用。【236】麥氏只欲指出帝為氣化神妙（神）之實體，不知「帝」之為實體，實可由道德實踐轉化為具有神用之「神體」。

麥氏對道德「神體」未加善會，也可從他理解孟子有關言論見之。他指出孟子有「君子所過者化，所存者神」之說，【237】他依據注疏家，謂神為神妙不測之義。或有譯「神」為 "divine" 者，麥氏加以提醒，謂神妙不測之神，其義歧出：可為真上帝或假上帝；可與上帝同質或由之衍生；可為最卓越之美德以及其超凡入聖之意蘊。麥氏以為孟子此處所謂「神」乃指君子超乎尋常之道德能力。【238】麥氏理解神為君子異乎尋常之道德能力，誠屬正確，但須知君子此超乎平常之道德創造能力即人所以能實踐道德之形而上根據，亦即上文所謂「神體」。此神體則只可屬於真上帝而與之為同質，而不可歸諸偽上帝或由上帝衍生。麥氏一間未達，以致疑竇叢生，終於歧路亡羊。

麥氏對儒教宗教信仰之演進理解不足，而誤會實多。儒教之宗教信仰乃由商代具宗教情識之人格神「帝」或「上帝」，演進為周代具人文精神之「天」，再演進為秦漢之際以及宋代以降具哲學意味之「大一」、「神體」與形而上實體之「理」或「太極」，此與耶教 "God" 之概念由以色列民族保護神演進為具普遍義之上帝略同。唯儒教之「大一」、「神體」、「理」與「太極」雖具濃厚哲學意味，但由於與人格神上帝一脈相承，故並未盡失其傳統之宗教性。【239】麥氏對哲學意味之宗教性實體

【235】《周易正義》，卷九，頁 455。

【236】Medhurst, Theology, p. 278; "Inquiry", pp. 118-21.

【237】《孟子·盡心上》，頁 352。

【238】Medhurst, *Theology*, p. 42.

【239】參考牟宗三：《心體》第一冊，頁 21-22。

未加善會，【240】則於儒教上帝觀念必然認識不深，故輒由表層比附儒教上帝於耶教之"God"，而未嘗深入細論兩者之異同。

抑麥氏後期肯認儒教之宗教性，其中心論旨乃強調「神」相當於英文之"spirit"；「帝」與「上帝」或「天」則大致相當於"God"。麥氏設一問難者之言，謂「帝」之一詞不同於"God"。麥氏答謂，用"God"一詞者，除非以若干觀念加諸其上，否則該詞根本不傳達任何觀念。【241】麥氏既以為觀念不內在於詞語，則暗示"God"之觀念乃出於個人之構想。【242】按麥氏答語涉及觀念在認識論之複雜問題，在此不擬深論。但其所設疑難確為教士在中國傳教時所遭遇之嚴重問題。文惠廉與衛三畏以及反對「上帝」為"God"譯名著稱，二人皆指出祭祀上帝（天）乃統治者特權，非平民所能參與。【243】另一反對者蘇律斯威士基（Schereschewsky）則以為，所謂上帝與天同一，係儒士之見，庶民未必有此想法。【244】按此即涉及上帝（天）之觀念於思想和意識形態之差別。【245】如自儒教思想層次言之，「上帝」(「帝」) 一詞實最隣近耶教"God"之觀念。在與文惠廉激辯中，麥氏嘗質問文氏，是否由於中國人傳統之上帝觀念未具備耶教上帝之完整意蘊，吾人即可忽視其所含

【240】或謂麥氏覺察中國宗教景觀永遠處於變化狀態，以致予人前後不相一致之印象，〔見 Irene Eber, "The Interminable Term Question", in Eber, et al (ed.), Bible, p. 139。〕實則麥氏並未從中國宗教之變化中體會其定常的一面。

【241】Medhurst, "Inquiry", p. 238.

【242】參考 Eber, "Term Question", pp. 141-42。

【243】Medhurst, "Reply", p. 642; Eber, "Term Question", p. 157.

【244】Eber, "Term Question", p. 153.

【245】祭天為儒教三祭之一。帝王之祭天由於政治之需要，故屬於意識形態而與儒者重報本返始之思想不同。抑儒士與庶民雖不能以帝王之禮祭天，卻未嘗不可私下祭天〔見《四書補註備旨》，卷六，頁29。〕唯庶民祭天所以祈福，是亦為一意識形態而有別於儒者。

具之若干上帝觀念而加以揚棄？【246】麥氏之質問，顯示其非從狹隘宗教立場，而從較廣之文化層次以正視「上帝」譯名問題。他參考大量文獻，在中國文化主流之儒教古代經典中，覺察儒教關於上帝之思想與耶教 "God" 的觀念最為相似。但須說明者，麥氏雖視一般教士較能分辨儒教在思想與意識形態之不同，並認識儒教不造上帝之偶像而與道教有別，【247】但由於要面對整個中國社會傳播耶教，他不但未嚴格使「上帝」觀念限於儒教思想層次之內，而且使之與儒教甚至道、釋二教之意識形態相混淆。【248】麥氏用心固可理解，但此舉不免使上帝之觀念模糊不清，故麥氏最終不得不承認，如欲覓一純粹而毫無歧義之詞以稱呼 "God"，則於中國傳統詞語中實無一恰如其分者。【249】可見麥氏在譯名之爭論中，雖努力求同存異以期溝通耶儒，但也客觀認識中西文化之巨大差異。職是之故，麥氏雖甚早即覺察中華文化乃構成傳教之障礙，【250】但不似米憐，必欲摧毀此障礙。【251】麥氏於晚期深入較論耶儒後，寧視兩者之差異為一挑戰，而努力加以溝通，此為麥氏特出於其前輩之所在。抑麥氏後期較論耶儒同異而肯定儒教之宗教性，雖未進而確論儒教經典之神聖性，亦未論定儒教為世界宗教之一，但其旨意無疑向此而趨。稍後之理雅格與慕勒（Max Müller）即正式列儒教經典為世界神聖經典並定位儒教為世界宗教。【252】衡以麥氏對儒教經典之認識，尤其是確認儒教「上帝」為耶教之 "God"，麥氏確可視為從「肯定儒教

【246】 Medhurst, "Reply", pp. 569-70.

【247】 Medhurst, "Inquiry", p. 177.

【248】 Medhurst, *Theology*, pp. 244-49; "Inquiry", pp. 131; 213-15; 330; 349-52.

【249】 Medhurst, "Inquiry", p. 242.

【250】 Medhurst, *China*, pp. 120-21.

【251】 Milne, Retrospect, p. 365 "note".

【252】 Norman J. Girardot, *The Victorian Translation of China : James Legge's Oriental Pilgrimage* (Berkeley : University of California Press, 2002), p. 12.

宗教性」過渡至「確定其為世界宗教」之關鍵人物。

結語

麥氏為十九世紀耶教東傳的先驅之一。其傳教生涯可分兩期：前期在南洋，後期則在上海。他前期在南洋的活動，以學習中華語文。從事口頭與文字傳教以及出版與編輯書刊為主。其活動範圍雖不出其前輩如米憐等之外，但也有其特出之處。如對華語之學習，除官話外，他兼學習福建方言。麥氏此舉旨在平衡學者教士與巡回教士之偏差，以期擴大耶教之影響力。他對於文字傳教以及出版與編輯書刊也超越耶教只重以福音救贖之窠臼，而兼重世俗之課題。尤可注意者，麥氏鑒於南洋華僑固守中國傳統而排斥耶教，乃熱衷於比較中西文化。他一則指出西方之優勝，以糾正華人由華夷之辨所產生的民族優越心理，并期望由此轉變能導引華人歸向耶教。另一方面，麥氏則顯示中華文化之悠久，以扭轉十九世紀西方對中華文化隔閡與輕蔑之態度。[253]他雖覺察中華文化主流之儒教對耶教之傳播構成障礙，但他不作偏激之反應。反之，他以持平之心，依理性與儒教相周旋。如非議儒教祭祖流於迷信，即顯然以理論理性為出發點。按祭祖流於祈福之迷信，乃儒教祭祖思想往下層滲透所形成之意識形態，麥氏依理論性加以批判，本無不可；但儒教之祭祖，如自思想層次言，則非偶像崇拜而實具深邃之宗教性。[254]此非理論性

---

[253] 張隆溪（Zhang Longxi）謂十九世紀西方人親中國為「終極之異類」（Ultimate Other）。見所撰 " The Myth of the Other : China in the Eyes of the West ", *Critical Inquiry* 15 (1992), p. 110.

[254] 史華慈（Benjamin I. Schwart）指出中國人藉某種有機關係，使去世祖先與子孫維繫，以致祖先崇拜成為中國宗教之基本取向。參考氏著：*The World of Thought in Ancient China* (Cambridge Mass. and London : Harvard University Press, 1985), pp. 20-21.

所能測度，而須本實踐理性從事道德踐履以體會之。麥氏既依理論理性以批判儒教各種意識形態，復以為宗教與科學以及自然哲學屬於同一層次，故不但在晚年所主編的《遐邇貫珍》藉科學以傳教，而且寄望教士盡速掌握科學知識，俾以最新發現之自然與經驗哲學傳授華人，以期華人受引導而皈依耶教。實則耶教之為宗教，與科學及自然哲學不同一層次。【255】故不似後者可由理論性加以理解，而須由實踐理性以體會。麥氏欲從事耶儒接觸而期望有所成就，必須扣緊實踐理性為說。

麥氏早期雖有志於依中西文化比較之大前提以考察儒教，但由於着重從理論理性以批判儒教各種意識形態，復囿於地理環境，其成效並不彰著。如所周知，南洋為化外之區，麥氏平日所接觸之民眾，類多文盲或知識水平不高者。他在當地既無由從學於碩學通儒，也無從博覽中華文獻典籍。職是之故，麥氏早期對儒教的考察乃不免流於粗淺。諸如他否認儒教之宗教性，又認為在儒教典籍中，「神」乃"God"最適當之漢譯。凡此皆可視為不成熟之見解。他復嘗試藉儒教之經典與普及讀物的編排方式，以宣傳耶教，也由於流為形式而成效不著。但在另一方面，他編輯字典與出版各種刊物以及翻譯《書經》，則為客觀的學者事業，而初步奠定其傳教士漢學家之地位；也為日後耶儒進一步接觸奠立基礎。

麥氏展現其重要業績及在定居上海之後。他後期對耶儒接觸之貢獻，以修訂漢譯《聖經》最為彰著。他主導《聖經》之修訂，前後歷時

【255】英、美之耶教自然神學以洛克（John Locke, 1632-1704）之經驗哲學為依歸，尤以里德（Thomas Reid, 1710-96）之蘇格蘭實在論（Scottish realism）為主要依傍。據此，固可視耶教與自然科學或哲學為同一層次；但從主張批判哲學之康德視之，則兩者乃分屬不同層次，即前者屬實踐理性，後者則屬純粹理性（理論理性）之層次。

二十年。在此期間，他所解決之最重要問題，乃為"God"一辭選擇一最適當之漢譯。1847年，他確定以「上帝」為譯名。此一譯名雖未獲當時所有在華教士之共識，但麥氏得中國助手大力協助，於論定該譯名之過程中，對凡涉及「神」與「上帝」二辭之中國文獻搜羅殆盡而詳加論列，其勞績不容抹煞。按神與上帝之含義在各種中國文獻中，因家派之異而有所不同；對於神與上帝的解釋，歷代注疏家也因立場不同，而不免有所歧異；尤當注意者，各家有時表面相似，而實質有差別。麥氏只選擇表面有利於一己論點的解釋，而未細辨其家派之思想差異，此對中國文獻缺乏解釋學之準則，固非嚴格漢學家之態度。但如從他所主要依據的儒教經典而言，他論證上帝為萬物之源，亦為天國唯一主宰與統治者；另一方面，則以「神」為「神明存有」之通稱而不具備上帝特質，由此論定神之地位不能與上帝相侔。凡此論證則符合儒教之上帝與鬼神觀。麥氏之為傳教士漢學家，其地位遂因此而提高。此外，麥氏為論證"God"之譯名，更旁徵博引希伯萊、希臘、拉丁與阿拉伯文獻以及近代著名西方學者之意見，麥氏之困心衡慮，無疑為耶儒接觸甚至中外文化交流開拓一前所未有之視野。抑麥氏所論證的上帝一譯名，如就儒教思想層次言，可謂最隣近"God"之本義。麥氏主要依據儒教經典和耶教文獻，而排比溝通耶儒最重要之軸心概念。自此之後，「上帝」一詞漸為在華教士接受。1920年後，採用上帝為譯名的《新、舊約全集》權威譯本即佔絕大多數。於是相對言之，耶教教士遂能以儒教「上帝」之名，準確傳播"God"之奧旨，然則麥氏論定上帝為"God"譯名之重大意義豈容忽視！

　　麥氏早年對儒教習俗、禮儀不稍寬容，即使至晚年，亦嘗以為儒教之思想遠遜於耶教。但麥氏溝通耶儒之間最為重要的一個概念，卻表現他接觸不同文化所持的遠見。具言之，他對耶儒之差異，不以宗教獨斷態度否定對方，而在文化上持守求同存異的立場。耶教神學向來偏於獨斷，輒以耶教教義為唯一真理。教士持此態度入華傳教，鮮能避免涉入

文化帝國主義之嫌。【256】唯有超越此格局，然後耶儒之間平等的文化對話才有發展之空間可言。麥氏於主持「委辦本」修訂時，對儒士王韜在譯文中流露之孔子思想能曲為容忍；【257】抑有進者，麥氏在其主編之《遐邇貫珍》提倡擷取中外之善端和美行，「俾兩家日臻於洽習，中外均得其裨。」麥氏於文化，主張中外相與取長，顯示其在華傳播福音而能兼容中華文化之長。此一態度顯然與基要主義的獨斷思維不同，而較隣近於早期耶穌會士注重調和天主教和儒教之差異。但耶穌會士傳教重點乃針對上層儒士，麥氏則除在學術文化爭取儒士認同之外，也不忽視向庶民大眾傳教。即由於麥氏兼顧平民大眾之傳教方針，遂對意識形態與思想區分不嚴，而常使儒教之意識形態與思想相混淆，或以儒教之意識形態取代其思想。麥氏在後期由於對儒教經典浸濡日深，復與儒士交游日廣而受其影響，雖已較能認識儒教在思想與意識形態之差異，但此一自覺只表現於客觀學術研究，一旦涉及傳教學的策略（Missiological Strategy），他即流露主觀意願，而籠統論列儒教的意識形態與思想，可見麥氏殊難維持純粹漢學家的身分。麥氏之為傳教士漢學家，其傳教士形象實較為顯著。對麥氏而言，因為必須同時面對上層儒士與下層民眾，而籠統並論儒教思想與意識形態，此舉顯然為傳教之方便；但自儒教想想之真諦言之，則不免因此遭受歪曲。此外，對儒教最高信仰對象由古代具宗教情識之人格神，演進為具道德創造意味之形而上實體，麥氏也未有相應之體會，故動輒批評宋明儒教污染古代儒教，此則反映其對儒教人文精神的認識有所不足。

【256】關於「文化帝國主義」之定義，參考 William R. Hutchison, *Errand to the World : American Protostant Thought and Foreign Mission* (Chicago : University of Chicago Press, 1987), p. 204。

【257】王韜協助麥氏修訂《聖經》，謂麥氏於「刪訂文字，皆係所主裁斷。」〔見所撰：〈與所親楊茂才〉，《弢園尺牘》（香港，1876年），卷二，頁1。〕然則麥氏不刪削王氏譯文所流露的孔子思想，即可見其容忍儒教之一斑。

麥氏對儒教的精神面貌誠然有所歪曲或體認不足，他所從事的耶儒接觸工作對當時中國社會也未見立竿見影的影響。但後人如能設身處地，則對麥氏之評論或不至於吹求。麥氏傳教生涯之後半期，因中國關放五口通商而進駐人文薈萃之上海，他雖因此對中華文化有較深認識，但儒教體大思精，而系統複雜，雖以麥氏之勤奮精進，終難免有所未逮。抑自一方面言之，麥氏所處之環境與機遇固視馬禮遜與米憐為優，但在另一方面，則因鴉片戰爭後中國士人感受外侮，而加深對耶教之蔑視與恐懼，故除少數信徒外，【258】儒教中人對麥氏包容耶儒差異之態度類多未作相當之回應。【259】於是當時耶儒在文化方面之接觸，只停滯於單向軌道或意識形態之層次。但對麥氏言之，他為耶儒接觸所提供的發展空間，為日後二教接觸展現一正確方向，【260】則殊堪重視。

【258】茲舉當時著名耶教徒與神學家何進善（Ho Tsun-Sheen）為例。何氏曾就讀於馬六甲英華書院，於1838年受洗禮，並於1846至1871年間出任牧師職。何氏發表大量著述，對耶儒二教作較為深入的闡述，費業仁（Lauren Pfister）因此推崇其為第一位中國現代神學家，見所撰："A Transmitter but not a Creator, Ho Tsun-Sheen (1817-1871), The First Modern Chinese Protestant Theologian" in Irene Eber, et al (ed.), *Bible* pp. 165-97。

【259】如王韜只以僱員而非平等合作身分協助麥氏修訂《聖經》，加以其文士情調勝於儒教學者之文化關懷，故對耶儒接觸事業殊乏興味。其他賢如郭嵩燾，則只慕墨海館之名而與麥氏交接，於耶教對儒教之衝擊或耶儒之差異皆未加正視。至於太平天國立國後，雖再版麥氏與郭實獵修訂之《救世主耶穌新遺詔書》，復刪節並再版《神理總論》（後改稱《天理要論》）。但太平天國諸人所攝取之耶教教義，不論洪秀全之「基督教化的儒教」或洪仁玕之「儒教化的基督教」〔參考簡又文：《太平天國與中國文化》（香港：南天書業公司，1968，頁34-36。〕皆非從文化最高之思想層次對耶儒所作之融攝。

【260】長期協助麥氏漢譯《聖經》之施敦力，即在麥氏下世前兩年撰成《耶穌教或問》一書〔上海，1855年〕。該書仿朱熹問答體，以一百問題說明耶儒之同異。〔該

抑麥氏以求同存異之態度對待耶儒之接觸，充類至盡，固然只及於「宗教之間的對話」（interreligious dialogue），而未臻於「宗教之內的對話」（intrareligious dialogue），故麥氏尚未能由此進一步融會二教之教義。若視十六世紀耶穌會士如利瑪竇輩之融合天主教與儒教，麥氏之功雖然不免略遜一籌；但自十九世紀四十年代以降，西方列強以武力懾服中國，耶教中人輒趾高氣揚，而蔑視對中華文化調適的需要，麥氏在文化帝國主義（cultural imperialism）或東方學之理智殖民主義（The intellectual colonialism of orientalism）之氛圍下，卻能從文化層次包容耶儒之差異，而預示十九世紀末一重要文化圖象，即從事於比較不同文化與宗教之相對與多元性。即此言之，麥氏之貢獻至為顯著。

小冊現存 The Oriental Manuscript Room of the British Museum；并參考 Wylie, *Memorials*, p.106〕至於麥氏另一同工理雅格則受麥氏影響而對儒教產生興趣。其翻譯儒教經典亦受麥氏譯《書經》之激發，〔見 Girardot, *James Legge's Oriental Pigrimage* pp. 41-43〕。其後，理氏遂遍譯儒教經典，〔即 *The Chinese Classics* 5 vols. revised edition, Oxford University Press, 1895; reprint, Hong Kong : Hong Kong University Press, 1960〕而以較論及融合耶儒為能事〔參考 Girardot, *James Legge's Oriental Pilgrimage*, p. 48〕。

35

景印香港新亞研究所《新亞學報》（第一至三十卷）

論《新世訓》對中庸之道的新詮釋

翟志成*

提要

　　中庸既是儒門最高理想，也是儒家最重要的思想方法。中庸即功夫即本體而又能無時不中的「時中」的特質，使得一切既定或凝固的範式、標準和教條都變得全無用武之地；但其變動不居的流動性，也造成了中庸在操作上的巨大困難。本文的第一部分，分析了歷代中庸奉行者們為了跳脫此一困局，發展出一套「兩端取中」的思考和工作模式，而他們也正因為此一凝固的模式，事實上使自己變成了孔子所最厭惡的「鄉願」。本文的第二部分，勾勒了近代思想史上由譚嗣同到魯迅到毛澤東反中庸思潮的波濤洶湧。並特別以歐陽漸為例，證明反中庸的激進主義思潮，甚至在文化保守主義營壘中，也留下了時代和思想的鮮明烙印。本文的第三部分，也是本文最主要的部分，集中分析了馮友蘭如何在舉世反中庸的激進主義大潮中，通過自己對中庸的新詮釋，力圖廓清世人對中庸的誤解和曲解，並設法對過激、過分和過火的文化現象有所批判與糾正。本文既肯定了馮氏的理論創獲，同時也指出其內在理路的某些限制和不足之處。

引言

　　為了把後「五四」時期業已失根兼解體的傳統道德重新加以選擇和

---

*中央研究院近代史研究所副研究員。

組合，注入之以新血，並根據抗戰時局的需要重新詮釋之，俾便為當時社會上各階層的人倫日用，提供一整套合理易行的生活方法，馮友蘭在一九四〇年七月出版了《新世訓》。該書共用了十個篇章，反覆闡釋和介紹了十種生活方法。其中包括「尊理性」第一、「行忠恕」第二、「為無為」第三、「道中庸」第四、「守沖謙」第五、「調情理」第六、「致中和」第七、「勵勤儉」第八、「存誠敬」第九，以及「應帝王」第十。根據馮氏的說法，該書由第一至第九種生活方法，是「凡生活底人」都必須多少依照之或「完全依照之」的。【1】而第十種生活方法「應帝王」，是他專為國家的首領或最高統治者而特別添寫的；除了國家的首領或最高統治者必須多少依照之或「完全依照之」之外，而其他的人並不必特別加以理會。【2】如果從思想史的淵源而論，《新世訓》除了「為無為」與「應帝王」這二章，是從道家的哲學轉手之外，其餘八章均脫胎自儒家的義理。《新世訓》對道家的新詮，主要的聚焦點是道家系統的核心觀念「無為」，而魏晉的新道家尤其是郭象的「無為」觀念，正是馮友蘭發展其新「無為」觀的最重要思想資源。由於《新世訓》的「為無為」與「應帝王」這二章，筆者在〈《新世訓》與道家的「無為」哲學〉一文中，已對馮友蘭如何在郭象觀念的啟迪之下，為適應當前抗戰的中國社會的需要，發展出「因勢而為」、「順理而為」，「率性而為」和「無所為而為」這四種新的無為觀，作出了相當深入而細緻的討論，【3】為免重覆，本文不擬再涉沒道家的勝意。又由於該書的第五章「守沖謙」、第六章「調情理」、第七章「致中和」、第八章「勵勤儉」，以

【1】馮友蘭，《新世訓》，《三松堂全集》，收入氏著，《三松堂全集》（鄭州：河南人民出版社，1985），卷4，頁381。

【2】馮友蘭，《新世訓》，頁498。

【3】該文最早發表於北京大學主辦之「紀念馮友蘭先生誕辰一百一十周年」國際學術研討會（2005年11月5-6日），該研討會之論文集將於2006年底在北京正式出版。

及第九章「存誠敬」，馮氏的疏解，與傳統的疏解並無重大的差異，因之也欠缺新意，而其頗有新穎見解的「尊理性」和「行忠恕」二章，也業已在筆者的〈中國傳統道德的新詮釋：論《新世訓》的「尊理性」與「行忠恕」〉文中被充分討論過；[4]職是之故，本文祇擬把注意力，聚焦在對《新世訓》第四章「道中庸」的討論和剖析之上，而不必再談及其他。

中庸既是儒門最高理想，也是儒家最重要的思想方法。中庸即功夫即本體而又能無時不中的「時中」的特質，以及其本身不可化約、不可設定和不落言筌的變動不居的流動性，使得一切既定或凝固的範式、標準和教條都變得全無用武之地；但其「時中」的流動性，也造成了中庸在操作上的巨大困難，甚至幾乎完全無法運作。本文的第一部分，分析了由先秦到宋明的中庸奉行者們，如何為了跳脫此一困局，發展出一套「兩端取中」的思考和工作模式，而他們也正因為此一模式，事實上使自己變成了孔子所最厭惡的「鄉願」。

由於愈來愈把中國文化視作救亡圖存的主要障礙，以及把「鄉願」視為亡國滅種的禍根與亂源，自晚清以來，愈來愈多激進的知識分子出於對中庸的強烈憎惡，逐漸發展出「矯枉必須過正」的思考和工作模式，以之與中庸之道針鋒相對。本文的第二部分，勾勒了由譚嗣同到魯迅到毛澤東反中庸思潮的波濤洶湧。反中庸的激進主義思潮，甚至在文化保守主義營壘中，也留下了時代和思想的鮮明烙印。本文特別介引了文化保守主義重鎮歐陽漸（字竟無），是如何不遺餘力地攻訐「鄉願中庸」和鼓吹「狂狷中庸」精神。

本文的第三部分，也是本文最主要的部分，集中分析了馮友蘭如何在舉世「尚左」的激進主義大潮中，通過自己對中庸的新詮釋，力圖廓

---

[4] 參見翟志成，〈中國傳統道德的新詮釋：論《新世訓》的「尊理性」與「行忠恕」〉，《新亞學報》，卷24（2006年1月），頁201-240。

清世人對中庸的誤解和曲解,並設法對過激、過分和過火的文化現象有所批判與糾正。本文既肯定了馮氏的理論創獲,同時也指出其內在理路的某些限制和不足之處。

一、中庸的理論預設及其基本侷限

在儒學傳統中,「中庸」既被儒家推崇為至高無上的道德律則,[5]同時又被儒者推許為待人接物不可或缺的最確當的方法。[6]〈中庸〉原屬於小戴《禮記》中的一章。關於〈中庸〉的作者,相傳為孔子之孫子思所作。司馬遷《史記‧孔子世家》亦有「子思作〈中庸〉」之語。[7]但到了近代,學者們根據〈中庸〉第二十六章的「載華嶽而不重」,以及第二十八章的「今天下車同軌,書同文,行同倫」等文字,傾向於斷定〈中庸〉是秦、漢時的作品。而馮友蘭則從思想史的傳承關係,認為〈中庸〉雖在編輯入小戴《禮記》時,混入了秦、漢儒者的某些觀念,但其所發揮者,主要仍然是思孟學派的義理,故其作者似仍應為子思。[8]〈中庸〉是否為子思所作,不是本文討論的範圍。但無論如何,宋明理學家都一致認為〈中庸〉是子思傳授給孟子的「孔門傳授心法」。[9]〈中庸〉經由朱熹之手把它從小戴《禮記》中割裂出來,編纂為《四書集註》

---

[5] 孔子曾說過:「中庸之為德也,其至矣乎!民鮮久矣。」引自《論語‧雍也》篇,朱熹,《四書集註》(臺北:世界書局,民69年重印),頁40。

[6] 孔子曾說過:「道也者,不可須臾離也,可離非道也。」朱熹云:「道者,日用事物當行之理,皆性之德而於具心,無物不有,無時不然,所以不可須臾離也。」引自朱熹,《中庸章句》第一章,《四書集註》,頁2。

[7] 司馬遷,《史記‧孔子世家》(北京:中華書局,1995),冊2,頁1946。

[8] 馮友蘭,《中國哲學史》(重慶:商務印書館,1944年重印),冊上,頁446-448。

[9] 見朱熹之《中庸章句》題解,朱熹,《四書集註》,頁1。

中的《中庸章句》，從而成了元、明、清三朝開科取士的考試用書和所有學子必須熟習的經典。

　　顧名思義，中庸的「中」字，意即不偏不倚，「無過不及」（無「過」亦無「不及」）；[10]而中庸的「庸」字，意即「應用」。[11]合而觀之，所謂「中」「庸」，意即「用」「中」；亦即要把不偏不倚，無「過」亦無「不及」的原則，應用到人倫日用及其他的一切事物中去。但中庸的「庸」字，除了「應用」之外，還有「平常」[12]和「不易」[13]這二種意涵。所謂「平常」，是指「中」的原則之最容易被理解，也最容易付諸實行的易知易行性。所謂「不易」，是指「中」的原則之放諸四海而皆準的不可改變和不可違逆性。不過，中庸也最容易被誤讀，以致早在孔子講學時期便已在儒門引起了許多的誤解或誤會。為什麼中庸會如此容易被誤讀、誤解或誤會呢？究其原因，其故有三。其一，在強調中庸的易知易行性和不變性的同時，儒典又常常強調中庸的難知難行性和不可測性。孔子曾說過：

> 君子之道費而隱。夫婦之愚，可以與知焉，及其至也，雖聖人亦有所不知焉；夫婦之不肖，可以能行焉，及其至也，雖聖人亦有所不能焉。天地之大也，人猶有所憾。故君子語大，天下莫能載焉；語小，天下莫能破焉。《詩》云：「鳶飛戾天，魚躍于

---

[10] 朱熹注《中庸章句》之「中」字云：「中者，不偏不倚，無過不及之名。」朱熹，《四書集註》，頁1。

[11] 《書・大禹謨》：「無稽之言勿聽，弗詢之謀勿庸。」許慎，《說文・用部》云：「庸，用也。」

[12] 朱熹注《中庸章句》之「庸」字云：「庸者，平常也。」朱熹，《四書集註》，頁1。

[13] 程頤云：「不易謂之庸。」轉引自《中庸章句》題解，朱熹，《四書集註》，頁1。

淵。」言其上下察也。君子之道,造端乎夫婦;及其至也,察乎天地。【14】

朱熹在注釋「君子之道費而隱」句時,嘗以「用之廣」釋「費」,以「體之微」釋「隱」,【15】但朱熹對「費」字的疏解,與經文的原意並不盡合。其實,「費」字除了有費用、損耗、散去之財用等「用之廣」的涵意之外,還另有其「光明」的涵意。《楚辭‧招魂》云:「晉制犀比,費白日些。」王逸注:「費,光貌也。」此即是其明證。由於朱熹忽略了「費」字另有「光明」的涵意,他的注釋,便可能使原來並不難懂的經文變得晦澀不明。「君子之道費而隱」之「費」,應該被解作「明白」(即「光明」),而不應被解作「用之廣」。該句的正確解釋應是:「君子之道,既明白易懂,又隱微難料。」職是之故,經文前半段的大意,又可意譯為:「中庸的道理,就其明白易懂(「費」)方面而言,雖愚夫愚婦亦能理解,可以遵行;但就其隱微難料(「隱」)方面而言,雖聖人亦不能完全理解,也不可能完全遵行。」若聯繫到經文後半段所引申的「大」、「小」和「上」、「下」觀念,以及最末的「君子之道,造端乎夫婦;及其至也,察乎天地」句,則明顯可見,經文是以「小」、「下」、「造端」繫於「費」,以「大」、「上」、「至」屬於「隱」。朱熹則以「化育流行,上下昭著,莫非此理之用,所謂費也。然其所以然者,則非見聞所及,所謂隱也」,【16】對經文的勝意進一步加以引申發揮。按照朱熹的疏解,中庸的規範,包天包地,世間的萬事萬物無一能逸出其規範之外;但絕大部分人遵循此一規範,祇是處於「百姓日用

【14】引自《中庸章句》第十二章,朱熹,《四書集註》,頁7-8。

【15】見《中庸章句》第十二章「君子之道費而隱」句之朱熹注,朱熹,《四書集註》,頁7。

【16】見《中庸章句》第十二章「言其上下察也」句之朱熹注,朱熹,《四書集註》,頁8。

而不知」的自然狀態；他們遵循此一規範，但卻不知為什麼要遵循此一規範。由絕大部分人皆遵循此一規範之故，可說中庸之易知易行（「費」）；而由絕大部分人皆不知為什麼要遵循此一規範之故，可說中庸之難知難行（「隱」）。

其二，乃緣於中庸的適用於一切事物，故有其不可窮盡性。朱熹云：

> 君子之道，近自夫婦居室之間，遠而至於聖人天地之所不能盡，其大無外，其小無內，可謂費矣。然其理之所以然，則隱而莫之見也。蓋可知可能者，道中之一事，及其至而聖人不知不能。則舉全體而言，聖人固有所不能盡也。侯氏云：「聖人所不知，如孔子問禮問官之類；所不能，如孔子不得位，堯舜病博施之類。」[17]

其三，也是最重要的原因，乃緣於中庸本身的不可化約、不可設定和不落言筌的變動不居的特性。中庸的根本宗旨，是強調待人處事的「恰到好處」。朱熹以「不偏不倚，無過不及」這八個字來詮釋中庸，[18]可謂得其神髓。但是，「恰到好處」卻偏偏最難以把捉。《論語‧先進》篇曾記載了一個著名的故事：孔子的學生子路和冉有都曾以相同的問題求教於孔子：「聞斯行諸？」（聞道之後是否應立即付諸實行？）孔子對子路的答覆是「有父兄在，如之何聞斯行之？」對冉有的答覆卻是「聞斯行之！」為什麼對相同的問題給予完全相反的答案？孔子對另一學生公西華加以解釋：「求也退，故進之；由也兼人，故退之。」[19] 子路

---

[17] 見《中庸章句》第十二章「天下莫能破焉」句之朱熹注，朱熹，《四書集註》，頁7-8。

[18] 見《中庸章句》第二章「君子中庸，小人反中庸」句之朱熹注，朱熹，《四書集註》，頁3。

[19] 語見《論語‧先進》篇，朱熹，《四書集註》，頁73。

的資稟是好勝勇為，而常失諸冒失躁進，故孔子命其需先與父兄商量，謀定而後動；而冉有的資稟是軟弱多慮，而常失諸逡巡畏縮，故孔子命其聞義即行，而不需再與父兄商量。【20】「聞斯行之」對軟弱的冉有正是「恰到好處」，對冒失的子路便可能變成了催命毒藥。由《論語》上的例子加以類推，不僅做不同的事情，有不同的「恰到好處」；即使做同樣的事情，張三的「恰到好處」未必是李四或王五的「恰到好處」；甚至張三今日的「恰到好處」，未必就是他昨日或明日的「恰到好處」。總而言之，待人處事的「恰到好處」，會伴隨著不同的個人面對著不同的時空背景而經常更變，從來就沒有一個固定不變的標準，而祇能以每一個特殊的個人根據其具體的經驗而自訂標準。孔子把每個人根據其具體經驗而訂的「恰到好處」的標準稱之為「時中」。【21】明顯地，這種自訂標準或「時中」的結果，便祇能是每個人對每一件事情的「自我判斷」。雖然朱熹在注釋「時中」時曾說過：

> 君子之所以能為中庸者，以其有君子之德，而又能隨時處中也。……蓋中無定體，隨時而在，是乃平常之理也。君子知其在

【20】張敬夫在詮釋孔子這段話時說：「聞義固當勇為，然有父兄在，則有不可得而專者。若不稟命而行，則反傷於義矣。子路有聞，未之能行，唯恐有聞。則於所當為，不患其不能為矣；特患為之之意或過，而於所當稟命者有闕耳。若冉有之資稟失之弱，不患其不稟命也；患其於所當為者逡巡畏縮，而為之不勇耳。聖人一進之，一退之，所以約之於義理之中，而使之無過不及之患也。」〔轉引自朱熹，《四書集註》，頁73-74。〕張敬夫認為同一問題之所以有不同的答案，乃係孔子根據子路和冉有二人資稟的不同，過者退之，不及者進之，從而使二人的行為都能「恰到好處」。張氏的疏解本甚好，但他卻拘泥於行義必先稟命父兄的教條，並以此作為孔子權衡是非對錯的判準，恐不符合孔子的本意。

【21】孔子曾說過：「君子之中庸也，君子而時中。」《中庸章句》第二章，朱熹，《四書集註》，頁3。

我，故能戒謹不睹、恐懼不聞，而無時不中。【22】

朱熹無疑是太過樂觀了。因為，能做到「無時不中」，除了道德之外，至少還需要知識，僅僅依靠「戒謹不睹、恐懼不聞」的道德修養是遠遠不足夠的。並且，即使純粹從道德層面而言，僅僅「有君子之德」也不能保證「無時不中」。因為，要讓每一自我判斷都能做到「恰到好處」或「無時不中」，普天之下，又祇屬於不世出的聖人的特殊專利。【23】並且，根據《中庸》第十二章的經文，即令聖人有時也難免會「有所不知」和「有所不能」。聖人尚且如此，對於絕大多數的常人甚至是君子或賢士而言，他們的自我判斷，往往不是流於「不及」，就是流於「過」，而極難達到「恰到好處」的理想狀態。有鑑於此，孔子曾不勝唏噓：

> 道之不行也，我知之矣，知者過之，愚者不及過也；道之不明也，我知之矣，賢者過之，不肖者不及也。人莫不飲食也，鮮能知味也。【24】

更為嚴重的是，這些犯了「過」或「不及」錯誤的人，又往往自以為是而不肯改絃易轍，而有人僥倖達至「恰到好處」，卻又由於自信心

【22】見《中庸章句》第二章「小人而無忌憚也」句之朱熹注，朱熹，《四書集註》，頁3。

【23】每一個自我判斷都能「恰到好處」，《中庸章句》稱之為「發而皆中節」的「和」或「中和」。儘管宋明儒者強調：「天地萬物本吾一體，吾之心正，則天地之心亦正矣，吾之氣順，則天地之氣亦順矣。」似乎「中和」並不難達至。但宋明儒者同時強調：要做到「心正」和「氣順」，卻又必須以完全「去夫外誘之私，而充其本然之善」，為其先決條件；而唯有聖人，纔能完全「去夫外誘之私，而充其本然之善」。用朱熹的原話，「致中和」是「學問之極功，聖人之能事。」如此一來，祇有「位天地，育萬物」的聖人纔能「致中和」，而「致中和」便毫無疑問成了聖人的專利。均見《中庸章句》第一章之經文及傳注，朱熹，《四書集註》，頁2-3。

【24】《中庸章句》第四章，朱熹，《四書集註》，頁4。

不足而半途而廢。孔子嘆曰：

> 人皆曰予知，驅而納諸罟擭陷阱之中，而莫之知辟也。人皆曰予知，擇乎中庸而不能期月守也。【25】

他甚至相當悲觀地說：「天下國家可均也，爵祿可辭也，白刃可蹈也，中庸不可能也。」【26】「道其不行矣乎！」【27】是故被儒門稱之為最「易知易行」並且「不可須臾離」的中庸之道，反而變得最不易被理解，最不易被掌握和最難以實行。

中庸本身不可化約、不可設定和不落言筌的變動不居的性質，使得一切既定和凝固的教條、標準或規範都全無用武之地，從而給其奉行者帶來無限多的選擇和無限大自由。不過，無限多的選擇和無限大自由，除了給其奉行者的心靈，帶來了解放的極度愉悅和歡欣之外，也帶來了無限多的責任和無限沉重的負擔。英國大思想史家柏林（Isaiah Berlin）曾相當精闢地指出，人心同時存在著追求自由和逃避自由這兩種完全相反的傾向或勢能。人心一方面力圖掙脫有形和無形的一切桎梏和限制，以追求完全的自由；一方面又因無法負荷由自由帶來的責任和重擔，寧願再接受有形或無形的桎梏和限制。【28】絕大多數中庸的信奉者的心理狀態也正與此相類。他們總要設法在每一事物的兩個對極中，機械地求取一個平均值，並認定此一平均值就是「中」，而他們則依照此一平均值來調節自己的視、聽、言、行，便是「用中」或「時中」。這麼一來，他們便把本來不可化約、不可設定和不落言筌的變動妙理，化約和設定

【25】《中庸章句》第七章，朱熹，《四書集註》，頁5。

【26】《中庸章句》第九章，朱熹，《四書集註》，頁5-6。

【27】《中庸章句》第五章，朱熹，《四書集註》，頁4。

【28】Isaiah Berlin, 'From Hope And Fear Set Free', in Henry Hardy ed., *The Proper Study of Mankind: An Anthology of Essays* (New York: Farrar, Straus and Girous, 1998), pp.91-118.

為一凝固不變的教條或規則加以運用。他們之所以如此，一方面固然是出於對經文的誤讀或誤解。《中庸》第六章記載了孔子稱道舜的話：「舜其大知也與！舜好問而好察邇言，隱惡而揚善，執其兩端、用其中於民，其斯以為舜乎！」【29】其中的「執其兩端、用其中於民」句，便易於使人望文生義，誤以為通過量度事物兩端所求取的中，便是中庸恰到好處、無過亦無不及的「中」；而朱熹對該句的注解，更適足以坐實了此一誤會。【30】但在另一方面，也是最重要的方面，還緣於他們委實無法負荷伴隨著自由而來的責任，故寧願把自由連同責任一齊放棄——既然中庸之道是如此的難以理解，難以掌握和難以實行，自我判斷或自作主宰的結果自然是犯錯居多，而自己卻又必須為此承擔錯誤的全部責任和後果，這樣的自由不要也罷！

【29】《中庸章句》第六章，朱熹，《四書集註》，頁4。

【30】朱熹注云：「兩端，謂眾論不同之極致。蓋凡物皆有兩端，如大小厚薄之類，於善之中又執其兩端，而量度而取中，然後用之，則其擇之審而行之至矣。然非在我之權度精切不差，何以與此。此知之所以無過不及，而道之所以行也。」（朱熹，《四書集註》，頁5。）若從朱熹注《中庸》的全部文字合而觀之，朱熹當然不會認為在事物之兩端「量度而取中」，便可求得「無過不及」之「中」。作為《中庸》的注釋者，他必須告訴讀者求「中」的方法；但他又確實無法在方法學上舉例說明，如何纔可以求得事事物物的「無過不及」之「中」。這一進退兩難的困境，便充分呈現在上引的注文中。一方面，他似乎在告訴讀者，中庸便是在事物之兩端「量度而取中」；另一方面，他又要警告讀者，「量度而取中」的先決條件，端賴於「在我之權度精切不差」。在儒家的話語中，「在我之權度精切不差」正是「發而皆中節」的同義語。而唯有修養到聖人境界，才能「發而皆中節」。朱熹在方法學上繞了一個圈子之後，其實又回到聖人的修養功夫，委實令人空歡喜一場。不過，「量度而取中」明白而易為，「在我之權度」幽微而難知。絕大部分的讀者，祇會記住了在事物之兩端「量度而取中」即中庸，而其作為先決條件的聖人境界，大約沒有幾人會加以留意。

誠如朱熹所言,「凡物皆有兩端」,要在事物的兩端中求取一個平均數又有何難?並且,「執其兩端、用其中於民」,既明明白白地記載於儒典,又有朱熹的注釋掛保證,若運作成功的話,一切成績都是屬於自己的;若運作失誤的話,其責任和後果又先有聖人代為負責,後有朱熹替自己分擔。如此的好事往哪裏找?於是,在事物之兩端「量度而取中」,既變成了絕大部分中庸信奉者的思維模式,也變成了他們待人接物的運作公式。

中庸根本的宗旨,本是要反對一切凝固的教條或公式,藉以保障個人對每一事物自我判斷和自作主宰的完全自由。但中庸實際的運作,卻把絕大部分信奉者的心靈,牢牢地桎梏在一條一成不變的機械簡式之中,反而嚴重地剝奪了他們自作主宰和自我判斷的自由。並且,根據此一公式所求得的中,和中庸所嚮往的不偏不倚、無過亦無不及的「中」,不啻是差之毫釐、謬以千里。根據兩端取中的公式,他們往往把十成的事祇作五成,以為若作六成即為「過」,若作四成便是「不及」,還自詡為「適可而止」和「不為已甚」;如果世人對某事有兩種相反的意見,他們便總要在兩者打一個對折,設法兩方面都不得罪,兩方面都遷就討好,以為祇有如比纔算是「不偏不倚」;他們凡事「不求有功,祇求無過」,從不挺身犯難冒險進取,也不鐵肩擔道敢作敢當,以為祇有如比纔不至「好高騖遠」或「暴虎馮河」;他們對文學藝術的創作與欣賞等風雅之事興趣缺缺,而祇關注倫常日用柴米油鹽,以為祇有如比纔不會耽於「奇技淫巧」,纔不會「玩物喪志」。【31】這種人正是孔子和孟子口中的「鄉原」。鄉者,鄉里也;原與愿通,謹厚也。【32】「鄉原」後來又被稱之為「鄉愿」。用現代漢語來說,鄉愿便是鄉里中的

【31】馮友蘭,《新世訓》,頁426-427。

【32】見《孟子・盡心下》「何如斯可謂之鄉原矣」句朱熹注,朱熹,《四書集註》,頁217。

老好人或爛好人。孔子平生最厭惡的正是鄉愿。他說:「過我門而不入我室,我不憾焉者,其惟鄉原乎!鄉原,德之賊也。」[33]一貫文質彬彬的孔子,為什麼一提到鄉愿便一腔憤火、忍不住破口大罵呢?據孟子解釋,其故有二。其一,鄉愿「居之似忠信,行之似廉潔」,一時之間使人「非之無舉也,刺之無刺也」,表面上看不出有什麼的缺點,但實際上卻是「同乎流俗,合乎汙世」,和社會上的腐惡勢力同流合汙。其二,鄉愿「閹然媚於世」的作風,贏得社會上人人稱道、個個喜歡,以為如此便是中庸之道的具體呈現,而他自己也自以為是在行中庸之道,如此一來便不免魚目混珠,似是而實非。[34]世上對某種德行或原則最根本的顛覆和破壞,莫過於摻入似是而非的言行論述,藉以擾亂其定義,混淆和汙染其內涵。因為,德行或原則的定義和內涵,一旦被擾亂、混淆和汙染之後,便宛如被染色的白布,再也難以復其本宗。而信奉者亦莫知所從,甚至會以染色為本初,南其轅而北其轍,馳騁追逐而不知其返。孔子曰:「惡似是而非者:惡莠,恐其亂苗也;惡佞,恐其亂義也;惡利口,恐其亂信也;惡鄭聲,恐其亂樂也;惡紫,恐其亂朱也;惡鄉原,恐其亂德也。」[35]孔子的話,既透露出他對「亂德」的鄉愿的憎惡,更透露出他對中庸之德無法逃離擾亂、混淆和汙染的恐懼和無奈。

綜上所述,中庸若不被化約、設定為一條凝固不變的公式,便幾乎無法操作;但中庸一旦被化約、設定為「兩端量度而取中」的公式,其

---

[33]《孟子・盡心下》,朱熹,《四書集註》,頁217。
[34]孟子的學生萬章問孟子,為什麼孔子把「一鄉皆稱原人,無所往而不為原人」的「鄉原」痛斥為「德之賊」?孟子答曰:「非之無舉也,刺之無刺也;同乎流俗,合乎汙世;居之似忠信,行之似廉潔;眾皆悅之,自以為是,而不可與入堯舜之道,故曰德之賊也。」《孟子・盡心下》,朱熹,《四書集註》,頁217。
[35]《孟子・盡心下》,朱熹,《四書集註》,頁218。

操作雖無問題,但其宗旨卻因之被根本改變,而其奉行者亦不免成了「亂德」的鄉愿。不過,這一近乎無解的兩難,對於絕大部分中庸的奉行者是不成問題的。因為,他們並不知道中庸的不可化約和不可設定性,他們也不知道公式的操作可能造成的嚴重後果。他們祇知道,中庸既然是至高無上的道德律則和待人接物最確當的方法,就必須付諸實行;他們祇知道,中庸唯有被化約、設定為「兩端量度而取中」的公式,纔可以付諸實行。為了付諸實行,他們把中庸變成機械的公式;通過公式的操作和運用,他們又把自己都變成了鄉愿。譚嗣同在《仁學》中指出:「故常以為二千年來之政,秦政也,皆大盜也;二千年來之學,荀學也,皆鄉愿也。唯大盜利用鄉愿,唯鄉愿工媚大盜。二者交相資,而罔不托之於孔。被托者之大盜鄉愿,而責所托之孔,又烏能知孔哉?」[36]譚氏把中國二千多年來的儒士斥之為鄉愿,雖不免過分憤激,但卻也不無道理。

二、「矯枉必須過正」的反中庸的激進主義思潮

從晚清到五四一直到後五四時期,中國激進的知識分子正逐步把中國傳統歷史文化,視為救國保種的主要障礙加以鞭撻和攻訐,中庸之道所受到的批判尤為激烈。之所以會如此,其一是因為中庸既為儒家之最高道德律則,自然難逃反傳統炮火的集中轟擊;其二是既然歷史文化的因襲勢力是如此的頑固,如此的強項,要衝決傳統的網羅,不用霹靂雷霆的過激手段便決不能奏功;要防止被擊潰的舊勢力捲土重來反攻倒算,便唯有窮追猛打犁庭掃穴斬草除根;而宣揚恰到好處、「無過不及」的中庸之道,便不能不首當其衝,成為激進派必須首先加以掃除的對象。魯迅曾用文學的形象思維譬喻,在中國必須要以打掉整幢房子的決

---

[36] 譚嗣同,《仁學》第二十九章(鄭州:中州古籍出版社,1998年重印),頁169。

心和手段強悍而行,方能達到在牆上開一扇窗戶的目的。[37] 而毛澤東則在著名的〈湖南農民運動考察報告〉中,反覆論證了他那「矯枉必須過正,不過正則不能矯枉」的理論,並為湖南各地農會在一九二六年籠罩湖南全省的紅色恐怖之中,動輒對地主和縉紳階級實行抄家、罰款、戴高帽遊街示眾、辱罵、拷打甚至殺戮等一系列「鎮壓反革命」的「過分」和「過火」的暴行,大唱讚歌和大聲叫好。[38] 在全盤性反傳統激進主義的狂飆橫掃之下,凡是或多或少與中庸之道扯得上關係的事物,包括待人接物方面的折衷、調和、寬容、不為已甚和留有餘地、甚至連政治運作所必須的協商、讓步、妥協和改良,都無不被污名化,被當成動搖、軟弱、騎牆觀望、首鼠兩端、姑息養奸、不革命甚至反革命的鐵證,成了大眾文化和國人嬉笑怒罵挖苦嘲弄的對象。其中又以魯迅把行中庸者譬喻為叭兒狗最具典型意義:

> 叭兒狗一名哈吧狗,南方卻稱為西洋狗了,但是,聽說倒是中國的特產,在萬國賽狗會裏常常得到金獎牌。《大不列顛百科全書》的狗照相上,就很有幾匹是咱們中國的叭兒狗。這也是一種國光。但是,狗與貓不是仇敵麼?牠卻雖然是狗,又很像貓,折中、公允、調和、平正之狀可掬,悠悠然擺出別個無不偏激,唯獨自己得了「中庸之道」似的臉來。因此也就為閹人、太監、太太、小姐們所鍾愛,種子綿綿不絕。牠的事業,祇是以伶俐的皮毛獲得貴人豢養,或者中外的娘兒們上街的時候,脖子上拴了細鏈子跟在腳跟後。[39]

魯迅痛恨國人對權勢和上位者慣常表現出一副溫順、馴服、奴顏婢

---

[37] 魯迅,〈聰明人和傻子和奴才〉,《野草》,收入《魯迅全集》,卷1,頁528-531。

[38] 毛澤東,〈湖南農民運動考察報告〉,《毛澤東選集》,頁12-44。

[39] 魯迅,〈論「費厄潑賴」應該緩行〉,《墳》,收入《魯迅全集》,卷1,頁251。

膝的品格,因而想起了狗奴才並連帶痛恨上一切的狗。當他的好朋友林語堂在《語絲》上撰文,公開提倡「費厄潑賴」(fair play),提倡對失敗的政客如段祺瑞、章士釗之流「不應再攻擊其個人」,提倡以「忠厚」和「不打落水狗」的傳統恕道以補充泊來的「費厄潑賴」時,魯迅對狗奴才和狗的憎惡,便如地底的熔岩噴薄而出,揮筆寫出了〈論「費厄潑賴」應該緩行〉這篇驚世駭俗的戰鬥檄文。【40】魯迅以寬恕殺害秋瑾的兇手到頭來反害得自己被慘殺的革命黨督軍王金發為例,證明了「忠厚是無用的別名」,證明了「不打落水狗」,便會「反被狗咬了」。為了不再步入「老實人自討苦吃」的「枉道」,不再重蹈「自家挖坑自家埋」的覆轍,革命者唯有「直道」而行,「以眼還眼,以牙還牙」,對一切咬人之狗都痛打之,尤其是對於自以為獨得「中庸之道」,也最最為魯迅惡憎的叭兒狗,魯迅不禁大聲疾呼:

> 這些就應該先行打牠落水,又從而打之;如果牠自墜入水,其實也不妨又從而打之,但若是自己過於要好,自然不打亦可,然而也不必為之嘆息。叭兒狗如可寬容,別的狗也大可不必打了,因為牠們雖然非常勢利,但究竟還有些像狼,帶著野性,不至於如此騎牆。【41】

魯迅的獅子吼,立刻把林語堂從夢中驚醒。因為,林氏其實也是極端痛恨中庸之道的。早在魯迅的文章發表前的大半年,林語堂便在〈給玄同的信中〉,把中庸視作「老大帝國國民的癖氣」、視作「吾民族昏憒、卑怯、頹喪、傲惰之癰疽」,並把「非中庸」說成是根本改造「吾民族精神」的主要方法之一。【42】林語堂的「非中庸」,還受到錢玄同

【40】魯迅的〈論「費厄潑賴」應該緩行〉一文,撰成於一九二五年十二月二十九日,原刊於《莽原》(半月刊)一九二六年一月一期。

【41】魯迅,〈論「費厄潑賴」應該緩行〉,《墳》,收入《魯迅全集》,卷1,頁251。

【42】林語堂,〈給玄同的信〉,《語絲》,期23(1925年12月),頁18-20。

的極力稱許,譽之為可與吳稚暉、魯迅、陳獨秀三大反傳統領袖分庭抗禮。[43]為了懺悔,也為了表示對魯迅無條件的贊同,林語堂馬上作了一幅漫畫,畫出魯迅手執竹竿痛打落水狗的圖像,並題上「凡是狗必先打落水裏而後從而打之」,刊登在一九二六年一月二十三日《京報副刊》上。不僅如此,林語堂還一連發表了〈討狗檄文〉、〈打狗釋疑〉等文章,繼續引申發揮魯迅「打落水狗」的精神。

魯迅的〈論「費厄潑賴」應該緩行〉,在收入雜文集《墳》時,已是一九二六年底,而毛澤東的〈湖南農民運動考察報告〉則撰寫於一九二七年三月。在中國的所有古人和今人當中,從來沒有一個人能像魯迅那樣,得到毛澤東如此的敬重、推崇和禮贊,[44]而無論從文字的風格和思維的方式,都可看出〈湖南農民運動考察報告〉對〈論「費厄潑賴」應該緩行〉仿傚與因襲的斧鑿痕——儘管我們目前還缺乏毛澤東在撰寫〈報告〉時已讀過《墳》的直接證據。但無論如何,這兩篇由中國近現代史上最有影響力的文化巨人和最有權力的政治巨人所撰寫的重要文章,

---

[43] 錢玄同,〈回語堂的信〉,《語絲》,期23(1925年12月),頁20-23。

[44] 魯迅的「打落水狗」、「一個也不寬恕」的快意恩仇,以及不畏人言、不怕孤立的我行我素、再加上不信邪和反潮流的叛逆精神,使得以「和尚打傘,無法無天」自居的毛澤東,自覺與魯迅氣味相投「精神相通」。毛澤東一生讀得最多的便是魯迅的書,並從中吸取無盡的營養。對於魯迅的為人和魯迅的文章,毛澤東從不吝惜給予最多、最大和最高的讚美。毛澤東曾多次稱許魯迅為「徹底的唯物主義者」、「第一等的聖人」,並自謙是魯迅的私淑學生……而最能體現毛澤東對魯迅的評價,則見於他在〈新民主義論〉中的一段話:「魯迅是中國文化革命的主將,他不但是偉大的文學家,而且是偉大的思想家和偉大的革命家。魯迅的骨頭是最硬的,他沒有絲毫的奴顏與媚骨,這是殖民地半殖民地人民最可寶貴的性格。魯迅是在文化戰線上,代表全民族的大多數,向著敵人衝鋒陷陣的最正確、最勇敢、最堅決、最忠實、最熱忱的空前的民族英雄。魯迅的方向,就是中華民族新文化的方向」。毛澤東,〈毛澤東選集〉(合訂本),頁658。

卻成了革命動員和群眾運動中過分和過當的言論與行為的理論原則和道德依據。魯迅對敵人「一個都不寬恕」，手執竹竿痛打落水狗的趕盡殺絕，毛澤東對階級異己分子「絕不施仁政」，「打翻在地再踏上一隻腳」的心狠手辣，不斷經由文學魅力潤物細無聲的潛移默化，以及政治權力大張旗鼓的教育宣傳，數十年來早已深入人心，成為國人爭相效法和模仿的標竿。對於「反動」階級思想和「反動」分子的批判、打擊、取締和鎮壓，不僅必須過分、過當、過火和過激，而且愈是過分、過當、過火和過激，就等於愈正確、愈革命、愈能「站穩階級立場」和愈好。而凡是主張實事求是和罰當其罪者，大都被視為「動搖」分子或「嚴重喪失階級立場」分子，甚至被視為「叛徒」或「內奸」，成了被批判、鬥爭、清洗甚至屠殺的對象。一俟過分、過當、過火和過激的言行變成了「政治正確」（political correctness）的本色，提倡待人處事必須「無過不及」的中庸或中道思想，在神州大地便再無立足或容身之處。近現代國人習慣把「不及」於「中」的思想、主張和言行稱之為「右」，把「過」於「中」的思想、主張和言行稱之為「左」；而中國近現代思想史上最顯著的特色之一，就是「仇右」、「棄中」和「尚左」。「左」不僅僅是空間的方位或座標，它也不僅僅標示著一種思維的方式和行為的模式；更重要的是，它還代表著一種廣為社會大眾所認可的流行、趨向和價值。當中國這個極其驕傲的老大民族在向現代轉型直面著無比難堪的挫敗和羞辱時，不顧一切地企圖在最短時間內迎頭趕上列強以洗雪國恥，自然成了全民族的集體要求。在欲速、趨新、求變的集體心理籠罩之下，抄近路、炒短線、全盤推翻、徹底改造、雷厲風行和立竿見影，都無不成為打破常規或出奇制勝的必須手段。「左」代表著進步、前衛、正確和革命，而作為其對立面的「右」，則被視為落後、倒退、錯誤和反動。至於介乎二者之間的「中」，則被看作一種暫時的、游離的、流動的、行將被車裂、被分解的，不歸於「左」即歸於「右」的潛勢。祇要條件成熟或時機一到，「中」便會「向上提升」為「左」，或

「向下沉淪」為「右」。在「尚左」的社會集體体心理的影響之下，人們不僅大力反「右」，也大不滿於「中」或不安於處「中」。「左」就是好，甚至愈「左」愈好的思維和行為模式，一旦成為社會的主流，便不可避免給中國近現代的文化史、社會史、經濟史和政治史帶來巨大的禍害。並且，人們在受夠吃足了「左」的各種苦頭之後，仍不願或不敢對「尚左」的思維方式和行為模式，產生怨懟或進行質疑。他們已習慣於把「左」禍的罪魁稱之為「假左派，真右派」，把「左」禍的策略方針定義為「形左而實右」。如此一來，千錯萬錯都不是「左」的錯！因為，凡錯的都不是真正的「左」，凡錯的都祇是「右」——都是那些披著假「左」外衣冒名頂替的「右」！由於「尚左」的思維方式和行為模式一直保持不變，「寧左勿右」自然成了自我保存的制式反應，以及避凶趨吉的不二法門；而國人在受夠吃足了「左」的各種苦頭之後，對於如何預防和如何避免「左」禍的繼續發生，依然還是束手無策一籌莫展。

「尚左」並不是反傳統主義或反體制主義陣營的專利。它甚至在文化保守主義的營壘中也頗有市場。流風所被，連贊成保存國粹的佛學大師歐陽漸，也對「無過亦無不及」的「中道」深致不滿，因之反其道而行，大力提倡「狂狷中庸」。歐陽漸雖一心要從傳統佛學和儒學中吸取思想資源以作「抗戰」「建國」之用，[45]並認定中庸是孔門的根本

---

[45] 歐陽漸云：「佛學淵而廣，孔學簡而晦……毗盧遮那頂上行，六經皆我注腳。求人之所以為人斯已耳，何佛之學？何孔之學？然聖人先得我心之同然者，求然不同，故須需學，孔須學。孔學是菩薩分學，佛學則全部分學也。」〔引自歐陽竟無，〈孔佛概論之概論〉，氏著，《孔學雜著》（濟南：山東人民出版社，1997），頁4。〕又云：「今日者，流血百萬，安全之地乃偃仰棲遲，曾不能掀床露柱，刺激淋漓，而闒閌委蛇，衣食奔走，若不闡明孔子真精神，何以建國，何以全愛，何以慰慘？」（引自歐陽竟無，〈與陶闓士書三〉，《孔學雜著》，頁34。）又云：「君子先志而後事。孝慈之志不立，建國救亡之公忠不植。」（引自歐陽竟無，〈示陶道恕〉，《孔學雜著》，頁34。）唯該書重印時錯字、

大法，【46】認定中庸與佛家的涅槃寂靜相通，【47】認定唯有恢復中庸的真精神纔是實行「抗戰」和「建國」的不二法門，【48】但他卻斬釘截鐵地宣示：中庸的根本宗旨祇是「淵深」與「高明」，【49】而「無過不及」的觀點遠離了中庸的本旨，究其實正是宋儒對中庸的誤解和歪曲。【50】

誤字、脫字，以及標點之錯誤頗多，本文在徵引時逕自加以改動，不再一一加以注明。

【46】參見歐陽竟無，〈中庸讀敘〉，《孔學雜著》，頁9-11。

【47】歐陽漸云：「經明明示爾喜怒哀樂之未發謂之中，陳白沙謂觀未發時氣象是也。未發氣象即《易》之無思無為，寂然不動之寂，亦即佛家之涅槃寂滅。」（引自歐陽竟無，〈覆梁均默書〉，《孔學雜著》，頁37。）又曰：「中庸之素隱不已與修道，話語皆與涅槃寂滅相符。」引自歐陽竟無，〈覆蒙文通書〉，《孔學雜著》，頁52。

【48】歐陽漸云：「人之所以為人者，惻隱羞惡是非之心也。堂下榖觫，堂上不忍，況乎國將亡、族將滅、種將絕。痛之所不勝，不得不大聲疾呼，奔走號咷。……而後舉國震悚，萬眾一心，出其才力智能以自拯。……而後大盜不能移國，神奸不能蠱國，強暴不能噬國。……本人之所以為人之心，以發其至大至剛至直於聲，稱之為夏聲。……吾夏聲一呼，宜乎盡人憤悱而相應以起也。孔子之道不著，軻之死不得其傳，夏聲乃不得不發。夏聲者，孔子之中庸，孟子浩然之氣也。……故曰君子之正人心也，必中庸是由也。」引自歐陽竟無，〈夏聲說〉，《孔學雜著》，頁27-29。

【49】歐陽漸云：「中庸之實，一曰費而隱，逆而窮其源也；一曰微之顯，順而竟其委也。不如是不足盡終始之量也，不如是不足盡中庸之量也。道通為一，非畛非域。中即淵深，庸即高明。亦何怪哉！」引自歐陽竟無，〈中庸讀敘〉，《孔學雜著》，頁9。

【50】歐陽漸云：「道之不明也，一言中庸，而一切過不及之名，平常之名以至。何者過不及？所者平常？但是空言，都無實事。明明經釋喜怒哀樂之未發謂之中。觀喜怒哀樂未發時氣象，即行實地，不勞揣摩。明明經文庸德之行繼以素位而

他甚至斷言，正由於「不識中庸之道」，造成了國人今天的自私自利，懦弱畏葸；造成了國家今天的喪師失地，行將亡國滅種。【51】然則，「無過不及」的宗旨，為什麼會造成如許大的災劫呢？歐陽漸說：

> ……一曰中庸誤解也。中國數千年社會養成不痛不癢之局，職是之由。孔子惡鄉愿，思狂狷；而世偏崇無過不及，處處模稜。及其至也，人格且不堪問，談何改一說，何創制顯庸？蓋中庸實有其事，實地可蹈，非曰明揣度虛而無薄。如所言不偏之中，中無定所；平常之庸，庸墮卑流。中無定所，適足藏奸；庸墮卑流，暴棄之藪。今天下竟談救國建國矣，而中庸之誤解不糾正其可哉？【52】

根據歐陽漸的說法，宋儒以「不偏不倚」和「無過不及」來詮釋中庸的「中」，使得「中」變得漫無標準（「中無定所」）而無法把捉（「明揣度虛而無薄」）；而宋儒以「平常」來詮釋中庸的「庸」，又易使人自安於平庸卑下而不思上進（「庸墮卑流」）。本來，公與私、義與利、善與惡、君子與小人，謀道與謀食、捨生取義見危授命與苟且偷生全軀失

行，素患難行，患難為人君，止於仁即庸德之行也。千有餘年，後儒之說行而聖訓晦，名句之學行而實事疏。否塞晦盲，釀為風俗。沉淵刲股，致死藐諸孤精誠格鬼神，獨不利儒者之口。天下奇男子行人所不能行，而不能以一盼。鄉黨自好者流居之似忠信，行之似廉潔，全家保妻子，簞食豆羹見於顏色，又何恤乎邦之杌陧？黠者於是乘其弊，竊其器，以鉗制一世，而復任艱無伎私熾無智，於是乎日蹙國百里，強者乃吞噬不已。揆厥病源，皆不識中庸之道所致也，而豈細故哉！」引自歐陽竟無，〈中庸讀敘〉，《孔學雜著》，頁9-10。

【51】歐陽漸云：「國都淪陷，院宇圖籍蕩然無存，親戚故人散四方，轉溝壑無可問。敵我年餘，流血死傷不下數百萬。自生民以來，未有如是之惡劫也。搜求其故，皆鄉愿之教造成。捨義取生，貪爭以起，奸偷以熾，獸行漢奸，各以其途而現，大禍乃至斯極，悲哉！」引自歐陽竟無，〈覆李貞白〉，《孔學雜著》，頁48。

【52】引自歐陽竟無，〈覆梁均默書〉，《孔學雜著》，頁37。

節,正邪之間的分判極嚴絕不容混淆;【53】但漫無標準的「中」卻混淆了正與邪的分界,使人在正與邪的兩個對極中模稜兩可(「中無定所,適足藏奸」),而自安於平庸卑下又易於令人自暴自棄(「庸墮卑流,暴棄之藪」);由模稜兩可故,人們並不把向邪的方面傾斜視為過錯;由自暴自棄故,人們為了私利便愈來愈向邪的方面傾斜;最後必會造成了全國上下人心敗壞、人格破產的結局(「人格且不堪問」)。【54】

為了廓清宋儒的「流毒」,歐陽漸把中庸分為「鄉願中庸」和「狂狷中庸」這二大類。所謂「鄉願中庸」,根據歐陽漸的說法,就是相信並奉行「無過不及」的人;這種人祇會生心害事,誤盡天下蒼生。所謂「狂狷中庸」,則本自孔子之教誨。《論語‧子路》記載了一段孔子的話:「不得中行而與之,必也狂狷乎!狂者進取,狷者有所不為也。」【55】經文中「狂」,指的是志向極大但常不免言過其實之人;【56】經文中的「狷」,指的是操守極嚴但常不免孤芳自賞之士。【57】志大言大的「狂」

【53】歐陽漸云:「黑白之於色也,義利之於理也,忠奸之於人也,不嚴其界而故談兼,初假其名,後反其真。今日發現變態怪形以危害邦國者尚何言哉?孔子曰:惡似是而非者,惡利口之覆邦家者。行歧道者不至,事兩君者不容也。目不兩視而明,耳不兩聽而聰,是故君子結於一也。」引自歐陽竟無,〈覆張溥泉書〉,《孔學雜著》,頁44。

【54】歐陽漸云:「天下之理不上即下,豈有中流雜染無誤,豈有安樂忍性動心,亦習偷者之姑息自欺而已矣。夫人豈甘下流哉,無主於中,飢寒逼外,眾習所徇,牽率依違不能自拔,隨風墮溷,漸染漸安而不自覺,緣起於不能捨生,依據於鄉願以立足也。」引自歐陽竟無,〈與陶闓士書三〉,《孔學雜著》,頁33-34。

【55】朱熹,《四書集註》,頁92。

【56】孔子所謂「狂」者,據孟子解釋,指的是「其志嘐嘐然,曰『古之人,古之人』。夷考其行而不掩焉者也。」《孟子‧盡心下》,朱熹,《四書集註》,頁216。

【57】孔子所謂「狷」者,據孟子解釋,指的是其行「硜硜涼涼」且「不屑不潔」之士。《孟子‧盡心下》,朱熹,《四書集註》,頁216。

者勇於「取進」，潔身自好的「狷」者「有所不為」。[58]歐陽漸把狂者的「進取」和狷者的「有所不為」合二而一，統稱之為「狂狷中庸」。唯有「狂狷中庸」纔是孔門的真精神、真血脈，纔是「真孔」；而信奉「無過不及」的「鄉愿中庸」，則與孔門的真精神、真血脈根本相舛，故名之曰「偽儒」。歐陽漸強調：屬於「偽孔」的「鄉愿中庸」流毒中國已有二千餘年，並造成了今日行將亡國滅種的慘禍。要救國保種亦唯有撥亂反正，在摧陷廓清代表「偽儒」的「鄉愿中庸」的同時，大力提倡代表「真孔」的「狂狷中庸」。[59]今日的抗戰建國，中國正面臨著「非常」和「非常非常」的大變局，[60]在此「非常」和「非常非常」的「貞元交會」之際，當然格外需要「非常」和「非常非常」的精神、抱負和作為。而這種「非常」和「非常非常」的精神、抱負和作為，亦唯有「狂狷中庸」始有可能加以引申發揮。因為，唯有「狂狷中庸」，纔會教人求道不求食、重義而輕利、重名節而輕死生；唯有「狂狷中庸」，纔會教人先人而後己、先國而後家，為救國保種拋妻棄子毀家抒難；亦唯有

[58] 朱熹注云：「狂，有志者也；獧，有守者也。有志者能進於道，有守若不失其身。」引自《孟子・盡心下》「狂者又不可得，欲得不屑不潔之士而與之，是獧也，是又其次也」句注，朱熹，《四書集註》，頁216。

[59] 歐陽漸云：「數千年前，儒已墮偽，彼篡此位，此代彼誅，帝閽三十三天，鳴冤何處？……真孔以狂狷為中庸，偽儒以鄉愿為中庸；真孔中庸還我落實，偽儒中庸但有美言。……但有一毫真孔，得福不可道里計，恆河沙數所不能盡，而況全體哉！真孔既分別，人皆知孔矣，孔義不但於抗戰非常多可權借，尤於抗戰建國非常非常足以經宗。」引自歐陽竟無，〈覆張溥泉書〉，《孔學雜著》，頁41-42。

[60] 歐陽漸云：「抗戰是非常時期事，節節非常，應具一段真精神，觸處求益。今之抗戰員元交會，為非常非常時期事。不但非常異昔日之常為非常，又於造他日非常之常與之不異為非常非常。蓋建國也，應具一段超越精神，觸處自在。」引自歐陽竟無，〈覆張溥泉書〉，《孔學雜著》，頁41。

「狂狷中庸」，纔會教人見危授命、捨生取義，為抗日救亡棄頭顱、洒熱血、赴湯蹈火死不還踵。[61] 而「偽儒」的「鄉愿中庸」，便祇會孳生出現在和將來的賣國漢奸。[62]

若聯繫到數以百萬計的中國軍人在抗日戰場上前仆後繼、不惜肝腦塗地粉身碎骨，以血海屍山築成一道又一道衛國保種的萬里長城；若聯繫到無數的中國公民，為了不願做亡國奴而不惜離鄉別井棄子拋家，跟隨著抗日政府在中國的大西南流離播遷艱苦備嚐；中華民族所以國不亡種不滅，所憑籍的正是這種驚天地、泣鬼神的「進取」（狂）與「有所不為」（狷）的精神、抱負和作為。歐陽漸之所以要大力提倡「狂狷中庸」，確有其一番良苦的用心。不過，他為了提倡「狂狷中庸」，竟然把狂者的「過」與狷者的「不及」，說成是孔子的真血脈，並企圖從根本上摧破和顛覆國人對「無過不及」的信仰，把「無過不及」醜詆為「偽

---

[61] 歐陽漸云：「鄉愿所以為德之賊？孔孟何以必取狂狷？蓋相似法流與義利之辨之所以必講也！孔子開口曰『君子謀道不謀食』，孟子開口曰『捨生取義』，必如是充類至義之盡，而義利之界始明，鄉人聖人之分始晰。是則存一毫生望以為學，便是小人喻於利；有一毫苟且淆襲神明不足快，便非君子喻於義。種瓜得瓜，種豆得豆，種子雖微，發生乃大。不辨於初，必墮於終；人禽之分，一成不易。可畏哉！陽明有言：不抉其根，日滋灌培，但培其惡。可懼哉！是則不欲為人則已，如欲為人，則必學聖；不欲學聖則已，如欲學聖，必辨義利以端其趣也。鄉愿不然，謀食不謀道，捨義而取生，既持之有故，言之成理，而凡人又樂易於習俗，而難有出類拔萃之志；如是輾轉相承，無非鄉愿，以兩可為中庸，以淆襲為道義，亦復誰能察覺哉！孟子直指其立足曰閹然媚世，銷青年向上之芽，又直斥其毒害曰為德之賊，明白若是，尚可誣哉！引自歐陽竟無，〈與陶闓士書一〉，《孔學雜著》，頁30。

[62] 歐陽漸曰：「認明生之為利，謀生而徇俗，是鄉愿之根株。……今日鄉愿，他日焉得而不漢奸？」又曰：「力辟鄉愿中庸，救今時漢奸之蔽。」引自歐陽竟無，〈與陶闓士書三〉，〈跋中庸傳寄諸友〉，《孔學雜著》，頁32，50。

孔」、醜詆為「鄉愿中庸」，究其實卻不免嚴重歪曲了孔孟的原意。因為，「無過不及」並不是宋儒對孔子的誤解與曲解，並不是什麼「偽孔」；恰恰相反，「無過不及」正是「中」、「中道」或「中庸」，正是孔子提倡和嚮往的理想境界，因而正是貨真價實的「真孔」。孔子曾說過：「君子之中庸也，君子而時中。」【63】可見孔子以「隨時處中」為君子之德；而「過」與「不及」在孔子心日中，都是不足為訓和不足為法的。謂予不信，可求證於《中庸》第四章。子曰：「道之不行也，我知之矣，知者過之，愚者不及過也；道之不明也，我知之矣，賢者過之，不肖者不及也。人莫不飲食也，鮮能知味也。」【64】明顯地，孔子把「過」與「不及」，視作「道」之所以不能行和「道」之所以不指明的最根本原因。其中的「道」，指的正是「中道」或「中庸」。《論語・先進》也有這麼一段相類似的記載：

　　子貢問：「師與商也孰賢？」子曰：「師也過，商也不及。」曰：「然則師愈與？」子曰：「過猶不及。」【65】

經文中的師與商，即孔門高弟子張和子夏。子張的特色是「才高意廣，而好為苟難」；子夏的特色是「篤信謹守，而規模狹隘」。前者是「過」，後者是「不及」，都沒能得「中」。【66】對於一心嚮往「無過不及」的理想境界的孔子而言，子張的「過」和子夏的「不及」，由於都沒能達到「中」的標準，都是「不好」或「不夠好」的，所以孔子纔會說：「過猶不及」。【67】

【63】《中庸》第二章，朱熹，《四書集註》，頁3。

【64】朱熹，《四書集註》，頁4。

【65】《論語・先進》，朱熹，《四書集註》，頁72。

【66】見《論語・先進》「師也過，商也不及」句朱熹注，朱熹，《四書集註》，頁72。

【67】朱熹在注釋這一段經文時曾引尹氏語：「中庸之為德也，其至矣乎！夫過與不及，均也。差之毫釐，繆以千里。故聖人之教，抑其過，引其不及，歸於中道而已。」朱熹，《四書集註》，頁72。

儘管孔子確曾說過：「不得中行而與之，必也狂狷乎！狂者進取，狷者有所不為也。」【68】儘管孔子在陳時說過：「歸與！歸與！吾黨之小子狂簡，斐然成章，不知所以裁之。」【69】但是，上引孔子的二段話，並不能作為「狂狷」即孔門真血脈或「真孔」的證據，更不能得出「狂狷」即「中庸」，或由「狂狷」推衍出「狂狷中庸」的結論。「狂狷」與「中庸」並非一物。「狂」者是「過」，「狷」者是「不及」，而「中庸」則是「無過不及」。第一段話的劈頭第一句「不得中行而與之」，無非在明示：孔子祇有在「中道」或「中庸」不可再得的情勢下，纔選取「狂狷」；第二段話的最後一句「不知所以裁之」，也無非在明示：孔子祇有必須在「狂狷」與「鄉愿」之間作一選擇時，纔轉而稱許「狂狷」。【70】孟子最善學孔子，因而也最能理解孔子的內心世界；他在論及孔子何以會選取和稱許「狂狷」時，曾一針見血地指出：「孔子豈不欲中道哉？不可必得，故思其次也。」【71】總而言之，無論是代表著「過」的「狂」，或者是代表著「不及」的「狷」，祇不過是孔子在不得已退而求其次時無可奈何的選擇。歐陽漸以「狂狷中庸」為「真孔」的說法，是難以成立的。

中國愈進入近現代，「行中庸」的儒者也愈來愈令國人望而生厭。譚嗣同把「行中庸」者醜詆為獨夫民賊的幫閑和幫兇，魯迅把這一類人物醜化為闊太太裙腳下的叭兒狗，而歐陽漸則直斥之為鄉愿……。若尅

【68】《論語・子路》，朱熹，《四書集註》，頁92。

【69】《論語・公冶長》，朱熹，《四書集註》，頁31。

【70】朱熹注「不知所以裁之」句云：「夫子初心，欲行其道於天下，至是的知其終不用也。於是始欲成就後學，以傳道於來世。又不得中行之士而思其次，以為狂士志意高遠，猶或可與進於道也。但恐其過中失正，而或陷於異端耳，故欲歸而裁之也。」朱熹，《四書集註》，頁31。

【71】《孟子・盡心下》，朱熹，《四書集註》，頁216。

就全面攻擊和徹底醜化中庸之道這一方面而言，許許多多的全盤性反傳統主義者與文化保守主義者不僅不再劍拔弩張惡言相向，而且還頗為志同道合惺惺相惜。面對著國將亡種將滅，拯救非常的危局必須施展霹靂雷霆的非常手段，治療非常的沉疴必須服用非常的猛藥，其中的千言萬語千方而計，都凝聚和濃縮為毛澤東「矯枉必須過正，不過正則不能矯枉」的一聲獅子吼！馮友蘭在撰寫《新世訓》時，有意加寫了「道中庸」一章，究其用心，端在廓清世人對中庸的誤解和曲解，並對舉世「尚左」的大潮有所糾正。

三、馮友蘭對中庸之道的新詮釋

馮友蘭充分瞭解到國人對「中庸之道」的厭惡，而對於「行中庸」者所留給世人的惡劣印象，他也知之甚詳。他所採取的論述策略，是首先承認國人對「中庸之道」的厭惡，並非沒有道理，承認「行中庸」者，確實面目可憎。不過，國人所厭惡的「中庸之道」，並非真正的的中庸之道；而面目可憎的「行中庸」者，其所行的也並非真正的中庸之道。一俟國人認清了什麼纔是真正的中庸之道，他們的態度便一定會完全改觀；一俟「行中庸」者奉行了真正的中庸之道，他們予國人的印象，也一定會根本改變。易言之，中庸之道的本身並無任何問題，問題全出在世人對中庸之道的錯誤理解和錯誤實行，究其實是「人病」而非「法病」。為了治病救法，馮友蘭的「道中庸」，便必須設法為讀者解答三個問題。第一個是關於 what 的問題：真正的中庸之道是什麼？第二個是關於 why 的問題：為什麼要行中庸之道？第三個是關於 how 的問題：如何才能真正地行中庸之道？

（一）真正的中庸之道是什麼

關於 what 的問題，馮友蘭的論述策略，首先並不從正的方面，疏

解真正的中庸之道「是什麼」；而是從反的方面，指陳真正的中庸之道「不是什麼」。馮友蘭把以往「行中庸」者所留給世人的總體印象，歸納為四大特徵：（一）作事不徹底，（二）遇事模棱兩可，（三）庸碌無能，（四）俗而不堪。【72】馮氏進一步指出：根據經典的原意，中庸的「中」，並沒有「作事不徹底」和「遇事模棱兩可」的意思；中庸的「庸」，也沒有「庸碌無能」和「俗而不堪」的意思。把此四大特徵視為中庸之道的要義，是對中庸之道的誤解；而其待人處事顯現出四大特徵，則是對中庸之道的誤用。【73】

為什麼「作事不徹底」不是中庸之道？據馮友蘭的說法，好些人以為把一件事的十成，若祇作四成是「不及」，若作了六成便成了「過」，而作五成便是「中」，便自以為在行中庸之道。如此一來，自以為在「行中庸」者凡事祇作五成，作事自然不能徹底，而國人眼看「行中庸」者作事都不徹底，便難免把中庸等同於「作事不徹底」。以上種種，馮友蘭強調，純粹是對中道之道的誤用和誤解。因為，根據朱熹的注解，「中者，無過不及之名也。」【74】而「無過不及」，亦即「恰好或恰到好處的意思」。【75】馮友蘭先以炒菜為例，「炒得過了則太老，炒得不及則太生……」繼之以宋玉〈登徒子好色風賦〉中的絕代佳人為例：「增之一分則太長，減之一分則太短；著粉則太白，施朱則太赤……」來說明什麼纔是「恰到好處」。【76】「恰到好處」並不是凡事作五成或遇事打

【72】馮友蘭，《新世訓》，頁428。

【73】馮友蘭，《新世訓》，頁426-428。

【74】朱熹注《中庸章句》之「中」字原文是：「中者，不偏不倚，無過不及之名。」（朱熹，《四書集註》，頁1。）馮友蘭在〈道中庸〉引朱注時，漏去了「不偏不倚」這四個字。可見徒憑記憶之不可靠。

【75】馮友蘭，《新世訓》，頁428。

【76】馮友蘭，《新世訓》，頁428-429。

對折。把菜衹炒五分熟並不好吃，把最高和最矮的女人的身高相加再除以二，把最白和最黑的女人的膚色取一平均值，也絕不可能合成世界上最標準的身高和最美麗的膚色。凡事作五成或遇事打對折所求得的平均值，不僅不是「中」，而正是曾被孟子所批判的「執中無權，猶執一也」的「執一」。作事恰到好處的「中」之所以不同於凡事作五成或遇事打對折的「執一」，馮友蘭還從道德和利害這兩個方面再加以說明：「就道德方面說，所謂作事恰到好處者，即謂某事必須如此作，作事者方可在道德方面得到最大底完全。就利害方面說，所謂作事恰到好處者，即謂某事必須如此作，作事者方能在事業方面得到最大底利益。」【77】「作事不徹底」，既不能使作事者在道德方面得到最大底完全，也不能使作事者在事業方面得到最大底利益，這本是最明顯不過的。職是之故，中庸的「中」並沒有「作事不徹底」的意思，「作事不徹底」也不是中庸之道。

為什麼「遇事模棱兩可」不是中庸之道？據馮友蘭說，世人多認為中庸之道，就是把兩種相反的意見打一個對折，而自以為在「行中庸」者，便總要調和雙方的意見，以正方為「過」，以反方為「不及」，然後「過」者減之，「不及」者加之，把正反雙方的意見「折中」之後，再樹立自己的第三種意見，並以為祇有如此纔是「執兩用中」，如此一來便不免使人誤以為「行中庸」就是「兩面討好」，中庸之道就是「遇事模棱兩可」。【78】然而，上述的「折中」或「執兩用中」，並不能得到「恰到好處」的效果，因而也決非中庸之道的「中」。馮友蘭從「中」就是「恰到好處」的觀點繼續加以解答：

>「中」亦沒有模棱兩可的意思。譬如某人對於作某事有一意見，另外一人對於做此事，另有一意見。如某人之所見，正是作此事之

【77】馮友蘭，《新世訓》，頁429。
【78】馮友蘭，《新世訓》，頁426-427。

恰好底辦法，則此人之所見，即是合乎「中」，不必亦不可將其打對折，將其「折中」。其另一個人之意見，不合乎「中」，即打對折，亦不可用。模棱兩可者，多系鄉原敷衍人，以求兩面討好者之所為。無論從何方面講「中」，皆不是如此。【79】

易言之，意見之是否合乎中庸之道，不在於它是否被「折中」或打對折，而祇在於它是否「恰到好處」——亦即是否能「在道德方面得到最大底完全」，以及「在事業方面得到最大底利益」。凡是「恰到好處」的意見，不將其打對折亦合乎「中」；凡不是「恰到好處」的意見，將其打對折亦不必合乎「中」。有關這一點，馮友蘭已言之甚明。若依照馮氏的理路加以類推，假設在正反的兩個對極中，正方為十，反方為五，若「恰到好處」為一，則雙方都「過」於「中」，行中庸之道就是以一為「中」；若「恰到好處」為十五，則雙方都「不及」於「中」，行中庸之道就是以十五為「中」。職是之故，「恰到好處」是中庸之道的唯一標準。在正反的兩個對極裏，為了與「恰到好處」的標準相符，「中」有時可能比正方更「正」，也有時可能比反方更「反」。中庸之道絲毫也不會「遇事模棱兩可」。有關「中」有可能在正反的兩個對極之外求取的觀點，馮氏在〈道中庸〉中雖未曾明言之，但這卻是按照馮氏的思辨理路引申出來的邏輯結論。而馮氏的論述若能成立，對此亦必不能反對，更不能自外。

至於「庸碌無能」和「俗而不堪」為什麼不是中庸之道，馮友蘭並未能像他在分析「作事不徹底」或「遇事模棱兩可」那樣，予其讀者以相當明確的解答。但我們如果對他的論述細加推敲，仍不難找出一個大致的答案。根據朱熹的注解，「庸，平常也。」【80】馮友蘭認為世人望

【79】馮友蘭，《新世訓》，頁430。

【80】朱熹注《中庸章句》之「庸」字原文是：「庸，平常也。」（朱熹，《四書集註》，頁1。）馮友蘭在〈道中庸〉引朱注時，漏去了一「也」字。

文生義,以為「平常」即「庸碌」,以為「平常」即「庸俗」。由於前者,人們以為行中庸之道,就是要「成為庸庸碌碌,不敢有所作為底人,凡事『不求有功,祇求無過』。與其『畫虎不成反類狗』,不如『刻鵠不成尚類鶩』。」如此一來便不免「缺乏進取冒險,敢作敢為的精神」。【81】由於後者,人們以為行中庸之道,就是要把全部的時間和精力,都灌注在「人倫日用」乃至於「柴米油鹽」等「平常」事物中,而把藝術的創作或鑒賞等「雅事」,恆視作「雕蟲小技」或「玩物喪志」,如此一來便不免顯得既俗氣又無聊。【82】馮友蘭強調,以「庸碌」和「庸俗」為「平常」,完全是一種非常不幸和可怕的誤解。蓋程頤在詮釋中庸時曾說:「不偏謂之中,不易謂之庸。中者,天下之正道。庸者,天下之定理。」【83】馮氏根據程頤的說法,把中庸的「庸」,定義為一種「原則上人人所皆應該完全照著行,事實上人人所皆多少照著行」的「社會上底公律」或「定理」。【84】凡社會上的公律或定理都是不可隨意更換或變易的,而其不可隨意更換或變易的特質,正顯示出一種人人皆應依照或遵行的恆常性。正因如此,社會上的公律或定理又被稱之為「常道」。和社會上其它的律則或原理相較,常道是最必須的、最根本的和最重要的。如果沒有了常道,社會上的一切一切都一定會全亂了套。「平常」的本意,所指涉的正是常道之所以為常道的這種人人皆應依照或遵行的恆常性。正因如此,「平常」不僅不是「庸碌」的和「庸俗」的;恰恰相反,祇有「平常」,纔是最必須的、最根本的和最重要的。以往宋明理學家在詮釋中庸之道時,其注意力和運思大都被「中」字潛存的形上學奧意所吸引,故對「庸」字所蘊涵的「平常」意甚少發揮。馮友

【81】馮友蘭,《新世訓》,頁427。

【82】馮友蘭,《新世訓》,頁427。

【83】轉引自朱熹,《中庸章句》題解,《四書集註》,頁1。

【84】馮友蘭,《新世訓》,頁436。

蘭在「道中庸」中，把庸字的「平常」意特別加以強調，而此一強調，自應被視為對先秦儒學核心價值的現代詮釋和對宋明理學的重要補充。但馮氏的強調，多在「反」的方面，亦即「平常」為何不是「庸碌」和「庸俗」這一方面隨機指點；而從「正」的方面，對「平常」的必須性、根本性和重要性的系統論述則相對欠缺。或許，馮氏認為他這種隨機指點的書寫方式，會讓《新世訓》的讀者更易於明瞭書中的宗旨；畢竟，《新世訓》並不專為學者或哲學家而作，它主要的閱讀對象早已被設定為社會大眾。但無論如何，任何哲學重要議題或觀念的詮釋，對一個專業哲學家而言，正方面系統性的論述是必不可少的。隨機指點或可充分表現出作者的風趣、機鋒與智慧，但卻無法引領讀者深入，而祇能任人淺嚐。深入與淺嚐，系統性與隨機指點，既是專業與業餘的分界，也是學院與非學院的分際。馮友蘭作為一個在學院教了一輩子書的專業哲學家，卻未能或未曾為「平常」這一重要觀念，作出正方面系統性的論述，無論怎麼說都是一種缺失，或者是一種美中不足。

在闡明了「作事不徹底」、「遇事模稜兩可」、「庸碌無能」和「俗而不堪」為什麼不是中庸之道之後，馮友蘭進一步指出：

> 在誤解中庸之道底人的心目中，所謂行中庸之道底人，都是些作事不徹底，遇事模稜兩可，庸碌無能，俗而不堪底人物。他們以為這種人物正是儒家的理想人物，其實這以為是大錯底。這種人物不但不是儒家的理想人物，而且是儒家所最痛恨底人物。這種人正是儒家所謂鄉原。……這種人正是儒家所稱為德之賊。【85】

馮友蘭對什麼纔是中庸之道的疏解，遠不如他闡釋什麼不是中庸之道那樣詳盡和用力。馮友蘭在另一本書中，曾談到中國傳統哲學論述中有一種「烘雲托月」之法：中國的古哲往往祇需把某事物之不是什麼勾勒出來，某事物的是什麼便能一目瞭然。此一手法，便如同畫家祇需在

【85】馮友蘭，《新世訓》，頁428。

畫布上把月邊的雲層描畫出來，畫中的明月便能自然呈露一樣。所謂「破字當頭，立在其中」，烘雲托月法由否定中達到肯定的論證方式，正表徵著中國傳統哲學中獨特的辯證思維，這種辯證思維顯示出一種迥異於西方特殊智慧。馮友蘭的思維，雖然主要是西方的和學院的，但他對東方的尤其是中國的傳統思維及其智慧，也有會心和受用。正因如此，在他的西方式和學院式的論述中，有時也會夾雜著一些東方的元素。他在「道中庸」的論證中，顯然也借用了烘雲托月法。經過他把最易引起世人誤解、最易魚目混珠和最似是而非的四種不是中庸的特徵娓娓道來之後，讀者對什麼纔是真正的中庸之道，也就應該心中有一大概的輪廓了。

真正的中庸之道是什麼？馮氏以「無過不及」釋「中」，以「平常」釋「庸」，所遵循的純粹是朱熹的家法。[86]他把「作事恰到好處」來形容「無過不及」，把「不可改易」來形容「平常」，也完全符合程朱學派對中庸之道的疏解。[87]在解答了關於 what 的問題之後，對於為什麼要行中庸之道？亦即 why 的問題，馮友蘭的解答，有謹守墨繩，「照著」宋明理學講者，亦有斷以己意，「接著」宋明理學講者。

（二）為什麼要行中庸之道

馮友蘭強調：「無論對於任何事，都有個『中』」，[88]作任何事都自有其恰到好處；而作事的恰到好處——亦唯有作事的恰到好處——方可在道德方面，使作事者達到「最大底完全」，在利害方面，可使作事者獲得「最大底利益」。[89]為了說明為什麼要行中庸之道，馮友蘭在

---

[86] 馮友蘭，《新世訓》，頁 426。
[87] 馮友蘭，《新世訓》，頁 436-437。
[88] 馮友蘭，《新世訓》，頁 434。
[89] 馮友蘭，《新世訓》，頁 429。

〈道中庸〉中再三致意,除了一再提及「生熟恰到好處」的做飯炒菜之外,「高低顏色」都恰到好處的「東家之子」,「不多不少」的食量,【90】甚至連「要價不多不少」的商賈,【91】也成為其重要例證,其實已把行中庸之道的重要性和必要性,及其所能帶來的各種好處和益處,竭盡所能地一網打盡了。但是,馮氏設法把各種不同的價值,尤其是道德方面的善和事功方面的利,都猬集在「行中庸」的大纛之下,卻無可避免地使自己的論述,陷入自相矛盾的理論泥淖而難以自拔。因為,他的論述能夠成立的先決條件,是立足在各種不同的價值,都能和諧地相融於一個統一的和完美的有機整體(a united, perfect, organic whole)的理論預設之上。而無論是東方的抑或是西方的思想系統和哲學系統,都不忘提醒我們,各種不同的價值,在很多的時候和很多的場合,是互不相容的,甚至是互相衝突的──儘管它們並不是在任何時候和在任何場合都互相衝突或互不相容。例如,自由與民主一向被認為是近現代西方文化的最核心的價值,但兩者並非永遠水乳交融配合無間。自由和民主有時的互相限制和互相衝突,經過西方學者言之鑿鑿,我們早已耳熟能詳。【92】柏林更在許多重要著述中多次強調:企圖把各種不同的核心價值熔鑄成一個統一的和完美的有機整體,無疑是西方啟蒙思想家對烏托邦的最熱切和最大膽的想像,但也構成了西方啟蒙理性的最大迷

【90】馮友蘭舉例說:「人不可吃得太多,太多則胃不消化,亦不可太少,太少則營養不足。最好是吃得不多不少,……」馮友蘭,《新世訓》,頁434-435。

【91】馮友蘭舉例說:「商人賣東西,要價太多,則人不買。要價太少,又不能賺錢。必須要價不多不少,恰到好處。此恰到好處,即是其中。」馮友蘭,《新世訓》,頁434。

【92】J. S. Mill, *On Liberty*, eds. by Gertrude Himmelfard (Yew York: Penguin Books, 1974). also see Karl R. Popper, *The Open Society and Its Enemies* (Princeton: Princeton University Press, 1966).

思。【93】中國的儒家則早在二千多年之前,便已高度重視德性的價值與功利的價值之間的對立與緊張。公私之辨和義利之辨自先秦的「軸心時代」以降,便即成為儒門必須尅治的核心課題。最顯著的論例莫如行義與生存的矛盾。蓋「生生」一直是儒家追求和踐履的重要德目,不少儒者甚至以「生生之德」來定義「仁」;【94】但一俟「生存」與道義勢難兩存時,孔子便會說:「志士仁人,無求生以害人,有殺身以成仁。」【95】而孟子的魚與熊掌的譬喻,則把孔子的思想發揮得更淋漓痛快:

> 魚,我所欲也;熊掌,亦我所欲也;二者不可得兼,舍魚而取熊掌者也。生,亦我所欲也;義,亦我所欲也;二者不可得兼,舍生而取義者也。生亦我所欲,所欲有甚於生者,故不為苟得也;死亦我所惡,所惡有甚於死者,故患有所不辟也。如使人之所欲莫甚於生,則凡可以得生者,何不用也?使人之所惡莫甚於死者,則凡可以辟患者,何不為也?由是則生而有不用也,由是則可以辟患而不為也。是故所欲有甚於生者,所惡有甚於死者,非獨賢者有是心也,人皆有之,賢者能勿喪耳。【96】

如果從個體存在的利害加以考量,個人最大的欲望和最大的利益應該是個體的生存,最大的恐懼和最大的劫難應該是個體的死滅。因為,個人一切的聲名權勢富貴,必須個體的生存始能享受;而個人的一切,

---

【93】 See Isaiah Berlin, " Two Concepts of Liberty " and " The Counter-Enlightenment ", Henry Hardy & Roger Hausheer, eds. *The Proper Study of Mankind* (New York: Farrar, Straus and Giroux, 1998), pp.191-242, 243-268.

【94】儒者為何以「生生之德」來定義仁,熊十力在《乾坤衍》第二部分之「廣義」中,曾有過相當精微的析論。詳見熊十力,《乾坤衍》(臺北:學生書局,1976),頁231-496。

【95】《論語・衛靈公》,朱熹,《四書集註》,頁107。

【96】《孟子・告子上》,朱熹,《四書集註》,頁166-167。

又將伴隨著個體的死滅化為烏有。但是，為什麼總會有人明明「可以得生」而不為，可以逃死而不避？這種不貪生不逃死的行為，正如孟子所言，證明了人們確實存有高於求生的欲望（所欲有甚於生者），以及甚於逃死的恐懼（所惡有甚於死者），證明了社會上確實存有比個體的存在更高的價值。個體的存在之外，還有族群的、國族的和全人類的存在。孟子把前者稱之為「小體」，把後者稱之為「大體」；【97】後儒則習慣於把「小體」稱之為「小我」，把「大體」稱之為「大我」。對於「小我」的生存、發展及其應有的正當利益，儒家都願意予以正面的承認和尊重。但儒家恆認為「大我」的價值和利益，要遠遠高於和優先於「小我」的價值和利益。儒家甚至把這種先群體後個體的道德意識，定義為人之所以為人的本質，【98】定義為區分人與禽獸的界限。【99】當「小我」的生存、發展及其利益，有可能妨礙甚至危害到「大我」的生存、發展及其利益的時候，儒家便堅決主張為了成就「大我」而犧牲「小我」。

【97】《孟子・告子上》，朱熹，《四書集註》，頁169-170。

【98】孟子曰：「無惻忍之心，非人也；無羞惡之心，非人也；無辭讓之心，非人也；無是非之心，非人也。惻忍之心，仁之端也。羞惡之心，義之端也。辭讓之心，禮之端也。是非之心，智之端也。人之有是四端也，猶其有四體也。……」（《孟子・公孫丑上》，引自朱熹，《四書集注》，頁46-47。）又曰：「仁義禮智，非由外鑠我也。我固有之也，弗思耳矣。」《孟子・公孫丑上》，朱熹，《四書集注》，頁161。

【99】孟子曰：「人之所以異於禽獸者幾希，庶民去之，君子存之。」（《孟子・離婁下》，朱熹，《四書集注》，頁115。）朱熹注云：「幾希，少也。庶，眾也。人物之生，同得天地之理以為性，同得天地之氣以為形。其不同者，獨人於其間得形氣之正而能有以全其性，為少異耳。雖曰少異，然人物之所以分實在於此。眾人不知此而去之，則名雖為人，而實無以異於禽獸。君子知此而存之，是以戰兢惕勵而卒能有以存其所受之正也。」朱熹，《四書集注》，頁115。

孔子說：「君子喻於義，小人喻於利。」【100】孟子也說：「體有貴賤，有大小。無以小害大，無以賤害貴。養其小者為小人，養其大者為大人。」【101】能否捨「小我」而就「大我」，儒者不但視之為公與私、義與利的分界，同時也視之為君子與小人、大人與小人的分野。嚴公私之辨、義利之辨、君子小人之辨，尤其是人禽之辨，無論是先秦儒家、還是兩漢、魏、晉、隋、唐、宋、元、明、清儒家，或者是當代新儒家，都必須「年年講、月月講和天天講」，事實上早已成了儒門的基本共法。

馮友蘭從大學本科到留美攻讀博士，主修的都是哲學，歸國後多年在大學講授的也是哲學，可以說是科班出身的專業哲學家。對於各種不同價值的不相容性——這種西方哲學史上常識性的問題——按理他應瞭然於胸。更兼他在發蒙時便早已把《四書》、《五經》背誦得滾瓜爛熟，對於儒家的人禽、公私、義利、君子小人等分辨，更應熟極而流。但是，為了強化中庸之道的重要性和必要性，及其所能帶來的各種好處和益處，以闡明世人在抗戰社會為什麼仍要奉行中庸之道，他衹顧一廂情

【100】朱熹注此條云：「義者，天理之所宜。利者，人情之所欲。」並引楊氏注曰：「君子有舍生取義者，以利言之，則人之所欲無甚於生，所惡無甚於死，孰肯捨生而取義哉？其所喻者義而已，不知利之為利故也，小人反是。」引自《論語‧里仁》，朱熹，《四書集註》，頁23。

【101】《孟子‧告子上》，朱熹，《四書集註》，頁169-170。《孟子‧告子上》亦載有孟子與公都子的問答，對此論題進一步加以闡釋：「公子都問曰：『鈞是人也，或為大人，或為小人，何也？』孟子曰：『從其大體為大人，從其小體為小人。』曰：『鈞是人也，或從其大體，或從其小體，何也？』曰：『耳目之官不思，而蔽於物，物交物，則引之而已矣。心之官則思，思則得之，不思則不得也。此天之所予我者，先立乎其大者，則其小者弗能奪也。此為大人而已矣。』」朱熹，《四書集註》，頁170-171。

願地把各種不同的價值,尤其是道德上的完善與事功上的利益,強行堆砌和扭合成一塊,而忽略了如此一來有可能違逆了中西哲學史上的常識。內聖與外王的同一,德行與事功的統一,善緣與福報的響應,都祇不過是中西哲人由衷嚮往的理想境界。然而在歷史的經驗世界裏,耶和華被釘十字架,蘇格拉底被迫吞服毒藥,孔子有德而無位,顏回短命而死,孟子說魏齊而無功……不斷被見證到的反而是理想的破碎和烏托邦的幻滅。在更多的時候,作事者為了達成「道德方面」的「最大底完全」,便必須捨棄「利害方面」的「最大底利益」,甚至包括自己的生命。反之亦然。各種不同價值的無矛盾和衝突的圓融,不僅在現實中百不一見,並由於其無矛盾和衝突之故,對人格的陶鑄和德性的栽培並無多大的用處。「在齊太史簡,在晉董狐筆。在秦張良椎,在漢蘇武節。為嚴將軍頭,為嵇侍中血,為張睢陽齒,為顏常山舌。……」在這首曾被馮友蘭反覆徵引的〈正氣歌〉中,文天祥再三諷誦的正是「時窮節乃見」;然而亦唯有「時窮節乃見」,纔足以「一一垂丹青」。古今中外無數的聖賢豪傑、義夫節婦、忠臣孝子,都無不在公與私、義與利,或生與死等不同價值的緊張、矛盾和衝突中,通過選取或捨棄的抉擇,證成了人性的高貴和德性的尊嚴;而人性的高貴和德性的尊嚴,亦必須在不同價值的緊張、矛盾和衝突中,經由當事人艱難的掙扎和痛苦的抉擇,纔得以朗現和彰顯。奉行中庸之道,可以成就「道德方面」的「最大底完全」,宋明理學家這樣說,馮友蘭也這樣說,這是馮氏的「照著講」。而奉行中庸之道,可以獲取「利害方面」的「最大底利益」,馮友蘭這樣說,但宋明理學家並沒有這樣說,這是馮氏的「接著講」。但經過他這樣的「接著」一「講」,卻「講」出了上述好些學理上的嚴重疏失,反而使自己的論述立足不穩,如此的結果確是馮友蘭所始料未及。其實,馮氏的失計,並不在於他把「利害方面」的利益,用作說明為什麼要奉行中庸之道的重要論據。因為,無論先秦儒家還是宋明理學家,都沒有把「利害方面」的利益,完全排除在奉行中庸之道所能獲得

38

的成果之外。[102] 在與「道德方面」不發生衝突，或無關乎道德的情勢之下，先秦和宋明儒家其實也十分強調事功和利益。[103] 馮友蘭的失察，端在他急於洗脫儒家「迂闊而遠於事」的污名，太過熱衷地和不恰當地強調奉行中庸之道在事功或利益方面的價值，甚至把事功或利益的價值，提升到與道德的價值並列的最高位階。他忽略了在東西道德哲學尤其在儒學的價值系統中，道德與事功或利益，並不處於同一檔次；事功或利益永遠從屬於道德，居於道德的下位，事功或利益也祇有作為道德的助緣或補充時，纔能證成自己的價值；一俟兩者發生矛盾和衝突，事功或利益的被摒除被捨棄，便成了維護道德價值的不二法門。

不僅「道德方面」的「最大底完全」和「利害方面」的「最大底利益」，經常在奉行中庸之道的時候難以並存；即使僅僅就德性的範疇而言之，奉行中庸之道也未必能保證當事人能獲得「道德方面」的「最大底完全」。因為，不僅是道德的價值和事功或利益的價值會發生矛盾和

---

[102]《中庸》第二十二章云：「唯天下至誠，為能盡其性；能盡其性，則能盡人之性；能盡人之性，則能盡物之性；能盡物之性，則可以贊天地之化育；可以贊天地之化育，則可以與天地參矣。」《中庸》第二十六章亦云：「故至誠無息。不息則久，久則徵，徵則悠遠，悠遠則博厚，博厚則高明。博厚，所以載物也；高明，所以覆物也；悠久，所以成物也。博厚配地，高明配天，悠久無疆。如此者，不見而章，不動而變，無為而成。」引自朱熹，《四書集註》，頁20，22-23。

[103] 孔子曾說過：「富而可求也，雖執鞭之士，吾亦為之。」(《論語·述而》，朱熹，《四書集註》，頁43。) 當孔子的學生子張「學干祿」，孔子便教導他：「多聞闕疑，慎言其餘，則寡尤；多見闕殆，慎行其餘，則寡悔。言寡尤，行寡悔，祿在其中矣。」(《論語·為政》，朱熹，《四書集註》，頁10。) 最能反映孔子對於不違道義的事功或利益的態度，見於《論語·子罕》篇：「子貢曰：『有美玉於斯，韞匱而藏諸？求善賈而沽諸？』子曰：『沽之哉！沽之哉！我待賈者也。』」朱熹，《四書集註》，頁58-59。

衝突，而在道德的價值之間亦有可能會發生矛盾和衝突。黑格爾曾以兩種重要的道德價值的難以並存，來定義悲劇的真正性質。因為，對於當事人來說，無論他或她作任何一種取捨，都恆不免犧牲了其中一種重要的德性，而永遠留下了無可奈何以及無可彌補的欠缺與遺憾。[104]在中國的文本中，忠與孝的不能兩全，則是古往今來最能憾動國人心弦的悲劇。蓋忠一直是中國社會中最重要的道德價值，而孝也一直是中國社會中最重要的道德價值。儘管忠孝雙全的境界恆令人無限嚮往，但當忠與孝發生衝突時，歷代的統治者總會提倡「移孝作忠」，而真正的儒者對「移孝作忠」這種簡單粗暴的解決方式，又總會有所保留，甚至完全不能接受。《論語》的「父攘羊」而「子為父隱」，以及《孟子》的「瞽瞍殺人」而舜「竊負而逃」，都是其中的顯例。其例一云：

> 葉公語孔子曰：「吾黨有直躬者，其父攘羊，而子證之。」孔子曰：「吾黨之直者異於是。父為子隱，子為父隱，直在其中矣。」[105]

其例二云：

> 桃應問曰：「舜為天子，皋陶為士，瞽瞍殺人，則如之何？」孟子曰：「執之而已矣。」「然則舜不禁與？」曰：「夫舜惡得而禁之？夫有所受之也。」「然則舜如之何？」曰：「舜視棄天下，猶棄敝蹝也。竊負而逃，遵海濱而處，終身訢然，樂而忘天下。」[106]

讓偷竊者和殺人者接受法律的制裁，正是伸張社會上的正義，其所代表的道德價值是「直」，當然也是「忠」。讓父母免於刑戮，又是為人子

---

[104] G.W.F. Hegel, Hegel on Tragedy, eds. Anne and Henry Paolucci (Harper. and Row, 1975).

[105]《論語・子路》，朱熹，《四書集註》，頁91。

[106]《孟子・盡心上》，朱熹，《四書集註》，頁199-200。

女的天職,其所代表的道德價值是「孝」。從例一來看,孔子無條件地把孝置於忠的上位,故一力主張「子為父隱」,使偷羊者的父親免於牢獄之災。從例二來看,孟子雖同樣也把孝置於忠的上位,但他在孝與忠難以兩全的困境中,卻比孔子更為注重到法律和社會正義的價值。在孟子的設計中,舜雖貴為天子,在其父瞽瞍殺人之後,卻也不能運用手中的權力,阻止執法的皋陶拘捕乃父;舜唯一能做的選擇,祇能是放棄帝位,揹負著瞽瞍逃亡海外。……攘羊者與殺人者的逃脫刑責,雖云保存與捍衛了先秦儒家最為重視的孝道,但被委屈和被扭曲的卻是社會的正義和法治的本身;而維護社會的正義和法治的精神正是忠,同樣也先秦儒家至為重視的道德價值。上述的二個例子,豈不證明了在忠與孝發生衝突時,即令由聖人孔子或亞聖孟子親自著手處理,也無法獲得「道德方面」的「最大底完全」。當然,孟子的處理手法,要比孔子更為細膩,更為周延,在忠與孝實在無法並存時,已儘量設法把對忠的傷害減損到最輕。如果孟子的處理手法正是中庸之道的「活學活用」,那麼,中庸之道的重要性及其用處,並不在於讓其奉行者同時獲得「道德方面」的「最大底完全」,以及「利害方面」的「最大底利益」,而是讓其奉行者在面對價值衝突必須作出自己抉擇之時,如何使自己的取捨更為合情合理、更為細緻周到,如何使由抉擇所造成的各種損害盡可能地降低。歷代儒者對不同層面的價值的衝突和抉擇,尤其是道德與功利的衝突和抉擇,雖講得很多,但卻講得還不夠深不夠細;他們對於同屬道德層面的價值的衝突和抉擇,不僅講得很少,當然更談不到深和細。這本是大有文章可作的地方,馮友蘭的「道中庸」卻未能由此切入「接著講」,未免令人扼腕。

(三)如何行中庸之道

第三個問題,亦即關於 how 的問題:我們應如何真正地行中庸之道?和他的先秦和宋明的儒家前輩一樣,馮友蘭認為行中庸之道就是

「時中」,就是在任何時候和任何場合讓每一待人處事都能「恰到好處」。但和他的前輩不一樣的是,馮氏雖承認「時中」的「隨時變易」和「不可執定」性,但卻自以為已找到了「不變」和「執定」之方。這方法就是「執定一辦法以應用於各情形中之各事」。【107】他說:

> 所謂中者,雖是相對於事及情況說者,然就事說,不僅有事,而且有某類底事,就情況說,不僅有情形,而且有某類底情形。對於某事在某情形下之中,對於其同類底事,在其同類底情形下,亦是「中」。例如尾生的行為,是不合乎「中」底,則如有人對於與此同類底事,在與此同類底情形下,有與此同類底行為,其行為亦是不合乎「中」底。上所說軍人的行為是合乎「中」底,則如有人對於與此同類底事,在與此同類底情形下,有與此同類底行為,其行為亦是合乎「中」底。對於某種事在某種情形下底「中」,與對於別種事在別種情形下底「中」不同。就此方面說,「中」是多底,是變底。但對於某種事在某種情形下底「中」,則是永遠相同底。就此方面說,「中」是一底,是不變底。【108】

上述引文中的尾生,與其女友相約於橋下幽會,尾生及期而至,而女友未來,不巧遇到河水上漲,尾生為守信仍堅持留在橋下,結果被活活淹死。引文中還提到的軍人,奉命於某一時刻炸一橋,其引爆之機關,正在橋下,不幸河水暴漲但爆破之時間未到,軍人堅守在橋下不肯離去,結果也被活活淹死。尾生的故事原載於古籍,而軍人之殉身,則是馮友蘭為區別於「尾生之信」而想像出來的事例。軍人與尾生,同為守信而捐生,為什麼軍人的行為符合「中」而尾生則反是?馮友蘭認為:尾生對約會的守信,說到底祇不過是些兒女私情,尾生竟為此殉之以身,全不顧及自己作為人子之於家庭,以及作為國民之於社會所應肩

【107】馮友蘭,《新世訓》,頁435。

【108】馮友蘭,《新世訓》,頁435。

負的許多更重要的責任,他的行為便不免失諸於「偏」;更兼他與女友約會,此次不見還可下次再約,為此殉身豈非輕死「太過」?而軍人的炸橋,機會一失便不可再得,而此橋能否按時引爆,則又可以關係到全軍的成敗,甚至國家的存亡;儘管軍人的犧牲,同樣不能顧及自己在其方面的各種責任,但由於國家居於一切社會組織的最高位,再沒有比保衛國家更為崇高的道德,也沒有比保衛國家更為重要的責任,【109】堅守在橋下寧死不退便是他最適當的抉擇;是故軍人的殉國,既不失諸於「偏」,也沒有輕死「太過」的問題,他的行為是符合中道的,而尾生的守信祇能是一種「偏至之端」,是不符合中道的。軍人為國家而死,他的死「重於泰山」。尾生為兒女私情而死,他的死「輕於毫毛」。【110】

　　馮友蘭把事件細分為「事」、「情形」和「行為」三個類別。事件之中,凡三類均相同者便是「一」,凡有一類或一類以上不相同者便是「多」。欲行中庸之道者,可把自己所要處理事件,和業已被公認為社會上的楷模、法典或公律的事件互相比較,如果三類均同,便可依樣而為之。馮友蘭強調,凡可作社會上的楷模、法典或公律的事件都是符合「中」道的,凡不可作社會上的楷模、法典或公律的事件都是不符合

【109】馮友蘭在《新世訓》中,一再宣揚和強調國家高於個人,國家利益大於個人利益的集體主義思想。他說:「在國家以上,並沒有更高底社會組織。」「一個人及一個國家,是不在一個層次之內底……」「一個人的謀國,與他的自謀,必須用完全不相同底看法,用完全不相同底精神。一個人作事,可以祇問事應該作或不應該作,應該作即作,不應該作即不作,不必計較他自己是將因作此事或不作此事而得利或受害。他祇問應該不應該,不計較利害,但一個人謀國,對於一個關係國家底事,卻須要問此事是於國家有利或有害。……一國的行為,完全是趨利避害,完全計較利害。……所以他的謀國,亦是純從利害方面著眼底」「一個人專求國家的利,他的行為是義底行為。求國家的利,對於國家是利,但對於個人,則是義不是利。」馮友蘭,《新世訓》,頁422-424。

【110】馮友蘭,《新世訓》,頁432-434。

「中」道的。【111】由於行中道者所要處理事件，和可為作社會上的楷模、法典或公律的事件是「一」，他的依樣而為便是「同一」，而「同一」的結果便是得「中」。仍以軍人與尾生為例，軍人的守信與尾生的守信「情形」同（同守在橋下遇上河水暴漲），「行為」同（同樣寧溺死不去），但其實「事」不同（軍人殉國，尾生殉私），二者是「多」而非「一」。由於二者的不同，軍人行的是中道而尾生則否，軍人可成為社會的典範而尾生卻不能。

然而，馮氏的教人效法楷模和追隨典型，卻依然未必能夠得「中」。因為，即使「事」、「情形」和「行為」三個類別的完全相同，並不能保證兩個事件的同一。例如孔子的學生曾參奉養其父曾晳，每頓飯都必有酒肉；其後曾參的兒子曾元奉養曾參，每頓飯也都必有酒肉。兩人在「事」（孝）、「情形」（子養父）和「行為」（備有酒肉）這三個類別都並無不同。但曾參的奉養，乃係發自內心的誠敬，而曾元的奉養，卻祇是依樣畫葫蘆虛應故事。是故孟子稱許曾參的奉養為「養志」，而批評曾元的奉養為「養口體」。【112】在儒家的義理系統中，「養志」纔是孝，而「養口體」並不是孝。孔子在回答他的學生子由與子夏問孝時，曾分別說過：「今之孝者，是謂能養。至於犬馬，皆能有養；不敬，何以別乎？」【113】「色難。有事弟子服其勞，有酒食先生饌，曾是以為孝乎？」【114】在孔子看來，為人子女如果沒有誠於中而形於外的敬愛之情，其奉養或替父母效勞，便如同養狗畜馬一樣，可以和孝道毫不相幹。儘管曾參與曾元在奉養「事件」中，其「事」同、其「情形」同、其「行為」同，但其「人」的不同便足以令此兩「事件」是二為非

【111】馮友蘭，《新世訓》，頁436。

【112】《孟子・離婁上》，朱熹，《四書集註》，頁107。

【113】《論語・為政》，朱熹，《四書集註》，頁8。

【114】《論語・為政》，朱熹，《四書集註》，頁9。

一。不僅實行「事件」的「人物」是一個必須重視的類別,而實行「事件」的「時間」和「空間」同樣也萬萬不可忽略。從「時間」的類別說:例如曾在傳統社會中備受推崇的節婦貞女,到了後「五四」時代便多變成了可憐可悲甚至可笑的對象,而曾經令人肅然起敬的貞節牌坊,也變成了父權宰制的如山罪證。從「空間」的類別說:例如在敬老的中國社會,「老前輩」、「老人家」、「老先生」的稱謂確實是一種令人愉悅的恭維,但在崇拜年輕的美國社會便變成了一種難堪的侮蔑——尤其是被冠以「老」字頭的人其實並不太老。如果再把年齡、性別、族群、社會、文化、宗教等其他不可忽略的類別一併加以考量,我們便不難發現:第一,馮氏太過粗略和太過簡單的「事」、「情形」和「行為」這三個類別的劃分,究其實遠不足以涵蓋事件的多樣性和複雜性;第二,也是更根本的,任何可作社會上的楷模、法典或公律的事件,都是獨一無二的。因為,某一事件一旦發生之後,世上便不可能再有其他的事件,其所有重要的類別都與前一事件完全相同。邏輯地,後一事件與前一事件永遠是二而非一。由於二者的並不同一,效法楷模和追隨典型並不能保證一定會符合中庸之道——儘管其所效法所追隨的楷模或典型,已經完全符合了中庸之道。

除了教人效法楷模和追隨典型之外,馮友蘭還教人把他在《新世訓》的「行忠恕」章中「推己及人」的方法,亦即把「己欲立而立人,己欲達而達人」的「忠」,以及「己所不欲,勿施於人」的「恕」,在各種待人處事裏廣泛加以運用。[115]忠恕之道之所以能成為社會上的公律,馮氏認為,正在於它的宗旨,是以自己所希望他人對待自己的方式,同樣用來對待他人。這種設身處地替他人設想,造成了人與我欲求的同一。故行忠恕之道便是「同一」,行忠恕之道即行中庸之道。[116]

---

[115] 馮友蘭,《新世訓》,頁393-401。

[116] 馮友蘭,《新世訓》,頁433-436。

由於筆者在另一篇文章中,已對《新世訓》的「行忠恕」章作過周密而深入的討論,為避免不必要的重覆,本文祇擬在此特別強調:「推己及人」的忠恕之道得以建立的基礎,是儒家「理同心同」的理論預設。但衡之以經驗世界的各種案例,世人的所欲和所不欲,往往會受到不同的年齡、性別、族群、時代、地域、社會、文化、宗教等因素影響而呈現出差異性,我所欲者可能是你所不欲者,我所不欲者可能正是你所欲者。由於人心並不盡相同,「推己及人」的忠恕之道,並不能保證其奉行者在任何事情、任何時候和任何場合,都能取得「恰到好處」或「恰如其分」的結果。[117] 如果說,中庸正是以在任何事情、任何時候和任何場合,都能取得「恰到好處」或「恰如其分」的結果,來為自己下定義,那麼,行忠恕之道並不能等於,至少並不能全等於行中庸之道。

　　本文第一部分曾說過,中庸就是待人處事的「恰到好處」。而此「恰到好處」,又會伴隨著不同的個人面對著不同的時空背景而經常更變,故祇能是每一個特殊的個人根據其具體的經驗而自訂標準,祇能是每個人對每一件事情的「自我判斷」。正由於從來就沒有一個固定不變的標準,使得中庸本身具備著不可化約、不可設定和不落言筌的變動不居的性質。而一切既定或凝固的教條、標準或規範,在中庸之前,都會變得全無用處。換句話說,中庸根本的宗旨,正是要反對一切凝固的教條或公式,藉以保障個人對每一事物自我判斷和自作主宰的完全自由。祇不過,中庸若不被化約、設定為一條凝固不變的公式,便幾乎無法操作;倘若中庸一旦被化約、設定為「兩端量度而取中」的公式,其操作雖無問題,但其宗旨卻因之被根本改變,而個人對每一事物自我判斷和自作主宰的完全自由也因之消失,中庸也就不復成為中庸。這是一近乎無解的兩難困境。自先秦以降,許多儒者為了操作的便利,把中庸化約和設

---

[117] 參見翟志成,〈中國傳統道德的新詮釋:論《新世訓》的「尊理性」與「行忠恕」〉,《新亞學報》,卷24(2006年1月),頁217-222。

定為「兩端取中」的公式,其實行的效果不但沒能「恰到好處」,反而在社會中滋生了無數的鄉愿。馮友蘭在《新世訓》中,雖批判和揚拋了「兩端取中」的公式,但卻未能從近乎無解的兩難困局中掙脫出來。為了能順利操作,他同樣不能不把本來就不可化約、不可設定的中庸之道,化約和設定為兩條公式。其一是效法和追隨可作社會公律的楷模與典型,其二是「推己及人」的忠恕之道。本來,《新世訓》為了詮釋忠恕之道,已特設有「行忠恕」這一專章,如今在「道中庸」章中又再重覆贅論直是架床疊屋——更何況「行忠恕」並不等於「道中庸」!不僅馮氏的第一條公式無法保證「時中」,他的第二條公式也不能。它的不能,除了上文已指出的種種原因之外,還有另一重要原因亦需加以考慮:效法楷模和追隨典型,如果不知因人、因事、因時和因地的不同而加以變通,便極有可能陷入形式主義或教條主義的窠臼,不僅不能得「中」,還會害人害己,甚至誤盡天下蒼生。

受制於上文所提及的兩難困境,中庸其實是最不易被掌握和最難以實行的。否則,孔子便不必發出「天下國家可均也,爵祿可辭也,白刃可蹈也,中庸不可能也」[118]這麼悲觀絕望的喟嘆。並且,中庸難以實行的另一重要原因,還在於它的倡導者把它所能達到的標準訂得簡直高不可攀。不難設想,世上如果真會有人在任何時候和任何場合所作的任何事情,都能做到「恰到好處」絲毫不爽,唯一可能的那個人便是上帝!太過崇高的理念往往流於空想,過分精準的構想也往往變得無法執行。中庸之道若真要有其可操作性和可實踐性,便必須把其高不可攀的標準大幅度地往下拉低,必須允許犯錯,承認誤差,在十件事中若能做對了六、七件便已是上上大吉;而其「恰到好處」,也再不能要求精確到某一個點或某一條線,而祇要達到了一個大致可接受的範圍便可心安理得。因為,我們不是上帝,而祇是凡夫俗子,不完美、不完善、測不

---

[118]《中庸章句》第九章,朱熹,《四書集註》,頁5-6。

準、一知半解和以管窺天，都是我們必須直面與必須順受的宿命！在中庸之道的標準沒有大幅度往下修正之前，「過」或「不及」總是常態，「恰到好處」反而是意外創獲或妙手偶得。孔子的「道其不行矣乎」[119]是必然的和無可避免的。馮友蘭的「效法典型」以及「推己及人」這兩條公式，雖無法解救中庸之道的困境，究其實一點也不令人意外。

馮友蘭的貢獻，主要是針對不合符中庸之道的一些過分、過火或過激的事例加以批判，藉以對當時社會上愈來愈激進的左傾思潮，作出針砭或糾正。除了上述尾生的故事，馮氏還以當時常見的跑警報躲飛機為例，說明過分守信的不足取：

> 我們對於朋友有約會，我們固希望他準時赴約，但在普通情形中，我們並不希望他死亦守約。例如我們與一朋友約在某茶館喝茶，我們並不希望他，雖有了空襲緊急警報，仍坐在那裏不動。若他於這種情形下仍端坐不動，以至於有危險，則他的行為超過我們所希望於他底。照人同此心的說法，他所作亦超過他所希望於我們底。照如此看法，則他的行為，即不合乎忠，其不合是過之。[120]

「言必信，行必果」，守信重諾誠然是人人稱頌的美德，季布的一諾千金，至今仍令人追風懷想。但守信重諾一旦過了頭而不知變通，則為儒家所不取。孟子說：「大人者，言不必信，行不必果，惟義所在。」[121]所謂「義者宜也」，宜就是變通。故儒家認為不合時宜的言諾，是不需要也不必死守不變的。儒家甚至以能否根據義來決定言諾的變與不變，作為區分「大人」與「小人」的一種判準。[122]大約是不願把守約

---

[119]《中庸章句》第五章，朱熹，《四書集註》，頁4。

[120] 馮友蘭，《新世訓》，頁433。

[121]《孟子・離婁下》，朱熹，《四書集註》，頁113。

[122]《論語・子路》篇記載了孔子與子貢的一段問答。子貢問曰：「如何斯可謂之士矣？」子曰：「行己有恥，使於四方，不辱君命，可謂士矣。」「敢問其次。」

不變之士稱之為「小人」,馮氏把這類人名之為「俠義」,而把「惟義所在」的變通者顏之曰「聖賢」。根據馮友蘭的說法,聖賢的行為是恰到好處,俠義的行為則是「偏至之端」;恰到好處的行為是最周全最道德的行為,而偏至之端的行為則否。尾生為了守約寧願溺死而不去,茶客為了守約在空襲緊急警報時仍端坐在茶館不動,其行為都可歸入俠義一類,同屬於偏至之端。[123]為了證明偏至的行為既不足為訓,亦不足為法,馮氏還從《呂氏春秋》中掇拾出一個更為極端的例子:

> 有二俠士,相偕出遊。至一處飲酒,有酒無肴。此二人說,吾二人身皆有肉,何必再求肴。遂各割其身之肉,烤熟請別一人吃,吃畢,兩人皆死。此二人各割其身之肉,以奉朋友。專就待朋友這一方面看,可以說是「仁至義盡」了。專就此方面說,他們的行為是「至」,但此二人各有其在別方面應作底事,應負底責任,他們均不顧及。兼就別方面說,他們的行為是「偏」。所以他們的行為,不是「周全之道」,而是「偏至之端」,……此所引固然是一極端底例。然在此極端底例中,我們可以看出俠義的行為,與聖賢的行為的性質的不同。一行為是不是超過中道,在大部分情形中,是不很容易決定底。所以我們必須在這些極端底例中,方可以看出俠義的行為,與聖賢的行為的性質的不同。[124]

俠義的行為,是偏激和好走極端,其表現雖千奇百怪,但皆以踰越中道為其基本特質。自晚清以來,激進的思潮席捲神州大地,「矯枉必須過正」也愈來愈成為主流社會的共法。國人大都相信,俠義行事「要

曰:「宗族稱孝焉,鄉黨稱弟焉。」「敢問其次。」曰:「言必信,行必果,硜硜然,小人哉!抑亦可以為其次矣。」朱熹,《四書集註》,頁91。
[123] 馮友蘭,《新世訓》,頁432-434。
[124] 馮友蘭,《新世訓》,頁431-432。

比聖賢都高一層」；愈是踰越中道，愈是激進、愈是極端，也就愈完善、愈道德。【125】馮友蘭通過尾生的事例、茶客的事例、尤其是上述《呂氏春秋》中那血淋淋的事例，無非是要反覆申明，偏激和好走極端的行為，並沒有在道德上「比聖賢都高一層」。聖賢所奉行的中庸之道，與俠義行事的「偏至之端」，事實上各自具有不同的性質。前者屬於道德的範疇，後者屬於審美的範疇。聖賢的中道，既非卑之無甚高論的廢話，也不是純粹為普通人而設、比上不足比下有餘的陋規，更不是任由特殊聰明才智之人或俠義之士可隨意踰越的界限。【126】中庸之道的「恰到好處」，已穩居於道德上的最完善和最高處。在邏輯上，凡不及於此者或踰越於此者，都不能被認為是道德上最完善的和最高的。因為，在最完善和最高之外，並不存在著更完善的和更高的。【127】俠義的偏至之行，雖能以其「奇」或以其「異」吸引人們的注意，但也往往因其「奇」因其「異」讓自己或別人付出慘重的代價。偏至的行為不僅在道德上並不比中道更完善或更高，它們其實是美學的而非道德的，是不足為訓或不可為法的——儘管它們也常常因其呈現出來的美學義意，獲得世人的驚艷或讚嘆。【128】

【125】馮友蘭云：「講中道者所說『賢者過之』之一點，最不易得人了解。……有些人多以為，如果某事如此作，是道德底，則於如此作更進一步，當然是更道德底。在歷史或小說中，有聖賢和俠義兩種人。有些人以為聖賢的行為，是道德底，而俠義行為則為更道德底。《兒女英雄傳》中，安水心說，俠義行事，『要比聖賢都高一層』。比聖賢都高一層者，即其行為是更道德底也。」馮友蘭，《新世訓》，頁430。
【126】馮友蘭，《新世訓》，頁430。
【127】馮友蘭，《新世訓》，頁430-431。
【128】馮友蘭，《新世訓》，頁434。

餘論

　　自晚清以來,愈來愈多的中國知識分子把中國文化與救國保種視為水火不相容,文化認同與國家民族的認同因而被嚴重撕裂。這種撕裂,到了「五四」期間,便演成了全盤性反傳統主義發展的頂峰。[129] 任何認為傳統歷史文化仍有某些正面價值,因而不容或不宜全盤性地加以否定或拋棄的思想或言論,都無不被視為「封建」、「落後」、「保守」、「反動」,甚至「反革命」,其思者和言者也大都成為反傳統主義者所訕笑、謾罵和攻訐的目標,成為革命家所撻伐、撲打甚至殺戮的對象。在中國近代史上第一次「鎮壓反革命」的高潮中,王闓運、葉德輝的慘遭撲殺,王國維的被迫沉湖,梁啟超的心驚膽戰惶惶不可終日,都是其中的顯例。

　　儘管處境悲苦艱困、外逼內蹙,儘管人孤勢單、力竭聲嘶,文化保守主義的營壘並沒有被絕對壓倒,也未曾完全屈伏。他們有的始終清醒堅決,有的難免矇矓動搖;有人力戰不屈抗爭到底,有人徘徊觀望且戰且走;有人棄甲曳兵落荒而逃,也有人陣時加盟帶槍入夥。和反傳統主義者或革命家一樣,他們堅信國要救,種要保;為了救亡保種,他們當中的許多人甚至相信,西方文化亟需引進,而中國文化也必須改良。但是,他們堅決反對救亡保種必須以全盤拋棄中國歷史文化為其代價,堅決反對在「全盤西化」的大纛下振興民族主義和建構現代國家。對他們而言,文化認同、國家認同和民族認同這三個層面,乃互相依存互相轉化互相決定又互為體用。任何為了救濟其中兩個層面而犧牲其中一個層面的作為,都會使其他兩個層面同遭破壞,而此三位一體的有機組織亦因之同歸於盡。此一信念,構成了近代中國形形色色千差萬別的各種文

---

[129] Yu-Sheng Lin, *The Crisis of Chinese Consciousness: Radical Antitraditionalism in the May Fourth Era* (Madison: The University of Wisconsin Press, 1979), p. 10.

化保守主義者的最大共性，也構成了他們與反傳統主義者和革命者的最大區別。

　　馮友蘭在赴美留學前曾追隨胡適、傅斯年輩加入反傳統的營壘，出國後思想發生根本性轉向，學成回國後反戈一擊，成了文化保守主義陣營的臺柱。由於他有哥倫比亞大學哲學博士的背景，且長期出任清華大學哲學系教授、系主任、文學院院長，分屬學術主流派，位高權重，聲名顯赫。繼兩卷本《中國哲學史》之後，馮氏在抗戰期間，又撰成了六大本「貞元之際所著書」（簡稱《貞元六書》）。《新世訓》即其中之一。權位的尊崇加上著述成果的豐碩，使馮氏不僅成為文化保守主義營壘中，唯一能以平等的地位，和反傳統主義者展開論辯和對話的代表人物，【130】而且還使他後來居上，取代了胡適的地位，成為抗戰期間中國聲名最大、影響力最廣的哲學史家和哲學家。【131】

　　傳統的歷史文化在復興民族主義、建構現代國家的過程中所肩負的巨大功能，尤其在救國保種中所能發揮的巨大作用，現在已在近代歷史上無數的案例中得到證實，【132】也在社會學、政治學、心理學、文化研

【130】詳參翟志成，〈馮友蘭徹底的民族主義思想的形成和發展（1895-1945）〉，《大陸雜誌》，卷97期5-6（民國87年11-12月），頁201-223，252-264；卷98期1-5（民國88年1-5月），頁29-36，61-69，114-127，175-185，193-215。

【131】詳參翟志成，〈被弟子超越之後——胡適的馮友蘭情結〉，《中國文哲研究集刊》，期25（2004年9月），頁219-257。

【132】即令是聲稱「工人無祖國」，聲稱要「與傳統作最徹底的決裂」的俄共，為了在四面強敵環伺的險惡處境中「建設第一個社會主義國家」，也不能不改絃易轍。Chris Ward指出，從三十年代中葉起，斯大林便改變了俄共在二十年代敵視傳統文化的立場，而刻意在教育、法律、宗教、社會，文化和小數民族等層面，強力推行其俄羅斯化（Russification）政策，並試圖從俄羅斯的傳統道德中吸取一切可資利用的資源。Chris Ward, *Stalin's Russia* (New York: Oxford University Press Inc., 1999), pp. 228-263.

究和民族主義研究的無數著述中得證明。【133】這些在今天已成為常識性的見解,但若有人要在二十世紀二十、三十年代的中國社會公開加以引申發揮,其人便不僅需要有豐厚的學殖、深刻的思想,還必須要有反潮流的勇氣。從二十世紀二十年代下半葉開始,馮友蘭無論在其《人生哲學》當中,還是在其兩卷本的《中國哲學史》當中,便已竭盡全力向中國讀者證明:中國傳統文化並不比世界上任何其他文化為劣,其中所蘊涵的許多義理,不僅在傳統社會,就連在當今的社會,亦足以挺立得住,自有其不可磨滅的永恆價值。【134】七七事變之後,抗戰軍興,傳統文化中的歷史、傳說、神話、象徵、符碼、風習,及其神道設教和道德規範,尤其是其中的先聖先賢、英雄烈士、義夫節夫、忠臣孝子,對於動員全國軍民奮起抵抗日本侵略者,其精神能量之巨之大,已使任何人無法予以忽視或加以否認。反傳統主義的氣焰,在國難當頭不能不有所收斂,而長期被壓在谷底文化保守主義也因之開始向上反彈。馮友蘭把這種新的契機稱之為「貞下起元」。他不但把「貞下起元」,看作是個人和文化保守主義的新契機,而且還看作是整個中國文化和國家民族的新契機。【135】以往被撕裂的文化認同、民族認同和國家認同,如今已開始彌縫與癒合,這對於堅持「舊邦新命」,堅持古今中西的重新整合,堅持「開新必憑守故、守故所以開新」的馮友蘭,自然無法不意氣昂揚無限感奮。為了促成古今中西的融合,他根據當時中國社會的需要,參照西方的哲學思想,包括實用主義尤其是新實在論的觀點,有系統地對中國傳統文化、思想和道德全面地進行的發掘、梳理、選擇和重新加以

【133】Anthony D. Smith, *The Nation in History: Historiographical Debates about Ethnicity and Nationalism* (Hanover: Brandeis University press, 2000), pp. 5-26.

【134】詳參翟志成,〈師不必賢於弟子──論胡適與馮友蘭的兩本中國哲學史〉,《新史學》,卷15期3(2004年9月),頁101-145。

【135】馮友蘭,〈自序二〉,《中國哲學史》,冊上,頁1。

詮釋，奮筆寫成了《貞元六書》。馮氏在《新世訓》中，選取了十個他認為是傳統道德中最重要的德目予以新詮，而《新世訓》的「道中庸」章，則是專為詮釋儒門的中庸之道而撰寫。

馮友蘭在「道中庸」章中，主要是須設法為讀者解答三個問題。第一個是關於 what 的問題：真正的中庸之道是什麼？第二個是關於 why 的問題：為什麼要行中庸之道？第三個是關於 how 的問題：如何才能真正地行中庸之道？對於 what 的問題，馮氏的解答應該算是成功的。對於 why 的問題，馮氏的解答雖不能令人滿意，但也可勉強接受。但對於 how 的問題，馮氏的解答就不免令人有些失望了。但聯繫到由孔孟以降、儒家各個世代的大師大德對於「如何才能真正地行中庸之道」這一問題的解答，同樣地束手無策或令人失望，我們對馮友蘭的欠缺與不足，也就可以釋懷了。其實，如果不把中庸之道所保證的能夠在時時事事處處都做到「恰到好處」的標準大幅度往下修正——亦即允許犯錯，承認誤差，而其「恰到好處」，也再不能要求精確到某一個點或某一條線——中庸之道便會因為缺乏其可操作性和可實踐性，變成任何人都無法開解的習題。以往的儒者，由於受囿於「照著講」的精神桎梏，他們之不敢修訂中庸之道的標準，是可以理解的，也是必然的和無可奈何的。但聲稱「接著講」的馮友蘭，卻居然不能——或不曾——想過其更改標準，好讓中庸之道具備足夠的可操作性和可實踐性，則難免令人費解，也難免讓人有一點點的遺憾了。

儘管通過「貞元六書」的撰寫，馮友蘭創建了規模宏大的「新理學」體系，我們可稱馮氏為學問家或哲學家，但卻不能稱之為道學家或道德家。道學家或道德家的工作主要是求道或追求真理，學問家或哲學家的工作同樣也在求道或追求真理。但前者的求道或追求真理，雖不廢知解，卻主要是從個人的道德修養的進路入手；而後者的求道或追求真理，主要是從知性的理解與分析的進路入手，而可與個人的道德修養毫不相干。馮友蘭一貫強調知性的「覺解」。他在建構「新理學」體系時，

54

雖有時也談及個人的修養功夫，但由於全由知解的路數進入，而非真正得益於個人切身的真實體驗，故每當他談修養功夫時，總令人覺得一轉念即可辦到，未免得之太易。對於真正通過「一括一掌血，一鞭一條痕」的修養者而言，馮友蘭的談個人的修養功夫，大都是些模擬影響的皮相，究其實似是而非，望道而未見。馮氏主要的興趣和心力，幾乎全都集中在對哲學系統的論述和哲學概念的辨名析理之上。如果把談個人的修養功夫的文字，從「貞元六書」中完全刪除，相信對馮氏的「新理學」系統，也不會造成多大的影響。這就足以說明了馮氏為什麼不是道學家祇是哲學家。中國的儒、道、釋三家的大師大德，都無不把一生主要的精力，貫注和落實在個人的修養功夫之上，著書立說和建立體系都祇不過是第二義的事。修養功夫中，三家又全都強調對心體的存養和持護。用更形象的語言說，三家都試圖通過修養功夫，使心體變成一面一塵不染的明鏡，「不迎不將，應而不藏」，從而讓事事物物的本相，一一纖毫畢現而無所隱藏。[136] 祇要能把心體修養成一面一塵不染的明鏡，站在儒家的立場，便自然會令每一待人處事都「恰到好處」，而中庸之道也就可以達至。但個人的修養功夫，應如何去做，要做到什麼火候，便如同魚兒飲水，冷暖唯有自家知道。這種純屬於個人「體知」的帶有神祕意味的私密經驗，本是極難向外明言，而也是外人難以想像的。馮友蘭曾聲稱學問家或哲學家的主要任務，正是要對不可思義者思義，對不可言說者言說。但馮氏在「道中庸」中，對中庸的至為緊要的修養功夫幾乎隻字不提，當然也就不見他對此有所思義，有所言說。如此的「接著講」，是否能承接儒門的真精神？令人不能無疑。

---

[136]《莊子・應帝王》篇云：「為名尸，无為謀府；无為事任，无為知主。體盡无窮，而遊无朕；盡其所受乎天，而无見得，亦虛而已。至人之用心若鏡，輭將不迎，應而不藏，故能勝物而不傷。」郭慶藩，《莊子集釋》（北京：中華書局，1961），冊1，頁307。

此外，馮友蘭在整個「新理學」中，把國族安放到至高無上的的位置。我們祇見馮氏一再強調個人對國族的神聖義務和責任，一再強調個人對國族的無條件的奉獻與犧牲，卻極少見——甚至幾乎沒有見到——國家應該為個人做些什麼？個人的基本權利應如何得到保障？國家的權力應受到怎樣的制衡、限制和監督，以免被當權者濫用或盜用？《新世訓》一書中的國家主義和集體主義的色彩尤其鮮明。也許有人會說，在國族生死存亡繫於一髮的危急關頭，馮氏的提倡國家主義和集體主義容或是不得已的權宜之舉。我們願意接受此一說法。但無論如何，馮友蘭在「貞元六書」尤其是《新世訓》中，並沒有告訴我們，他提倡的國家主義和集體主義，一俟渡過了抗戰時期便會自動失效。由於沒有建立起一道必要的防火牆，對於抗戰後中國社會的國家主義和集體主義的赤焰狂熾，「貞元六書」能否免於成為其中的薪火？日後馮氏在中共的牛棚裏，午夜夢回時是否曾有過一絲絲的悔不當初？這些問題，都值得再作進一步的探討。

康德的形而上學新論

盧雪崑*

提要

古老陳舊的獨斷論使形而上學成為「混沌和黑暗之母」。康德對舊有形而下學淪為一切虛幻之溫床而痛心疾首。他指出：形而上學的獨斷論就是缺乏對純粹理性加以批判，就憑著一種空想的思辨理性提出對於超感觸的東西之認識。本文論述康德為重建形而上學所作出的全部努力，並說明他的形而上學新論是依循著對理性機能批判考察的道路而前進的。並且，本文旨在辨明，康德為新形而上學所作的全部努力不僅建立一種認識形而上學以取代舊有的本體形而上學，而更重要的是把他一生的工作都指向意志自由作為唯一真實的本體之確立與證成，這個工作本身就最終提供出一個以意志自由為真實本體的「道德的形而上學」。康德實在已經批判地提供出一個以意志自由為本體的新本體論，並且提供出一個以意志自由為創造之動源的，自由與自然結合、目的王國與自由王國結合的道德世界之創化進程的新宇宙論。儘管康德本人並未正式提出這些詞。

第一節　舊有形而上學之虛幻性

西方傳統形而上學發展到康德那個時代顯然已百孔千瘡。用康德的話說：「形而上學曾經一時被稱為一切科學之女王」，「擁有至高無上的權力」（Aviii），「如今卻被拖曳著像一個流犯」（Aix）。康德毫不容

---

*本所副教授。

情地指出：舊有形而上學的政權是「在獨斷論者的統治下，起初是專制的。因為其立法帶著古代野蠻的痕跡，因而她的帝國就內戰頻仍，而漸漸崩解為無政府狀態」（Aix）。古老陳舊的獨斷論使形而上學成為「混沌和黑暗之母」。康德對舊有形而上學淪為一切虛幻之溫床而痛心疾首[1]，他洞察到：時代對舊有形而上學的厭棄並非一時的輕率，而是時代成熟判斷的結果，「因為時代拒絕再以虛幻之知（Scheinwissen）來敷衍推宕」（Axi）。

形而上學的獨斷論就是缺乏對純粹理性加以批判，就憑著一種空想的思辨理性提出對於超感觸的東西之認識。獨斷論者以為「單按照原則，只從一些概念即可推進純粹知識」，「只從概念去進行純粹知識，而從不研究理性用什麼方法，憑什麼權利可獲得這些概念」（Bxxxv）。康德揭示出：正是這種獨斷的僭妄製造出形而上學史上種種令形而上學名譽盡失的虛幻。康德的全部批判工作就是致力於破除這種根深蒂固的源自理性獨斷之誤用的虛假要求，經由《純粹理性批判》之「超越的感性論」作成顯相與物自身之超越區分，以及進而經由「超越的分解論」作成現象與智思物之超越區分，為摧毀舊形而上學扎下理論的根基。依據批判地作成的超越區分學說，康德在「超越的辯證部」系統地消解了舊形而上學的種種虛妄主張。

康德指出：一個純粹超越的理念是理性的必然產物，但是，它的對象卻是我們對之毫無概念的某物。這樣的理念是我們通過一種必然的三段論式，或康德稱之為理性推理（Vernunftschlüsse）而達到的。這種三段推理沒有經驗的前提，我們用它從我們所認知的某物推出我們對之毫無概念的某物，而且由於一種不可避免的虛幻而把客觀的實在性歸於這推論出來的東西（A339/B397）。這就是一切理性之幻想物的來源。這樣的辯證三段推理有三種：

---

[1] Briefe von Moses Mendelssohn, 8. April 1766. KGS 10:70.

第一種貌似理性的（vernünftelnde）推理：我們從不含任何雜多的主體的超越概念推論到此主體自身之絕對統一性。康德稱之為「超越的誤推」（A340/B398）。依據這種誤推，人們宣稱靈魂是本體（Substanz）、是純一、是不朽等等。康德在「超越的辯證論」之「純粹理性之誤推」那一章中詳盡分析這種推理之謬誤，及揭穿其製造的虛幻，這些虛幻歸結到那個「使我們把思想的綜和中之統一視為這些思想的主體中的一被覺知的統一」的自然而卻令人迷惑的幻象（A402）。康德稱這種幻象為「實體化意識」之虛妄（A402）。「一切虛幻可以說是在於把思維之主觀條件當作關於客體之認識」（A396）。「把純然的思想物（bloßen Gedenken）當作實存於思維主體之外的真實對象」（A384）。舊有形而上學中靈魂不朽之理念就是從本體的純一性推到的，康德揭破靈魂學之諸種謬誤推理，隨之，所謂靈魂在肉身死後繼續存在的證明就無法成立。

第二種貌似理性的推理指向任何所予的顯相上的條件串列之絕對綜體之超越的概念。這一概念它在某種一定的方式上被思維時，總是自相矛盾。這種辯證推理中的理性之處境康德稱之為「純粹理性之背反」（A340/B398）。這些涉及顯相的綜和中的絕對綜體之超越的理念康德名之為「宇宙性的概念」（A407/B434）。純粹理性的背反把一虛偽的純粹理性的宇宙論的超越原則顯示給我們，這門在「理性的衝突」之題稱下的虛妄的學問只能令人迷惘（A408/B435）。如我們所見，康德在「純粹理性的背反」那一章是憑據「顯相與物自身之超越區分」解決了四個「二律背反」的。

第三種貌似理性的推理：從對象一般被思維時所必具的條件之綜體推論到物一般的可能性之一切條件的絕對綜和統一。也就是通過物一般的純然超越的概念（我們並不能通過這超越的概念而認識這物），推論到一個「一切東西之東西」（Wesen aller Wesen：ens entium）（A340/B398）。這種辯證推理康德稱之為「純粹理性的理想」。這兒，純粹理性的理想專就舊有形而上學中「上帝之理念」而論，如我們所見，康德

在「純粹理性的理想」那一章中檢察了諸種從最高實在者之概念推演出關於上帝存在的證明，論證了「上帝存在的存有論證明之不可能性」，「上帝存在的宇宙論證明之不可能性」，以及「自然神學證明之不可能性」。康德揭示：上帝之理念作為最高實在者（ens realissimum）之理想，只是一個純然的表象，但是，在舊有形而上學中，它被真實化（realisiert），首先變成一個客體，然後又被實體化（hypostasiert），最後人格化（personifiziert）（A583/B611）。這是對形而上學第三期（神學期）的徹底清理，破除一切神學中獨斷擬人觀所製造的虛幻。

在一篇論萊布尼茲及吳爾夫時代的形而上學在德國之發展的文章[2]中，康德將舊形而上學的歷史劃分為三個階段：第一期在存有論的界線內；第二期是思辨理性的停滯期；第三期是實踐的獨斷完成期。[3] 依康德所論，第一期是理論的獨斷進展，此進展圍繞著一個核心問題：一個存在物如何構成。古希臘起，哲學家通過"einai"的中性分詞"on"討論物之存在性，以此建立存有論（關於"on"的學說）。這種進路將系詞「是」與實存的涵義混而為一，又以本來只作為思想法則之矛盾律、同一律作為存有論證之基礎。此存有論（或曰本體論）開「概念之邏輯可能性混同實在之可能性之先河，生出種種形而上學的虛幻主張。康德在《純粹理性批判》一針見血地指出：「"Sein"不是實在的謂詞。」（A597/B625）一舉擊破舊存有論之虛妄。第二期思辨的停滯是超越的或純粹的宇宙論，作為自然學說，包括物體的和思維的自然之形而上學。這時期形而上學陷入「純粹理性的二律背反」之無望的使人迷惘的理性

---

[2] Kant," Über die von der Königl.Akademie der Wissenschaften zur Berlin für das Jahr 1791 Ausgesetzte Preisfrage : Welches sind die wirklichen Fortschritte, die die Metaphysik seit Leibnizens und Wolfs Zeiten in Deutschland gemacht hat?", stw 6: 615-629. ed.F.Drink,Königsberg,1804,bey Goebbels und Unzer. (KGS 20:253-351)

[3] 同註[2]，s.615.

衝突中。如我們所見,《純粹理性批判》之「純粹理性之二律背反」章就是為破解舊宇宙論的虛假爭論而作的。第三期是連同一切先驗認識的神學時期,此期是前兩期之最後歸結,它以前兩期建立的存有論與宇宙論為理論依據,發展到「實踐的獨斷越界至超感觸的東西。」[4] 康德經由《純粹理性批判》揭破舊存有論和舊宇宙論的虛妄性,第三期形而上學(全部舊有神學)也就失去其理論依據。

第二節　物形而上學讓位於知形而上學及從軌約的思辨形而上學轉進至構造的實踐形而上學

形而上學的歷史充滿著形形色色的虛幻,形而上學家犯著這樣或那樣的錯誤,那些錯誤使理性在非經驗的使用上自相矛盾。如果要制止懷疑論把一切形而上學破壞掉,那麼,我們不能藉口人類理性力量不足而逃避人類理性本身提出的問題。康德自信他已經找到一條前人未勘探過的道路,並且依循這道路已發現到一種辦法避免舊形而上學的一切錯誤。這條道路是依循著對理性機能批判考察而前進的。

康德說:「形而上學無非是我們通過純粹理性而掌握的全部東西按照系統排列的清單。在這個領域是沒有東西會被遺漏的,因為完全由理性自身產生的東西決不能隱藏,當共通的原則發現出來之後,理性本身就會立刻把它產生出來。這種認識的完整的統一性以及它只從純粹概念得出而絕不受任何經驗或特種的直觀(諸如可導致任何決定而擴大和增加經驗的那種直觀)所影響的事實,使這種無條件的完整性不僅是可實行,而且是必然的」(Axx)。「形而上學是一門通過理性而從純粹概念得來的認識」(A850/B878)。那麼,我們如何能期望得有先驗認識,而這種認識又是關於對象的呢?經過康德的批判,舊有形而上學獨斷地宣

---

[4] 同註 [2],s.629.

稱離開一切經驗能認識超感觸者的做法已經被裁決為無根據的虛妄。那麼，任何人試圖重建形而上學，唯一可循的途徑就是對「那獨立不依於經驗而追求一切認識的理性機能一般」進行批判。「這種批判將裁決形而上學一般之可能或不可能，而且決定它的各種來源、範圍與限制——這一切皆依照原則而作成。」（Axii）

在《純粹理性批判》之「超越的方法論」第三章「純粹理性的建築術」，康德勾勒了一個新形而上學的規模：

> 純粹的理性哲學，或是一種入門（即預備），它關涉到一切純粹的先驗認識而研究理性之機能，而稱為批判的；或是純粹理性之系統，即是一種在其系統的聯系上，顯示純粹理性發生的（真的或虛妄的）全部哲學的認識，稱為形而上學。但是形而上學這個名稱也可以指全部的純粹的哲學，包括批判在內，這樣它就包括對一切能夠先驗地認識的東西的研究，也就是包括構成這類純粹哲學的各種認識模式的體系的東西的闡述。所以，它有別於一切經驗的理性使用，也有別於一切數學上的理性使用。
>
> 形而上學劃分為純粹理性思辨使用的形而上學和純粹理性實踐使用的形而上學。因而，要麼是自然形而上學，要麼是德性形而上學。前者包括只是從概念得到的一切純粹理性原則（所以不包括數學），用於一切事物的理論認識中；後者包括決定我們的一切行動與過失並使之成為必然的那些原則。……形而上學這個名詞在嚴格意義上通常被留給了思辨理性的形而上學。但是，由於純粹德性學實際形成了從純粹理性而來的人類哲學認識這個特殊部門的一部分，我們就為純粹德性學保留形而上學這個名稱。不過我們現在不涉及它，就把它擱置一邊了。（A841/B869）

康德明示，他規劃的形而上學將包括自然形而上學和德性形而上學，以及對於那冒昧而自恃的理性之批判（A850/B878）。作為形而上學的預備之批判工作是理性必須要做的自知的工作，這個工作要建立一

個法庭,這個法庭依照自己所有的永恆不可改變的法律遣除一切無根據的虛偽要求(Axi)。它的主要問題始終是:「離開一切經驗,知性和理性能夠認識的是什麼,及能認識多少。」(Axvii)這個工作包括在三大批判書中,它提供出一幅人類心靈機能活動(包括知、情、意三方面)高度複雜的精密解剖圖,同時也提供出一個純粹先驗認識的整全系統。在這個意義上,人們確實可以說康德提出了一個認識形而上學。文德爾班恰切地注意到:自休謨互解了十七世紀形而上學運動圍繞之而旋轉的兩大基本概念——本體(Substanz)和因果性(Kausalität),物形而上學就讓位於知形而上學(Die Metaphysik der Dinge weicht einer Metaphysik des Wissens)[5]。但是,如果以為康德為新形而上學所作的全部努力不過是建立一種認識形而上學以取代本體形而上學,那恐怕是偏頗失實的。通觀康德為重建形而上學所做的全部工作,我們不難見到從第一批判開始康德為意志自由之可能性提供證明,進至第二批判全部工作幅輳到意志自由之客觀實在性的證成,最後至第三批判論證意志自由的人作為道德主體乃造化之終極目的,意志自由即人創造第二自然(道德世界)之能力。可以說,康德一生所作的工作都指向意志自由作為唯一真實的本體之確立與證成,這個工作本身就最終提供出一個以意志自由為真實本體的「道德的形而上學」。康德實在已經批判地提供出一個以意志自由為本體的新本體論,並且提供出一個以意志自由為創造之動源的自由與自然結合、目的王國與自由王國結合的道德世界之創化進程的新宇宙論。儘管康德本人並未正式提出這些詞。

現在,我們不限於《純粹理性批判》給我們的指示,而是要回到康德為重建形而上學所作出的全部努力中重構出一個形而上學新論的整全藍圖。首先,我們要把握康德對於軌約的思辨形而上學與構造的實踐形

---

[5] H.Windelband, Lehrbuch der Geschichte der Philosophie, 14.Ausg., revidiert von Heinz Heimsoeth,Tübingen,1950.s.407.

而上學所作出的區分。我們知道，康德提出自然形而上學作為形而上學的第一部分，它包括只是從概念得來的一切純粹理性原則，並且用於一切事物的理論認識中（A841/B869）。它也就是理性思辨使用的形而上學。經由《純粹理性批判》，康德得出一個結論：理性以其思辨使用而想要超出一切經驗範圍的企圖是注定要失敗的，試圖以思辨理性去認識超感觸者只能製造無根的虛幻。因為要決定一個對象及其概念必須要有感性直觀與純粹知性概念之結合，而感取對象只不過是現象，知性離開感性而獨自思想，其純然所思只不過是智思物，純然的智思物是沒有對象的空概念（A292/B348），它只是一不認識的某物（unbekannten Etwas）而已（A256/B312）。它只能作為一個限制概念（A255/B310）。理性的概念作為綜體之理念只有軌約的作用，而決不能冒充作物自身的對象。在《純粹性批判》之「超越辯證論附錄II」中，康德說：純粹理性的諸理念所引起欺騙性的虛幻是由於這些理念的誤用引起的（A669/B697）。這種誤用就是將理念之只作為軌約原則（regulativer Prinzipien）誤作為把我們的認識擴充到比經驗能給予的更多的對象之構造原則（konstitutiver Prinzipien）（A671/B669）。但只作為軌約原則的理性之原則「決不能告訴我們對象是什麼，而只能告訴我們經驗的後返如何貫徹下去以達到對象之完整的概念」（A510/B538）。

我們能夠說明三個純粹理性的軌約理念——心理學的理念：靈魂不朽；宇宙論的理念：世界一般；神學的理念：上帝，但是它們並不是和與之相應的任何對象直接有關係，甚至於一個假然的對象之給予也是不可能的，我們使用這三個理念只是當作理性的經驗使用之規則看，以便在一個「理念中的對象」之預設下達至系統性的統一（A671/B699）。這些理念「只是一個啟發性的概念，而不是一個明示的概念（nur ein heuristischer und nicht ostensiver Bergriff）」，它們並不給我們指明一個對象是怎樣構成的（A671/B699）。康德提出要嚴格分清某物逕直地作為一個對象而給予我們的理性，抑或只是作為一個「在理念中的對

象」，前者是使用概念來決定對象，而後者只是利用其他對象對於這個理念的關係，在這一些對象的系統性統一上來表現它們（A670/B698）。實在說來，「在理念中的對象」並無被給予的對象可言。

在舊形而上學中，人們將原本只能作為「內部感取的一切雜多之系統性統一」的心理學理念（心靈）實體化而產生超越的幻象（靈魂不朽）；將原本只當作「世界的安排之系統性統一的秩序，以及合目的性之基體而思之」的神學理念實體化而產生超越的幻象（上帝存在），那實在是由於我們將只當作「在理念中的對象」誤作為在實在性中（in der Realität）的對象（A697/B725）。康德指出：如果我們視理念為一個真實的事物（wirklichen Sache）之肯斷，或縱使退一步視之為一個真實的事物之假定，那我們就誤解了這些理念的意義（A681/B709）。這些理念本來只作為軌約原則，但人們卻把它們作為超驗認識的構造原則來使用，則它們就通過一種眩惑人的欺騙的幻象而產生遊說及一種純然虛構的知識（A702/B730）。

依此，康德指出，通過理性的思辨使用，我們充其量只能有一個軌約的思辨形而上學，任何依靠思辨理性而構作一個本體的構造之形而上學的企圖皆不可避免地要陷入辯證的虛幻之中。如果我們堅持形而上學的本務是要確立對於超感觸者的認識，那麼，《純粹理性批判》否決思辨理性要求越出經驗而認識超感觸者的僭妄之舉，是否就表示康德在變相地取消形而上學呢？事實上，這種見解在學術界頗流行。但是，持這種見解的學者顯然忽略了康德即使在《純粹理性批判》中就一再提醒：形而上學應該有純粹理性實踐使用的形而上學作為其第二部分。只要我們通觀康德為實踐形而上學作出的努力，恐怕就不能那麼輕率地斷言康德否決任何關於超感觸者作為本體之認識，從而宣稱康德並沒有提供一個依於一個超感觸本體而成立的形而上學。

康德在《純粹理性批判》之「超越的方法論」第三章「純粹理性的建築術」中說：「形而上學的思辨部分（即我們稱之為自然形而上學）曾

經特別占用了形而上學這個名稱。」(A845/B873)「形而上學這個名詞通常只用於思辨理性的形而上學。但是,只要純粹的德性學(reine Sittenlehre)仍然屬於源自理性的人的認識也就是哲學的認識之特殊門類,那麼我們就要為它保留形而上學這個名稱,雖然由於它不屬於我們現在的目的,我們在這裡暫時把它擱置一邊而已。」(A842/B870)實在說來,《純粹理性批判》僅僅就思辨理性這個來源而對自然形而上學作出裁決與限制,這個批判的成果一方面制止理性的辯證虛幻,另方面就指示我們要把對於超感觸者之「無結果而誇奢的思辨轉到那有結果的實踐使用上去」,在這種實踐的使用上,「諸原則出自更高的來源,並且可以決定我們去規制我們的行為,就像我們的分定會達到經驗以外無限遙遠之處。」(B421)「理性思辨在超越的使用中所導致的終極意圖涉及三個對象:意志自由、靈魂不朽和上帝存在。在這三方面的關涉中,理性之單純的思辨的興趣十分少,以這種興趣為目標,與無休止的障礙作鬥爭,這種工作令人疲倦,對於超越的研究也會是難以接受的,因為對此可能作出的一切發現終究不能有具體的使用,即不能在研究中證明有用。」(A798/B826)「如此說來,形而上學的三個基本命題對理論的認識來說絕不需要,但我們的理性卻鍥而不捨地追求之,其實恰當說來,它們的重要性必定只有關於實踐方面。所謂實踐,就是指通過自由而成為可能的一切東西。」(A800/B828)

　　如果學者們有認真考慮康德的聲明,必定不會停留在《純粹理性批判》,以致僅限於思辨理性之使用去談論康德的形而上學。我們實在必須依照康德的指引,轉到純粹理性的實踐使用上去探究,看看在實踐領域是否能有對於一個超感觸本體之認識,以及康德在這方面給我們提供的見解到底是什麼。誠然,我們要談論康德在純粹理性實踐使用的形而上學方面所作出的功績,這跟把握他在思辨形而上學方面的成果比較起來複雜得多。後者只需要讀通《純粹理性批判》一書,而前者的工作除了熟悉康德的整體論證的每一個分隔討論的細部,還要精於把每一細部

綜和地回轉到其在整體結構中的確當位置，我們要解讀的是一張縱橫交織、高度複雜的人類心靈活動網絡，其中穿插著超越分解與辯證綜和之更疊，貫徹著思辨理性之軌約使用與實踐理性之構造使用之區分與結合，而整張網絡是一步步地在歷時十數載的一系列著作中按序編織而成。非到最後一步，我們實不能輕率地說我們已經把握到康德的形而上學新論。用康德的話說：純粹理性就其認識的各原則而論是一個有機的統一體，這統一體是為其中每一部分而存在的。這樣，沒有一個原則能穩妥地只在任何一個關係上來被取用，除非在其與純粹理性的全部使用相關的一切關係上嚴密研究過。」（Bxxiii）

遺憾的是，在康德研究領域有不少權威意見都是由於採用支解割裂的方法和非通貫整全的思考模式而作出的。我們見到不少權威的康德專家割裂地抓住康德某一部著作，甚至只抓住某些論述片段就對康德的整體見解妄下定論。有學者停在《純粹理性批判》關於理念在思辨理性之使用中只能作為軌約原則，就斷言康德主張一切理念只不過是有益的虛擬；抓住康德在《純粹理性批判》中堅持範疇在對象之決定上只能作經驗的使用，而不顧及康德提出範疇在實踐領域可因著類比而有超越的使用，固執著《純粹理性批判》提出的作為自然範疇的理論概念（theoretischen Begriffe, als Kategorien der Natur），而略去康德在《實踐理性批判》提出的自由之範疇（Kategorien der Freiheit）。有學者停在《純粹理性批判》關於「智思物」只是一個限制概念之論說，就輕率地把意志自由跟上帝、靈魂不朽一拼同等地視為只是知性所思物，只是空無對象的概念，只是設準，絲毫不理會康德繼《純粹理性批判》之後在一系列著作中對「意志自由」與「上帝」及「靈魂不滅」作出的區分，以及對「意志自由」作為唯一真實本體而作出的慎密而周致的成功論證。

我們見到，構成康德純粹理性實踐使用之形而上學的一系列著作（包括康德的全部關於道德哲學之著作，乃至《判斷力批判》及《單在理性界限內的宗教》，甚至作為其預備工作的《純粹理性批判》也考慮在

內），被許多權威的康德專家分而治之。他們抓住關於「設準」之片段，而不顧及康德使用「設準」一詞作為一個論證手段，只是就理論理性之要求而立論，更不分清康德在不同論題上使用「設準」一詞的不同涵義，便輕率地以為康德視意志自由如同上帝和靈魂不滅一樣只是設準，只是主觀的，因而皆是虛而不實的闇冥的彼岸，即使在實踐方面也不能作實存之肯定。他們津津樂道地談論康德的「設準說」、「好像說」，依他們的見解，康德不但在自然領域，而且在實踐領域也一概否決任何真實本體實存之可能。這種毀壞康德哲學的非通貫的割裂的解讀之突出表現就是所謂的「拼貼論」及「好像哲學」，[6]著名的德國康德專家花亨格（Hans Vaihinger）是這方面的始作俑者。他在《好像哲學》（Die Philosophie des Als Ob）[7]一書中系統地將康德所論物自身、智思物、理念、理想，乃至純粹知性、純粹理性、純粹意志、自由意志等等一概解說為啟發性的虛擬（heuristische Fiktion）。依花亨格的見解，不但思辨的形而上學是一種虛構的形而上學，純粹理性實踐使用之形而上學更是最大的虛構，而且還被康德賦予其絕對權利。在花亨格看來，康德所論絕對道德、絕對價值、絕對目的都只不過是實踐價值的虛構。[8]如果花亨格所論言之成理，那麼，畢生致力破解舊形而上學之虛幻的康德倒要成為虛幻形而上學的最大辯護者了。

究其實，那些權威的專家們對康德一生致力證成一個基於意志自由的實踐形而上學之努力視而不見。他們視康德關於自然領域與自由領域之區分為截然割裂的兩個世界，並且只以前者為真實的。其實，康德一

---

[6] H.E.Allison, Kant's Theory of Freedom, Cambridge University Press 1900, p.56;256. 阿利森批評這種「拼貼論」，並指出這種主張不乏支持者，康蒲‧斯密是其中之一。其實他們都是德國學者花亨格的熱衷追隨者而已。

[7] H.Vaihinger, Die Philosophie des Als Ob, Felix Meiner Verlag Leipzig,1927.

[8] 同上註， s.115.

再強調,自然領域與自由領域之劃分是依據其各自與我們心靈機能所包含的兩種不同機能而作出的。自然領域與認識機能相關,自由領域與意欲機能相關,前者探索認識機能如何認識外在的對象,而後者探索意欲機能如何產生自己的對象及實現自己所產生的對象。兩領域使用的概念不同,其原則及其使用的範圍也不同。當我們論及我們的認識機能與外在對象的認識之間的關係,我們使用的是自然概念及自然法則,因而我們的認識就限制在現象界,在這裡,要論及物之實存,直觀原則是不可缺的。當我們轉到實踐領域,我們探究的是我們的意欲機能本身及其與其自身產生的對象之認識的關係,我們使用的是自由概念及自由法則,在這裡,我們研究的對象是超感觸者,我們不能也不必依據直觀,而是要因著類比並依據力學因果法則來證成意志自由之實存,並據之證明其餘兩個超感觸者(上帝和靈魂不滅)依附於意志自由而獲得其實踐的客觀實在性。

現在,我們的工作就是要排除權威康德專家們長期以來製造的諸多成見,努力回到康德為我們展示的新形而上學的整體進程上,尤其要回到康德的實踐形而上學之根源洞識上,如實地把握康德向我們證成了的唯一真實的本體——人作為睿智者而具有的意志自由,並基於這唯一的真實本體而建立唯一的一個究極的形而上學——道德的形而上學。誠然,這個工作是曲折而艱難的。康德堅持任何一個哲學的真命題除非在與純粹理性的全部使用的一切關係中嚴格考量過,否則無權獨斷地肯認任何事。儘管康德在他的批判工作一開始就毫不含糊地表明他要為實踐形而上學而努力之意圖,但他並沒有一開始就把它作為肯斷而貢獻給我們,而是花其一生的精力,在他的幾部著作中從事多層次多角度的反覆考量,首先是獨立地分離檢察,隨後又相互切入。他提出其洞見之初總是以假設的方式出,隨後從一切可能的方面論辯其合法性,最後確立其必然性。他不放過一切可能出現的懷疑與困難,很多時候甚至是自己挖掘出這些疑難,從而反覆辨難之。我們要克服因不通貫的思考而製造的

成見，就必須要把康德一系列著述分別處理的論題正確地放置到一個形而上學新論的整體論述的恰當位置上，尤其是要放置到實踐形而上學的統一體之論證與建構的恰當位置上。

第三節　康德形而上學新論展開之通貫進程

康德的形而上學新論是經由三大批判對於形而上學的來源、範圍及限制所作裁決工作而漸次展開的。他本人並沒有為我們勾勒出他的新形而上學整體之藍圖，一些學者因而認為康德哲學細部清楚，但整體不清楚。不過，這種說法恐怕並不中肯。如果我們通觀康德的全部工作，必可見到一個整體機理緊密而又錯綜複雜的形而上學系統呈現眼前。現在，我們要把這幅系統藍圖勾劃出來，務必要首先通觀康德在一系列著述中所展示的一個形而上學新論之進程，並且要注意這同一進程中包含著的兩條進展脈絡：一條是依照對於一切先驗原則之探究及其系統之建立而進行的；另一條是依照形而上學必須先驗地決定其客體這一根本課題之探究而展開的。這兩條脈絡在康德形而上學新論之全進程中交錯進行。

首先，我們要將《純粹理性批判》的工作放回到康德的形而上學新論的整體策略中考察。實在說來，《純粹理性批判》全部工作指向一個目標，那就是要將思辨理性關涉到的形而上學問題限制為僅僅是軌約的，也就是說，只涉及純然的綜體之理念，這步工作是替實踐形而上學留一空地的預備工作。這預備工作包括「超越的感性論」通過對空間和時間之表象之性狀的考量而作成「顯相與物自身之超越區分」，以及「超越的分解論」通過對知性基本概念的考論而作成「現象與智思物之超越區分」，並由之進至「超越的辯證論」破解一切企圖建立構造的思辨形而上學之虛妄主張。

第二，經由《純粹理性批判》毫無疑問地證明：自然作為顯相而被

我們認識,因此同時就表明了自然的一個超感觸的基體,但讓其為完全不決定,以便轉至實踐領域(即自由領域、道德領域)經由理性之先驗的實踐法則之考論而尋求超感觸基體之決定(KU 6:196)。這步工作的目標是要建立唯一真實可能的構造的實踐形而上學。此真正的構造的形而上學的核心問題是「自由」如何從一個思辨理性之純然理念(這是在第一批判說明了的)經由道德實踐之事實(意志自律)而獲得客觀實在性。這步工作包括《德性形而上學之基礎》(以下簡稱《基礎》)、《實踐理性批判》、《德性形而上學》三書。

《基礎》(1785年)從事道德最高原則之研究與建立工作(Gr 4:392),它的前兩章是分析的,經由道德概念之分析說明道德法則之先驗性及意志自律性,也就是說,提供一個道德原則之形而上學的解釋。第三章從前兩章分析地建立的道德最高原則——意志自律,批判地逼至意志自由是一個必然的預設,這個地方,康德僅止於揭示:道德法則與意志自律是相互為用的概念(Gr 4:450)。該章結尾處康德已講明:要證明定然律令及與之相連的意志自律為真而且作為先驗原則是絕對必然的,那麼就要對純粹實踐理性機能作出批判的考察,而第三章提供的只是這項批判考察的梗概(Gr 4:445)。實踐理性機能之批判考察工作要留待《實踐理性批判》才正式進行。一些學者以為康德放棄了《基礎》第三章的失敗推證而在《實踐理性批判》採用了新的論證策略,這種說法顯然是值得商榷的。[9] 究其實,《基礎》與《實踐理性批判》是整體論證中前後緊密相關的兩個步驟,用康德的話說,《基礎》是《實踐理性批判》的一個預備工作(Gr 4:392),實踐理性之系統以《基礎》一

---

[9] 阿利森(H.E.Allison)持這種說法。在其大作 " Kant's Theory of Freedom"(Cambridge University Press 1990,p.230)中,他提出:康德《基礎》第三章是「一個不幸的致力於推證道德法則的努力」,「是一失敗之舉。」中譯參見陳虎平譯《康德的自由理論》(遼寧教育出版社,2001)第十三章。

書為先決條件（KpV 5：8）。《基礎》一書旨在對道德概念及道德原則作形而上學的解釋，也就是說明它們的先驗性，而《實踐理性批判》則在這個基礎上對它們作出超越的解釋，也就是說明它們的客觀有效性，由此，以道德原則為超越推證原則的意志自由之推證（即意志自由之客觀實在性之說明）也須進至《實踐理性批判》才得以完成。

《實踐理性批判》（1788年）的任務是經由對於實踐理性批判說明「正是純粹理性的認識構成了實踐使用的基礎（KpV 5：16）。理性在實踐法則中自身就直接決定意志，它作為純粹理性就能夠是實踐的（KpV 5：25）。「超越的自由」之積極意義就在：「理性自身就是實踐的能力」，純粹理性一經證明其自身就能夠是實踐的，那麼，自由（作為因果性概念已由《純粹理性批判》證明其有正當理由然而無法經驗地描述）這個特性事實上屬於人類意志（並且因而也屬於一切有理性者的意志）。（KpV 5：15）

《實踐理性批判》以作為理性事實的道德法則為推證原則，說明自由之客觀實在性，成功地完成了自由之超越的推證。實在說來，《實踐理性批判》連同其先導論文《基礎》組成一個對於自由概念的連貫的推證，《基礎》所作的是形而上學的推證（即說明其先驗性），而《實踐理性批判》所作的是超越的推證（即說明其合法性，也就是說明其客觀有效性）。康德在《判斷力批判》中說：自由的實在性能夠通過純粹理性的實踐法則而且在與這些實踐法則一致的現實行動中，因而也就是在經驗中得到證實（dartun）。（KU 5：中 68）其實這一層意思正是《實踐理性批判》所要說明的。可以說，自由之成功推證同時也就是人作為自立並自我服從道德法則之有理性之道德者之說明，也就是人作為睿智者（Intelligenz）及物自身之實存之說明。

《德性形而上學》（1797年）以《實踐理性批判》（連同其先導論文《基礎》）為唯一基礎（Gr 4：391），提出一個包括根源於人的意欲機能之自由特性的一切義務（法權義務和德行義務）之體系。「自由」作為

超感觸者並不根源於經驗,然而卻不能離開經驗之使用而有所呈現。可以說,經由《實踐理性批判》,作為超感觸者之「自由」藉著道德法則而得到決定,而在《德性形而上學》,「自由」在整個義務體系中獲得在具體道德踐履中的自身呈現。「超越的自由」不但呈現於意志之立道德法則,即意志自由(Freiheit des Wille)中,而且呈現於抉意選取道德法則為行為格準之根據,即抉意自由(Freiheit des Willkür)中。康德經由抉意自由說明自由概念之實化,這項工作不僅在《德性形而上學》中作出系統的充分展開,並且在《單在理性界限內的宗教》(1793年)及《實用人類學》中(1798年)都有多方面的深刻論說。【10】

第三,《判斷力批判》(1790年)通過反思判斷力之合目的性原則之提出,進至目的論之研究,其努力指向:自然合目的性與自由合目的性結合之實現,以及揭示:具有自由意志的人作為有理性的道德者乃創造的終極目的。《判斷力批判》引論提出:判斷力這一機能以其所有的「自然之一合目的性之概念」作媒介,使「知性之立法」轉到「理性之立法」為可能,並使「從依照自然之概念而有的合法性轉到依照自由之概念而有的終極目的」為可能(KU 5:196)。 依康德之言,作為感觸界的自然概念之界域與作為超感觸界的自由概念之界域兩者間存有一固定的鴻溝,但縱然如此,自由之概念卻要求把道德法則所提薦的「目的」實現於感觸界(KU 5:176)。

【10】阿利森在《康德的自由理論》一書中將康德所論「意志自由」與「抉意自由」視為關於自由論證的兩個相反策略,他以為「意志自由」學說見於《基礎》第三章,並認為這種學說「走得過了頭」,「會導致明顯的荒謬」。而以為「抉意自由」是《德性形而上學》的獨特處,它回到《純粹理性批判》之自由行為者之理論,並認為這樣才能解釋意願之自由及道德上中立的選擇如何可能。持這種主張的學者為數眾多,著名者有 John Silber、Gerold Prauss。見原著第五章 p.95, 263; 中譯第136頁、408頁。

「自由」這超感觸者要具宇宙本原之意義，除了說明它能在自然中實化，還得將「宇宙」規定在「目的論」原則之下。即便目的論原則之提出，康德亦就「目的論」之可分為「自然目的論」與「道德目的論」而分而論之。第一步論「自然目的」原則下，具成熟知性的人也不過是現實相對等級中自然目的之最後一級目的，而人只歸於自然。必致第二步論「道德目的」原則，人作為道德的者才堪稱為世界（創造）本身的終極目的，由此才能透出「建立並服從道德法則的人」乃創生實體之洞見。康德說：「人就是創造的終極目的（Erdzweck），因為若無人，則互相隸屬的目的之串列就不會完整地建立。只有在人中，而且只有在作為道德主體的人中，我們才找到關涉目的的無條件立法，唯有此立法使人有能力成為終極目的，而全部自然都要目的論地隸屬於這個終極目的。」(KU 5：435-436) 由道德目的論以揭示：唯有有理性者在其自由中能為其自己獲得一種存在的絕對價值，如是在世界中才有絕對的目的，在自由中的人，也就是作為道德者的人因而有資格成為創造的終極目的，而且成為唯一有能力朝向實現自然王國與自由王國之結合而努力的創造者。如是我們有根據「把世界看作一個按照目的關聯著的整體和一個目的因的系統」(KU 5：444)。

人之存在的價值乃是這樣的價值，即這價值乃單只是人所能給予其自己者，而且這價值亦正存於人之所為者，正存於「人在意欲機能之自由中活動」所依靠的那樣式以及所據的那原則，這價值亦並不可被視為是自然的連鎖中之一環節。換言之，一個善的意志乃正是人之存在所單因以能有一絕對價值者，而且在關聯於善的意志中，世界的存在始能有一終極目的。(KU 5：443) 依康德所論，理性者之「自由」乃「事物的存在之價值」的根源。如果沒有了理性者之「自由」，則一個有終極目的之價值世界（即道德世界）不可能產生與存在。康德在「道德的目的論」原則下，於自然世界之外開闢出絕對價值的世界，即道德的世界。在道德的領域，「自由之理念」、「人類之理念」不是一個待認識

的對象,而是「創造者」,它在創造中顯示自己,從而獲得具體的內容。

在道德的目的論下,理性是一種顯示人作為一道德的者,同時展現一道德世界之真實性之創造力。僅僅自然世界,並不需要有一形而上學,唯有作為道德者的人於自然世界之外開闢出一個道德的世界,才同時產生一形而上學。道德世界是人努力創造的自然王國與自由王國之結合,既是超感觸的,同時亦是真實的,道德的人就是這道德世界之創生實體。理性在服從自己頒發的道德法則之實踐中創造人為「道德者」,道德者的人就是人的物自身,理性創造之,故亦能認識之。憑藉理性,人認識自己即創造自己,創造自己即認識自己。人開創道德世界即認識道德世界,在這個領域,創造之即認識之,並無認識論與本體論割裂的問題,亦無主客分立的問題。人作為有限的理性者不能理解上帝創造的世界,但人有充分能力理解自己創造的世界。人作為道德者是道德世界的真實本體。康德在「目的論」原則下批判地確立「道德者」(亦即具自由意志的人)乃宇宙之本體。康德形而上學新論之全部努力從一開始就透露出這個洞識,在《純粹理性批判》及《實踐理性批判》已指點到「終極目的」之理念,《基礎》小書中論及道德律令三程序時也有論及自然王國與目的王國之結合。不過,具有自由意志的人作為道德世界的唯一創造本體,必須經過三大批判之工作一步一步周全考察人類心靈機能之活動,直至最後才得以批判地極成,而不僅限於一個理性之洞識。至此,我們可說,康德提供出一個道德的形而上學,並且是究極意義之形而上學,它堪稱為一門永久不變的學問。

第四,《單在理性界限內的宗教》(1793年)(以下簡稱《宗教》)連同早在第一批判之「超越的辯證論」和「超越的方法論」關於神學的論述,《實踐理性批判》中關於上帝、靈魂不滅之設準的論述,以及《判斷力批判》中關於道德信念和道德神學之論述,構成一個道德神學(Moraltheologie)而從屬於以意志自由為本體的道德的形而上學。

在《純粹理性批判》那裡,「上帝」、「靈魂不滅」是作為思辨理性之概念而提出的,它們作為「單純的理念」,是純然的智思物,只是思想物,其可能性不可證明(A771/B799)。我們不但不能說及它們的現實性,甚至不能認識和理解它們的可能性。我們只能承認它們屬於學說的信仰(A826/B854),而且只有在實踐的聯繫中,這種理論上不充足的確信才能成為道德的信仰(A823/B851)。依據康德的批判考論,我們既不能說:沒有上帝和來生,但是,也不能說知道有上帝和來生。康德說:「沒有人能誇口說他知道有上帝和來生;如果他真知道,他就是我一直要尋找的人。因為一切與純粹理性的對象有關的認識都是能夠傳達的。」(A829/B857)康德在「超越的方法論」之「關於純粹理性的辯證使用的鍛鍊」那一節中指出:「在純粹理性的領域內,沒有任何可爭論的東西,爭論雙方都是和空氣鬥爭,與自己的影子角力,因為他們都越出了自然之外,在那裡,他們的獨斷的手法抓不住任何能經久握牢的東西。」(A756/B784)康德把這種爭論的雙方比喻為「象北歐神話中的殿堂上的英雄們那樣,只是在一次又一次的不流血的鬥爭中自娛而已。」(A756/B784)

儘管康德在《純粹理性批判》之「超越的方法論」中已經提出:上帝、靈魂不滅作為圓善(höchsten Gut)的條件必須被設定(A811/B839)。但必須進至《實踐理性批判》,這兩個理念的可能性才因著自由是現實的這個事實而得到了證明(KpV 5:5),並且因應理論理性的要求而被確立為純粹實踐理性之設準(Postulate)。康德指出:道德法則作為至上的條件已經包含在圓善的概念裡面(KpV 5:109),它要求圓善能夠在世界上實存(KpV 5:134)。而圓善概念是純粹實踐理性客體的終極目的(KpV 5:129),通過意志自由產生圓善,這是先驗地(在道德上)必然的(KpV 5:113)。

《判斷力批判》進至從道德的目的論論述神學所需要的可能性,道德目的導致一個最高的原因(obersten Ursache)之決定的概念,作為依據

道德法則的世界原因（KU 6：481）。我們歸於這個最高原因的全知、全能、遍在等特性不能從別處給予我們的概念，而必須與那個無限的道德的終極目的結合在一起（KU 6：481）。就是說，只有理性所責成我們的終極目的才能夠產生上帝的一個決定的概念（KU 6：481）。

道德自身絕對不需要宗教，道德是通過純粹的實踐理性而自足的（Rel 6：3）。但是，道德為自己構成一個終極目的（圓善）之概念，要使圓善可能，我們必須假定一個道德的最聖潔的和全能的最高者，唯有它能把圓善中德性和與德性相配稱的幸福這兩個因素結合起來。為此，道德才延伸到人之外的一個有權威的道德的立法者的理念（Rel 6：6）。在這個地方，我們為自己創造了一個上帝（Rel 6：168），我們是根據道德概念自己為自己創造一個這樣的上帝，無論我們以什麼方式宣稱及描述一個物為上帝，都必須把這表象首先與理性的理想相對照，以便判斷是否有權把它視為上帝而崇敬（Rel 6：168）。

從《純粹理性批判》起，直至《宗教》，康德將上帝和不朽從屬於意志自由而說明它們在實踐中的客觀有效性。由之，道德和神學結合起來而產生一個道德神學。康德說：「道德神學是對一個最高者之存在的確信，而此確信是把其自己基於道德法則上的。」（A632/B660）康德通過道德神學之提出徹底扭轉了傳統神學冒充形而上學的獨斷方向，並且將神學收歸道德哲學之下而作為其附從部分──一個僅從理性的主觀需要而必然有的延伸。

如所週知，康德提出：我們沒有任何方法能夠證明有一個上帝存在。不過，他同樣指出：也沒有人能夠說他知道沒有一個上帝存在。因而，僅就主體遵循它客觀的實踐的法則而言，根據必然的實踐法則設定上帝自身之可能性，這是可允許的。並且，只要我們不妄圖宣稱就客體而言已從理論上以完全的可靠性認識到它，這設定甚至是必然的。上帝存在之設準具有一種「雖然主觀的然而卻真正的和無條件的理性必然性」（KpV 5：12）。我們見到：從《純粹理性批判》始，直至後期的《宗教》

（Rel 6：7; 8; 139），乃至最後的《遺著》（KGS 22：113; 125），康德一直持守著他的上帝設準說，他自始至終沒有放棄以一個道德神學作為他的道德的形而上學的補充。儘管他同時一再指斥對於上帝的物神化的偽事奉。

　　毫無疑問，康德作為一個啟蒙哲學家，他明確反對任何人可宣稱知道有一個上帝存在，但他並不像大多數啟蒙思想家那樣拒斥上帝信仰。他主張按照道德來解釋上帝信仰。在人的道德狀況變得更好之前，上帝信仰總是有助促進人們向善。起碼能阻止人墮入自然主義的無信仰，以及糾正這種無信仰兼有的對於道德地善的生活方式無所謂的態度。他說：「對於教會信仰來說，只要人們既不放棄對它的事奉也不攻擊它，就可以保持它作為一種工具的有利影響。」（Rel 6：123）「就道德上的信仰者認為歷史性的信仰有助於振奮自己純粹的道德存心而言，他畢竟對歷史性的信仰也是開放的。」（Rel 6：182）他提出：「由於人們有趨向於事奉神的強制性信仰的傾向，他們自發地趨向於不僅賦予這種信仰以先於道德信仰（通過遵守自己的一般義務來事奉上帝）的最大重要性」（Rel 6：134），純粹的道德的宗教只有通過適當的手段引入通行的教會信仰中，以取代舊的民眾習慣過於強大的崇拜，而又不直接與民眾的成見相衝突。只要一種歷史性的教會信仰是對於人在道德上歸正有益的，雖然它的最初的的粗糙的表現只不過是旨在事奉神上的運用，但趨於道德的宗教的稟賦就已經蘊藏在人的理性中了（Rel 6：111）。要使這樣一種歷史性的教會信仰向普遍的純粹的道德的宗教過渡，要「藉助於逐步向前的改革工作付諸實現，即在它是人的工作的範圍內實現」，「並不能期待由一場外部的革命來實現」（Rel 6：122）。「歷史證明，沒有一種建立在經書之上的信仰能夠被根除，哪怕是通過最具毀滅性的國家革命。」（Rel 6：106）由此可見，康德的上帝設準說是基於以「一種歷史性的信仰作為引導性的手段」（Rel 6：115）而提出的。他一再提醒，教會信仰必須包含一個原則，就是能夠隨著時間的進展，通過越來越被

接受的真正的啟蒙（一種從道德的自由產生的法則性），更換為一種自由信仰的形式（Rel 6：123），不斷地迫近純粹的宗教信仰，以便最終能夠去除那種引導性的手段（Rel 6：115）。

康德並沒停留在上帝設準說，道德神學也不是他的宗教學說的最後歸結。康德在《宗教》中說：信仰可以有多種多樣，而真正的宗教只有一種（Rel 6：107）。那就是純粹的道德的宗教。他指出：各種各樣的教會由於其信仰方式不同而彼此分離，卻只能找出同一真正的宗教。因此，說這個人具有這種或那種（猶太教的、穆罕默德教的、基督教的、天主教的、路德教的）信仰，要比說他屬於這種或那種宗教更為恰當。……一般人在任何時候都把它理解為自己所明白的教會信仰，而並未把它理解為在裏面隱藏著的宗教，它取決於道德存心。就大多數人而言，說它們認信這個或那個宗教，實在是太抬舉他們了，因為他們根本不知道也不要求任何宗教。規章性的教會信仰就是他們對宗教這個詞所理解的一切。」（Rel 6：108）「歷史性的信仰（它建立在作為經驗的啟示上）只有局部的有效性，即對於作為這種信仰之基礎的歷史所能及到的那些人才有效。」（Rel 6：115）「一切憑藉啟示（無論啟示為了通過傳統習俗，還是《聖經》在人們中間傳播）才可能的歷史信仰，因為以一種啟示為前提，皆只能被看作偶然的。」（Rel 6：104）但真正的宗教必須是普遍性的，它是一種可以告知每一個人使他確信的單純理性之信仰（Rel 6：102），它在所有時代對於所有世界在實踐上都是有效的、有約束力的（Rel 6：83）。

康德指出：純粹的道德的宗教的實現必是一切單純崇拜和誡命的宗教之壽終正寢（Rel 6：84）。「宗教最終將逐漸地擺脫所有經驗性的決定根據，擺脫所有以歷史為基礎的、借助於一種教會信仰暫時地為促進善而把人們聯合起來的規章。這樣，純粹的宗教信仰最終將統治所有的人。」（Rel 6：121）「必須脫去那層當初胚胎藉以形成為人的外殼。聖潔的傳說及其附屬物、規章和誡律的引導紐帶，在當時曾作出過傑出貢

獻,但逐漸地成為多餘,最終,當人進入青年時代時,它就成了桎梏。」(Rel 6：121)至此,我們見到,康德的宗教學說從人類已有的歷史性信仰之探究開始,最後歸到純粹的道德的宗教,並以此為人類指示出一場未來的宗教革命——從建基於歷史信仰的有爭議的教會最終過渡到全人類唯一的一種真正的宗教。無疑,康德提出了一種真正的啟蒙,它遠遠超過他那個時代的啟蒙運動,那個運動將人從神學的桎梏解脫出來,卻連帶也動搖了道德和宗教,理智僭用了理性之名。康德一生的哲學工作不僅是批判的,而且是建設的,也是前瞻的。他的全部工作為每一個人,乃至人的整個族類之真正啟蒙——從孩童期、青年期逐步走向自由運用自身之理性(意志自由)之成熟期——揭示出標的和路向。

　　康德的宗教學說指示人類必須朝向實現純粹的道德的宗教而努力,這唯一的普世的宗教將把人類結合為「一個遵循德行法則的共同體,在它裡面建立一種力量和一個國度,它將宣佈對惡的原則的勝利,並且在它對世界的統治下保證一種永恆的和平。」(Rel 6：123)唯獨在這共同體裡,人們才能夠真正希望分享各種歷史性的信仰總是以神的名義向我們預示的永福。在這個基於純粹的道德的宗教上的倫理共同體中,每一個人出自自身之意志自由而服從並崇敬一個共同的最高的世界的道德統治者。康德稱之為全體有理性者組成的一個目的王國(道德世界)的元首,它決不是在人之外的一個神秘客體,也不意謂「它是法則的創造者」(MS 6：227),相反,康德指出:「有理性者必須總是在一個經由意志自由而為可能的目的王國中視其自己為立法者,不管他身為成員,抑或是元首。」(Gr 4：434)離開每一個有理性者自身的立法,就無所謂最高的意志立法。只是作為有理性者的人在自然界中同時是有依待的,有所需求的,其意欲機能是受限制的,作為個體也是有差異的,因而必須撇開這種限制性而設想一個完全獨立無依待者(元首),每一個有理性者之無條件自我立法也就由這元首之立法所代表。這就是康德說:

「經由我們自己的理性先驗地無條件地約束我們的法則,也可以表達為出自最高的立法者之意志,即一個只有權利而無義務的意志(因而是上帝的意志)。它僅僅指表道德者之理念,它的意志對一切人是法則,但並不設想它是法則的創造者。」(MS 6:227)這樣,康德就從每一有理性者的「意志自由」充其極至一個「最高的自由意志」之理念。

意志自由作為康德新形而上學的唯一創造本體,這是經由三大批判證立的。康德對於「自由」之探究首先從單個個人(作為有理性者)之理性及意欲機能之智性的特性開始,而「自由」一經證明為人的純粹實踐理性(純粹意志)之能力,它作為道德法則存在之根據,也就是一切道德行為之超越的根源,它就不局限於個體。它產生圓善,從而使作為道德者的人成為創造的終極目的,同時因著它作為一切義務——不僅是人們對人們的義務,而且是人的整個族類的義務(在世界上實現圓善)——之根據而充其極至一個「最高的立法意志」之理念。它無非就是純粹實踐理性在其人格性中關聯到一世界者而將理性的力量聯合在一起(O.p 22:118)。純粹實踐理性為自己提供一個最高者的理想,是要「定位所有世界中的有理性者在道德關係的統一中」(O.p 22:113)。這個理念的「根源,甚至它的力量,都完全基於它與我們的以自身為根據的義務決定的關係上」(O.p 22:182)。對這最高立法者之認信與崇敬不依賴任何人心之外的歷史性的材料,不包含任何神秘,而毋寧只是每個人認信與崇敬自身具有的根源道德稟賦中的人格性。在德行概念之純粹性中,在人的尊嚴中——在他的人格和使人格實現而追求的人格之分定必須敬重的尊嚴中,心靈被提高並導向神明(Gottheit)。神明作為最高者只能有唯一的根源:意志自由連同其所立的道德法則;也只能有唯一的一個神明——無論我們可依西方傳統稱之為「上帝」,或依中華民族的傳統稱之為「天」。這上帝(也可曰「天」)只在純粹實踐理性(自由意志)中實存,離開自由意志,「上帝」只是一個空洞的神學概念。

25

因而也可以說，上帝不過是人的意志自由之充其極。

康德對人的宗教意識之考量從歷史信仰之道德根源開始，他首先依於那根源提出上帝設準說。可以說，在他的上帝設準說中，康德考量的是一個需要設定「上帝存在」的信仰，那是一個適應於人類德性與宗教之現狀的一個引導性手段。而康德給予「宗教」的真正的意義卻要求最後放棄這個引導性手段。在《遺著》（Opus postumum）中，康德就說：「為了有宗教，上帝的概念並不需要，並不怎麼要求『有一個上帝』之設準。」（O.p 21：81）至此，我們見到：通過意志自由之充極展開，康德最終達到一個唯一的真正的宗教——純粹的道德的宗教，它與經由對人的意志自由之考量而彰顯的道德的形而上學合而為一。純粹的道德的宗教與道德的形而上學是一，這就是康德畢生探求的能夠作為一門永久不變的科學的形而上學。

第四節　康德形而上學新論的兩條脈絡

康德的形而上學新論有一條脈絡是他早在《純粹理性批判》中就標明的，那就是：依照自然概念和自由概念連同它們的一切先驗原則之體系而論，形而上學劃分為自然形而上學和德性形而上學。

康德在《純粹理性批判》之「超越的方法論」第三章「純粹理性的建築術」中對於形而上學之組構作過這樣的說明：形而上學這個名稱也可以指全部純粹的哲學，包括批判在內，這樣它就包括對一切能夠先驗地認識的東西的研究，也就是對構成這類純粹的哲學的各種認識模式的體系之展示。形而上學在純粹理性之思辨的使用和實踐的使用中被劃分為兩部分，要麼是自然形而上學（Metaphysik der Natur），要麼是德性形而上學（Metaphysik der Sitten）（A841/B869）。

康德明確地將形而上學劃分為自然形而上學與德性形而上學兩大部分，而每一部分都是以先驗概念及先驗原則之系統作為根據的。康德

說：這種區分是依據人類的理性立法（哲學）的兩個不同對象——自然與自由，以及自然法則與自由法則之不同而作出的（A840/B868）。這種區分康德又名為理性之理論認識與實踐認識的區分，這種區分是因著理性之認識可依兩種不同的模式關聯到它的對象而作出的。《純粹理性批判》第二版「序言」說：「只要在科學中有理性，那麼在這科學裡就必須有某種東西是先驗地被認識的，這種認識能夠以兩種模式關聯到其對象，要麼只是決定這些對象及其概念（這對象必須從別處被給予）；要麼不僅決定對象，還要使其成為現實。前者是理性之理論的認識，後者是理性之實踐的認識。」（Bix）《判斷力批判》也提到：「我們的全部的認識機能有兩個領域，即自然概念的領域和自由概念的領域，因為它是通過這兩者而先驗地立法的。現在，哲學也相應地區分為理論的哲學和實踐的哲學。」（KU 5：174）「只有兩種概念容許它們的對象之可能性有正好兩種原則，這就是自然概念和自由概念。前者使理論認識按照先驗原則成為可能；後者……對於意志的決定，則建立起擴展的原理，這些原理因而名之為實踐的原理。由之，哲學劃分為原則方面完全不同的兩個部分，即理論的部分作為自然哲學，及實踐的部分作為道德哲學（因著理性按照自由概念之實踐的立法而這樣命名）。」（KU 5：171）

依康德所論，自然形而上學由四個主要部分構成，這四個部分康德是依照舊有形而上學原有的成分而劃分的，不過他對這些部分作出全新的裁定。第一部分在舊有形而上學中稱為存有論（Ontologie）。康德指出：舊有形而上學的第一期是在存有論的界線內的，這是「理論的獨斷期」（KGS 20：253）。舊存有論建基於矛盾律、同一律，從邏輯的真推論存有論的真，將「有」或「是」（Sein）誤作實在的謂詞，因而陷入獨斷的虛幻。康德在《純粹理性批判》之「超越的分解論」說：存有論的驕傲名字必須讓位給「純然的純粹的知性之分解」這個較謙遜的名稱（A247/B303）。第二部分是理性的自然科學。第三部分是理性的宇宙論，即純粹理性所發展的自然學說，包括理性的物理學和理性的心理

學。第四部分是理性的神學。後三個部分大體上就是康德稱之為形而上學的思辨停滯期所包括的東西,經由康德第一批判,一切思辨形而上學被裁定為只能是軌約的,舊有形而上學把軌約的誤作為構造的,因而製造形而上學史上第二期虛幻。

康德在《純粹理性批判》之「引論」中說:「形而上學本身是指其先驗綜和認識之擴大而說。」(B23)而純然的思辨是絕不能擴大認識的(A851/B879),那麼,嚴格說來思辨形而上學不能作為真正的形而上學本身。不過康德也並不主張把它從形而上學系統之大廈中拆除掉,因為只有通過把純粹理性之思辨使用嚴格限制為軌約的,我們才得以有效地「防止那無法無天的思辨理性必定會在道德及宗教中造成的種種破壞。」(A849/B877)思辨形而上學作為一種論爭的武器(A778/B806),它在取消掉思辨理性對於超越的洞見之僭妄(Bxxx)的同時,就為我們能夠按照形而上學的願望,並藉著先驗地可能的認識來超出一切可能經驗的界限留出餘地,以便我們用理性的實踐材料去占領它(Bxxi)。

依康德所論,德性形而上學才是構造的,也就是說,只有在道德的(即實踐的)範圍內,理性之概念(即理念)才有由其自身經由實踐而產生的決定的對象。德性形而上學之建構包括對道德原則及自由概念作形而上學解釋的《基礎》小書,對自由概念作超越推證的《實踐理性批判》,以及以前二書為基礎而確立一切行為的先驗原則之系統(即全部義務系統)的《德性形而上學》。

另一條脈絡:依照對於形而上學三理念之考論而成立道德的形而上學和道德的宗教以及二者合而為唯一的真正的形而上學。

形而上學兩大領域的區分是學者們熟知的,自然形而上學之研究包括《純粹理性批判》、《任何一種能夠作為科學出現的未來形而上學導論》,以及《自然形而上學之基礎》;德性形而上學之研究包括《基礎》、《實踐理性批判》、以及《德性形而上學》。[11] 這條脈絡之路徑清楚可

見。本文在這裡要提出的是：不少學者的目光僅僅停在這條脈絡上，乃至斷言康德以先驗概念及先驗原則之體系取代了關於真實本體研究的形而上學。這種通常的見解是值得商榷的。誠然，自從休謨瓦解了十七世紀形而上學運動圍繞之而旋轉的兩大基本概念——本體和因果性，物之形而上學也就受到致命的打擊。自此，本體形而上學確實也漸漸被放逐到主流哲學之外，甚至淪為被唾棄之物。那麼，康德為拯救形而上學所作出的努力是否也是以棄絕本體形而上學為代價的呢？許多學者正是這樣認為的。但本文正要指出：康德的全部工作向我們展示了另一條脈絡，它是以形而上學的三個理念——自由，以及上帝、靈魂不滅——為研究對象而展開的。

關於意志自由：

首先，康德在《純粹理性批判》作成「顯相與物自身之超越區分」及「現象與智思物之超越區分」，以此為據，康德說明：意志作為人的心靈機能既是自由的，而又是服從自然之必然性的，這是可能的。因為依據超越區分學說，客體可依兩層意義而被理解，那麼，我們有理由說前者作為「物自身」而考量；而後者則是作為顯相（經驗對象）而考量。（Bxxvii）依人的意志之經驗性格，並無自由可言，依據人類學的樣式，我們只是想對於人的活動的動因去構成生理學的研究時，則只有在此經驗性格的指引下始可被研究。但是，當我們考慮這些活動是關聯於「其自身是產生這些活動的原因」之理性時，就是說把這些活動拿來與涉及

---

[11] 康德以《實踐理性批判》（連同《基礎》）為基礎寫出《德性形而上學》，照理他也要以《純粹理性批判》及《自然形而上學之基礎》為基礎寫出一部《自然形而上學》。但如我們所見，康德未寫出這樣一部著作。在《遺著》（Opus postumum）中，他就提及正計劃寫一部書題為《從自然科學之形上基礎轉到物理學》。

實踐的意圖的理性相比較時,則我們就見到有一種規律與秩序完全不同於自然秩序。(A550/B578)如果我們承認理性在關涉顯相中有其因果性,那麼,理性的活動仍能夠說是自由的,即使這活動的經驗性格依其一切細節而言皆是完全必然地被決定了的,這經驗的性格還是在智性的性格中被決定。(A551/B579)在「純粹理性的背反」那一章中,康德依據他的超越區分學說論及「自由」作為宇宙論概念,它是「關涉於原因中的絕對自我活動」(A418/B446),是「在顯相中之原因之無條件的因果性」(A419/B447)。康德說:「自由依其宇宙論的意義而言,我理解為是一自身開始一狀態的機能,因此這樣的因果性本身不依據自然法則所要求的那樣從屬於在時間中決定的另一原因之下。在這種宇宙論意義中,自由只是一純粹的超越的理念」(A533/B561)。

其實,在《純粹理性批判》中,康德已基於純粹的超越的理念而提出「自由」之實踐的概念,自由作為第三個二律背反之正題,它關聯到「一種實踐的興趣」,「自我在其抉意之行動中是自由的,並且提高在自然的強迫之上。(A466/B494)康德說:「應當(Sollen)表示一可能的行動(Handlung),其根據只是一純然的概念。……應當應用於其上的行為誠然必須在自然條件下才成為可能。但是這些自然條件在決定抉意本身中並不起任何作用,……無論有多少自然的根據或感性的衝動驅使我意欲,它們決不能產生應當。」(A547/B576)也就是說「應當」之根據必是「自由」,而不能是自然。康德又提出:從「律令」(Imperativen)清楚見到,我們的理性有一種因果性,「律令是在一切實踐中作為規律加在我們的執行力上。應當表示一種必然性與根據的連結,它們在整個自然中無處可發見。……當我們只想到自然進程時,應當毫無意義。」(A547/B575)這理性的因果性只能是自由之因果性,而不能是自然之因果性。不過,我們要注意,在《純粹理性批判》中康德所論「自由之實踐概念」,其中「實踐的」並未區分技術地實踐的與道德地實踐的。理由是它未進至「道德概念」之考量,在這部批判中,康德只就抉意

30

（Willkür）而論實踐之自由，而未進至論意志（Wille）立法之自由。實在說來，《純粹理性批判》的工作是對純粹理性的思辨使用進行批判考量，就此而言，他不必考論純粹實踐理性。

康德在《純粹理性批判》中已明言「道德哲學優越於理性的一切其他工作，因而古人用『哲學家』這個詞時總是特別指道德哲學家而言。」（A840/B868）不過，在《純粹理性批判》中暫時不涉及純粹的德性學，「自由」僅作為純粹的理性概念而考論，在這裡，康德的考論是依據力學的後返原理而進行的，顯相之力學的綜和是異質的綜和，自由作為力學的理念「允許顯相的一個條件在顯相系列之外」（A531/B559）。那麼，一方面，顯相間不能有任何條件本身是非經驗地被制約者，另一方面，一個本身不是顯相的智性的條件，它不是經驗地被制約者，這不損害經驗的後返的連續。（A531/B559）由之，康德表明：「因為自由中一種與不同於在自然必然性中的條件的另類條件之關聯是可能的，後者的法則並不觸及前者，因而兩者能夠相互獨立和互不干擾地發生。」（A557/B585）康德本人強調，在這裡並不是要闡明那作為包含我們的感觸界之諸顯相的原因的能力之「自由」的現實性（Wirklichkeit），就連這「自由」的可能性也完全不想證明，因為自由在這裡僅僅作為超越的理念處理，而我們根本不可能從純然的先驗概念中認識任何實在根據和任何因果性之可能性。（A558/B586）在這裡唯一已然能夠做到，也是唯一關心的事是表明：出自自由的因果性與自然至少並不相衝突。（A558/B586）

在《實踐理性批判》「序言」中，康德就指明：他在《純粹理性批判》中只是經由思辨理性在使用因果性概念時需要一種絕對意義而言的超越的自由而將自由概念以懸而未決的，即並非不可思維的方式建立起。（KpV 5：3）必須進至《實踐理性批判》，自由概念之客觀實在性才經由實踐理性的一條無可爭辯的法則（道德法則）獲得證明。（KpV 5：3）對自由的再度考察是理性及其概念之使用從思辨使用轉至實踐使

用,這不是對於漏洞的事後修葺,不是對建築不善的屋宇之支撐,而是同一體系的連結之真實環節,在《純粹理性批判》中只能懸而未決地被表象的概念,在《實踐理性批判》是實在的展現。(KpV 5:7)

　　純粹理性作為立原則之機能與意欲機能(包括立法則的意志和選取格準的抉意)結合而論純粹理性之實踐使用,這是康德的重要洞識。由之,純粹實踐理性就等同純粹意志,意志之為立普遍法則(道德法則)之機能也由此確立,心(心靈之意欲活動)與理(心靈之立法作用)二者合而為一,成為道德哲學的基石。這心與理合一的「自由」不再是純然的理念,而是我們人類心靈機能的一種真實地起作用的實在的特性,這是在以自由因果性為先決條件的道德行為中通過事實而證明的。儘管它不能有直觀中的證實,因為它是智性的(intelligible)。但是,在這裡我們不必依賴直觀,而僅僅因著自由作為因果性之力學範疇,我們憑著其在感觸界中產生的結果,就能夠肯斷其超感觸之實存。這好比我們憑著鐵屑被吸引就能肯斷磁力之存在。雖然因為缺乏與之相應的直觀,我們仍不能對「意志自由」之性狀(如它是精神的抑或是物質的,是單純的抑或是組合的等)說及任何事,但這絲毫不妨礙我們通過道德法則而決定地和確定地認識它,以及由之以決定的方式獲得智性界的現實性。(KpV 5:105)康德指明:「《實踐理性批判》這個批判不是以直觀,而是以純粹實踐法則在智性界中的存在概念,亦即自由概念,構成這些法則的基礎,這些法則唯有在與意志自由中才是可能的。」(KpV 5:46)

　　在《純粹理性批判》中,康德就宇宙論意義而論及「自由之實踐概念」時,提到「應當」,但在那裡,他仍未進至道德領域之考論,因而亦未區分一般而言的實用的應當與道德的應當。學術界流行的所謂「應然」與「實然」之二分,其實就是只著眼實用的應當。就這種應當而立論,人們確實有理由主張「當然之理」與「實然之事」是兩碼事。但是,康德經由純粹實踐理性(自由意志)立法而言之道德義之應當,就不能視為純然的「應然」,而是一種存在之決定的「應當」。當我們說:人

作為有理性者應當是道德的,其意志是自由的,這就意指:人之存在的分定(Bestimmung)是道德的,其意志是自由的。在純粹思辨理性辯證論裡,行動者的因果性能夠被思為自由的,而在我們以自由因果性為先決條件的道德行為中,這個「能夠」(Konnen)就成為「是」(Sein)。(KpV 5:104)康德說:「一條無可辯駁而且客觀的因果性原理已經被發現,其決定根據排除一切感觸的條件,在其中理性就因果性而言不再引證其他東西以為決定根據,並且在這裡理性作為純粹理性本身就是實踐的。而這個原理無需求索與發明,它長久以來就在人的理性中,與人的本質(Wesen)融為一體,⋯⋯那種無條件的因果性及其機能——自由,連同既屬於感觸界同時又屬於智性界者(我自己),⋯⋯在關涉到自由的因果性法則中決定地和確定地被認識。」(KpV 5:105)

　　經《實踐理性批判》之考論,意志自由是人作為物自身考量而具有的意志之智性的特性,它作為人的道德分定,也就是人的真正主體。這主體「一方面通過道德法則將自己決定為智性的者(自由之機能),另一方面,它認識到自己是依照感觸界的決定而活動。唯有自由概念允許我們之外而為有條件者和感觸者尋得無條件者和睿智者(Intelligibele)。」(KpV 5:105)「在整個理性機能裡面唯獨實踐者能夠使我們越過感觸界而謀得關於超感觸秩序和聯結的認識。」(KpV 5:106)依康德,唯獨意志自由能作為人的真正主體。其實這洞見早在《純粹理性批判》中已有提點,只不過要進至《實踐理性批判》才作出證成而已。在第一批判第二版「純粹理性之誤推」一節中,康德論「思維的我」不等同「我是一自存的物或本體(Substanz)」(B407),「我表象我自身為思維主體,但這些表象模式並不指表本體這範疇或原因這範疇」(B407)之後,特別提示:「在適當時候,也就是將來不是在經驗中,而是在純粹理性使用的某些(不只是邏輯的規律)而且是先驗地確立的,與我們的實存相關的法則中,可以發見有根據把我們自己視為在關於我們自己的存在中先驗地立法者,以及是自身決定此實存者,那麼,

就會因此揭示（entdecken）某種自發性，藉此，我們的真實性
（Wirklichkeit）就會獨立不依於經驗的直觀之條件而為可決定的，而且我
們覺察到，在我的存在之意識中含有某種先驗的東西，可以用來決定我
們的實存。……道德法則之意識首次對我呈現（offenbart）那種不平凡
的機能，在這不平凡的機能裡面，有一個我的實存之分定的原則，誠然
它是一個純粹理智的原則。……我們需要感觸的直觀來賦予知性概念
（本體、原因等）以其意義，……然而我畢竟有正當理由，在實踐的使用
中按照在理論上使用時的類比意義，把這些概念應用於自由及自由之主
體。」（B430-431）依康德所論，所謂「思維主體」不過意指「意識的雜
多由我自身同一」（B408），並不實指一本體，因而不能視作我們人的
真正主體。唯獨人具有意志自由這個不平凡機能，在關聯於自身的存在
中完全先驗地立法，因而自身決定自我之實存，這個不平凡的機能使人
獨立不依於經驗的直觀之條件而有「我的實存」之分定，因而才堪稱人
的真正主體。這本體是形而上的，因為在意志自由的決定中，「所有必
須經驗地被給出其概念的客體都進而先驗地被決定」（KU 5：181）。

　　康德批判工作一開始嚴格區分開自然領域與自由領域，這兩個領域
在其立法方面是互不限制的，自由法則固然獨立不依於自然法則的影
響，否則它就不會是無條件地普遍必然的自由法則，但自由概念也不能
干擾自然之立法。康德說：「自然與自由這樣不同的兩個異質的原則只
能產生兩種不同的證明路線。」（KU 5：479）康德這樣區分並非要製造
二元分立的兩個世界，他的用意是要破除舊有形而上學因兩界混為一談
而生之虛幻。實在說來，康德的最後意圖倒是要闡明分解言之原先是隔
著一道鴻溝的兩個不同領域如何現實上是通而為一的。這個最後的綜和
須留待《判斷力批判》完成。康德的論說扼要言之是這樣的：首先，儘
管自由概念在關於自然的理論的認識方面不決定任何事（KU 5：195），
但是，「自由概念之領域卻意想去影響自然概念之領域，那就是說，自
由概念意想把其法則所提薦的目的實現於感觸界；因此，自然界必須能

夠這樣地被思考,它的形式的合法性至少對於那些按照自由法則在自然中實現目的的可能性是諧和一致的。」(KU 5:176)「經由自由而成的因果性之作用在其符合於自由之形式法則中,產生結果於世界中,……這結果既符合自然事物之專有的自然法則,而同時又與理性的法則之形式原則相吻合。」(KU 5:195)自由所提薦的目的就是終極目的——圓善。在康德的說統中,圓善是自由與自然通而為一之最高概念。早在《純粹理性批判》康德就在討論「我可以希望什麼」時提出「圓善理想作為純粹理性最後目的之決定根據」(A804/B832)。不過,圓善這客體要作為對象向先驗決定的意志表象出來,「只有當道德法則首先自為地得到證明,並且被證明有正當的理由作為直接的意志決定根據時」才可能。(KpV 5:64)這步工作是在《實踐理性批判》完成的。在那裡,康德經由道德法則之考論闡明:「圓善是純粹意志的整全對象」(KpV 5:109),「意志自由產生圓善,這是先驗地(道德地)必然的」(KpV 5:113)。並且在「實踐理性二律背反」之題稱下對「圓善」作出考論。最後,進至《判斷力批判》在目的論學說中,康德以圓善作為自然與自由相貫通之最高概念,並由之證成意志自由為自然領域與自由領域通而為一之形上根據,即形而上的創造本體。

在道德哲學研究中,康德已經證明:意志自由產生道德法則,而道德法則本身就要求圓善。早在《基礎》小書中,他提出道德法則三程序,其中第三程序說:「一切從自律的立法而生的格準,皆當與一可能的目的王國相諧和,一如其與一自然王國相諧和」,「目的王國作為一實踐的理念,用以去完成那尚未真實化,但可藉我們的行為而能被真實化者」(Gr 4:436)。不過,要到《判斷力批判》,目的論才成為康德探究的課題,它是經由反思判斷力之合目的性原則而引入的。第一步闡明自然目的論,在「自然目的」的原則下,具成熟知性的人也不過是現實相對等級中自然目的之最後一級目的,而人只歸於自然,但其存在必總仍然會空無一目的(KU 5:443)。只有進至道德的目的論,「在作

35

為道德主體的人中,我們才找到關涉目的的無條件立法,唯有此立法使人有能力成為終極目的,而全部自然都要目的論地隸屬於這個終極目的。」(KU 5:436) 善的意志,也就是自由意志,「是人之存在所單因以能有一絕對價值者,而且唯有與之相關聯,世界的存在才有一終極目的」(KU 5:443)。這終極目的就是圓善。至此,意志自由不僅作為道德主體,而且目的論地統全部自然而為創造本體。

意志自由作為形而上學的創造本體,它就不僅限於每一個人作為立法主體而言,而是擴展至「集體的人類理性」(KU 5:293),就人類整個族類而言的一個公共的意志。因而,它既具主體性,同時又具一切主體在其內及在其下的客體性,是一個即主體即客體的創造本體。至此,我們可說康德的自由學說涵著一個道德的形而上學。

上文已勾勒了關於自由之論證的整體脈絡及由之最終歸結到道德的形而上學和純粹的道德的宗教合而為一的唯一的形而上學,康德的這個新形而上學是以意志自由為唯一真實本體的,因而可說是一個本體形而上學。誠然,康德本人並未使用 "moralisch Metaphysik"(道德的形而上學) 這個詞,也沒有明文指出「意志自由」就是他的新形而上學的本體。不過,正如上文所論,只要通貫地研究康德探尋他的新形而上學的全進程,我們就能夠達到這個最終歸結。毋庸置疑,「自由」是康德新形而上學的拱心石,然而我們不能忽略「上帝」、「靈魂不滅」兩理念在康德形而上學新論中的位置。儘管如我們所熟知,康德義無反顧地摒棄舊有形而上學之獨斷虛妄,不過我們同時見到康德堅持:形而上學研究的本來目的包括三個理念——上帝、自由和不朽,而這門學問的全部研究工作都只是用作為達到這三個理念及其實在性的工具(B395)。事實上,在康德的全部批判工作中,他一直繫屬於「自由理念」之探究而又作出嚴格區別地展開關於上帝和不朽兩理念的探究。

關於上帝和不朽：

在「純粹理性之誤推」一章中，康德論證超越的心理學是偽科學（A397），其包含的一切幻相都歸因於思維的主觀條件被當作客體的認識（A396）。通過「純粹理性之誤推」之批判，康德說明：以不朽作為心靈的謂詞從而以為對心靈有所認識，這只是一種超越的幻相。簡言之，康德的論辯是這樣的：我並不是通過意識到我自己作為思維活動來認識我自己，而是當我意識到對我自己的直觀是由思維機能決定了時才認識我自己。思維主體（心靈）作為純粹的統覺的「我」，它在概念中是本體，是單純的，乃至由此推論它的非物質性、不朽性等等，但這些謂詞沒有一個對於直觀是有效的。我們誠然可以說心靈在概念中是本體，是單純的，是不朽，但所有這些謂詞都根本不適用於直觀，因此決不能對心靈有任何人們本來想知道的東西被認識到。（A400）有人認為思維主體在其與身體連結在一起之前已經是能思維的，也有人認為心靈在其形體世界的一切連結全停止之後仍能繼續思維，……沒有人能根據思辨原則對於以上見解予以肯斷，但也沒有人能向這可能性作出有效的獨斷的反對。因為沒有人能有任何理由自認知道（wissen）在我們現狀中（即有生狀態中）的外部顯現的真實性所依據的是什麼，他也就不能知道一切外部直觀的條件或思維主體自身將要隨著生存狀態停止而停止。（A394）一切關於思維者之本性以及它與形體世界之相連繫的爭辯，都只不過是人們在完全缺乏認識的東西上用理性之誤推來填補所缺之結果，這樣做時，他就把自己的思想當作物並實體化之。（A395）

上帝之理念在「純粹理性的理想」一章中處理。用康德的話說，理想是作為一種唯有通過理念才能決定或才被完全決定之個別東西的理念，理想比理念顯得還要更遠離客觀實在性（A568/B596），「理性達成其『表象事物之必然的完整決定』這目的中，它並不預設一相應於此理想的東西（Wesens）之實存，但只預設這樣一個東西之理念。」（A577-578/B606-607）康德說：

理性的理想之對象，一種只在理性中的對象就稱為根源者（Urwesen）、最高者（höchste Wesen）、一切東西之東西（Wesen aller Wesen：ens entium）。但是，這些詞語不是指表一現實對象對於其他物的客觀關係，但只是指表一個理念對於諸概念的客觀關係，我們對它的實存仍然完全無知（Unwissenheit）。（A578-579/B606-607）

如果在窮追我們這個理念的過程中，進一步把它實體化（hypostasieren），我們就能通過最高實在性（höchste Realität）這個純然概念而把這個根源者決定為整一的，單純的，一切充足的，永恆的等等，一句話，它能夠由在其無條件的圓滿性中的一切謂詞決定。一個這樣的東西之概念在其超越的意義上被思想，就是上帝之概念。這樣，純粹理性的這個理想就是超越的神學之對象。

但是，對於超越的理念這樣來使用，我們就越出了它的分定和有效性之界限。理性……只是把它當作「綜實在」之概念來使用，並不要求這種綜實在是客觀地被給予了的並且其自身是一物。這樣一個物是一純然的虛構。……從這樣一個理想出來的任何結果對於物的完整決定沒有任何關係，對它的任何方面亦無影響。（A580/B608）

　　康德自始至終不厭其煩地表明：沒有人可以自稱知道有上帝和不朽。康德指出：將心靈思想為單純的，以便將之作為綜體理念來把一切心能（Gemütskräfte）的一個完備而必然的統一置於其上，這是完全可允許的，但是，如果把心靈假定為單純的本體（一個超絕的概念），這就會是一個不僅是不可證明的，而且是完全任意和盲目冒險的命題。（A772/B800）上帝作為我們的理性的理想之對象，我們可以允許稱之為根源者、最高者、必然者、全能者、全知者、永恆遍在者等等，但是，這些詞語絕不指表一個現實的對象，我們對上帝的實存仍然完全無知。

但人們把這個只是單純表象的理想製作成客體,接著又實體化,甚至人格化。(A583/B611)康德嚴厲指出:在使用一個純然的理念來解釋自然物的超越的假設中,那些超自然的假設,亦即訴諸人們為此目的而預設某個神聖的創造者,是最不能容忍的,因為那是一條懶惰的理性的原則。(A773/B801)

康德經由《純粹理性批判》達到這樣的結論:就理性的思辨使用而言,上帝和不朽作為超越的理念是沒有任何客觀實在性的,我們甚至不能斷言認識和理解它們的可能性。不過這裡只是他關於此兩者之研究的開始,當他的探究進至道德地實踐的領域,他提出上帝和不朽作為圓善的條件,因而使這兩個理念成為實踐上決定的概念,由之獲得實在性和權限。其實早在《純粹理性批判》之「超越的方法論」那裡,作為日後實踐哲學研究之伏筆,康德就提出了圓善之理想,並且提出了圓善的兩個成素:德性和配得幸福。康德說:「道德的最圓滿的意志與最高福祉聯結而為世界上一切幸福的原因,只要幸福與德性在正確的關聯中(即配得幸福),我稱之為圓善的理想。」(A810/B838)從有理性者之自由及其所立道德法則導出圓善之理念,然後從圓善引出上帝和來生(或不朽)兩個預設作為圓善之條件,這是同樣見諸於《純粹理性批判》和《實踐理性批判》的一條論說理路。不過,在後書康德才正式說明道德法則作為理性事實並由之證立意志自由,並且把上帝之概念和不朽之概念依附於自由概念,使這兩個原來在思辨理性裡面是沒有支持的純然的理念與自由概念一起並通過它得到安立(KpV 5:4)。在辯證章中,康德經由實踐理性之背反的提出及其批判的解答正式提出純粹實踐理性三設準(不朽之設準、積極地考量的自由之設準、上帝存在之設準),並分兩小節詳論不朽之設準及上帝之設準。

在《實踐理性批判》中,心靈不朽之設準的論述理路概括說來是這樣的:首先,圓善在世界上實現是由道德法則決定的意志之一必然的客體,而在這樣的意志中,存心(Gesinnungen)完全符合道德法則是圓善

的最高條件，但我們本性之道德分定只有在一個無限的進程中才能達到完全符合道德法則，若無這個道德分定的命題，道德法則就會完全從它的神聖性貶抑下來。現在，這種無限的進程只有在實存之無限延續以及這同一有理性者之人格性之預設上才是可能的，而「實存之無限延續以及這同一有理性者的人格性」就叫做心靈不朽。結果，由於這心靈不朽是不可分離地與道德法則相聯結，所以它是純粹實踐理性的一個設準（KpV 5：122）。這裡，康德並不是像一些學者評論的那樣要撿回在第一批判裡已駁倒的主張，他並沒有主張離開人的自由自律的道德主體而假定一個單純的本體叫做心靈不朽。而毋寧說，他要通過與道德法則的執行的完整性相切合的持續性而把常住性（Beharrlichkeit）之標誌給予道德主體（意志自由）以為其補充一個本體之實在的表象。康德說：「常住性是在作為實踐理性的整個目的的圓善中與道德法則相切合所需要的，實踐理性通過這種常住性之設準建立了那個心靈之最後主體（letzten Subjekts）。」（KpV 5：133）

　　道德法則引至圓善中第一而又是主要的成分即德性的必然的完整的問題，這問題只有在永恆中才能圓滿解決，所以它引至心靈不朽之設準。這同一道德法則也必須引我們去肯定圓善中第二個成分即比例於德性的幸福之可能，這一成分之可能是單依據公正無偏的無私的理性為根據的（KpV 5：124）。也就是引我們「必須設定上帝之存在為必然地繫屬於圓善之可能者」（KpV 5：124）。在《實踐理性批判》裡，上帝存在之設準的論述理路是這樣的：首先，幸福是基於物理的自然與有理性者的全部目的，並且同樣與此有理性者之意志的決定原則（道德法則）之相諧和。道德法則作為自由之法則是獨立不依於自然而命令著的，一個有理性的行動者遵循道德法則而行是完全排除個人福報的考慮與計較的，否則他的行為就不是道德的；另方面，他屬於自然界的一分子，他亦依靠於自然界，因而也不能因著他自己的力量使自然徹頭徹尾地與他的實踐法則相諧和（KpV 5：125）。依此，一個最高的原因之存在必須

被設定為圓善之條件,這最高的原因不同於自然本身,它既是自然的原因,同時也包含幸福與德性兩者間之準確諧和之原則(KpV 5：125)。這就是上帝存在之設準。

眾所週知,《純粹理性批判》已雄辯地否決了一切關於我們知道有一上帝存在的主張。當康德在《實踐理性批判》提出「上帝存在」之設準,他並非要否定前一個批判取得的成果,他自始至終堅持:我們並不因著這個設準就能知道現實上有一個上帝存在。上帝存在之設準是道德信仰之事,而並非屬於學理信仰的有關上帝存在的學說。道德法則是具有自由意志的人所立,而不必預設上帝存在;倒是道德法則通過作為純粹實踐理性對象之圓善概念規定了作為最高的根源者(即上帝)之概念,從而為根源者的神學概念(上帝)提供了意義(KpV 5：133)。上帝之理念因著其作為圓善可能之條件而被賦予實在性,「但這實在性只是與道德法則的施行相關(而不是為思辨的任務)時被賦予」(KpV 5：138)。為實現圓善之故而設定上帝存在也決不是要求思辨理性假定一個逾越經驗的新客體(KpV 5：135)。康德在《實踐理性批判》中正如同在第一批判中那樣一如既往地堅持:「完全從純然的概念來認識一個東西的實存是絕對不可能的。」(KpV 5：138)

如前所論,自由之理念是因著其作為人的意志的智性的因果性之特性,並且其作用的效果見於經驗界而被證立為形而上學之本體。儘管意志自由作為超感觸者,不能期待有直觀中的經驗實證,但它作為人的物自身身份之特性是人的意志之經驗性格的根據,其實存也因這根據地位而得到保證。依《純粹理性批判》之「超越的感性論」所論,物自身雖然不為我們所認識,也就是說,我們無法如物之在其自身之性狀而直觀之,但它是顯相之超越根據,是我們的感性的真正相關者(A30/B45),它作為超越意義的外在的某物離開我們而實存(A373)。至於「不朽」和「上帝」,我們不能有任何方法說明其實存,康德物自身學說中關於物自身離開我們而實存之論說決不適用於這兩個理念。不朽和上帝只是

41

單純地由我們的知性思想它們為物自身，它們與我們的感性完全無關，因而不能說我們知道它們是我們之外的真實物，甚至不能說及它們的可能性。

康德在《實踐理性批判》「序言」中強調：自由是我們所認識到的道德法則的條件，而上帝和不朽之理念不是道德法則的條件，而只是道德上受決定的意志使用於其先驗所予的客體（圓善）時的條件。圓善作為一個信仰的主觀根據，它憑藉自由概念使上帝和不朽獲得客觀實在性。（KpV 5：4）《實踐理性批判》的工作就是要闡明自由這個理念通過道德法則呈現自己（KpV 5：4），自由作為道德法則的存在根據（KpV 5：4），它在作為有理性者的人自立道德法則自我遵循的意志自律的事實中證明自己是現實的，唯有意志自由從理論上「能夠」轉到實踐上「實是」，它才有資格作為純粹理性體系的整個建築的拱心石，而上帝和不朽的概念才得以附屬於其下而得到支持（Haltung）和安立（Bestand）。（KpV 5：4）康德在《判斷力批判》中明確地說：自由之理念是唯一的一個其對象是事實物（Tatsache）而必須被歸屬於可覺知的東西（scibilia）之列（KU 5：468）。而上帝和不朽只屬於信仰之事（KU 5：469），儘管它們不是簡單地只被看成是純粹思辨的對象，而是被考量為道德上受決定的意志使用於其先驗地給予的客體（圓善）時的條件（KpV 5：4），因而是道德的信仰之事。也就是說，上帝和不朽作為神學概念是屬於道德神學的，而這道德神學只能附屬於道德的形而上學，而不能獨自僭用形而上學之名。

不過，當康德最後進至到純粹的道德的宗教之研究，他畢竟最終將「上帝」和「不朽」之意義發展至超出神學概念之外。「不朽」不僅是對於一個有德者在其中配享幸福的來生之設定，而是歸結於與道德法則的完整實現相切合的持續性（Dauer）（KpV 5：132），一個持存性（Beharrlichkeit）之標誌，以為心靈之最後的主體補充一個本體之實在的表象（realen Vorstellung einer Substanz）（KpV 5：133）。康德說：進入

無限延續的實存和同一個有理性者的人格（我們稱之為心靈不朽）(KpV 5：122)。此中所言「有理性者的人格」、「心靈的最後的主體」無非就是意志自由，就此言「不朽」，也無非就是意志自由之持續性、持存性。「上帝」也不僅是一個保障德福配稱之設準，而是在康德的宗教學說發展至純粹的道德的宗教中，「上帝」作為倫理共同體之元首，它作為最高的立法意志，不外就是每一有理性者之意志自由的共同表象。最後，開始時只就有理性者個體心靈之意志的智性的特性而考論的意志自由充極發展至一個結合自然法則與自由法則的道德世界的最高立法者和創造者之概念，上帝和不朽亦收歸於此，同時也就堪稱為唯一一個可經由人的道德實踐證立的形上本體。

第五節　康德新形而上學系統之藍圖

我們已跟隨康德走過他為建立一個新形而上學而努力的全過程，並且最後歸到道德的形而上學與純粹的道德的宗教合一的唯一的一個形而上學。不過，我們不能以為這個最後的歸結可以脫離此前的工作而獨自成立。在達至最終歸結之前，康德於不同視域探究出形而上學可能有的諸種含義，哪怕每一種單獨來看是局限的，不完整的，但是，對於最後達到一個究極義的新形而上學卻是不可缺少的。康德的新形而上學必須是一個由一個共同動力推進的通貫整體，現在，我們可以勾勒這個整體的藍圖如下：

一、純粹知性之分解：作為經驗可能根據的一切先驗原則之系統，只處理與對象一般有關的概念與原則的系統，而不考慮可能被給予的客體。

二、自然形而上學：處理自然（即所予的客體的可能總和）之概念，及其一切先驗原則之系統。

三、德性形而上學：處理自由概念及其一切先驗原則之系統。

四、道德神學：作為道德學的一個附屬部分。

五、道德的形而上學（包括純粹的道德的宗教在內）：意志自由為唯一真實本體而實現自然與自由結合的體系。

以上所述五支並非散列的、互不相干的，而是在一定的關連中組構成一個整體。依康德所論，純粹的知性分解恰當地說來並不足以當形而上學之名，不過也不能把它撇除在形而上學工作之外，因為這項工作作為自然形上學之奠基，同時也為德性形而上學清除障礙，它必須作為形而上學一般之入門。自然形而上學和德性形而上學在第一步探索中是依據人類心靈兩種能力——認識能力和意欲能力——的先驗原則及其使用範圍和界限之不同而區分開兩個領域，最後發展至綜觀的階段，自然領域與自由領域通過意志自由之充極展開而合而為一。康德的全部工作皆湊輯到意志自由之證立與運用，首先通過批判工作證成之，隨後又在德行學、權利學、宗教學諸方面的使用中充分展露其含義[12]。最後，意志自由充極發展至一個亦主亦客，自然與自由合一的形而上本體。這形而上本體絕非神秘物，從其始端而言，它不過就是每一個人的道德心，從其充極發展而言，它又通「性天之尊」（劉蕺山語）。依據這形而上本體而成立的形而上學絕非理性之幻想物，而是一門可由人類實踐活動實現之的實踐的智慧學。至此，我們才真正信服康德說：「形而上學是人類理性的圓滿充分發展，它是人類不可忽視的最高目的，全人類的幸福緊繫於此。」（A851/B879）亦唯至此，我們才能夠見到中華民族傳統的實踐智慧與康德的形而上學洞識相通。由孔子「踐仁知天」所開啟，歷代儒者所彰顯的心、性、天通而為一的實踐智慧，也就是「為天地立心，為生民立命，為萬世開太平」（張橫渠語）的形上智慧，與康德一生艱巨的努力共同標識出一個唯一的堪稱永恆不變的形而上學。

---

[12] 詳論見拙作《康德自由學說綱要》，台灣《鵝湖》月刊，2005年11月，第31卷第2期第362號起連載。

附　識

本文引用康德語參考之中譯本如下：

牟宗三譯註：一、《純粹理性之批判》上、下冊，台灣學生書局，民國72年。二、《康德的道德哲學》(包括《基礎》及《實踐理性批判》)，台灣學生書局，民國71年。三、《判斷力之批判》上、下冊，台灣學生書局，民國81年。韋卓民譯：《純粹理性批判》，華中師範學院出版社，1991年。韓水法譯《實踐理性批判》，商務印書館出版，1999年。鄧曉芒譯：一，《純粹理性批判》，北京人民出版社，2002年。二，《實踐理性批判》，北京人民出版社，2002年。三，《判斷力批判》，北京人民出版社，2002年。四、《實用人類學》，上海人民出版社，2002年。李秋零譯：《單純理性限度內的宗教》，香港漢語基督教文化研究所出版，1997年。《康德書信百封》，上海人民出版社，1992年。沈叔平譯：《法的形而上學原理》，北京商務印書館，1997年。

本文所引用的康德著作之文本以縮略語出之，說明如下：

KGS：Kants gesammelte Schriften (Königlich Preussischen Akadämie der Wissenschaften 1922). 隨後之阿拉伯數字分別為卷數及頁數。以下同。

A/B：Kritik der reinen Vernunft (KGS 3, 4).

Gr：Grundlegung zur Metaphysik der Sitten (KGS 4).

KprV：Kritik der praktischen Vernunt (KGS 5).

KU：Kritik der Urteilskraft (KGS 5)

MS：Die Metaphysik der Sitten (KGS 6).

Rel：Die Religion innerhalb der Grenzen der bloß Vernunft (KGS 6).

Anthro：Anthropologie in pragmatische Hinsicht (KGS 7).

O.p：Opus postumum (KGS 21, 22).

Stw：suhrkamp taschenbuch wissenschaft (Insel Verlag Wiesbaden 1957)

45

景印香港新亞研究所《新亞學報》（第一至三十卷）

德里達（Derrida）與柏拉圖（Platon）的文字遊戲

莫詒謀*

提要

廿世紀人類出現了一股「後現代主義的浪潮」，打著反傳統，反理性控制的旗號，在結構與解構的方法下，模糊了幾十年，「說不清」則是後現代最適當的注釋，而法國哲學家德里達就是其中一員猛將。他可以算是最徹底質疑西方哲學傳統的哲學家，或許不應該用哲學家這個名稱，因為當他由青年時期投入對海德格（Heidegger）的專入研究後，除了承繼了部份海德格的企圖擺脫哲學傳統的思想外，由其往後的著作數量來看，已到驚人的地步，其內容所論及的學門包含有哲學，文學，語言，社會，精神分析，政治，等等，用一句「五花八門，百花齊放」來形容，絕不為過。

由德里達的著作中可以找到他的企圖心，就是在價值的概念下，想分清自信與迷信，自由與專制，理性與非理性等等的對立面，用一句連德里達也拋不開的古希臘思想的話來說，就是他想明確的區分人話與神話的價值。這些對立性，對德里達來說幾乎是無處不在，可以在各種小說、詩詞、文藝，哲學中找到，亦可在不很確切的人類價值中發現，同時亦可在評估價值的各種文字語言的結構中存在，從他早期（1972年）作品「邊緣—論哲學」（Marges-de la philosophie）一書看出他的困擾，就是找不到哲學的定位，亦找不到他自己的定位，他說「我的文章既不

---

*本所教授。

屬於哲學的，亦不屬於文學的」[1]，他這種既非哲學亦非文學的宣示，令筆者產生一股要研究清楚的想法。但是要走入德里達實在不是易事，因為他的作品實在太雜太亂太多。另外他亦如大部份的哲人一樣，必須先接受柏拉圖的洗禮，在其早期的作品「柏拉圖的藥箱」（La pharmacie de Platon）（後併入 La dissémination 出版）書中借柏拉圖來大談他對文字的看法。本文主要以其「柏拉圖的藥箱」來探討其對文字的概念。本文將分四部份對德里達作深入的探討，分別為：

一、哲學與文學
二、結構主義與解構
三、德里達與柏拉圖的文字遊戲
四、結論

一. 哲學與文學

很多哲學家都認同認識自己是哲學探討的最高目的[2]，而追尋意識的知識自身，探討自我本質及其有效性，相信連德里達都會同意這已經是哲學。他之所以宣示他文章既非哲學亦非文學，相信是受了現代哲學趨勢的影響，就是不必要去組成一種知識的形式來做為我們懷疑的唯一客體。為了看清德里達，有必要看一看哲學與文學，這二個跟本說不清的名詞。在此我們認同海德格形容哲學的看法，在傳統意義上形上學

---

[1] Jacques Derrida, Positions, Minuit, Paris, 2002, P. 95.

[2] 哲學的目的就是研究人自己的問題，要完成自己，必須先認識自己。古今不少哲學家曾提出過這個說法，而二十世紀德國哲學家卡西勒（Ernst Cassirer）在其名著「論人」一書中更是很清楚的提出這種思想。

參考 Ernst Cassirer, Essai sur l'homme, traduit de l'anglais par Norbert Massa, les Éditions de Minuit, Paris, 1982, P. 13.

是整個哲學的核心【3】，而且提到哲學就意味著歐洲與希臘，說歐洲與希臘就意味著哲學，就是在這前題下來看哲學與文學。

其實哲學與文學的關係早在蘇格拉底（Socrate）之前的古希臘已有互融的關係，哲學在自我形成的範圍內反省，有時會走入死胡同，所以必須靠獲得各種技術各種知識，以便在哲學事實的存在上更深入去沉思哲學的知識，它必然是在作品整體的形式中，而其方法的表達無疑的是屬於文學的。這時哲學好像是文學的一部份。無論包括了什麼，例如詩、格言、對話、宣誓、評論、諷刺……等等沒有不在書寫（Écrits）整體的形式中。在這書寫形式中哲學可經由對不同哲學的表達去確立一些個性。而哲學想要超出文學形式必然不只是某些形式的個性特徵，最重要是要有深處的內涵，哲學作品是個人的表達，一定有其被辨認出來的風格，德里達任他怎麼說，廢話連篇，又用"Paléonymie"這個法文字來做他的基礎（即文學理論的之中，之外，良藥與毒藥等等，有不再掌握意識，而是要恢復知識的傾向），最後還是說了，就是文字（L'écriture）這個字【4】。基本上，他的作品，依筆者的看法，不是哲學就是文學，只是內涵上有深淺而已。莎士比亞的悲劇「李爾王」其國王的結局，就已經超越了文學，又如「人生除了自然的需要外，如果沒有其他的享受，那和畜獸的生活有何分別」（李爾王，第二幕，第四場），這不只是文學作品，肯定已經超越了文學。又如溥儀的前後半生，如寫成小說，是否只是文學？當然不應該是，這些都可進入了哲學的探討。所以，文學的批判只在有哲學意味的文學才是好的文學，但對哲學而言文字的美並非首要重點。柏拉圖，康德（Kant）都是經典大哲學家，但只有柏拉圖又可稱為大作家。哲學與文學的關係要看文學批判

---

[3] Martin Heidegger, Introduction à la métaphysique, traduit de l'allemand et présenté par Gilbert kahn, Gallimard, Paris, 1967, P. 30.

[4] Jacques Derrida, Positions, Minuit 2002, Paris, P. 95-p. 96.

所留給哲學家的空間來定。公認為大哲學家的柏拉圖、笛卡爾（Descartes）、巴斯卡（Pascal）、尼采（Nietzsche），都醉心于文學，而笛卡爾則更是對現時代文學影響甚巨的公認的大作家，所以哲學與文學的品味有時是依哲學作品的讀者的喜惡來建立，柏拉圖的作品中可以文學來鑒賞的，例如「宴飲」（Le banquet），及「費德羅」（Le phèdre），而「理想國」（La république）及「巴美尼德」（Parménide）則肯定是哲學作品。所以，如何去說明在文學批判中柏拉圖作品的雙重風格是不容易的。

在蘇格拉底之前的哲學家們，並無特意以文學形式的創意去製造哲學性，他們用已有的口語及書寫的傳播形式，例如「巴美尼德」就是利用傳統留下來到他那年代的節奏和格律去寫詩。又如哲學，文學界都公認的二位最偉大的詩人荷馬（Homère）及愛西歐德（Hésiode），他們所表現出來的詩則是著重在一種文化中的實用性及意味性，所以詩的形式其內容則含有具體的事實及感覺的影像，而哲學的形式則有抽象的內容。還是到了蘇格拉底才建立起以哲學去批判有思想的詩的風氣，真正以哲學觀點去看荷馬，他批評荷馬是不夠分量的，在費德羅篇他引述了某些模仿荷馬的詩人的詩，例如「凡人叫他厄洛斯（Eros），因他憑翼而飛，但諸神叫他普特洛斯（Ptéros），因為他必須長翼」，說這句詩不但完全不受到尊敬，也不夠穩重。蘇格拉底的哲學還把荷馬的「希臘的教育者的封號」提出批評[5]，他批評荷馬只在形式上傳播，而內容上則是過時的，當時，哲學與詩是不相容的，更反對用詩做為學校教育。

---

[5] Platon, Le banquet, Phèdre, Traduction, Notices et notes par Emile Chambry, Garnier-Flammarion, Paris, 1964. P. 131.

詩一進入城邦，快樂與痛苦將取代法律與理性成為統治者。

Platon, La république, Introduction, traduction et notes par Robert Baccou, Flammarion, Garnier frères, Paris, 1966, p. 372.

哲學的語言因為真,一般是缺乏詩意的,柏拉圖書中對荷馬大加批評他說,群眾遇上了江湖騙子般的模仿者,受了騙,還不知他們作品離真還很遙遠,柏拉圖補充說,當然沒有真也可以創造,但他們創造的是幽靈,而非實在【6】。在蘇格拉底及柏拉圖來說唯一的表達形式是對話,因為書寫的表達是有限的,僵化的。

蘇格拉底拒絕文學主要因為文學要由文字支持,而文字是僵化的,永遠超越不了思想。他批評文字是虛浮的一本正經,只給與思想的外表,但只是一種無生命、凝固的外在形式。蘇氏就指出文字有很多缺點就像圖畫一樣,畫看起來像活的一樣,但你向他提問題時則一言不發。書寫的文字也一樣,我們也相信它有它自己的理智,但當你問它文中之文意時,它只能用相同的老套來回答你。如果文字出了問題,只有求助于作者,文字無法為自己辯護,也無力保衛自己【7】。所以蘇格拉底及柏拉圖都只相信思想只由對話開始。其實柏拉圖在年青時亦曾是悲劇詩人,他老師蘇格拉底教導他要避免非哲學的刺激物,尼采就在他「悲劇的誕生」書中大大批評了蘇格拉底及柏拉圖師徒,他說「……使年輕的悲劇詩人柏拉圖燒掉他所有的作品來表示他是蘇格拉底的入室弟子」。又說「柏拉圖對話錄是所有流行風格和形式的混合產物,處在小說,抒情詩,戲劇之間,……藉著不斷變化,想在文學中把他們對狂亂的蘇格拉底的想像刻畫出來」【8】。尼采形容得非常好,但是柏拉圖正是在蘇格拉底的壓力下把詩的新地位帶出來,柏拉圖並未放棄書寫,但他從來不

【6】 Platon, La république, Introduction, traduction et notes par Robert Baccou, Flammarion, Garnier frères, Paris, 1966, p. 363.

【7】 Platon, Phèdre, traduction, notices et notes par Emile Chambry, Garnier frères, Paris, 1964, P. 166.

【8】 Friedrich Nietzsche, La naissance de la tragédie, traduit de l'allemand par Geneviève Bianque, Éditions gallimard, Paris, 1949, P. 95-P. 96.

願意把書寫放到思想最重要的位置。在他的詩的本能中用幻想把蘇格拉底塑造成一個不用宗教講道式的哲學創建者的創造英雄。雖說哲學不用講道式傳播，但並未放棄宣傳，正如笛卡爾說的哲學是人之間的事情，而且是好的及重要的。哲學只是對人講[9]。笛卡爾的聲音在這裡既無道德的建設，亦沒有詩的狂熱。但是他確強調詩及修辭上觀念的清晰及理性的力量將可帶動宣傳[10]，從笛卡爾的「哲學的原則」，「形而上的沉思」，及「方法論」等書可以看到哲學並未放棄詩，亦不遠離科學，同時亦可看到沉思是一種分析科學的陳述。我們接受笛卡爾的想法，而且肯定哲學的表達須要文學的品質。因此，想要更清晰更自然的哲學品質，人只在工作桌及工作室是不夠的，必須重回柏拉圖時代在雅典街頭，公園散步更自由自在，更活生生的氣氛才是一種最原創的哲學。

我們認為在哲學的發展過程中，想表達出更好更新的哲學思想必須依賴文學的外表，當然確切的哲學的文學形式則是必須的。所以回歸原始則是現代思想中有步驟的意願，而尼采則是這方面最出色的哲人，他超越蘇格拉底前期的思想家，更是由他恢復哲學格言及詩的風格的地位。尼采的「查拉圖拉斯特拉如是說」（Ainsi Parlait Zarathoustra）可被看作是哲學詩，但古哲學詩則是以史詩的格律來寫作，是客觀表達的詩，例如：「巴美尼德」的詩，雖是思想的表達，但尚未進入到哲學內涵的清晰形式。而「查拉圖拉斯特拉如是說」則是主觀表達的抒情詩，是抒情的沉思及含有哲學思想的宗教預言。是尼采把詩、文學、哲學融在一起。

而德里達則是強調哲學在「隱喻」（Métaphore）中，他在邊緣

---

[9] Descartes, Discours de la méthode, Introduction et notes par Et. Gilson, Vrin, Paris, 1970, P. 47.

[10] Descartes, Discours de la méthode, Introduction et notes par Et. Gilson, Vrin, Paris, 1970, P. 52.

（Marges）及普西肴（Psyché）二書中都可看出這個觀點，就是文學文字和哲學文字之間的分野完全在于隱喻概念的組成，進一步說在他看來隱喻就是文學與哲學的分界，當然，隱喻的運用在亞里斯多德的詩及修辭學二書中早已使用，不過德里達則把「隱喻」的問題當成是關於文學、哲學、語言的最普遍的形而上學和哲學對立程度的關鍵。而且，他以為當哲學遇上文學時，將會產生解構作用。

他又以詭辯派受柏拉圖責難去看文學與哲學，他認為認同文字的人只是用神的眼睛來做比較，沒有從另個角度去看問題，他以為柏拉圖對詭辯派的定性指責，不顧文字非難詭辯術，我們可以透過柏拉圖的文稿在無止境的過程中，打著哲學的招牌，反對詭辯派[11]，他強調「文字是給作家的」，更指出「神的創造性將被重拾在虛偽的人文主義中」[12]。這裡他主要是責難柏拉圖的哲學做了大轉彎，透過看不見的，亦即形而上的方法。事物的本質，是形而上的，是看不見的，是非物理的，這些就是柏拉圖的理智形式，柏拉圖把它叫做「觀念」。所以談文學與哲學的關係，柏拉圖否定詭辯派亦為德里達評判柏拉圖的材料。

雖然二十世紀的二位大哲學家柏格森的直覺與胡塞爾的現象學都反對科學的直接知識，但我們認為文學創作離不開我們日常生活範圍的哲學思想，而哲學則有如彩虹般連接天地神人之間的多彩光耀的天橋，透過哲學活動來完成其價值，就是將詩與科學這二個對立的面結合起來，使二者雙向互動，這才是柏拉圖作品真正的意義，亦為筆者在此特別介紹哲學與文學的真正目的。

---

[11] J. Derrida, la dissémination, Éditions du Seuil, Paris, 1972, P. 120.

[12] Jacques Derrida, L'écriture et la différence, Éditions du Seuil, Paris, 1967, P. 22-P. 23.

二. 結構主義與解構

結構主義一般認同是受到現代語言學之父索緒爾（Ferdinand de Saussure）語言學的啟示，他確定語言是一種差異的體系，在他的語言學概論課程中（Cours de linguistique générale）（1916）表達出其原則，就是區分語言及話語。語言學的特徵是結合一種語言符號的發音及語言符號的涵義。但要區分同時性（Synchronie）及貫時性（Diachronie），又區分意群學（Syntagmatiques）及詞形變化（Paradignatiques）。一般認為結構主義是由語言學發展出來的方法，其中主要談語言學及人類學的結構，不過亦有生理學，精神分析，文學及詩……等的結構分析，在1968年由法國幾位學者合寫的一本「結構主義是什麼？」的書，對結構主義有深入的探討，其中指出「是在結構主義名下符號學及符號系統的自我聚集」[13]，這句簡單的話足以說明結構主義的結構性。實際上是因列維使特（Claude Lévi-Strauss）的研究成果才大放異彩，為人所認知。

結構概念的重點是它組成一個有組織有條理的整體，其中任何一部份的單一元素都只能在整體功能下指出其特徵，而每一元素的改變則可改變整個結構和發生平衡失調的現象，以致產生一種和原意有別的義意。所以，結構的分析起源於各元素對整體的對立的差異（Différences），使我們可以指出結構的貫時性的面貌，相反的，整體結構的出現在每一個元素中則是結構的同步性。正是在這種貫時性與同步性對立的基礎上，在1960年代的法國，經由阿都塞（Althusser）、Barthes、福柯（Foucault）、Jakobson、Lacan、列維使特以及跟在結構主義尾聲的德里達等人的探討下，所爆出的一個哲學界的小風浪。

---

[13] Oswald Ducrot, Tzvetan Todorov, Dan Sperber, Moustafa Safouan, Francois Wahl, Qu'est-ce que le structuralisme? Éditions du Seuil, Paris, 1968, P. 10.

列維使特很明確指出音位學（Phonologie）是一種結構主義及系統的普遍主義[14]。更強調音位學的誕生不只是給語言學遠景的創新，他的廣泛性不是只限在特定的學說，社會科學不能少了他，同樣對核能物理亦是革新者的角色[15]。而音位學的創建者之一，Nikolaï Troubetzkoy（1890-1938）是對列維使特影響最大者之一，列維使特的「結構人類學」（Anthropologie Structural）一書所論及的多個層面其思想即來自Troubetzkoy的音位學，其實列維使特早在其第一本成名作「親屬元素的結構」（Les Structures élémentaires de la parenté）第一章已指出人是生物學的存在，同時也是一個社會的個體，由此已表達了自然與文化的分與合。他在現代世界中去找尋原始社會的問題，並非由對過去黃金時代懷念的檢驗，他主要是表達人與自然環境的平衡，平衡了日漸墮落的文化。在自然環境中人不是孤獨的，人是社會的一分子，原始社會的人活在複雜的家庭與社會關係之中，透過對多種民族的深入研究，（包括在「親屬元素的結構」書中第二部份，第二單元討論中華民族）強調人種學家建議擺脫法則的約束，而且人是需要社會的，他肯定的說「在多種本能中，性本能是唯一可確定是需要別人的刺激作用」[16]，他這句話其實已是他關於自然與文化，個人與社會結構理論的前奏，他又指出音位學的結構和親屬的結構之間是形式的類比，而且可以說只有能思考成為語言的東西才有結構，因此，親屬或符號表達都可被結構化成語言。可以這麼說，結構好像用組合的東西代替本質的形而上的言語，並企圖在關係與立場的現象分析態度上挫敗經驗主義，感覺上被想成像一種立場

---

[14] 這裡主要是說明語言學及音位學是結構主義原則組成的源頭。

    Claude Lévi-Strauss, Anthropologie structurale, Pocket, Paris, 2005, P. 47.

[15] Claude Lévi-Strauss, Anthropologie Structurale, Pocket, Paris, 2005, P. 45.

[16] Claude Lévi-Strauss, Les Structures Êlémentaires de la Parenté, Mouton de Gruyter, Berlin, New York, 2002, P. 14.

的替換與結構功能的事實。這樣結構成為真正的主體,而人神都失去其主體性,德里達的學長,結構哲學家福柯雖然強調人是靈肉的結合,而且更深入說明可由靈魂轉化到肉體或由肉體轉化到靈魂,但是他在1982年元月在法蘭西學院的講座中用了很多時間去說明主體性的問題,及柏拉圖世界中的人神關係等等,最重要的是他舉了很多例子去介紹他的觀點,就是確切地否定了人的主體性。他認為蘇格拉底柏拉圖的「關心自己」指的不是靈魂與周遭世界與肉體的某些工具關係,而是主體對周圍環境及其所支配的客體的超越及獨特的立場,他特別強調靈魂絕對不是實體,靈魂應該作為主體[17],當然他這靈魂就是結構主義意識下的結構。因此結構主義就成為一種反人文主義及無神論的原則指標。

但德里達在他的立場(Positions)一書的對話中可看到他想指出結構主義的有限性及結構的開放性。他認為整篇文章所組成的概念有如科學及知識的結構主義的有限性,而差異的書寫概念則劃定了結構主義科學的界限。另外,文學批判是結構主義的[18],他說「差異是轉化的結果,從這觀點看差異的題材和結構概念中靜態的共時的、分類的、反歷史的動機是不相容的」[19]。又說「差異也不是非結構性的:它產生出有系統及有規則的轉化,直到某一點,給結構科學留下了它的位置[20]。這差異的遊

---

[17] 人是靈肉的結合,請參閱:

Michel Foucault, Histoire de la folie à l'âge classique, Éditions Gallimard, 1972, P. 344.

有關人失去其主體性,請參閱福柯在法蘭西學院的講稿(1981-1982)。

Michel Foucault . L'herméneutique du sujet, Cours au Collège de France, 1981-1982, Seuil / Gallimard, Paris, 2001. P. 56-P. 57.

[18] Jacques Derrida, L'écriture et la différence, Éditions du Seuil, Paris, 1967, P. 11.

[19] Jacques Derrida, positions, les Éditions de Minuit, Paris, 1972, P. 39.

[20] Jacques Derrida, positions, les Éditions de Minuit, Paris, 1972, P. 39.

戲打開了結構，而不是非結構，是因為有結構的結果。如果沒有被結構，則它是有利于結構的。在這裡德里達指出文章的結構主義的批判忽視新文章書寫自身及過去文章的紀錄及遺傳的成果【21】。但是德里達認為差異的文字，它的產品既不僅僅是結構主義的，亦非只是遺傳學的，這種選擇本身就是一種差異的結果【22】。他和結構主義者的差異就在于他並不認為結構是所有的主體，所以他認為文字是差異，是傳播，而結構與遺傳學反而是一些結果。因此，在生產製造過程中將會分裂結構。

雖然德里達的思想由現象學及結構主義出發，但由於他對文章（Texte）的局限性與開放性觀點的堅持，所以，他必定離棄結構主義，而運用他提出的那套「解構」的方法，「解構」源是來自海德格的用字，到了1950年代法國有學者把它翻成法文"Déconstruction"。

德里達「解構」主要講的是一種對立文化，例如思想和語言是一雙互相對立的概念。講清楚一點「解構」是文字在文章中給思想原始意義所帶來病毒的破壞性原則。它只是指出破壞性的原則，而非一種批判，亦不能用話語來超越文章。「解構」更不是某理論，因它從不產生文章，又因「解構」不是哲學的哲學，當然就不可能有一些思想的延伸。德里達的「解構」相信也有受到柏格森（Bergson）及 Merleau-Ponty 思想的影響，解構講的就是 Merleau-Ponty 指出的「他只能和他自己的可見性相比」的東西，所以我給解構下個注釋，就是一種圍繞著人類思想的一個影子【23】。而這個影子則由思想與文字的對立進而走入辯証的失

【21】 Jacques Derrida, positions, les Éditions de Minuit, Paris, 1972, P.64.

【22】 Jacques Derrida, positions, les Éditions de Minuit, Paris, 1972, P. 18.

【23】 筆者認為 Derrida 的「解構」就像柏格森的直覺一樣是看不見的東西，是一種內在的喃喃自語，也可算是一種內在的思想，解構和柏格森的直覺不同的地方，就是解構是死的，完全不可能經由客觀思想或客觀存在產生思想的延伸，而後者則

調,在論說及解讀上並未預留先見及任何特定意義,只掌握一些自在的思想。當然,「解構」最主要是源自海德格,胡塞爾(Husserl)的現象學,深一層看就是受到黑格爾(Hegel)「精神現象學」中否定思想的影響。黑格爾指出「否定的本質是共體中原本就有的力量,亦是自我保存的力量」[24]。這種否定不斷的重新出現,正是其正反合的辯証理論。而這辯証意味著思辯與絕對,只存在于對立哲學的超越與掌握。而解構的作用正為的是要癱瘓這個否定的工作,但並非不承認這些否定對立,而是在把否定推翻後使他們變成中性。就是在黑格爾這種思想中產生出德里達的話語與文字之間傳統上不同的等級,在這等級下,文字是由活的話語中分流出來的一種非本質性的技術與工具,這種由文字到語言的附屬關係及對立關係,德里達把它們叫做語音中心主義(Phonocentrisme)及語音邏輯中心主義(Phonologocentrisme)。解構正是針對這二種關係,首先推倒形而上的對立價值,用高估使原先低估的對立中性化,以便轉移或創造新的概念,例如生、死、文學、文章、文字……等等所謂的德里達式的概念。

我們看看德里達自己怎麼說解構,就更易明白,他說「解構哲學是最內在,最忠實去思考結構系譜,同時根據無資格及不能命名的外在某種情況,來確定這種歷史能隱藏或加以禁止的東西。透過這些隱藏及加以禁止有關部份的壓制,而成就歷史。因此,在哲學內外之間,透過同時是忠實及過份的循環可產生使人快樂的某種文稿。而文字關係到他自身,同時亦可解讀哲學原理,進而可解讀屬於我們文化的所有文

是活生生的,可經由主客觀的作用而產生新的思想。

請參閱 Merleau-ponty Maurice, Le visible et l'invisible, Gallimard, Paris, 1964, P. 152.及 莫詒謀,柏格森的理智與直覺,水牛,台北,2001, P. 150.

[24] G. W. F. Hegel, La phénomenologie de l'esprit, traduction de Jean Hyppolite, tome II, Aubier, Éditions montaigne, Paris, 1947. P. 23.

章」【25】。照德里達上面的看法，解構是在隱藏及禁區的壓制下進行，整個過程既沒有多餘的贈品，更沒有現場的存在，但這並非胡塞爾那套走入事物本身【26】，或海德格叫做不顯眼的現象學。他在「論精神」一書中說「精神意味在解構那邊，更是整個解構的辦法」【27】，由他這句話就更明白解構了。其實德里達文章的解構是要一些事物到達思想與文字的可能性。由一些事物到達思想與文字的目的看來，透過哲學與形而上學系統化分類要強過用破壞或毀滅性方法去重新建立一個新的位置，所以在新位置建立時德里達提出必須有一種槓桿做為中介，在這新舊位置的轉換過程中，無論他解構的方法是否陷入僵局，但總是實踐著一種內在持續不斷的語言與思想互動的企圖。因此，德里達從他的層級衝突及他的結構上情緒矛盾所表現出文章的表裡不一，他這一點，由哲學觀點看，就是他既要有求助於形而上學，但又遠離形而上。這種雙重性，正是解構致命的缺點，就是在他組成了一篇文章的同時又毀滅了它。因此，他很無奈的說出了「結構的隱藏，須要長時期去打開他的面紗，面紗封閉了面紗，須長時期解開這面紗」【28】。

【25】 Jacques Derrida, Positions, Les Éditions Minuit, Paris, 1972, P. 15.

【26】 胡塞爾在其「現象學研究」中，說自生性與被動性時，明確指出「客體的元素和意識在先理論的情況下變成在他客體性中最原本的意識」。所以胡塞爾是認為客體是有意識的。參閱：

Husserl, Recherches phénoménologiques pour la constitution, traduit de l'allemand par Éliane Escoubas, Puf, Paris, 1982, P. 34, P. 35.

而德里達認為胡塞爾的主體是在他實際的經驗中，同時表達活的生命，他能有單純的外在性，這主體可溝通事物。但事實上，他是一無所有，經驗的真實是非意識的。參閱：

Jacques Derrida, La voix et le phénomène, Puf, Paris, 2005, P. 64, P. 65.

【27】 Jacques Derrida, De l'esprit Heidegger et la question, Éditions Galilée, Paris, 1987. P. 32.

【28】 Jacques Derrida, La dissémination, Éditions du Seuil, Paris, 1972, P. 71.

總之，德里達以各種不同方法將其解構放入人腦製造二元對立的情況，使這二元對立的新舊位置的存在產生，本文前面提到的黑格爾式的正反的辯証過程，正方例如柏拉圖的形式，反方例如物質等。但是德里達這種解構方法的說明，到現在都無法得到証實來自圓其說，很自然的在不是有意的前提下造成了對形而上學的挑戰及否定。就是在這種立場上他的東西一般人往往不易了解，好像走入死胡同，就是本文前面所提到的他和柏格森相比，前者是死的，而後者則是活生生的主要原因，其實德里達的書並非難讀的東西，我們要抓住一個重點，就是當他對一觀念找不到出路的時候，他就把它擱置，然後就又新開一條路，俗語說「條條大路通羅馬」，他正好相反，是由羅馬開出多條大路，但沒有一條可到達終點。他在「柏拉圖的藥箱」一書中就以尋金方式，用長時期的努力，不斷的學習，去淨化，企圖點石成金【29】，以便達到思想與文字的一致。他做得到嗎？下面將從這藥箱中看看德里達與柏拉圖的文字遊戲。

關于德里達解構的隱藏性請參考海德格與德里達對笛卡爾「我思」（Cogito）的看法。雖然海德格批評笛卡爾在我與世界之中存在一條鴻溝，但海德格認為笛卡爾的「我思」（Cogito）在整個思想中毫無疑問是已經被表達出來的。參閱：

Martin Heidegger, Essais et conférences, Éditions Gallimard, Paris, 1958, P. 84.

但是德里達在討論笛卡爾的「我思」問題時，說「瘋狂，胡言亂語，精神錯亂，失去理智，看起來，我強調看起來，這個字被有哲學之尊的圈子中撐走，排除，放逐，被剝奪哲學城的公民權，被剝奪哲學考慮的權利，剛一被撤銷就馬上被笛卡爾傳召到「我思」（Cogito）的終審法庭上，這「我思」本質上並不知道是瘋的」。參閱：

Jacques Derrida, L'écriture et la différence, Éditions du Seuil, Paris, 1967, P. 52.

這裡德里達要指出的是笛卡爾的「我思」的自明性是確立了，但從結構觀點看是不夠清晰的，所以德里達要求的是一種形而上的現場建構。

【29】 Jacques Derrida, La dissémination, Éditions du Seuil, Paris, 1972, P. 196.

三. 德里達與柏拉圖的文字遊戲

　　柏拉圖有如哲學界的軟件開發中心，歷史上自柏拉圖以後的大哲學家幾乎沒有不走入柏拉圖的世界，接受洗禮後才能成為經典級的大哲人，德里達雖不是經典級哲人，但也不能例外，在其「柏拉圖的藥箱」一書中借柏拉圖大談對文字的看法。哲學問題的深入探討，如果少了柏拉圖就好像炒菜少了調味品一樣淡然無味，原因很簡單，「柏拉圖」這個名字已經不屬於柏拉圖個人，一提到柏拉圖就意味著觀念世界及形上學世界。可以說不是我們走入柏拉圖，而是柏拉圖俘虜了人類。就是在這充滿形而上的人的世界現實中，德里達提出了他反形而上的思想，他說「沒有形而上的概念，沒有形而上的名稱，形上學是一些規定性，套住枷鎖的定向活動」【30】。他就是在這個基礎上，和柏拉圖展開一場文字遊戲。

　　曾如本文前面提過柏拉圖是大哲學家亦同時是大作家，而德里達的「柏拉圖的藥箱」則把柏拉圖放在作家的位置，注重文字的出現過程，但並不重視在「費德羅」篇中的文字。在「藥箱」一開始他就批評「費德羅」是一篇組織不好的對話。他借古希臘犬儒學派唯物主義及無政府主義者 Diogène Laerce 的口說，「費德羅」是柏拉圖初試諦聲的作品，只帶來一些年青的事物。他雖引述德國語言學家 Schleiermacher 的話說「費德羅」的文字過程「不值一提」，總之就是一篇不成熟的作品。他強調一個老作家不會像柏拉圖寫「費德羅」的文字過程【31】。因為柏拉圖文字發明的神話只是書本的附錄，非本質上的發展，不可能組成柏拉圖的思想。但是德里達就不這麼想，他以為柏拉圖不只沒有譴責文字，而且「費德羅」本身就在文字之間遊戲，去極救失落的最好最高貴的文字

【30】 Jacques Derrida, La dissémination, Éditions du Seuil, Paris, 1972, P. 12.

【31】 Jacques Derrida, La dissémination, Éditions du Seuil, Paris, 1972, P. 74.

遊戲【32】。德里達在這裡對柏拉圖文章的解讀是它既非單一亦非模糊不清的，就其文章的企圖心來看是有多層意義的。

然而，柏拉圖的文字遊戲過程到底是怎麼回事，其實照柏拉圖的作品來看，只有一個字，就是「真」就已經找到柏拉圖文字遊戲的重點。他不但提出了「只有懂得真理的人，才能看出和真理相似的東西，還提問，什麼樣的論說才是神最喜悅的論說。他回答說古人認知真理。如果我們自己能找到真理，那麼我們還有必要在乎別人的看法嗎」？【33】除了真以外，文字的內涵亦是柏拉圖認為最重要的關鍵之一，也正因為文字無法表達內涵，所以文字本身就大大打了折扣，曾如本文注【7】所提過的文字像圖畫，這幅畫絕對無法表達他內在的東西。還把文字的發明人 Theuth 所創立的文字大加批判一番，他說「……有學問的 Theuth，能發明技藝的是一個人，而能評估各種得失去運用的又是另一個人，你是文字的父親，你自願提供了一種完全相反的功用，因為文字會產生在靈魂中忽視記憶的遺忘」【34】，只透過外在的特徵而非內在跟本引起的回憶。你的方法只能喚起記憶而不能醫治遺忘。因此可看到柏拉圖認為文字只能夠回憶，在任何情況下它都不能代替真正的回憶本身。文字只是經由活的話語帶動下的一種沒有普遍共識的遊戲。所以，書面上的論說，是用科學知識，寫在學習者的靈魂上，能為自己辯護，知道何時談話又何時該沉默【35】。而文字相對于哲學沉思是不嚴肅的遊戲。

【32】 Jacques Derrida, La dissémination, Éditions du Seuil, Paris, 1972, P. 75.

【33】 Platon, Phèdre, traduction, notices et notes par Emile Chambry, Garnier frères, Paris, 1964, P. 164.

【34】 Platon, Phèdre, traduction, notices et notes par Emile Chambry, Garnier frères, Paris, 1964, P. 165.

【35】 Platon, Phèdre, traduction, notices et notes par Emile Chambry, Garnier frères, Paris, 1964, P. 167.

而德里達認為柏拉圖並不停留在偶然的文字上,因為這是真理與非真理的場合[36],而且文字也不是思想上外在及自然的支持基礎,文字組成非屬于自己的哲學秩序。而柏拉圖的論說（Discours）肯定文字是不可思考的。德里達就以 Pharmakon 來形容「文字」,既是良藥也是毒藥,所以它同時是良藥及毒藥的雙重性觀點,早已帶入了論說（談話）的內涵中,而文字本身則是反內涵的,它抗拒整個哲學,好像沒有名號、沒有本質、沒有實體般的,超越無限,它只是無底的及他資源的無窮的厄運供養著[37]。在這裡德里達特別強調柏拉圖的「文字」抗拒哲學,哲學貶低了文字,柏拉圖的哲學反對為文字定義及檢驗。這裡突出了德里達對柏拉圖文字「真相」的懷疑,文字擺脫所有肯定的定義,在真與非真之間是無從思考的。關于德里達這些看法,我們完全不能接受,因為如果照德里達的說法,就是把哲學當成是一個物質世界的硬體,因此思想就可以用秤來秤它,如果我們看看德里達的背景就會進一步了解他,他當年是跟隨自入學第一天就認識的恩師阿都塞在巴黎高等師範學院學習,而阿都塞則是打著新馬克斯紅旗的大旗手,其名著 Pour Marx 中流出抽象的獨斷主義思想,異化概念,強調不是由無產階級的觀點去看馬克斯,認為馬克斯主義並非方法而是一種理論[38]。當年亦有

---

[36] 這裡德里達抓住蘇格拉底說他尚未能做到 Delphes 所告誡的「認識你自己」來批評柏拉圖的文字,無法達到心、物一致,所以引起真與非真的問題,參考同注[7], p. 105 及 Jacques Derrida, La dissémination, Éditions du Seuil, Paris, 1972, p. 77.

[37] Jacques Derrida, La dissémination, Éditions du Seuil, Paris, 1972, p. 78-p. 79.

[38] Louis Althusser, Pour marx, Éditions la Découverte, Paris, 1986, P. 165,他說「理論問題就是有組織地結合一些馬克斯主義的其他認知,所給我們的新認知」。在 1960 年代阿都塞可以說在法國是自沙特的「辯証理性批判」之後對馬克斯作品,最有原創性介紹的哲學家,是他讓當時沙特存在主義的熱潮消退,而再也無法回頭。也是他給當時法國共產黨提供了馬克斯主義的理論基礎。後因馬克斯主

人批評阿都塞為現代蒙味主義的代表。無論1960年代為了馬克斯的論戰如何，阿都塞就是一位重回馬克斯的哲人，而德里達就在阿都塞的領導下閱讀「資本論」走入馬克斯，雖然德里達後來亦有批判馬克斯[39]，但物質化的思想已經成型，很難進入另一境界，連他的前輩，超現實主義創立者之一的巴代宜（Gerges Bataille）都不放過，這位由主奴間黑格爾式的辯証開始其思想研究，經過對黑格爾哲學的深入探討後，確認傳統形而上學中的內在性是不可能的，他強調人透過勞動同時是解放及異化的。這個尼采味很濃的巴代宜是認同透過作品可處死作者[40]的超現實主義者，這位德里達的前輩已經否定了形而上的內在性，但德里達認為還不夠，他還用他那套「抹去」的思想去裝飾巴代宜，他認為「一個抹不掉的痕跡就不是一種痕跡。應該重建巴代宜在文字上所主張的系統，無論是次要的與主要的二者都是痕跡」[41]，筆者2001年在談論柏格森的理智時亦曾提及德里達是一位語言學家，我們亦指出語言同時是描述客觀存在及超越客觀存在[42]，而柏格森則說「需要一種語言，它的符號象徵不能是無限的數，亦即不能延伸到事物無限性上。這種符號

義本身的問題及阿都塞本身精神失常問題，他在1960年代的熱潮很快就曇花一現，消失了。

[39] 在「馬克斯的幽靈」書中，德里達沒有企圖修補馬克斯的思想，其中主要是反對獨斷的教條主義及保守主義。在他世界新秩序的十大傷口中，他以為包括新馬克斯主義及新自由主義都還是對正義革命必然的要求保持沉默。所以他認為要解放所有教條主義，所有宗教形而上的規定性，及所有的救世主義。因此，德里達認為要自我變革，價值重估，這裡其實就是馬克斯的結構和德里達解構的重大區分。參閱：

Jacques Derrida, Spectres de Marx, Galilée, Paris, 1993, P. 146, P. 147.

[40] Georges Bataille, L'expérience intérieure, Gallimard, Paris, 1980, P. 174.

[41] Jacques Derrida, L'écriture et la différence, Éditions du Seuil, Paris, 1967, P. 390.

[42] 莫詒謀，柏格森的理智與直覺，水牛出版社，台北，2001，p. 134.

象徵的傾向由一個客體轉化到另一個客體的特性是人類語言的特徵」【43】。德里達想達到思想與文字的一比一的比例當然是絕對不可能的，文字永遠只是思想的一部份。因此，我們完全不能說文字就不是真的思想。

其實照柏拉圖的文章看，文字是經得起哲學的規範性的，在費德羅篇的結尾部份，柏拉圖也以蘇格拉底之名對文字與文章做了個總結，除了說用正義與德行之類的話題，去寫文章來消磨時間是高尚的消遣外，他還指出如果我們不知道所陳述或書寫的每個主題的「真」，我們就無法給每個主題下定義，要懂得如何把每個主題劃分出來，直到它無法再分為止。另外，柏拉圖也教我們必須進入靈魂本性，做適合該靈魂的論說和文章。因為文字與文章就和做人一樣，沒有正義，沒有善良，就永遠達不到柏拉圖的「真」。所以一篇論說真正地要將正義、美、善為主題的作品寫在聽眾及讀者的靈魂中，才能清晰完美，具有莊重，尊嚴等特性，這樣的文章才可稱為該作者合法的孩子【44】。但是德里達則認為柏拉圖既不存在文字的哲學，亦不存在其理論，既然文字原本就是無物，連文字自身都是無物。哲學的計謀在于重新抓住文字，威脅他，又保障其控制性。這哲學的計謀用肯定反轉了文字的否定性，（即其真及本質的缺乏），例如把文字當藥顛倒他遺忘的能力，他打敗哲學的意義，參與感覺的過程。所以德里達指出柏拉圖的「藥」是模糊不清的，他說這模糊性使柏拉圖在原藥與毒藥的對立中去界定本質與外表，真假，內外與善惡【45】。

對德里達來說柏拉圖即無文字本質的概念化，亦無控制支配的能

【43】 Bergson Henri, L'évolution créatrice, Puf, Paris, 1981, P. 159.

【44】 Platon, Le banquet, phèdre, Traduction et notes par Emile Chambry, Garnier - Flammarion, Paris, 1964, P. 169-P. 170.

【45】 Jacques Derrida, La dissémination, Éditions du Seuil, Paris, 1972, p. 117.

力，更沒有哲學接替的可能，所以文字並不對立于任何事物，因此，柏拉圖文章的哲學計謀在文字的藥性上是模糊不清及可轉換的，可由毒藥變成良藥。因此，這種藥的無實體性，既不能安全的運用又不在其存在中，因為在事實結果中它也不能不停的提供新意義。德里達指出文字之父 Theuth 指文字是一種有益的藥，但跟隨而來對蘇格拉底而言則像不好的物質。他說「毒芹」，這藥水在 Phédon 對話錄中從來沒有用過藥（Pharmakon）這個字以外名稱，對蘇格拉底而言就像是毒藥，但它經由蘇格拉底推理（Logos）結果及 Le Phédon 的哲學論証，轉化為解脫的方法，達到導瀉的功能及解救的可能。毒芹有一個本體的結果：導出靈魂的不朽及概念（Eidos）的沉思。蘇格拉底就是這種思想[46]。

除此，柏拉圖的文字問題和詭辯派和修辭學之間亦有矛盾產生。文字的問題及對其本身能控制性的問題則區別出哲學與詭辯派，如沒有這區別哲學就既不能區分亦不能被建立。詭辯派對文字的無知及不負責的使用，使其成為對文字極壞的使用者，對哲學而言，詭辯派是個他者，而哲學則是文字的使用過程，是一種負責的使用。柏拉圖在「詭辯者」（Sophiste）這篇對話錄中就把哲學家和詭辯者說得很清楚，他認為哲學家，如果我們要去尋找，我們遲早都可找到，因為哲學家總是在相似的地方，哲學家是難以在光天化日下被發現，由于哲學家以「真」行事的正直，普通人的眼睛是難以看到的，所以，哲學家的看不見和詭辯者是完全不同的。詭辯者則是逃到非存在的陰暗之中藏身，以此為家，是因為藏身之地太黑暗，所以人們很難發現他[47]。這也是柏拉圖描寫哲學家與詭辯派之間真與非真之區別。

看起來蘇格拉底與柏拉圖好像和詭辯派有仇似的，總是水火不容，

---

[46] Jacques Derrida, La dissémination, Éditions du Seuil, Paris, 1972, p. 144-p. 145.

[47] Platon, Sophiste, Traduction et notes par Emile Chambay, Garnier Frères, Paris 1969, P. 114.

因為自蘇格拉底柏拉圖師徒之後的哲學已不再是就事物論事物，而是看得見的事物就如蘇格拉底前期的物理學家一樣，透過有形的物理元素來研究。而哲學則走向看不見的領域，也就是形而上的世界。柏拉圖就在這黃金時期指出事物的本質是形而上的，是看不見的，絕不是物理世界的，這就是影響哲學界，影響全人類的理智的形式，即柏拉圖的新發明，他叫它做「觀念」（Idées）。這個「觀念」強調看不見的才是世界的原因，所有看得見的都會被物質解化，在變的世界中成為不可知的東西，所以都只能存在于它的觀念之中。只有觀念是非形體的，是永恆的。一般人只看到能見到的才是真的，因為他們不知道去沉思事物的本質及其生命。而哲學家就完全不同了，可提升理智的沉思，再用這智慧去拯救人類。而修辭學與詭辯派就是只知看得到的東西，將一切化為肉身，用物質外表的教育和精神性的哲學教育相對立。前者企圖贏取權利，而後者，則沉醉于為對真理的無限欲望，柏拉圖就是後者的代表人。由此可看到詭辯派的注重物化利害及權利的目的，用訓練口才的方法透過演講方式去說服群眾，也就是不談真理只求目的的方式是完全和柏拉圖相反的。所以柏拉圖對詭辯派大為貶低其價值。

正是這柏拉圖與詭辯派的矛盾，使德里達對柏拉圖有空間提出批評，他指出文字是哲學神秘的組成問題，柏拉圖的詭辯把哲學看成是詭辯派的他者，哲學被確定為只是詭辯的無休止的過程。因此，矛盾繁生在柏拉圖的文章中，在德里達眼中柏拉圖的文章完全無法和其自身想表達的思想相一致。因為記憶（Mnèmè）和記憶退化（Hypomnésis）在文字的空間中被分割了，最後撕裂柏拉圖文章的夢想和透過文字去完成了夢想的企圖心[48]。由德里達對柏氏之批評，我們認為是德里達企圖把時光倒流2000多年，在今天重新演出柏拉圖和詭辯派的論戰去推翻形而上學，企圖用活的話語去貶低僵硬文字的價值，他做出這種「文字」

---

[48] Jacques Derrida, La dissémination, Éditions du Seuil, Paris, 1972, p. 124.

可塑的有限性竟成為哲學組成核心的引子，以便德里達批評哲學文章的神秘結構性，並張顯哲學不能約減到理論上文字只有一個統一的基礎，傳統上形式與內涵的區分，正是荒謬的詞音與詞義的區分，這些區分都缺少了一篇文章，就是一篇文章的效果。

從整個「柏拉圖的藥箱」中德里達主要是指出在柏拉圖費德羅篇的對話中都是早有預謀的，預言未來，以及文字上如何預先記錄在其要演繹的文字中。所以文章的界綫即使分出文章之內，之外，都不再能設想為封閉及簡單的有限。照德里達的思想，柏拉圖在哲學舞台上顯露出政治，文學，哲學的結論都是無法計數的。哲學的文字為求真，所以擦掉其他部份只露出「真」來，所以柏拉圖哲學把文字弄成了沒有一致性，沒有本質，像一幅幽靈的圖畫，一種非實體，它既不能切割，亦不能寄生于事物本質上，只有求助於哲學的活的話語。

當然德里達又認為蘇格拉底柏拉圖師徒的文章亦不能設想為封閉在它本身的文章，因為就有限性的意義範圍來說，它不是一種文章，從各種結果看其有限性，它超過了一種文章所有傳統有限性的結果。一種混淆的蘇格拉底柏拉圖式的邏輯對德里達來說，必須重新思考文章的法則，另外，他也必須指証文章的形而上的概念在運用上的受限制性。他不但說「嚴格地說，無論在它之外，之內，或封閉在其自身，柏拉圖的文章，我們不相信它是存在的」【49】。在其「柏拉圖的藥箱」要結束的最後幾句話中，他更用了一句消滅柏拉圖的字句，他說「現在沒有，將來也不會有柏拉圖的作品」【50】。

從德里達對柏拉圖那麼強烈的批判，可看到其中一些德里達自說自話的混淆，也就是在柏拉圖文章中，他把柏拉圖的文字與文學做了不可挽救的對調，在這基礎上他對柏拉圖文字的解說是用了文學的方法，而

【49】 Jacques Derrida, La dissémination, Éditions du Seuil, Paris, 1972, p. 149.

【50】 Jacques Derrida, La dissémination, Éditions du Seuil, Paris, 1972, p. 197.

完全忽視柏拉圖對話式的結構。雖然柏拉圖的確也認為文字沒有話語那麼好，那麼傳神，而德里達還以尼采做他的靠山，說他和尼采一樣說過好多次蘇格拉底是不寫東西的[51]，再看我們中國的孔子也是述而不作，六祖慧能法師更是不立文字，看起來文字好像不重要，但是用心看看六祖壇經的思想就很清楚知道文字是絕對不能沒有的，否則經典就無法傳承下去。如果沒有「論語」的文字，我們不認識孔子，同樣，沒有柏拉圖對話錄中的文字，人類就無法認識蘇格拉底。孔子在倫理道德上的啟示以及蘇格拉底對人生走向幸福的指示，完全要依靠文字的記載，要依賴書本的留傳，我們肯定的說文字、書本是死的，但讀文字、書本的人是活的，因此，我們絕不要求文字與思想的一致，相反的，那怕文字，文學只是思想的一部份，我們還是肯定它們存在的絕對價值。

四. 結論

「沒有文章外之文章」以及「文字只是痕跡」，是德里達對文章及文字的總結，現在也到了我們對德里達的文字來算總賬的時候，一個把生命看做是痕跡的人[52]，當然文字就是痕跡的代表[53]，這種人只有死路一條，所以我們在此要指出的就是德里達是一個全身裝滿了後現代的強力炸藥，以自殺式的方式衝向形而上學，企圖摧毀形而上學的犧牲者。生命有痕跡絕不是壞事，而且也是一個必然的事實，但是他說文字

---

[51] Jacques Derrida, La carte postale de Socrate à Freud et au-delà, Flammarion, Paris, 1980, P. 25.

[52] Jacques Derrida, L'écriture et la différence, Éditions du Seuil, Paris, 1967, p. 302.

[53] Jacques Derrida, De la Grammatologie, Éditions de Minuit, Paris, 2004, p. 238.
德里達在這表明了文字是痕跡的代表，而非痕跡本身，因為痕跡本身並不存在。更指出從柏拉圖到盧梭及黑格爾，都把抹去痕跡運用到狹義的文字上。

是痕迹,而他把柏拉圖抹去痕迹形容到文字上,就這個討論來看德里達是不夠清楚,更談不上嚴謹,有些學者批評德里達為江湖騙子也不足為奇。我們要指出的是德里達的痕迹跟本就是來自索緒爾討論語言的看法。它只是把一些符號放入思想中,結果可以把痕迹出現的符號和思想同時出現在人類的心思上【54】,但是索緒爾的思想並不是一個符號與一個存在相對比,而是與其他符號區分出來的差異相對比。德里達不但把索緒爾的觀點弄錯,他更陷入了古希臘伊利亞學派中芝諾(Zénon)飛矢不動的悖論。筆者完全不同意德里達這種痕迹的看法,筆者曾在「柏格森的理智與直覺」一書中提出柏格森對芝諾之否定【55】,相信柏格森對芝諾思想的否定,正是對德里達最好的批判,我們相信無限性與連續性已經足夠支持對德里達批判的論點。因此,我們認為過去的每一瞬間和未來的每一瞬間,和當下的瞬間都在運動的過程中環環相扣,在這基礎上,我們肯定生命有抹不掉的痕迹,文字亦是痕迹的存留。我們更指出德里達以摒棄生命的遊戲方式來解構柏拉圖的文字最終必然會出現人類精神價值的物化危機。這當非人類之福。

其實由德里達等身的諸多作品中所表達出他對傳統哲學及形而上學帶給人類的強迫性的想法,令人類很自然地困在形而上的世界,為了解救人類,他甘心做一個拿起鐵錘去做個粉碎形而上學的鐵匠,他批判形

【54】德里達的解構所釋放的現象是既無現場亦無當下的遊戲。所以他就用一些痕迹,灰燼,靈魂等字眼去企圖取代柏拉圖的神,由此可令文章的解構將思想和文字分裂,但又同時可有某些元素進入思想與文字的想法。

【55】莫詒謀,柏格森的理智與直覺,台北,水牛出版社,2001年,P. 48-P. 51.
柏格森說「當我看到活動物體移動到某一點,毫無疑問我設想到它能停止,即使它不停止,我還是傾向於考慮到它這過程像是一種短暫無限性的休息,因為最少要用一點時間去思考,但卻是我想像在休息,而活動物體這角色則是一直在活動著」

參考:Bergson Henri, Matière et mémoire, Puf, Paris, 1982., P. 210.

而上學沒有本質，沒有當下，沒有現場，當然就不可能有感性的位置，更指出以為形而上學抬出觀念、存在、主體、理性、人、神等，這些字眼就可以找到真理，就可以找到自我，這只是形而上學的一個給人類的幻想。他就是在這種自己把水攪混濁，然後又自己用他的解構方法去清理這混濁，這就是尼采說的「他們將自己的水攪得很混濁，以便使其顯得很深奧」【56】，當然他清理方式就是要掃除形而上，他的實際行動就是對柏拉圖以來包括盧梭，黑格爾，胡塞爾，海德格，索緒爾……等等的哲學家語言學家提出了深入的批判，我們用心看其作品，幾乎沒有不提出對各個哲學家離不開形而上而大加撻伐，甚至連他崇拜的馬克斯，他都在他1993年出版的「馬克斯的幽靈」一書中表達了馬克斯思想的形上意義，書中一開始就把時代用「脫節」來定位，這脫節意味時代的「空無」，這空無是因傳統形而上，本體論對人類的封閉的結果，他先給自己製造舞台，然後跳上台前企圖拯救人類，為這個脫節的時代提供了他自以為能結合的條件，當然就是要先消滅形而上學。

相信以他寫了幾十本書的實戰經驗不會連笛卡爾的思想「存在是形而上的第一原則」的形上思想以及亞里斯多德的「存有意味著存在與原始雜多的統一」的想法都不懂吧！在此順便一提，德里達在20世紀的英語世界（尤以美國為主）算是個熱門人物【57】，而且巴黎的Herne出版社也於2004年10月出了一本和德里達的老師Paul Ricoeur的專輯一樣分量的德里達專輯（Cahiers de l'Herne, Derrida），但是在法語世界他是找

【56】 Friedrich Nietzsche, Ainsi Parlait Zarathoustra, traduit de l'allemand par Maurice de Gandillac, Gallimard, Paris, 1971, P.165.

【57】 巴黎國際關係研究院的老師Francois Cusset在法國「文學雜誌」第430期德里達專輯中寫了一篇「美式解構」指出德里達集中在德里達式的解構與對傳統批判對美國是成功的。參閱：
Magazine littéraire, No. 430. Jacques Derrida . La philosophie en déconstruction, Paris, Avril 2004, P. 46 .

不到位置的,如果和他在英語世界的地位相比,可用非常不得志來形容。原因很簡單,除了一些複雜的政治因素外,就是自從他開始寫作哲學以來都是站在評審者的位置,就像電影界的奧斯卡金像獎一樣,他從來沒競選過最佳男主角,因為他從來沒有主演過一部戲,當然永遠不可能得獎。也就是說在他眾多著作中,找不出一部著作可以做為他的傳世而有他自己思想的作品。就後現代的學術環境看來,不只是「今之學者為人」那麼簡單,根本是今之學者愚昧無知,良莠不齊,好壞不分的佔了絕大部份。就像叔本華批評的一樣,他說「莎士比亞的不朽劇作,在他本人去世後不久,也不得不讓位于Johnson,Massinger,Beaumont,和Fletcher等人,而幾近消失沉寂了一百年。而康德這麼偉大的哲學亦曾被費希特(Fichte),謝林(Schelling)等人的胡言亂語擠出哲學殿堂」[58]。不過莎士比亞能重返文學界,康德又能不倒于哲學界都因為他們帶給人類有新的價值。曾如尼采說的「人們不會繞著發明新的嘈雜聲的人而轉動,只會繞著發明新價值的人而默默起舞」[59]。

總結德里達的文字思想,他雖高舉要填補這個脫節時代的空隙,但實際上做的則是一方面企圖把他自己在尊貴的哲學之城中能佔一席之地,使他可以隨時享用哲學,因此在他思想中企圖使傳統哲學成為可能,也就不得不默認書寫與話語的可能,但另一方面,又強調絕對抹去的方式,給人們對他所抹去的痕迹進行解讀,正是一種分裂雙重性的文字遊戲。1991年三月份法國「文學雜誌」第286期的德里達專輯中把德里達形容為「圍繞解構與痕迹,拒絕建構哲學系統的人」[60],而我們

---

[58] Arthur Schopenhauer, Sämtliche Werke, Parerga und paralipomena II, Suhrkamp, Frankfurt am main, 1986, P. 536.

[59] Friedrich Nietzsche, Ainsi Parlait Zarathoustra, traduit de l'allemand par Maurice de Gandillac, Gallimard, Paris, 1971, P. 169.

[60] Magazine littéraire, Numéro 286, Jacques Derrida. La deconstruction de la philosophie, Paris, mars 1991, P. 18.

則以柏拉圖的「詭辯者」對話錄來為德里達定性，柏拉圖說「它不是神而是人的產品，表現在玩弄詞藻之中，由血統的正統性來看，可以說是真正的詭辯者」【61】，我們肯定這個形容詞比較適合德里達。

在這場德里達與柏拉圖的文字遊戲中，我們站在傳統哲學及形而上學的立場，揭開一些後現代哲學工作者的真正面目，我們肯定的說人類想有幸福必須追隨柏拉圖。在本文的最後我很沉醉的引述一段柏拉圖的話語，來做為結語，他說「當我們找到一種適合于我們的靈魂，按照辯証法則，我們把自己播種在科學知識上，這些論說既能為自己辯護，同樣也能為培育他們的人辯護，他們並非無花果，而是可以在別的靈魂中生出許多新的論說來，生生不息，直到永恆，也能為擁有這些論說的人享受到凡塵世界所能享受到的最大幸福。」【62】

【61】 Platon, Sophiste, traduction et notes par Emile Chambry, Garnier frères, Paris, 1969, P. 145.

【62】 Platon, Le banquet, phèdre, Traduction et Notes par Emile Chambry, Garnier Frères, Paris, 1964, P. 168.

景印香港新亞研究所《新亞學報》（第一至三十卷）

吳敬恆與丁福保之學術情誼

何廣棪*

提要

　　吳敬恆、丁福保二人，晚清光緒年間皆就讀江陰南菁書院，受業於王先謙等名師。吳、丁情誼篤厚，親逾手足。嗣後交互推重，以學術相劘切歷時最久。惟今人所編撰之吳氏年譜及傳記，竟於二氏數十載之學術情誼，無一字之記錄，則其撰作之失宜，取捨之未當，誠有令人惋惜者在。撰者有鑒及此，爰據丁氏所撰〈疇隱居士自訂年譜〉、〈疇隱居士自述〉及其他相關資料，詳予論述，用補其闕。故本文對吳、丁學術情誼之闡發與研究，實有一定之貢獻。

關鍵詞

吳敬恆、丁福保、南菁書院、《說文解字詁林》、粥會

壹、前言

　　吳敬恆先生（1865－1953），江蘇武進人。原名朓，字稚暉，後改今名。清光緒十五年（1889）考入江陰南菁書院，受業於山長黃以周之門。術業專深，著作富贍。後投身革命，屢建殊勳。民國四十二年（1953）十月三十日病逝臺北。總統褒揚令譽之為「開國元良，多士師表」；又稱其「高風碩德，允為一代完人」[1]。是則先生榮哀，褒揚令

---

*華梵大學東方人文思想研究所教授。
[1] 褒揚令，附見楊愷齡：《民國吳稚暉先生敬恆年譜》（臺北：臺灣商務印書館，民國七十六年八月第二版）書首。

對先生之推崇亦云備至。

丁福保先生（1874－1952），江蘇無錫人。字仲祜，號疇隱。光緒二十年（1894）亦肄業於南菁，受業於王先謙門下。精研《說文》、佛學暨中、西醫學。其後於上海瑞德里築「詁林精舍」，創辦「粥會」，與當世賢豪長者相接。所編著之書，如《說文解字詁林》、《佛學大辭典》等，均以資料宏富，對學術卓有貢獻，而為時人賞譽；又出版《中西醫學報》雜誌，提供醫學新資訊，贏得世人敬佩。

吳、丁二位既先後同學於南菁書院，嗣後於學術上又相互切劘。細觀《吳稚暉先生全集》，頗見有應祜老所請而撰作之書序；至二人因生活互動而留下之文字資料，亦偶見集中。所惜今人編撰稚老年譜及傳說，即如其門人楊愷齡之《民國吳稚暉先生敬恆年譜》（以下簡稱《敬恆年譜》）[2]，其隨侍陳淩海之〈吳稚暉先生年譜簡編〉（以下簡稱〈稚暉年譜〉）[3]，及刊見《國史館館刊》由王開節先生所撰之〈吳敬恆傳〉[4]，刊見《臺灣文獻》由宋伯元撰之〈吳稚暉先生傳〉等[5]，均竟於吳、丁數十載學術情誼，幾無一字之記錄。是則上述論著選材之疏失，取捨之未當，殊令人惋歎。

本人有見於此，乃據丁福保〈疇隱居士自訂年譜〉（以下簡稱〈自訂年譜〉）[6]、〈疇隱居士自述〉[7]及相關資料，撰著成文。文中刻意針

---

[2] 同註[1]。

[3] 陳淩海：〈吳稚暉先生年譜簡編〉，附見《吳稚暉先生全集》（臺北：中國國民黨中央委員會黨史史料編纂委員會，民國五十八年三月二十五日）〈雜著〉，頁1168後。

[4] 王開節：〈吳敬恆傳〉，《國史館館刊》，民國八十年十二月，復刊第十一期，頁235-238。

[5] 宋伯元：〈吳稚暉先生傳〉，《臺灣文獻》，民國八十年十二月三十一日，第四十三卷第三、四期，頁193-204。

[6] 丁福保：〈疇隱居士自訂年譜〉，附見《佛海大辭典》（臺北：新文豐出版公司，

對吳、丁二老學術情誼之實況多所發揮,用補今人所編吳氏年譜及傳記之闕略,並竊欲藉拙文以表達一己對稚、祜二老仰止之忱。

貳、江陰南菁書院及吳、丁肄業前後之交誼

吳、丁二老嘗肄業之南菁書院,設在江陰。江陰縣,清時屬江蘇常州府,民初屬江蘇常道。有關南菁書院之史料,今可考知者較少。惟稚老撰〈寒厓詩集序〉與楊愷齡之《敬恆年譜》,則於書院之創設及其時掌教之師資,均有所記述。寒厓者,姓孫氏,名揆均,寒厓其字也。初亦肄業南菁,至光緒十七年(1891)則嘗應課於書院者也。吳氏〈寒厓詩集序〉云:

> 余不能詩,亦不好為詩,故年二十有三著學籍。適其時瑞安黃體芳、長沙王先謙、茂名楊頤、長白溥良,先後督吳學,建南菁書院;刻《續皇清經解》,振樸學於東南。講學南菁者,有南匯張文虎、定海黃以周、江陰繆荃孫、慈谿林頤山。余應選入南菁治學,第一日謁定海先生,先生銘其座曰:「實事求是,莫作調人。」心竊好之。【8】

是南菁書院乃創建於晚清,而其所敦聘之師資,亦一時之選也。

楊氏所撰《敬恆年譜》,於「光緒十五年(1889)」條亦載書院事,曰:

> 一月,先生偕孫揆均(寒厓,亦字叔方)、裘慶年(小翰)、高翔(集安)、俞復(仲還)、杜嗣程(香如)、陳育(仲英)等

民國七十四年六月四版),頁1A-78B。

【7】丁福保:〈疇隱居士自述〉,附見《說文解字詁林正補合編》(臺北:鼎文書局,民國七十四年四月二版)〈許君事蹟附丁君事蹟〉,頁1-1335。

【8】吳稚暉:〈寒厓詩集序〉,《吳稚暉先生全集》〈雜著〉,頁277-280。

至江陰投考南菁書院。南菁書院在江陰城內中街，為舊水師營協鎮、游擊兩署故址，取朱子〈子游祠堂記〉「南方之學，得其菁華」命名，視學海、詁經兩院規制尤為閎美。光緒十年（1884）秋開課，江蘇學使黃體芳（漱蘭），捐廉議創，專課經學、古學，以補救時藝之偏，兩江總督左宗棠實力予贊助。後任江蘇學使王先謙（益吾）繼成之。掌教為南匯張文虎（嘯山），未兩月以足疾辭歸，改由定海黃以周（玄同）繼任。黃之為教，經學主漢、宋不分，理學主朱、陸不分，惟求其是而已。課分訓詁、詞章兩門，……掌教有定海黃以周（玄同）、江陰繆荃孫（筱珊）、慈谿林頤山（晉霞，壬辰進士）、吳縣王亦曾（鶴琴，甲戌翰林）、錢塘陳昌紳（丙戌翰林）。【9】

是則南菁書院者，乃擷取朱子〈子游祠堂記〉「南方之學，得其菁華」句中「南菁」二字而得名。至孫寒厓，則稚老肄業南菁時之同窗也。

書院中多藏書，此亦為南菁一大特色，稚老就讀時已常借閱其書。陳淩海〈稚暉年譜〉「光緒十六年（1890）」條載：

> 先生與鈕永建肄業江陰南菁書院時，偕鈕永建日索書院藏書以讀。……主藏書者為一皤然老叟，甚厭先生之煩，但又心喜其勤。故每見先生至，必強笑相迎。【10】

丁老〈自訂年譜〉「光緒二十一年（1895）」條亦載其竊慕書院藏書之富，云：

> 余肄業江陰南菁書院，見院中藏書甚富，如入二酉之岩。適五都之市，可以盪目遨魂，披發吾十年聾瞽，狂喜無已。及手鈔院中藏書目一冊，而私自祝曰：「他日果能處境稍裕，必照此書目盡購之。」【11】

【9】 同註【1】，頁10-12。

【10】 同註【3】，頁11。

【11】 同註【6】，頁6B。

丁老〈疇隱居士自述〉亦云：

> 余肄業江陰南菁書院，閱《四庫提要》、《讀書雜志》、《漢學師承記》等書，始識治學門徑。【12】

據是，吳、丁均常借閱南菁書籍以修其業，而學日以進。是則二人之作為，亦可謂同道矣！

南菁書院除如〈寒厓詩集序〉所記曾刊刻《續皇清經解》外，亦另有叢書之出版。光緒十四年戊子（1888），王先謙、繆荃孫合輯《南菁書院叢書》，凡一至八集，有江陰南菁書院光緒戊子刊本。此一叢書，中華民國國家圖書館善本書庫有藏。所收專書計為：徐松《登科記考》、盧全《春秋摘微》、黃宗羲《深衣考》、姚鼐《左傳補注》、姚鼐《公羊傳補注》、姚鼐《穀梁傳補注》、姚鼐《國語補注》、戴望《論語注》、俞樾《群經賸義》、管禮耕《操養齋遺書》、丁晏《易林釋文》、丁晏《投壺考原》、丁晏《佚禮扶微》、劉安《淮安萬畢術》、諸可寶《疇人傳三編》、于鬯《說文職墨》、胡王縉《說文舊音補注》、徐孚吉《爾雅詁》、范本禮《吳疆域圖說》、謝鍾英《補水經注洛水涇水武陵五溪考》、程之驥《開方用表簡術》、陳王樹《毛詩異文箋》、江衡《句股演代》、成蓉鏡《春秋世族譜拾遺》、成蓉鏡《鄭志考證》、成蓉鏡《釋名補證》、成蓉鏡《三統術補衍》、成蓉鏡《推步迪蒙記》、成蓉鏡《史漢駢枝》、成蓉鏡《宋州郡志校勘記》、成蓉鏡《駉思室答問》、成蓉鏡《漢太初曆考》、成蓉鏡《心巢文錄》、蔡雲《蔡氏月令》、錢塘《律呂古誼》、焦循《陸氏〈草木鳥獸蟲魚疏〉疏》、邵瑛《劉炫規杜持平》、茹敦和《周易二閭記》、方申《方氏易學五書》、龐大堃《易例輯略》、江承之《安甫遺學》，共四十一種，均屬研治經史、曆算、輿地、考據至為有用之書。

吳、丁二老肄業南菁前後，交誼篤厚，親逾手足。前引稚老之〈寒

【12】同註【7】。

厓詩集序〉有云：

> 余……年二十有三著學籍。……敬恆所家無錫，時流年相若，談說文史，與南菁諸子上下者，則有廉泉、俞復、丁寶書、顧蔭孫、裘慶年、昌年、曹銓，及寶書弟福保。福保亦一奇童子，十四、五即通治漢魏六朝數十百家之文，後亦應選，居南菁頗久。【13】

稚老二十三歲，乃光緒十三年（1887），時祜老僅十四歲。此年二人已結交，而吳於丁則多所獎譽。

至丁老〈自訂年譜〉，於二人交往情事，則紀錄尤為翔實。〈自訂年譜〉於譜首已云：

> 疇隱居士，江蘇無錫人也。姓丁氏，名福保，吳稚暉先生字之曰仲祜。【14】

蓋仲祜之字，乃稚老代取者也。

〈自訂年譜〉「光緒十二年（1886）」條載：

> 頻年學大進。時吳稚暉、陳仲英、范素行、孫寒厓、俞仲還、許文伯、杜孟謙、廉南湖、高伯安、許侶樵先生，皆與余兄相友善，時來余家。余兄長余八歲，故余這隨諸先生後，年最少，日日飽聞吳先生等縱論學問文章，得益良多。【15】

是丁藉兄長寶書故，得與稚老等認識。吳、丁之交，乃始於此年。

〈自訂年譜〉「光緒十五年（1889）」條載：

> 余擬作江南鄉試第二場〈徧於群神〉經文一首。吳稚暉先生批其後曰：「並肩司馬，抗手班、揚。瑰奇宏肆之文，仍有規矩準繩在內，洵是作手。此才在梁溪，當掩過芙蓉山館十層。不意怯弱小書生，扛得動如此巨文，咄咄怪事。」……是時余好作詩，

【13】同註【8】，頁277-278。

【14】同註【6】，頁2B。

【15】同註【6】，頁4B。

稚暉先生亦獎勵倍至。【16】

〈年譜〉所言之「芙蓉山館」，乃清人楊芳燦之室號。芳燦，字才叔，號蓉裳，工詩文，尤擅駢體，彭元瑞亟賞之，江蘇金匱人也。梁溪、金匱，皆無錫古名。

〈自訂年譜〉「光緒十六年（1890）」條載：

> 讀《文選》，作古詩。稚暉先生又與家兄書云：「令弟經藝愈讀愈好。若能用力《選》學，更不作雜亂浮想，當是近來一大作手，並非妄談取巧，盍與令弟商定。人各有能有不能，因才而篤，最為合拍。」云云。【17】

〈自訂年譜〉「光緒十七年（1891）」條又載：

> 正月，孫寒厓先生應課南菁書院，批余詩後曰：「稚暉、芳軒謂我圈得太多，我亦並未得賄，何必諂諛。存之篋中，以待來者。時許文伯在座，與我亦同持此論，贊賞不已。上海鈕鐵生在室，亦嘖嘖拍手睜目，咋舌跳腳，並非虛語，孟謙亦可對證。」吳、孫二先生之所以激勸余，期望余者，可謂至矣！【18】

觀是，則祜老固文章之不世材；然吳、孫之於祜，亦可謂呵護、激勵兼備矣。〈自訂年譜〉「光緒二十二年（1896）」條載：

> 應童子試。余不善作時文及小楷，不能列入前十名。縣、府試皆列名第十六，稚暉先生來函有云：「院試在邇，用功也，快用功也，趕緊用功也。作秀才，兄弟同登，事之小焉者耳。多作童生一天，即志氣消短一天，可不留意乎哉！」【19】

又「光緒二十三年（1897）」條載：

【16】同註【6】，頁5B。

【17】同註【16】。

【18】同註【6】，頁5B-6A。

【19】同註【6】，頁9B。

稚暉先生函勉仲祜還朶方望溪，勉余兄學顧亭林。謂：「以根柢之學，別開一境，此風一倡，友朋之中，其所造就，當有大異於三十年前者。」又云：「以方、顧之品詣，出於今之世，即能為曾、胡之事業，可不勉乎！」[20]

稚老於仲祜之關懷，誠有過於其兄者。且為其治學，指出向上一路，故以顧、方、曾（國藩）、胡（林翼）相期勉。吳之於丁，真千載難逢之知己也。

參、吳、丁二老之學術情誼

吳、丁二老皆好讀書，尤勤於著述。吳有《吳稚暉先生全集》，凡十八冊，數百萬言。而丁老除著述外，亦喜編書。所編之書，如《佛學大辭典》、《說文解字詁林》等，皆皇皇巨著，卷帙浩繁，甚有益於學術研究者也。丁有所作，常倩吳為撰序，或為其書署耑。從此種學術切劘之互動中，均足考見二老之惺惺相惜，及彼此間深厚情誼。茲不妨列述如次，俾悉梗概。

民國六年（1917），丁有《八大人覺經箋註》，書成，乃倩吳撰序。斯乃吳、丁二人以撰著切劘學術之始。稚老所撰〈八大人覺經箋註序〉云：

> 吾友丁先生仲祜，自少即具度世苦厄之婆心。故耽悅經史、詞章之餘，窮研醫理，實際救人之患苦者已二十年。顧雖每日求施治者眾多，先生得暇即讀書，精篤特至；於學多所通，通必造其深。其著述若醫書，若詞章、算術書，已刊行者雖極精博，尚僅所學之一斑。最近由文章之深妙，廣徵於哲理；由哲理之會通，潛心於內典。先生乃恍然曰：「孜孜己人之疾苦，猶為未施，而

---

[20] 同註[6]，頁9B-10A。

> 惟能激悟人之迷妄，斯云大慧。今之同胞眾生，顛倒於四魔五欲，攪亂世常，即自身亦同陷苦惱。藥之者，其為佛說歟？」然三藏奧典，其蘊深秘。向日衲氏箋疏，務暢玄論，不重訓解。所以詞理鮮通，難達經旨。先生乃發願以中土詩書箋詁之法，施於梵經，並欲就漢、魏古譯，先加釋註，重初源也。今註《八大人覺經》一卷已成，殆為先生度世之第一法身船，誰歟能先生涅槃岸？余姑序於其首，而與同胞之憧擾苦海者一商榷也。民國七年一月六日，吳敬恆序。【21】

此〈序〉撰於民國七年（1918）元月。〈序〉於祜老著書之用心及背景，與其箋詁佛經之方法，皆有明確之揭示，且作適當之讚揚，故絕非尋常應酬之作可比。

同年，祜老又撰就《四十二章經箋註》、《佛遺教經箋註》，仍倩稚老為之序。《四十二章經》者，傳為東漢時西來之佛經，惟於其書之東傳，而〈序〉末則指出祜老箋註此書之貢獻。其〈序〉末曰：

> 仲祜先生本以考據經師，發願闡明佛學。故其注解佛經，即用漢儒解經家法。前著《八大人覺經箋註》，吾已略說明之。今於此注，益見漢、魏古書，連結漢、唐注疏，非惟為佛說貫通理解，且為經典增益名著也。余雖不通佛說，而於天人之故多所疑問。然對於仲祜先生之說解妙達，義蘊畢闡，亦如頑石之能點頭矣。
>
> 民國七年三月七日，吳敬恆序。【22】

吳〈序〉盛稱丁書「說解妙達，義蘊畢闡」，最得漢、唐儒解經家法；又推譽其書「非惟為佛說貫通理解，且為經典增益名著」，則其頌揚之意，溢於辭表矣。

《佛學遺經》者，姚秦鳩摩羅什所譯經也。稚老於同年三月二十一日

【21】同註【3】，〈雜著〉，頁268。
【22】同註【3】，〈雜著〉，頁269-270。

撰〈佛學遺經箋註序〉，其文首述羅什譯經之貢獻，而次論祜老之箋釋。其辭云：

> 顧史稱羅什入關係，譯經逍遙園。諳誦眾經，無不究盡。轉能漢言，音譯流便。則其妙晰梵漢音旨，有所裨益於當日研音諸儒，本無足怪。彼手譯經論至三百餘卷，實為迦葉摩騰、竺法蘭以來譯經最多之一人。故聞鳩摩羅什之名，不惟音韻家與之有最初之因緣，而談經藏者，亦必以譯聖目之。【23】

是則羅什不惟有功於佛經漢譯事，堪獲「譯聖」之令名；至其將天竺文字流播中土，影響及我國六朝音韻學之發皇與進步，則尤應大書特書者也。

吳〈序〉續云：

> 仲祜先生以經師之家法，箋註佛學之名著。最初古籍如後漢迦葉氏等之《四十二章經》、《八大人覺經》諸篇，已次第脫稿，恆既能得而序之矣，而循次即及於羅什之所譯。因《佛遺教經》者，雖止為羅什眾譯中之一小品，然為其為我佛最後之遺言，而與《四十二章經》為佛最初之垂訓者，適相照映，故先涉筆。刊校既成，復令余贅一言。余惟先生詁經之精，向已深論，不必更說。而私心所驚嘆者，先生自發願註經，晨夜不倦，薈萃群目，方從事者充溢積軸，至亙數架。是將爭多於什公，為經註之偉觀者也。【24】

稺老謂祜老經注之業「將爭多於什公」，是固為友儕研學相互砥礪之語，惟其於祜老期盼之切，亦藉此而可推知矣。

丁老一生於學術上以編就《說文解字詁林》刊行於世，最稱盛業。該書正編成於民國十七年（1928），補編成於民國二十一年（1932）。

【23】 同註【3】，〈雜著〉，頁271。

【24】 同註【23】。

正、補兩編凡八十二冊（正編六十六冊，補編十六冊），造福於後世研治文字訓詁之學，其功至不可沒。惟丁老之有志編理《詁林》，則啟迪自其師王先謙益吾先生。丁老〈自訂年譜〉「光緒二十一年（1895）」條載：

> 余肄業江陰南菁書院。……吾聞之王益吾先生曰：「《說文》之學，近代為盛。二徐傳本互異，楚金多仍舊書，鼎臣多所是正。乾嘉諸儒總據《韻會》，以求小徐之真；復據唐本、蜀本以正二徐之失，立說紛如。王紹蘭《說文集注》一百二十四卷，未見傳本。擬萃眾說，校正同異，推究義蘊，為《說文解字詁林》一書。每篆文一字一行，許氏元文、大小徐本岐出者，雙行櫳注；次二徐音注，次諸家說。其段玉裁《說文注》，王紹蘭《段注補訂》，鈕玉樹《新附考》、《續考》、《段注訂》，鄭珍《說文新附考》，徐承慶《段注匡謬》，徐灝《說文段注箋》，桂馥《說文義證》，姚文田、嚴可均《說文校議》，嚴章福《說文校議議》，錢坫《說文斠詮》，沈濤《說文古文攷》，鈕玉樹《說文校錄》，高翔麟《說文字通》，朱駿聲《說文通訓定聲》，汪憲《繫傳考異》，王筠《說文句讀》、《說文釋例》、《繫傳校錄》，惠棟、席世昌《讀說文記》，邵瑛《說文群經正字》，吳雲蒸《說文引經異字》，吳玉搢《說文引經考》，承培元《說文引經證例》，柳榮宗《說文引經考異》，程際盛《說文古語考》，陳瑑《說文引經考》，皆宜全鈔。《段注》為世推重，而疏舛甚多。而王、鈕、徐諸家訂補，尚非極至。此外儻得希有之本，臚舉勿遺，再加補正折衷，宏暢厥旨。其聲讀之書，別為一冊輯錄，期於網羅詳密，共成大觀。」[25]

其年丁方二十歲。三十四年之後，丁老編理《詁林》一書，不惟發凡起

---

[25] 同註【6】，頁 7B。

例多導自益吾先生，即其書之命名，亦逕取長沙王氏也【26】。

　　祜老《詁林》正編既成，亦請序稚暉先生，並乞書篆以為署耑。稚老固亦嘗耑研《說文》者也。今觀其《全集》中，即有光緒十四年戊子（1888）撰〈釋《說文》牛馬字義〉【27】一文，與光緒十八年壬辰（1892）至二十四年戊戌（1898）間所撰《《說文》輿地備徵》【28】，所考《說文》牛馬字義及輿地材料皆甚翔實。至稚老撰〈說文解字詁林敘〉，則首論備物成器對學術升降之影響。其文詳徵中外史料以為考論。寫來原原本本，有典有則，下筆竟達萬餘言，而勝義紛陳疊見。其〈敘〉末乃曰：

> 然既明乎學術升降之故，而成器能為學術之限，亦予以大利。許君一學，得數十百有清名儒，恃其治學之器，日即便易，因而闡揚盡致；將大昌其術，更依許君之法，搜求及於壁中，參引至於鼎彝，而殷墟甲骨已小露其端。異日鑿山發地，更將多所佐證。倉籀故物得因許學而完全配獲原狀，在反掌之間。而其作始，必從盡羅數十百年巨子之著作，如胡先生適之所謂先之以長編式，加之以索引式，而後隨其人自力其著手整理之功。此其志，丁子仲祜蓄之已三十年，孳孳從事者且八九載，則得無前例之不朽偉著所謂《說文解字詁林》者是矣。但吾以為非有日耳曼人為印賣其戲劇稿本之故，前得其石印術，則其千數百卷一一還其原有面目，絲毫無板本譌謬之虞者，開雕至成書，必將五十年，非若今之攝影印行，只三數年即集其事也。故丁先生屬余附加一言，余

【26】〈疇隱居士自述〉載：「乙未，二十二歲。……搜集各種《說文》，擬編《說文詁林》，即以是年為始。」乙未，為光緒二十一年（1895）。祜老擬編《詁林》，實深受王先謙所影響也。

【27】同註【3】，〈雜著〉，頁13-14。

【28】同註【3】，〈山川人物〉，頁1327-1370。

於《詁林》要旨,先先自言之已詳且備者,不復有所贅。惟于備石致用,而立良印術之成器,其為利治誅學者如是之博,真聖者術矣,不能不三嘆也。民國十有六年十一月,吳敬恆。【29】

此〈敘〉成於民國十六年(1927)十一月,固在《詁林》出版面世前。吳〈敘〉以祐老已自言《詁林》要旨,乃改而考論「立良印術之成器,其為利治許學者如是之博」以為〈敘〉旨。全篇持確鑿之證據,就一己真知灼見,暢所欲言。至其所論,則多未經前人道及者也。

吳、丁二老有關《說文解字詁林》一書所結之情誼,亦見祐老〈自訂年譜〉「民國十七年(1928)」條:

> 十月,《說文詁林》全書出版,共七千六百餘葉,訂六十六冊。吳稚暉先生曰:「是書收羅各種《說文》一千餘卷,可謂集許書之大成;編輯之條例,亦精密絕倫。其最稱便利之處,在於查一字而數十家之說咸備,孰優孰劣,一見即知。又將各種原書影印,不加刪節,既無去取失當之弊,又少別風淮雨之譌,且可存各家原書面貌。故是書之價值,他日當在《佩文韻府》之上。其最要之點,尤在《詁林通檢》一書,其編輯亦極精審。凡《說文》之本文、重文、逸文及同意通借之字,皆詳列無遺,最便學者。」又謂:「此書實在有用,他日必能暢銷無疑。如國內藏書家而無此書,則藏書不克稱完備;圖書館而無此書,則為圖書館之大缺點。行見三版、五版之踵相接也。」【30】

〈自訂年譜〉「民國十八年(1929)」條又載:

> 摘錄吳稚暉先生〈復友人書〉曰:「先生問欲治《說文》以何家為善?弟則以為此非一先生包辦之學,必參稽眾說,得其至當,乃為新式之治學。《說文》名著,自然以段、桂、王、朱諸家為

【29】 同註【3】,〈國音與文字學〉,頁6。

【30】 同註【6】,頁62A。

勝，但兼購數種，必已費三、四十元；不若得一新出之奇書，所謂《說文詁林》者，此多化數十元，可得四、五百種之書，真破天荒之便宜，且不但《詁林》羅聚眾說於一處，參稽極便；即如《說文》究係字書，按部循讀，必將厭倦。若動輒羅列各家參互考訂，亦嫌攤書滿案，諸多麻煩。惟取《詁林》讀之，揭一字而眾證互陳，興味增添，如覩公堂會審，是非曲直，無不畢顯，故能引人入勝，可以消閒。此真變枯燥之字書，為有味之讀物。在消閒中治學，《詁林》之功用真算不小。所以弟在湯山時，勸李任潮先生購讀《詁林》；近在鼓樓李寓，見篆帖鼎銘，黏陳四壁幾滿，足見已由《詁林》引誘，潮著《說文》之迷矣。又據《詁林》所編索引，欲檢徥任何一字，以十秒鐘可以立得，此尤從來未有之快事。惟《詁林》有此神奇，真治小學者之寶筏，宜乎一再出版，不敷供應。先生能節衣縮食，急購一部，學笥甚儉者不啻暴富矣。」云云。【31】

觀上述二條〈年譜〉所轉載稚老之言，則知稚老於《詁林》之勝處，不惟洞達肯綮，亦揭示無遺，故字裏行間於丁書之成就推譽備至；至二老藉《詁林》出版所結下之學術情誼，其篤摯深厚，細讀〈年譜〉文字後，應可盡悉矣。

民國二十一年（1932），祜老又成《說文詁林補遺》，仍倩稚老為之敘。祜老〈自訂年譜〉「民國二十一年」條云：

《說文詁林補遺》，原書一百七十卷及〈通檢〉，縮訂十六冊，今年皆出版，然從此恐為海內學者所嗤笑，自反亦實歉然，敢望其傳世耶！稚暉先生為余敘《說文詁林補遺》，以「引申」為「轉注」，以「令長」為「令良」之譌文，共一萬餘言，可以正千餘

【31】同註【6】，頁62B-63A。吳〈復友人書〉，亦見《吳稚暉先生全集》〈國音與文字學〉，頁14。

年來言轉注、叚借之誤矣。【32】

考稚老所撰〈說文詁林補遺敘〉曰：

> 仲祜先生既網羅《說文解字》諸名著，而為之彙成《詁林》矣，於治許學者之貢獻，疑若無餘蘊。顧先生以為河岱不遺壞流，舉凡抱殘守闕之士皆有一得。……苟有一義之可通，必蒐集無遺，以為力窮奧秘之助。於是續積四、五年之搜求，遂盡羅關係許書之珍籍，復彙為《詁林補遺》，其為卷之鉅幾如前，烏乎盛矣！許君十四篇之作，互二十有二年，先生附益之，所積之年，前後且倍之以四十，可謂盡心矣！《詁林補遺》將版行，先生囑如敘《詁林》者敘之。……民國二十有一年四月，吳敬恆。【33】

據前引祜老〈自訂年譜〉所述，則知稚老於其〈敘〉中，曾詳論「以『引申』為『轉注』」，又言及《說文》「『令長』為『令良』之譌文」。上述諸說，皆足「以正千餘年來言轉注、叚借之誤」。是則稚老研治六書之學，亦卓有發明。惟其所撰序文長達萬餘言，拙文限於篇幅，不得不予以刪節，無法備錄矣。

肆、吳、丁二它於築詁林精舍與創粥會間之互動

祜老築詁林精舍在民國十八年（1929），時寓上海，其〈自訂年譜〉「民國十八年」條載：

> 翻造瑞德里舊屋，共計兩上兩下者二宅、三上三下者一宅，建築費一萬七千元。其三上三下一宅，適在余住宅之旁，即以此為讀書編書之所，顏曰「詁林精舍」。編纂《說文詁林補編》，即以

【32】同註【6】，頁68A。

【33】吳稚暉：〈說文詁林補遺敘〉，《說文解字詁林正補合編》（臺北：鼎文書局，民國七十二年四月二版），頁1-30－1-31。

是年為始。【34】

是詁林精舍築於上海瑞德里,乃翻造舊屋而建成者也。

至粥會之創設,及改以詁林精舍為聚會之所,則〈自訂年譜〉「民國十九年(1930)」條載其事甚詳悉,曰:

> 余於四月間遷居「詁林精舍」,星一茶會亦移於此。一時同志咸相過從,雅謔酬呼,以為笑樂。朱燮鈞先生謂宜廢茶食點心,而添晚粥一頓,最為有益。余從其言。宋費補之曰:「張文潛《粥記,贈潘邠老》云:『張安道每晨起食粥一大盌,腹空胃虛,穀氣便作,所補不細。又極柔膩,與腸腑相得,最為飲食之良。』妙齋和尚說:『山中僧每將旦,一粥甚繫利害。如或不食,則終日覺臟腑燥渴。蓋能暢胃氣,生津液也。』今勸人每日食粥,以為養生之要,又必大笑。大抵養性命,求安樂,亦無深遠難知之事,正在寢食之間耳。或者讀之,因笑文潛之說。然予觀《史記》,陽虛侯相趙章病,太倉公診其脈曰:『法五日死。』後十日乃死。所以過期者,其人嗜粥,故中藏實。中藏實,故過期。師言曰:『安穀者過期,不安穀者不及期。』由是觀之,則文潛之言,又似有證。後又見東坡一帖云:『夜坐飢甚,吳子野勸食白粥,云能推陳致新,利膈養胃,僧從五更食粥,良有以也。粥既快美,粥後一覺,尤不可說。』」(《梁谿漫志》九)袁君清平著《啜粥談》,曰:『潦暑困人,臟腑疲病,怕登飯顆之山,宜啜瓦鐺之粥。每於晚風涼院,箕坐胡床,一盂盛來,佐以瓜豆。徐徐而啖,口腹爽快,努力加餐,無待敦勸。昔謝太傅于三伏之月,沾汗淋漓,食熱白粥。際此炎天進膳,人人想學謝公也。粥湯多糜爛,利膈潤腸,不獨暑時宜食,年老胃弱之人,四季三餐,何妨咸作饘粥,可延年益壽。陸放翁詩云:「世人箇箇學長年,不

【34】同註【6】,頁62B。

悟長年在眼前。我得宛邱平易法,只將食粥致神仙。」按放翁年登大耋,雖未可為食粥之功,而食粥或亦養生之一端也。質之衛生家,未審以為如何?』又無名氏《煮粥詩》云:『煮飯何如煮粥強,好同兒女熟商量。一升可作二升用,兩日堪為六日糧。有客只需添水火,無錢不必問羹湯。莫言澹薄少滋味,澹薄之中滋味長。』錄此以實朱先生提倡啜粥之言。」頗為有見,且已見古今人早有先我而行者矣。【35】

以粥代茶,其發念與提倡及自朱燮鈞先生,而祜老從之。惟有關粥會創設原委,世人多不之知,茲特徵引祜老〈自訂年譜〉資料詳予揭示,俾可由斯而洞悉粥會設立由茶而粥之經過與底蘊也。

詁林精舍既成,祜老又請稚老為書扁額;其後稚老並撰跋語,此事〈自訂年譜〉「民國二十年(1931)」條亦記之:

> 吳稚暉先生為余寫「詁林精舍」篆書扁額一方。先生跋其佷曰:「仲祜先生博精小學,又好禪理,頻年綜貫許氏書,為《說文詁林》兩巨編,垂惠藝林,比迹儀徵、長沙而有餘。顧先生止逃佛,隱海市,如慧琳之潛養;以餘力治諸經音義,其韻致相髣髴。額小築曰:『詁林精舍』,聊以寄意,其友吳敬恆為作篆張之。」【36】

吳〈跋〉稱丁之為《說文解字詁林》正、補二編,可比迹儀徵〔阮元〕、長沙〔王先謙〕之輯《皇清經解》正、續編;又譽其以餘力治諸佛經音義,其韻致彷彿有唐釋慧琳之撰《一切經音義》。是稚老於祜老之崇揚,有證有實,且皆未逾其真也。

至稚老及諸好友參與丁老上海粥會之活動,則頗乏文獻之記載,而後人追憶此事之文章亦較少。余檢得資料二則,其一為裘可桴〈詁林舍

【35】同註【6】,頁65A-65B。

【36】同註【6】,頁67A。

記〉，中云：「精舍藏書十五萬卷，為仲祜著書處。遇星一則舉行茶會於其中，迄今十年，精舍已屢易其地，而茶會如故。及期，日將外，客皆至，風雨寒暑無間。然惟吳稚暉時與主人商定體例，頗有助於《詁林》云。民國二十六年六月二十九日，裘可桴記。」【37】是知粥會每於週一晚舉行集會，風雨寒暑無間。其二為蔣維喬〈詁林精舍記〉，云：「仲祜於每來復之首，恆在此邀集親友，談笑為樂，夕則出糜粥素蔬享客，以示儉而可久，客亦安之。十載以來，習之為常。余亦恆為不速之客，覺紅塵擾攘之中，有此清涼之境，賓主歡愉，得未曾有，其在《易》之〈需〉曰：『君子以飲食宴樂。』其在〈兌〉曰：『君子以朋友講習。』仲祜有焉。……民國二十六年六月三十日，蔣維喬記。」【38】是知丁老之設粥會，其意在示人以「儉而可久」之理，亦藉以共朋友宴樂講習也。

伍、結語

　　稚暉先生主要為政治家，其次為學者【39】；仲祜先生主要為學者，其次為佛學家、醫學家。吳、丁二人於晚清光緒年間，先後肄業江陰南菁書院，雙方交往，情逾手足。其後祜老勤於著述，有所撰著，常倩稚老撰序或題耑，二人學術情誼之篤厚，殆可想見。所惜今人於吳、丁之學術情誼，鮮有研治及之。本人有見及此，乃不揣檮昧，撰就此篇，用以導夫先路，擁篲先驅。至拙文之考論，皆據吳、丁著述等第一手資料，細意爬梳，以探究竟。自信對吳、丁學術情誼之闡發與研究，有其一定之貢獻。

【37】同註【7】，頁1-1337。

【38】同註【37】。

【39】民國三十七年（1948）三月二十五日，稚老當選中央研究院第一屆院士（人文組）。

稚老參與丁老上海粥會之情事，今人研治亦少。因其非拙文研究主軸所在，故僅略為申說。至此問題之探究工作，甚願吾人力加鑽研，予以續撰。

參考文獻

壹、專書

1. 吳稚暉：《吳稚暉先生全集》（共十八冊）臺北，中國國民黨中央委員會黨史史料編纂委員會主編，民國五十八年（1969）三月二十五日。
2. 丁福保：《說文解字詁林正補合編》臺北，鼎文書局，民國七十四年（1985）四月二版。
3. 丁福保：《佛學大辭典》臺北，新文豐出版公司，民國七十四年（1985）六月四版。
4. 楊愷齡：《民國吳稚暉先生敬恆年譜》臺北，臺灣商務印書館，民國七十六年（1987）八月二版。

貳、期刊

1. 《國史館館刊》復刊第十一期，民國八十年（1991）十二月。
2. 《臺灣文獻》第四十二卷第三、四期，民國八十年（1991）十二月三十一日。
3. 《近代中國》第一百四十九期，民國九十一年（2002）六月。

景印香港新亞研究所《新亞學報》（第一至三十卷）

劉沅禮學中的儒道關係

盧鳴東*

提要

劉沅一生著作甚豐，於《四書》、《五經》皆有著述，其受宋明性理學影響，主張治學必以治心為本。這位有「川西夫子」稱號的清代四川經學家，自創「槐軒道」一個儒道結合的民間宗教團體，致使在研究其禮學思想上，又必須要考慮當中是否有道家成分的使用。本文在劉沅評價《三禮》的注文中，分析出禮本於天理，又合乎人情的一種調節方法，由此說明其運用道家思想，確立出人性和禮同樣出於天道自然，兼且禮的制定本於天道陰陽，以務合乎時中之義，反映出禮有規範人情的作用，並印證了它的實用價值和存在的合理性。

一. 引言

劉沅（1768-1855），字止唐，號「槐軒」[1]，四川雙流人，生於乾隆三十三年，卒於咸豐五年，終年八十八歲。今考劉沅生平事蹟，可據光緒末年《國史館本傳》[2]、《雙流縣志》[3]，以及《槐軒約言》、《槐

---

*香港浸會大學中文系副教授。

[1] 因劉沅住在雙流云栖里時，庭前種有老槐樹，及後遷至純化街書屋街前又有三棵槐樹，故號稱「槐軒」。參鐘肇鵬：〈雙江劉氏學術述贊〉，載《中華文化論壇》，2003年，第4期，頁25。

[2] 光緒三十一年（1905），四川總督錫良上奏清廷，請宣付國史館為劉沅立傳，上奏獲得批准。參（清）劉沅：《周官恆解》，載《續修四庫全書》（上海：上海

軒雜著》。根據《國史館本傳》所載，劉沅在乾隆五十四年拔貢，五十七年當舉人，至道光六年選授湖北天門縣知縣，但因其「安貧樂道，不願外任」，及後隱居以著書教授為主。[4]他「博覽群書，過目不忘」，勤於著述，書數不下數十種[5]；在他寫成《古本大學質言》時，年屆已八十五。[6]劉沅於《四書》、《五經》皆有著述，其中，《周官恆解》、《儀禮恆解》和《禮記恆解》便是反映其禮學思想的代表著作。

在學問根底上，劉沅是宋明性理學的繼承者，尤重視存心養性的工夫。傳統以來，巴蜀一帶的士人特別重視《易》學的傳授[7]，劉沅的家學也具備了這個特點。《國史館本傳》稱「父汝欽精《易》學，洞澈性理」，也嘗言《大學》「止至善」，《中庸》「致中和」。在這個基礎上，「沅因仰承祉庭訓，更求存養之功，內外交修」，說明劉沅當精於性理之學，且更重視存養的工夫。他深信「仁者壽」、「大德必壽」等格言，認為正心蓄德是延年益壽的主要途徑。[8]因此，劉沅認為治學必須先要治心，此說在其論著中表現得相當突出。此外，《國史館本傳》記載劉沅「以反身而誠，欲仁仁至，必有事焉，忽忘、忽助長等語，為

古籍出版社，1995年），《國史館本傳》，第81冊，頁223-224。

[3] 殷魯等修：《雙流縣志》，卷三〈鄉賢〉，頁7b，總頁372。參中央研究院中國文哲研究所編：《晚清四川經學經學家傳記資料（初稿）》，2006年，頁1。

[4] 《周官恆解》，《國史館本傳》，第81冊，頁224。

[5] 據中央研究院中國文哲研究所編：《晚清四川經學家著作提要（初稿）》，劉沅的著述便有二十九類。2006年，頁1-19。

[6] 中國科學院圖書館整理：《續修四庫全書總目提要》（北京：中華書局，1996年），經部，下冊，《古本大學質言》，頁894。

[7] 參李朝正：《明清巴蜀文化論稿》（四川：四川大學出版社，1997年），第一章，（一）「巴蜀《易》學源流考述」，頁1-15。

[8] 《周官恆解》，《國史館本傳》，第81冊，頁225。

治心之本。」[9] 他受到《孟子》「存心」之學的啟發，倡言聖人與人無不同，並指出力行「中和」之道，窮理盡性則可以「止至善」。由此而言，性理學是研究劉沅禮學思想的重要切入點。

有關研究劉沅經學的論述，至今並不多見，相對其成書的數量而言，實在不成比例，足見其學問一直備受忽略。過去，國內曾有一、兩篇論文論述劉沅的生平和其道教學說。鐘肇鵬指出「雙流劉沅承理學之傳統，融會諸家，自創儒道結合的民間宗教──『槐軒道』。」[10] 這雖然只為了說明「槐軒道」這個道教團體的思想來源，但卻揭示出這位有「川西夫子」之稱的傳道者，在其思想體系中存有「儒道結合」的一個交融點。《國史館本傳》稱「其解經盡除門戶之見，不苟異同，務求當於經義」。[11] 據此，李豫川直指劉沅「『注經參以佛、老』，熔儒、道、佛三教旨歸于一爐」[12]，這正好為此說落下注腳。事實上，宋明性理學的出現標誌著傳統儒家在思想上的轉型，在這段期間，儒、道、佛三教思想融會的趨勢為性理學的形成提供了不少新的原素，也促使劉沅以性理學為基礎的經學研究中，呈現出一種儒道互補的密切關係。

本文通過《三禮恆解》分析在宋明性理學的基礎上，劉沅在其禮學思想中所呈現出來的儒道關係：一、從劉沅對《三禮》的評價，勾勒出其禮學思想的內容，並解釋他倡議《大學》之道是要說明存心是踐禮的先決條件；二、第一，說明劉沅主張心內存理，倡言儒、道兩家皆以此為修養工夫；第二，說明劉沅通過窮理來探求禮的本源，並揭示其吸收道任自然的道家思想，把「天理」一分為二，利用天道生成萬物的秩

---

[9] 《周官恆解》，《國史館本傳》，第81冊，頁225。

[10] 鐘肇鵬：〈雙江劉氏學術述贊〉，（摘要），頁25。

[11] 《周官恆解》，《國史館本傳》，第81冊，頁226。

[12] 李豫川：〈近代四川道教名人劉沅〉，《中國道教》，1988年，第2期，頁53。

序，證明禮本於人性自然。三、論述劉沅運用陰陽相濟的生成秩序，導出人性本於中和，而聖人制禮也奉陰陽以導中和，由此窮達通變之旨，合乎時中之義。

二. 對《三禮》的評價

在漢代今古文經的激烈爭論中，《三禮》的真偽問題是當時討論的焦點所在，雖歷經千載，但在禮學史上仍然是一個不可或缺的課題。劉沅遍注《三禮》，對此也有不少論述。今人審述劉沅對《三禮》的評價，稍帶有不滿之意，大抵以為「按《儀禮恆解》頗有疑經詆經之弊」，且批評他「於諸經有著述者，祇宜辨正注解，考定文字同異訛舛，而不宜有疑經、詆經之文。」[13] 事實上，劉沅常以《儀禮》內容不合天理人情之由，視之為非聖賢所傳授；反之，把《周禮》和《禮記》看成為聖人足跡，並承認兩者的經典地位。

（一）《禮記》

在漢代，《禮記》不是經，它是用來解經的記。在成書方面，除了個別篇章在作者的問題上還存有爭議外，班固（32-92）、陸德明（556-627）、孔穎達（574-648）、徐堅（658-729）、何異孫等都認為《禮記》是孔門七十二徒的共撰所聞，此說流傳已久，而劉沅也接受這個說法。[14] 他認為《禮記》「無非採葺賢聖雜書見聞，意其精者出於七十子

---

[13] 中國科學院圖書館整理：《續修四庫全書總目提要》（北京：中華書局，1996年），經部，上冊，《周官恆解六卷》，頁483；《儀禮恆解四卷》，頁519。

[14] 本文論述《三禮》成書的歷代情況，參考王靜芝：《經學通論》（臺北：國立編譯館，1982年），《周禮》部分見上冊，頁340-350；《儀禮》部分見下冊，頁1-6；《禮記》部分見下冊，頁37-48。

之徒,而其淺亦秦漢篤學之士。」【15】《儀禮恆解·序》記載:

> 戴《記》之書,其言往往不符周制,讀者不知其為孔、孟之徒雜記遺言也,而反以為漢儒所茸,疑竇叢生。【16】

劉沅指出後學所以懷疑《禮記》不曾是聖人筆觸,原因是其內容多與周制不合,但他認為即使這是實情,也不應據此懷疑《禮記》的真偽。因禮是變動不居的,而周公制禮作樂也是折衷唐虞以來三代遺法,使禮制「適合乎中」,故讀者不應「僅區區法制之間詳為經營」。【17】由於劉沅以世變釋禮,不執著禮制形式,因此,《禮記》的一些內容雖不合於周制,卻沒有影響他對此書的推崇。

事實上,劉沅認為經由孔子傳授的禮制,皆可宜古宜今,故研治《禮記》務必掌握聖人制禮的精意。《禮記恆解》曰:

> 夫子聖德天縱,尤嚴矩規,凡禮之可以宜古而宜今者,蓋靡不身體之,而其或有當變通者則有志,而未見諸施行也。當時諸賢習聞其說,而不盡得其指歸,一二好學深思之士裒輯群言,彙為此書,雖其分編纂,敘出於戴、鄭之徒,未必遂得聖人精意,而其文存即其義存,不得謂折衷時中,不藉此而彰也。【18】

這說明孔子對於古今皆宜的禮制俱能身體力行,可使人耳聞目睹,不過,禮並非一成不變,箇中乃包含了臨時變通之道,在這方面,劉沅認為即使是大小戴、鄭玄等漢代大儒也未必能深得聖人深意。因此,他以為學者不必拘泥《禮記》中的制度內容,而要探求聖人「折衷」之道,

---

【15】(清)劉沅:《禮記恆解》,載《續修四庫全書》(上海:上海古籍出版社,1995年),〈序〉,第105冊,頁34。

【16】(清)劉沅:《儀禮恆解》,載《續修四庫全書》(上海:上海古籍出版社,1995年),〈序〉,第91冊,頁330。

【17】《周官恆解》,〈凡例〉,第81冊,頁230。

【18】《禮記恆解》,頁34。

體會「時中」之義。

(二)《儀禮》

《儀禮》和《禮記》關係密切,前者是經,後者是記;然則,二者在劉沅筆下卻沒有得到同等的待遇。基本上,他認為《禮記》所載主要是聖人遺言,但與其有注解關係的《儀禮》,則僅是後儒所輯,而且書中所載大多不是聖人遺制。《儀禮恆解·序》曰:

> 惟《儀禮》則奉為楷模,委曲傅會,然世代遞降,凡宮室、衣服、飲食及諸事皆非昔比矣,有如畫餅矣。奚益民生?夫篇中所載半多不情,其為後儒所輯昭然可見。[19]

以上對《儀禮》的評價主要有兩方面:第一,時移勢易,古今建制不同,加上民生日用環境盡悉改變,若然後儒勉強奉行《儀禮》古制,只是傅會形制,難以實行。這與劉沅釋讀《禮記》時所持的態度一致,但同時,他提出禮的實用要求,否定《儀禮》中不切實際而又無益於民用的禮制。《儀禮恆解·序》記載:「聖王以禮化民,皆就其時勢風俗而為之法,使咸歸於中和。」[20]他強調為政者在照顧民生的實用情況下,禮制必須協調時勢風俗,使人們在日用之中盡歸於中和之道。

第二,根本的問題是,劉沅指出《儀禮》所載的禮制多不合人情,所以,它不是由聖人傳授。他抨擊「若《儀禮》一經尤墨守之儒所斤斤而研搜也」,認為聖人相傳之道「是以監前代而因革,實得乎天理人情之安。」[21]事實上,劉沅在《儀禮恆解》中,常以天理人情為標準,裁定《儀禮》中的內容不屬於聖人遺制。詳見下列:

1. 〈士昏禮〉曰:「異邦則贈丈夫送者以束錦。」劉沅注曰:「愚按

---

[19]《儀禮恆解·序》,頁330。

[20]《儀禮恆解·序》,頁330。

[21]《儀禮恆解·序》,頁330。

細味此文，則古所稱以姪娣從，蓋即送者之屬，而丈夫亦送焉。至婦成禮之後，丈夫送者歸，而姪娣亦歸，其有留者不過所媵之婢僕，不然，以姪娣從，而終身服役，遂成怨曠。先王制禮不若此之不近人情也。」（頁346）

昏禮設有隨嫁女之制，即所謂「媵」。〈士昏禮〉曰：「雖無娣，媵先。」鄭玄注曰：「古者嫁女，必姪娣從，謂之媵。姪，兄弟之子。娣，女娣也。」若使出嫁女的姪女和妹妹伴嫁終老，劉沅認為這實在不近人情，聖人遺制絕不容許。

2. 〈喪服〉曰：「父。《傳》曰：『為父何以斬衰也？父至尊也。』諸侯為天子。《傳》曰：『天子至尊也。』君。《傳》曰：『君至尊也。』父為長子。《傳》曰：『何以三年也？正體於上，又乃將所傳重也。』」劉沅注曰：「然以天理揆之，家、國皆無二尊，父為子三年混于臣子為君父，決非聖人之制。此書本漢儒撮拾見聞，前人奉為圭臬，如此條亦曲傳會之，實非禮也。」（頁427）

《儀禮》因以嫡長子是繼祖的正體，故父親要為他服三年之喪。不過，劉沅指出家、國各以君、父為尊，而子不尊於父，故子為父或臣為君皆可服三年喪。至於經文使父為子與臣為父混作一談，如此於情理不合，聖人之制絕不如此。

3. 〈喪服〉曰：「母為長子。《傳》曰：『何以三年也？父之所不降，母亦不敢降也。』」劉沅注曰：「父母皆為子服期可也。為長子較隆亦宜也，而必服三年。孔子曰：『三年之喪，自天子達父母之喪無貴賤，一也。』無為長子之文也。此篇所言必非聖人之制，以其不合于天理人情，故後世亦無有遵之者也。」（頁429）

劉沅指出人子可以為父母服喪三年，反之則不可，故此，他認為經文所載不合天理人情，不是聖人遺制。

4. 〈喪服〉曰：「父在為母。《傳》曰：『何以期也？屈也。至尊在，不敢伸其私尊也。父必三年然後娶，達子之志也。』妻。傳曰：

『為妻何以期也?妻至親也。』」劉沅注曰:「妻者,齊也。非特以其尊與己同。正身齊家以暨于國興,天下皆自夫婦始,必夫妻同德,而後可以起化。孔子《繫易》曰:『夫夫婦婦而家道正,正家而天下定矣。』故其服當三年,因別于母則止期年,而必三年後娶,亦終服三年之意。此云:『親也』,第以其分而言,未及其本,所以,此書非聖人之言也。」(頁430)

經文所載,以為父親常在,人子不敢完全表達對母親尊崇的心,故只服喪一年。劉沅認為天下治道乃起於閨門,夫婦為此皆有貢獻,故尊卑當無分別。同時,丈夫於亡妻死後三年,才另娶他人,這已表示人子為母服喪三年是當然的事。可是,經文認為丈夫因以妻子為至親,才為她服喪一年,故劉沅斥之為不明本末,這絕不是聖人所言。

5. 〈喪服〉曰:「出妻之子為母。……出妻之子為父後,則為出母無服。《傳》曰:『與尊者為一體,不敢服其私親也。』」劉沅注曰:「此節云與父為一體,不敢服其私親。夫子為母之所生,非一體乎?身為母出,而與父一體,遂絕其母,目之為私親。天理人情其有是乎?孔、孟未嘗言及此,《易》、《書》、《詩》、《禮》亦無之,惟此書云云,其非聖人之制明矣。」(頁430)

經文指出出母之子若是父親的繼承人,即是嫡長子,則人子便不可以為母親服喪,原因是父母已經離異,母親只屬於人子「私親」,而基於父子一體之故,故不得為亡母服喪。就此,劉沅措辭嚴厲,批評人子也是母親所出,源出一體,故不為母服喪,實屬不合天理人情,聖人之制絕不如此。

6. 〈喪服〉曰:「《記》。公子為其母,練冠,麻,麻衣縓緣。為其妻縓冠,葛絰帶,麻衣縓緣。皆既葬除之。《傳》曰:『何以不在五服之中也,君之所不服,子亦不敢服也。君之所為服,子亦不敢不服也。』」劉沅注曰:「《傳》謂君為妾與庶婦無服,是君所不服

也。君為夫人與適婦有服,是所不敢不服也,故妾為其母及妻亦然。聖人制禮本乎天理,妾雖卑,而其子安得不以為尊。」(頁442)

以上指出國君庶子不為其母親和妻子服喪,皆在葬後除服,原因是國君不為她們服喪,則人子也不敢。劉沅以為聖人本於天理人情制禮,服喪與否當不論身分地位,故指出此經所載不是聖人遺制。

7. 〈喪服〉曰:「大夫弔於命婦錫衰。命婦弔於大夫亦錫衰。」劉沅注曰:「按古禮嚴于男女之別,而此云:大夫與命婦相為弔,其必兄弟婚姻無夫無子者歟?未必為聖人之制也。」(頁443)

劉沅以為男女有別,大夫與命婦不應互為弔唁,因此,這不是聖人遺制。

8. 〈士虞禮〉曰:「獻畢未徹,乃餞。」劉沅注曰:「按主祔于廟以安神,且統于祖也,而必餞之,豈人子以親既歸廟,平日僾見愾聞,必入廟而後然乎。夫父母與人子一氣,視無形,聽無聲,未嘗一息相離也。故曰:『孝子者,非終父母之身,終其身也。』周末文勝,務為繁縟,此禮亦其時人為之,恐非先王之制也。」(頁469-470)

餞禮是把尸從寢室祭祀中,轉向祖廟祭祀的送別禮儀。劉沅認為不論生死,人子終身與父母未嘗分離,故指出餞禮只是時人的繁文縟節,不是先王遺制。

上述的例子皆反映出劉沅走出了經文的藩籬,在禮制規範以外審核《儀禮》中古制的合理性。概括而言,姪娣不得隨嫁終老;不論身分,人子必須為父母服三年喪,反之不可;丈夫為妻子服期喪;大夫與命婦不相為弔;人子與父母恩情終身不離,如此種種都是以人情作為判斷準繩。當中雖涉及到禮制所倡言的父子君臣尊卑、男女夫婦有別等人倫綱紀,但這純粹是從情理出發來考慮,尊卑區別皆就情理而言,不是由

《儀禮》古制中整理出來的人倫秩序。

此外，以上皆反映出劉沅說禮重視人情，他深言聖人「是為承天之道治人之情，失死得生。」[22]聖人制禮既要以天道為本，但也要順乎人情，必須是情理兼備。《儀禮‧禮器》曰：「是故君子之於禮也，非作而致其情也，此有由始也。」劉沅曰：「始謂本於天理人情之至順。」[23]可見，在劉沅的心目中，天理和人情實際上是一個鏡子的兩面；前者是聖人制禮的形上的抽象根據，後者是形下日用的生活經驗。再者，劉沅曰：「蓋兄弟婚姻人倫中之人，即天理人情得失所繫，其恩義不可一概而論，然聖人制禮必準乎天理人情以為法，言其常不言其變，立其法必權其宜。」[24]禮制本於天理，用於人情，故人倫關係得正，則表示禮制合於天理人情，反之則否，因此，劉沅認為當據天理人情求變通之法，由此折衷禮制。

（三）《周禮》

在《三禮》之中，歷來關於《周禮》的來源爭議最大，鄭玄（127-200）、《隋書‧經籍志》和朱熹（1130-1200）等皆認為是周公所作；鄭樵（1104-1162）、《四庫全書總目》以為是周公作而又有後人增入。至於不相信《周禮》是周公所作的，繼有晁公武、洪邁（1123-1202）、楊慎（1488-1559）、萬斯大（1633-1683）、毛奇齡（1623-1716）和崔述（1740-1816）等，而康有為（1858-1927）更斥之為劉歆所偽造。自始皇焚書以後，群經於漢初已相繼流傳，《周禮》出現最晚，又只有古文本，故自東漢開始便被視為偽書。不過，劉沅深信《周禮》是周公折衷前代禮制所撰寫而成。《周官恆解‧凡例》曰：

---

[22]《禮記恆解‧禮運》，頁135。

[23]《禮記恆解‧禮器》，頁146。

[24]《儀禮恆解‧喪服‧總論》，頁444。

> 王者代天理物，凡一切制度必準乎天心、天理，以安人物。……周公成文武之德，制禮作樂，折衷前代，適合乎中。因恐聖王之法久，故命史臣輯為此書，其名曰《周官》，名其為周之官制也。【25】

他指出「《周官》最為晚出，疑之者頗多，然皆未得乎聖人之德，而第即文字以相衡者也。」【26】是以劉沅認為讀者當體察聖王制禮之本，心存之理，誠如「朱子以此書為運用天理爛熟」，不應僅僅著眼於經文文字。

他續為《周禮》辯護曰：「非《周禮》者，自臨孝存、何休以來不下數十家，然皆未知聖人之心，即天地之心，其立法之意悉準乎天理，非天理爛熟，固無以知之也。」【27】他指出先儒沒有心持聖人一樣的天理，才懷疑《周禮》不是聖人所出。這解釋了人們懷疑《周禮》的真偽，是基於他們不明白天理所在，不曾理解聖人與天地之心同一，而據此制禮立法。《周官恆解序》曰：

> 夫人為萬物之靈，天地之心，聖人全人道而通天道，故無一念不合乎天，即無一事不當乎理，而由是推己及人，盡性參贊。自郊廟廟廷以暨於民生日用，無不為之制節，使歸中和，唐虞三代之隆未有不由此者也。特養立而後教，行正己而後物正，故《大學》之道無上下，尊卑同之。聖學不明，則所以正心修身者，無其本而徒求之文法，曷怪其紛紜而錯謬哉！【28】

可見，《大學》是閱讀《周禮》的基本入門，由此使讀者正心修身，待培養出與聖人同樣的精神境界後，體會到聖人承受天地之心，以及貫達

【25】《周官恆解・凡例》，頁230。

【26】《周官恆解・序》，頁227。

【27】《周官恆解・凡例》，頁231。

【28】《周官恆解・序》，頁227。

在其禮制中的中和之道。同時，劉沅倡言為政者「欲行此書之政者，其必從事《大學》之道而後可」[29]，「然若無正本清源之學，則雖知此經所言以設官，亦不能致治也。……故讀此書者，其必思正心修身如何，豫立其誠而後可也。」[30] 這說明王者欲據禮治國，務必以《大學》為基礎，從心性修養方面出發，學習聖人存心的工夫。

通過分析劉沅對《三禮》的評價，我們可以概括出其禮學思想的若干組成成分：1. 禮變方面，堅持執守時中之道，反對盲目奉行典籍古制；2. 禮本方面，強調天理是聖人制禮的標準，順乎人情是踐禮的目標；3. 禮用方面，倡言王者欲以禮治國，必先掌握《大學》之道，存心正身，配合時勢風俗為要。從儒家「內聖外王」概括而言，以上三者又有緊密的聯繫：王者存養心性，以體驗天理所由，然後據此適應世變，並行時中之道，折衷禮制，使人情暢順，民用得宜。

三. 禮本的追溯

劉沅在《三禮》的評價中，所以出現這種高低立見的鮮明分野，經文本身不是最主要的考慮，他的禮學思想才是主導的因素。劉沅治學以治心為本，認為內心的存養是從事一切學問的先決條件，可謂舉足輕重，在禮學研究上，這種內治的傾向促使儀式制度的重要性變得次要。由於他倡言《大學》為發明禮學的起步點，故遂把禮學伸延至心性領域的研究範圍之內，此舉顯示出其學問是以性理學為根底。

（一）心內存理

劉沅治學貫通儒、道、佛，其學問當在三者交織之下形成。據此來

---

[29]《周官恆解・凡例》，頁230。
[30]《周官恆解・天官・總論》，頁260-261。

說，他所言以治心為本的一套學問，所指涉的對象當不只儒家。清代道士傅金銓在〈心學論說〉中曰：「三教聖人，垂慈訓世，拯其陷溺，規之以道。儒曰『存心養性』，道曰『修心煉性』，釋曰『明心見性』，教雖分三，理無二致。」[31] 三教之旨各異，目的各有不同，但俱強調修心的重要性；在儒、道的關係上，劉沅的心性思想正好呈現出這種一致性。

治心雖是一己的內心修養，但劉沅推而廣之，指出在政教上有其致用的一面。上溯前朝歷史，他認為國家禍亂是基於君民不明《大學》之故，不知道正心修身的重要性。《周官恆解‧春官‧總論》曰：

> 若秦皇、漢武佟忘想於神仙；梁武道宗專求福於齋醮，彼既不知正心修身，仁育義正，為天人相孚之本，而歷代愚民為聞香、為白蓮種種邪教，煽惑為奸，上之人既知其為非矣，而不知其原，由於《大學》之道不明也。[32]

上文是劉沅對當權者的勸喻，可視之為治國經驗的歷史借鏡。但是，若從諸帝奉道的目的審之，秦始皇、漢武帝努力不懈追求成仙之道；梁武帝在位前期篤信道教，設壇祈福，他們都抱有形體永固，謀求肉體長生的期望。其中，秦始皇響往燕齊海濱仙人的不死傳說，「於是遣徐巿發童男女數千人，入海僊人」，後又使盧生、韓終、侯公、石生求仙人不死之藥[33]；到了漢武帝，求仙方士的人數更多不勝數，更由海上求藥轉移到煉藥處去。自此以後，外服丹藥成為了日後道教的養生途徑。可是，到了梁武帝，從「帝令弘景試合神丹，竟不能成，乃言中原隔絕，

---

[31] （清）傅金銓：《心學》，載《藏外道書》（成都：巴蜀書社，1992年），第11冊，頁675。

[32] 《周官恆解‧春官‧總論》，頁334。

[33] （漢）司馬遷：《史記》（北京：中華書局，1982年），第1冊，頁247、252、257。

藥物不精故也」【34】，又鄧郁「為帝合丹，帝不敢服」等史實看來【35】，服藥求仙的虛幻性逐漸暴露，道士為了兌現長生的盼望，遂把視線轉移到道性修養方面，講求收心存養的工夫。【36】劉沅所以勸勉道學者當從《大學》之道，就是要把宋明性理學的存心工夫納入道家的思想體系中。

事實上，先秦道家早已提出修道的途徑，老子主張「虛其心」、「滌除玄覽」【37】，以存心作為修養之道；莊子的「坐忘」、「心齋」之說也要求心中虛無，以接納道的來臨。【38】這影響到後來道教的思想。唐代道士司馬承禎（647-735）在《坐忘論》中曰：「所以學道之初，要須安坐，收心離境，住無所有，因住無所有，不著一物，自入虛無，心乃合道。」【39】這指出不能剔除雜念，心存外物，則不能合道。可見，存心

【34】（唐）魏徵、令狐德棻：《隋書》（北京：中華書局，1973年），〈經藉志四〉，第4冊，頁1093。

【35】（唐）李延壽：《南史》（北京：中華書局，1975年），〈鄧郁傳〉，第3冊，頁1896。

【36】（晉）葛洪（284-364）曰：「學仙之法，欲得恬愉澹泊，滌除嗜欲，內視反聽，尸無居心。」葛洪主張服藥養氣成仙之法，重視煉丹之術，勉人服食金丹，但也強調人們要存心修養。王明：《抱朴子內篇校釋》（北京：中華書局，1980年），〈論仙〉，頁16。經過求仙的多次失敗後，加上服食金丹反而損害身體，道士們皆作出反省，從而把成仙之道轉移到修心的道性工夫上。（唐）吳筠曰：「玄聖立言為中人爾。中人入道不必皆仙，是以教之先理其性。理其性者必平易其心，心平神和而道可翼。」見《玄綱論》，載《續百子全書》（北京：北京圖書館出版社，1998年），〈長生可貴章第三十〉，第17冊，頁369-370。

【37】高明：《帛書老子校注》（北京：中華書局，1996年），第三章，頁236；第十章，頁265。

【38】（清）郭慶藩：《莊子集釋》（北京：中華書局，1989年），第1冊，頁284。

【39】（唐）司馬承禎：《坐忘論》，載《續百子全書》（北京：北京圖書館出版社，1998年），〈收心三〉，第17冊，頁295。

達理也好，修心合道也好，儒、道兩家同樣遇到心失其本的問題，處境相當。因此，劉沅倡議《大學》作為修身正心之本，其旨便是要解決儒、道兩者所共有的困局。

《大學》首章曰：「《大學》之道，在明明德，在親民，在止于善。」朱熹注曰：「此三者，《大學》之綱領也。」[40] 在《大學章句》中，朱熹認為人本皆具眾理，僅因「稟氣所拘」，受私欲蒙蔽而不明，故人們當自覺「復其初」，去掉人欲，達至至善，以「盡夫天理之極」。[41] 可以說，這是外合於天，心外求理的做法。朱熹曰：「說《大學》次序，曰：『致知、格物，是窮此理；誠意、正心、修身，是體此理；齊家、治國、平天下，只是推此理。要做三節看』」[42] 依此次序，朱熹的修身工夫當從「格物」做起，以格物來窮理，窮理以後則意誠，「則好樂不足以動其心，故心正」[43]，達到身心至善，便可以齊家、治國而天下平。在修養的工夫上，劉沅與朱熹不同。他主張心內存理，以為《大學》之道皆本於心，不必外求窮理。《儀禮恆解》記載：

> 自天子至於庶人，修身、齊家之事無弗同，則凡正心誠意、窮理盡性之學本諸心，而措之世者無不一。[44]

可見，劉沅倡提的心性修養工夫，有別於朱熹。王陽明（1472-1529）曰：「心即理也。天下又有心外之事，心外之理乎？」[45] 既然天理與

---

[40]（宋）朱熹：《四書集註》（香港：香港太平書局，1986年），頁1。

[41]《四書集註》，《大學》，頁1。

[42]（宋）黎靖德編：《朱子語類》（北京：中華書局，1986年），第1冊，第15卷，頁312。

[43]《朱子語類》，第1冊，第15卷，頁305。

[44]《儀禮恆解·序》，頁330。

[45]（明）王陽明：《傳習錄》（臺北：金楓出版有限公司，1987年），〈門人徐愛錄〉，卷上，頁4。

良知一體，則人們欲求天理，便不須要外求，只要向內致良知便行。劉沅曰：「理本於天，而散著萬物，皆備於我，反身而誠於物，理悉得乎中，是為成身。」【46】可見，劉沅的看法與王陽明心學接近。

在窮理的工夫上，劉沅也是與朱熹不同。朱熹認為閱讀聖人經典是窮理存心的一個重要途徑。他教誨弟子「窮理格物，如讀經看史」【47】，強調「窮理之要，必在于讀書」【48】，而且所讀的書必須以儒家經典為主。朱熹曰：「古之聖人作為《六經》以教後世。……嗚呼！讀聖賢之言，而不通於心，不有於身，猶不免為書肆，況其所讀又非聖賢之書哉！」【49】相反，劉沅指出《六經》只起到印證性情的作用，他指出「非謂《六經》久為治國之常經」，它們只是「性情學問之所」。此說是受到王陽明的影響。王陽明曰：「夫是之謂《六經》者，非他，吾心之常道也。」又「故《六經》者，吾心之記籍也，而《六經》之實則具于吾心。」【50】劉沅認為天理具備於身，存心養性便可以貫達天理，不必外求。劉沅曰：「孔子曰：『天生德於予，知我其天。』孟子曰：『存心養性，所以事天。』自古聖賢成身之外，更無學問。」【51】又曰：「學之本何？在存養其性，天體察乎萬變，其始則必由下學而企。」【52】心外無學，王陽明亦言之。《傳習錄》曰：「夫學貴得之心。」又曰：「求

【46】《禮記恆解・哀公問》，頁260。

【47】《朱子語類》，第2冊，第15卷，頁285。

【48】（宋）朱熹：《朱熹集》（四川：成都教育出版社，1996年），〈行宮便殿堂劄二〉，第2冊，頁546。

【49】《朱熹集》，〈建寧府建陽縣學藏書記〉，第7冊，頁4081-4082。

【50】（明）王陽明：《王文成公全書》，載《四部叢刊初編》（上海：商務印書館，出版年份缺），〈稽山書院尊經閣記〉，第2冊，頁250-251。

【51】《禮記恆解・哀公問》，頁261。

【52】《禮記恆解・學記》，頁199。

之於心而是也」【53】可見，劉沅反對埋首儒家經典細究推敲，相信窮理不必拘泥於《六經》的陳跡，反求自心便可以達到。

以上說明是非皆以一己之心來裁定，不必以聖人之是非為是非，由此而言，經典的作用便變得不太重要。《周官恆解・春官》記載：「天人，一理也。理極於精，則人道即天道，此惟聖人能然。」【54】天、人無二理，聖、凡不別；在理論上，聖人能夠貫達天理，則尋常百姓也可以做到。《周官恆解・春官・總論》記載：「愚按天、人無二理也。天蒼蒼不可知，而其理全在於人。人道所在皆有天理，循天理而行，審於幾微。人之即念念無非天理，則天道在我。」【55】人是天理的體現，只要檢束身心，遵循天理而行，則天道自當浮現。因此，天、人雖然相分，但存心求理則能夠使之重新相合。這所以劉沅認為「意明乎天地之理備於人，必先正其身心，而不徒求諸器數也。」【56】人們一旦天理昭明，盡悉聖人制禮之本後，便可以踏進踐禮的徑路。

（二）禮本自然

禮規範了人們行為的每一細節，是以其典章儀式繁重複雜，雖然用途廣泛，涉及到人們生活中的不同層面，但儒家相信它們是有共同的依據。先秦以來，承天制禮是儒家解釋禮的來源的一個主流說法，這在《禮記》中亦多有記載。【57】宋代理學以「天理」充當形上的最高思想統

【53】《傳習錄》，〈答羅整庵少宰書〉，卷中，頁138。

【54】《周官恆解・春官》，頁321。

【55】《周官恆解・春官・總論》，頁333。

【56】《禮記恆解・樂記》，頁202。

【57】《禮記・禮運》曰：「是故夫禮，必本於天，殽於地，列於鬼神，達於喪、祭、射、御、冠、昏、朝、聘。」（漢）鄭玄注，（唐）賈公彥疏：《禮記注疏》，載《十三經注疏分段標點》（臺北：新文豐，2001年），第11冊，頁1032。

籌，把禮說成為是本於天理而出現。【58】在劉沅的禮學中，「天理」是一個十分重要的概念；他認為心存天理，凡人只要誠意正心，便能夠重返天理，達到這個境界後，人們只要本心行禮，其禮行便能合於天理。這是劉沅要求行禮者先從事《大學》，以求存心修養的原因。

在《禮記恆解》中，劉沅論述了天、心、禮三者的關係，說明禮與天理相合的關係。他認為「心所思皆天理為依道，身所為皆天理為依禮」。【59】他認為人心莫不有天理，而在天理的上面，又有天道的存在，因此，天理是以天道為根本，作為禮的依據。這裡，天分作「天道」和「天理」兩者，它們之間區別於體用和動靜兩方面。劉沅指出「禮本天理而制者也」，而「心依於理動而成禮」。天理本於天道而動，其存於心即可以成為道德範疇，充當為行禮的憑據。《禮記恆解・仲尼燕居》曰：

> 禮實本於天理，理備於身而有德，然後可以行禮，薄於德，則於禮虛文耳。【60】

以上劉沅揭示出形上本體通往生活驗證的一個途徑。劉沅注《周禮》「一曰至德，以為道本」條中曰：「理具於心曰德，見諸行事曰行。」又曰：「至德存心養性，事天立命之學。道則統萬事萬物之理，而言萬事皆本於心，而心有人心、道心，滌盡人心，純乎道心，則性全矣。由是而措諸萬事無不宜，故曰：『至德以為道本也。』」【61】人們心含天理，

【58】 程頤（1033-1107）曰：「視、聽、言、動，非理不可，即是禮，禮即是理也。不是天理，便是人欲。」（宋）程顥、程頤：《河南程氏遺書》，載《二程集》，第1冊，頁144。朱熹曰：「禮者，天理之節文也。」載《四書集註》，《論語・顏淵》，頁77。

【59】《禮記恆解・祭統》，頁251。

【60】《禮記恆解・仲尼燕居》，頁263。

【61】《周官恆解・地官》，頁280。

而做到窮心盡性，滌盡人心私欲，則可合於天理，既合天理則可合於天道，達致人心與道心同一。這說明了天理和天道的區別，天理是落實於人們道德範疇內使用，是動態的；天道便作為它的形上終極本體，是靜態的。

在宋代「天理」的思想基礎上，劉沅之所以另外懸起天道本體，是為了說明禮的形上屬性，由此確立出禮的本質。他指出天道是一個育生萬物的本體，隨氣運動，而且萬物生生不息，人倫據此秩序得正，聖人沿此得治，遂揭示出天道可以落實成為具體的人道秩序。《周官恆解·序》記載：

> 天道不言，而萬物生生化化、流衍於無窮者，合也。一元之氣無終無始，其流行於品物，而大著於人倫者，各安其所，各有其宜。聖人本此，而立為治道，是以裁成輔相，俾天地之功用不虛，而民生之性命各正。【62】

以上說明天道憑藉「一元之氣」生化萬物。《漢書·董仲舒傳》曰：「臣謹案《春秋》謂一元之意，一者萬物之所從始也，元者辭之所謂大也。」【63】故此，「一」是萬物的根源，至於其元氣內涵，劉沅便借助《易經》「太極」來建構。《禮記·禮運》曰：「是故夫禮必本於大一。」劉沅注曰：「大一即大極也。以其誠一不貳，故曰：『大一。』大一為理氣之原。《易》所謂『大哉乾元也。』」乾卦《彖傳》有載「大哉乾元！萬物資始，乃統天。雲行雨施，品物流行。」【64】《周易集解·九家易》曰：「元者，氣之始也。」【65】因此，「一」有萬物氣化的本質，之所以

【62】《周官恆解·序》，頁227。

【63】（漢）班固：《漢書》（北京：中華書局，1995年），〈董仲書傳〉，第8冊，頁2502。

【64】《禮記恆解·禮運》，頁140。

【65】（唐）李鼎祚：《周易集解》（臺北：臺灣商務印書館，1996年），頁4。

稱它為「誠一不貳」，是就其心性而言，心與天道相合之故。

先秦道家對宇宙本源的探討深感興趣。《老子·四十二章》以「道生一，一生二，二生三，三生萬物」，而「萬物得一以生」（三十九章）[66]。道是天地萬物的本源，而萬物是有生於無。《老子·四十一章》曰：「天下萬物生於有，有生於無。」[67]他把「道」稱為「無」，說明道是空無的。《莊子·齊物論》曰：「是以無有為有。」[68]《莊子》稱「無」為「無有」。就此，劉沅描述天道生成萬物的過程，也是由無到有，此說與道家相同。《周官恆解·考工記·總論》記載：

> 天道流行，化生萬物，不越乎陰陽闔闢之理，春生、夏長、秋收、冬藏，何以藏諸？一元之氣蘊於中黃，生氣閉藏實以裕乎生生之本，自其外著之跡觀之，則特見其空虛而已。[69]

劉沅指出作為生生之本的天道，其本體是「空虛」的。吳筠曰：「元氣者，無中之有，有中之無。」[70]「空虛」即是無，而又能化生萬物，可見，劉沅對元氣的看法與吳筠接近。

此外，劉沅續指出天道是由「無心」生成萬物，故萬物生化之本是源於自然秩序。《老子·二十五章》曰：「人法地，地法天，天法道，道法自然。」[71]《禮記恆解·哀公問》曰：「無為而物成是天道也，已成而明是天道也。」劉沅注曰：

> 一元運化，天本無心，而萬物自成，及其成功顯明可見。人君能以德化民，禮樂文章一如天造之自然而不容已，及治定功成巍巍

---

[66]《帛書老子校注》，頁29、9。

[67]《帛書老子校注》，頁28。

[68]《莊子集釋》，第1冊，頁56。

[69]《周官恆解·考工記·總論》，頁415。

[70]《玄綱論》，〈元氣章第二〉，第17冊，頁333。

[71]《帛書老子校注》，頁353。

乎,成功煥乎,其有文章一天道也。【72】

上文所言的「無心」,在道家和道教書中常見。《莊子‧天地》曰:「通於一而萬事畢,無心得而鬼神服。」【73】「無心」是莊子待物之道,放任自然,無為而無所不為。此外,《無能子》是晚唐的一部道教著作,其載大夫種問曰:「夫天地之於萬物也,春生冬殺,萬物豈於冬殺而反禍天地乎?」范蠡答曰:

> 不然,夫天地之於萬物也,且不自宰,況宰物乎?天地自天地,萬物自萬物,春以和自生,冬以寒自殺,非天地使之然也。聖人雖有心,其用也體乎天地。天地雖無心,機動則應,事迫則順,事過則逆,除害成物,無所憎愛。【74】

《無能子》把「無心」和「有心」相對,認為天地無心生成萬物,即使聖人是有心養育萬物,其源也是出自天地無心。然而,天地雖無心,但又是無不為,萬物遵循自然秩序便得以生成,猶如「衡無心而平,鏡無心而明也」【75】。此說與劉沅無異。劉沅以為萬物生成任尚天道自然,絕不勉強,故謂「一如天造之自然而不容已」。誠如《莊子‧庚桑楚》曰:「不得已之類,聖人之道。」【76】人道順應自然而有所「不得已」,因本然一切如此,故不是有意識地刻意安排。

這樣看來,劉沅的天道思想當來自道家,儘管他以《易經》「太極」來解釋氣化來源,但這可能只是個幌子,因為《莊子》書中已出現陰陽生成萬物之說。〈秋水〉曰:「自以比形於天地而受氣於陰陽,吾在天地之間。」又〈則陽〉曰:「今計物之數,不止於萬,而期曰萬物者,

---

【72】《禮記恆解‧哀公問》,頁261。

【73】《莊子集釋》,第2冊,頁404。

【74】王明:《無能子校注》(北京:中華書局,1981年),頁22。

【75】《無能子校注》,頁12。

【76】《莊子集釋》,第4冊,頁815。

以數之多者號而讀之也。是故天地者,形之大者也;陰陽者,氣之大者也;道者為之公。」【77】由一元至於萬物,陰陽是氣化的啟動者,這是說萬物受氣於陰陽,具於天地而具有形體。在這個過程中,劉沅認為天地生成是「無心」的自然秩序。《禮記恆解·樂記》記載:

> 天地將為昭,天地本有自然之理氣,而禮樂足以發之,故天地益為昭明也,訢合天地無心,而若有心訢然和合陰陽。【78】

劉沅以「無心」、「有心」相對,猶如道家的無為而無不為,道任自然,化物的生成秩序全屬自然。《禮記·孔子閒居》:「孔子曰:『夫民之父母乎?必達於禮樂之原。』」又「敢問何謂三無?孔子曰:『無聲之樂,無體之禮,無服之喪。』」劉沅注曰:「樂有聲,禮有體,喪有服,人所知也,而其本在心。心之至誠不可得而見,故曰『無』。上文禮樂之原即此也。」【79】據此論禮樂的之源,心至誠乃合天道,而天道是無,故發於本心的禮樂也同屬於無。由無到有,則禮樂同樣是出於自然。

自然秩序存在於萬物本然的狀態中,不是人為所能規定,它所包含的當然性,有不容易變的本質。《莊子·漁父》曰:「禮者,世俗之所為也;真者,所以受於天地,自然不可易也。」【80】劉沅運用道家的天道觀,對儒家的禮的內涵進行改造,給它賦予了自然的本質。《禮記恆解·樂記》記載:

> 天地有自然之禮樂,聖人法之以為禮樂,故禮樂明備,天地各得其位高下,別尊卑,而萬物散殊,各有其序,此自然之禮。一元流行不息,萬物合同生化,此自然之樂。……其實禮樂本天地自

【77】《莊子集釋》,第3冊,頁563;第4冊,頁913。

【78】《禮記恆解·樂記》,頁207。

【79】《禮記·孔子閒居》,頁265。

【80】《莊子集釋》,第4冊,頁1032。

然之節,自然之和,不可強分。【81】

天道的存在,是體現在其生成萬物的自然秩序中,因這個動態的氣化運動由天理來體現,故天理的呈現盡是自然。《禮記恆解・禮運》曰:「由一本以達於萬殊,皆天理之自然與其當然。」【82】朱熹曰:「當然者,正就事而直言其理;自然,則貫事理言之也。」【83】萬物生成本於自然秩序,則人們行事也莫不出於自然,而沒有不合於天理,「在親則當親,在民則當仁,在物則則當愛,其當親、當仁、當愛者,亦理也。而其所以親之、仁之、愛之,又無非天理之自然矣。」【84】按此來說,聖人本於天理制禮,則禮樂本質也莫不順於自然,即劉沅所謂的「自然之禮」和「自然之樂」。《禮記・樂記》曰:「大樂必易,大禮必簡。」劉沅注曰:「大樂、大禮以禮樂之原而言,易順其自然,簡歸於主一。」【85】這樣,「自然」便成為了禮樂的源頭。

劉沅說禮樂出於自然,不是要用道家「自然」來取締儒家禮樂教化,反過來說,這是要確認禮的實用價值,證明它存在的合理性和永恆性。劉沅曰:「君臣、父子、兄弟、夫婦本於天性而將以禮樂,有其自然而不容已。」【86】基於禮本於天道自然,故行禮也合於人性自然,於綱紀人倫沒有不合,所以,禮不但沒有違反人性,相反是出自人性的本然。《禮記恆解・序》曰:

> 天地一元生化,而品物流形,各得其所,自然之秩敘即禮之原也。人秉五形之秀,而其性則太極之靈。太極之在天地者,播而

【81】《禮記恆解・樂記》,頁203。

【82】《禮記恆解・禮運》,頁140。

【83】《朱熹集》,〈答陳安卿〉,第5冊,頁2926-2927。

【84】《朱熹集》,〈答陳安卿〉,第5冊,頁2926-2927。

【85】《禮記恆解・樂記》,頁202。

【86】《禮記恆解・禮運》,頁134。

> 為五行，著而萬物。人性之秉太極者，分而為五常，著而為倫紀，其理一，則其所以順其自然，盡其當然者，無不一也。第人汩於物欲，喪其本來，則以禮為苦人之具，而不知吾性中之本然必如是，而後安；不如是，則不安。【87】

經過劉沅注入「自然」這個道家原素後，禮便由外在對人們的約束規範，內化成為合乎人性自然的道德範疇。這樣，禮不是強人而行，「苦人之具」，其用純粹是順乎人性的本然而已。《禮記恆解・禮運》曰：「故禮義也者，人之大端也。」劉沅注曰：「大端猶言大要，天道之自然，即人情之當然。」【88】相對來說，由於禮是人性的一個部分，故人據禮而行，便等同重返於人性的本然。劉沅注曰：「禮本天理之自然，而達於事物之當然，當於禮，則返乎性之本然而成德矣。」【89】當禮確認成為人性的一個部分以後，劉沅便重返儒家思想的懷抱，他指出天理的內涵便是儒家的仁。《禮記恆解・表記》曰：「仁即天理，安仁心純乎天理而安樂之也。」【90】又《禮記恆解・表記》「仁，即性也，具於心，而為體本仁，而施諸萬物」【91】又《禮記恆解・儒行》曰：「仁具於心，而施之萬事，無不宜為。」【92】如此來說，《論語》中的「克己復禮」便變成為「順性復禮」，既達致「為仁」之旨，也能合乎天理自然，這正是反映出劉沅禮學思想的「外道內儒」的一面。

【87】《禮記恆解・序》，頁33。

【88】《禮記恆解・禮運》，頁140。

【89】《禮記恆解・禮器》，頁147。

【90】《禮記恆解・表記》，頁273。

【91】《禮記恆解・表記》，頁272。

【92】《禮記恆解・儒行》，頁299。

四. 禮的適用性

客觀事物隨時變易，因地各異，沒有一成不變的法則可以行於萬世。就《三禮》而言，其制度儀式產生在特定的時空場合中，不可能悉數適用於後世。在劉沅看來，禮不必有具體的規範，皆因禮順乎人性自然，故凡一切措施皆合乎自然者，於民用便無所不宜，不受時空限制。由於自然呈現於萬物生成的秩序，是確立人性的根據，因此，禮只要符合人性的本然，切合於萬物生成的規律，加以折衷，便能夠成為不變而能應萬變的法則。在《儀禮恆解》中，劉沅認為不必拘泥古制，原因也在如此。

事實上，在《儀禮恆解》諸篇中，劉沅多次指出古禮今不可行，並強調今人不能拘泥古法。詳見下表：

編號	篇目	評價
1	〈士冠禮〉	冠禮三代以下，已病其難行……則冠禮必不可行，特父兄、師長、幼訓以循謹長率以中正，其義已得，而必斤斤於此篇，欲彷為之，毋乃生今而反古，迂滯而不通乎？[93]
2	〈士昏禮〉	後人「不修親迎之禮，難以概行，則此書所言幾同畫餅。」[94]
3	〈鄉飲酒禮〉	讀者固當求諸己身，存養心性以幾中和，檢察言行以符禮度，不泥古，亦不背古乃可耳。[95]

---

[93]《禮記恆解・士冠禮》，頁340。

[94]《禮記恆解・士昏禮》，頁350。

[95]《儀禮恆解・鄉飲酒之禮・總論》，頁362。

4	〈鄉射禮〉	「蓋漢儒纂輯遺文之書」，而「後世有不行者矣」。【96】
5	〈燕禮〉	然升降羞俎等儀有不可通行于後世者，必拘拘泥，視以古例，今亦見其惑矣。【97】
6	〈大射儀〉	儒者于聖王中和建極之道不詳為推究，而第拘拘此書一切儀文，辨說愈多，彌生聚訟，真如畫餅，何益于事。【98】
7	〈聘禮〉	此篇記聘禮，特詳其情，文曲至信，為周初之禮，而自秦以後，則不可復行。【99】
8	〈覲禮〉	人多弗明此書為漢儒所採葺，所記特其儀文焉耳。【100】
9	〈喪禮〉	後世宮室之制不同，一切禮文亦異，不可以此書為泥矣。【101】
10	〈喪禮〉	但古今俗尚不同，由其宮室、衣服、器具等均與古異，當隨其宜而立之制，不必大違世俗，即其所行而損益之，衷於中正，期於天理人情毫髮無憾，則古禮有不可拘，而俗尚有不可徇者。【102】
11	〈士虞禮〉	此記無尸則殺其禮，于天理人情俱不合，須知聖人時中之道，不必盡襲古人，後世無尸優于有尸矣。【103】
12	〈士虞禮〉	後世無廟者祀主于寢廟，夕憑依于禮甚，便可知古制于今斷不可行，而儒者必區區爭辯，豈非不達于時中乎？【104】

【96】《儀禮恆解・鄉射禮・總論》，頁381。

【97】《儀禮恆解・燕禮・總論》，頁390。

【98】《儀禮恆解・大射儀・總論》，頁405。

【99】《儀禮恆解・聘禮・總論》，頁418。

概括上表，劉沅強調必須掌握聖人制禮之道，而不必拘泥於《儀禮》中的固定禮制儀式，而他利用了「中和」、「中正」和「時中」等字眼來表達聖人通變之旨。

儒家嘗言「時中」之道，以此作為變通之法。《中庸》曰：「君子之中庸也，君子而時中。」朱熹注曰：「中庸者，不偏不倚，無過不及而平常之理。」又曰：「君子之所以為中庸者，以其君子之德，而又能隨時以處中也。」【105】可見，「中」為不變之道，「時」為臨時應變的原則。對於「中」的涵義，劉沅用「自然之理」釋之。《禮記‧禮器》曰：「禮，時為大，順次之。」劉沅注曰：「時，隨時以處中也，順其自然之理。」【106】如此「中」是指順應於自然之道，與儒家所謂「不偏不倚」的中正之道，意思明顯不同。至於「和」，《中庸》提到「中也者，天下之大本也。和也者，天下之達道也。致中和，天地位焉。萬物育焉。」【107】但先秦道家早已用「和」來概括陰陽二氣生成萬物的意義。《老子‧第四十二章》曰：「萬物負陰而抱陽，沖氣以為和。」【108】以「和」為陰陽二氣相合，而萬物生成沒有不由此。《莊子‧田子方》曰：「至陰肅肅，至陽赫赫。肅肅出乎天，赫赫出乎地。兩者交通成和而物生焉。」【109】因此，「和」是生生不息的泉源。整體來說，「中」是指萬

【100】《儀禮恆解‧觀禮‧總論》，頁426。
【101】《儀禮恆解‧喪禮》，頁452。
【102】《儀禮恆解‧喪禮‧總論》，頁464。
【103】《儀禮恆解‧士虞禮》，頁469。
【104】《儀禮恆解‧士虞禮》，頁470。
【105】《四書集註》，《大學》，頁3。
【106】《禮記恆解‧禮器》，頁142。
【107】《四書集註》，《中庸》，頁2。
【108】《帛書老子校注》，頁29。
【109】《莊子集釋》，第3冊，頁712。

物生成的客觀自然秩序,而「和」則表示萬物生成的狀態。

在人性修養方面,先秦道家把「中」這個自然秩序落實於人心之中。《老子》有「守中」之說[110];而《莊子·人間世》曰:「乘物以遊心,托不得已以養中。」[111] 若然心合於「中」,便代表人性順於自然秩序,與天道合一。《管子·內業》曰:「得一之理,治心在於中。」[112] 心不受人情紛擾,反於本性的自然,則能夠達到「和」的境界。《管子·內業》曰:「彼心之情,利安與寧,勿煩勿亂,和乃自成。」[113]《國史館本傳》稱劉沅「讀《左氏傳》至劉子曰:『民受天地之中以生,所謂命也』稱其言至為精粹」[114],可見,他亦以「中」為人性的自然。沿於此說,《國史館本傳》載劉沅曰:

> 又謂喜、怒、哀、樂之未發謂之中,發而皆中節則謂之和,積中以求和,則可寡尤悔,以底於純粹而無欲,且能知行合一,以身教人。[115]

喜、怒、哀、樂是人情所發,而劉沅要求人情皆要合於中節,達致「中和」,則一切行事便可合於天理。《禮記·樂記》曰:「其本在人心之感於物也。」劉沅注曰:「性本靜寂,情則隨感而動,易失其正。」[116] 然而,心主性情,性是心對天理的體認,本體是寂靜,相反,情是心的發動,是導致人性喪失的導因。雖然如此,劉沅認為不必因此窒礙人情。

劉沅認為,聖人制禮順乎天理人情,這已說明天理與人情並不相悖,問題是如何能夠使到人情合乎中節。他指出「天地一元之氣,流行

---

[110]《帛書老子校注》,第五章,頁246。

[111]《莊子集釋》,第1冊,頁160。

[112] 黎翔鳳:《管子校注》(北京:中華書局,2004年),中冊,頁937。

[113]《管子校注》,中冊,頁931。

[114]《周官恆解》,《國史館本傳》,第81冊,225

[115]《周官恆解·本傳》,頁225。

[116]《禮記恆解》,頁200。

於品物，而無處不有其中和」【117】，但基於「陰陽變化而生五行，五行之質有精粗美惡，惟人得其秀氣交會」【118】，故只有人「實秉中和之德」。劉沅曰：

> 人受氣於父母，實受氣於天地之精，散為萬物，而人最靈，其受中以生，得天地太極之理而為性。【119】

人性全太極之理，實具中和之德，莫有不是。可是，人性要達到中和，便要符合陰陽相濟的自然的秩序。劉沅注曰：

> 天以一元生化，而屈伸消長，則為陰陽。陰陽相濟，而得其中和，天地之所以萬古而不息也。人為天地之心實秉中和之德，特陰陽之氣偏廢，則弗肖天地。聖人制禮樂以導中和，即名物象數皆法陰陽調燮之意而為之。【120】

由一氣屈伸為陰陽，之後陰陽相濟生成萬物，達致中和。當中，陰陽二氣是萬物生成的先決條件，由此育養萬物，則萬物沒有不具備陰陽。不過，陰陽二氣因地而異，各有偏廢，人們容易受此影響，導致氣質失調而失其中和。劉沅注曰：「蓋陰陽二氣流行於萬物之間，人物居近泉土，陰氣之浸淫尤易，故必得清陽之氣多者，始易為善而不為惡。」【121】陰陽必須調和，人性才能臻至完善，否則人隨物遷，則反於物。劉沅解釋曰：「心者，人之神明，本可以通天地而格鬼神，因私欲亂之，陰濁擾雜，豪遂無以通。」【122】心是人的主宰，原本與天理相通，無有阻滯，但受到陰氣擾亂，致使私欲紛起，人心與天理分離，不復本性。

【117】《周官恆解・春官》，頁314。
【118】《禮記恆解・禮運》，頁138。
【119】《周官恆解・春官》，頁301-302。
【120】《周官恆解・夏官》，頁304。
【121】《周官恆解・秋官・總論》，頁389。
【122】《禮記恆解・祭統》，頁251。

針對這個問題，劉沅指出聖人制禮必須「法陰陽」以「導中和」，使人性合附萬物生成的秩序。他以山林、川澤、丘陵、墳衍、原隰五者為代表，指出人們的氣質受此風土影響最甚，而習於當地風俗，則容易其失去本性。劉沅曰：

> 天地生人，五常之性同，而其氣質不同，蓋風土為之也。故辨之，而後因俗制宜，去其偏，袪其蔽，致民於中正之途。五土大概秉五行之氣，從其多者論之，然亦不可拘論也。……愚按物每因地而異，人則靈於物者，上言五者不過言其大概，而曰民之常者，民無教，則囿於其地，習於其俗，而不知變化，反物於物矣。【123】

由於各地風土氣候不同，氣質也因地而異，所以，具體的措施當因俗制宜，以合乎當地民生風俗為主，不得一概而論。劉沅注曰：「聖人葆中和之氣於一身，而作樂以定人心，使皆歸於中正。」【124】又曰：「禮本於天而著為物，則先王因而品節之以協乎中正。」【125】據此而言，聖人制禮也有不變之理，就是以中和為本，使人心歸正，人情順暢，而不必拘泥於已有成法。這樣，禮不論在何時何地，也能合乎時中，變化而能順乎人性的本然，故劉沅稱「中和即禮樂之原也。」【126】

五. 結語

在「疑經」、「詆經」的批評背後，劉沅評價《三禮》是為了重新確立儒家經典的傳世價值，直接來說，是肯定禮存在的合理性和永恆性。他不滿《三禮》虛文傳教，認為儒家經典的地位是來自它的可行

【123】《周官恆解・地官》，頁267。
【124】《禮記恆解・樂記》，頁200。
【125】《禮記恆解・禮運》，頁140。
【126】《禮記恆解・孔子閒居》，頁264。

性;運用這個標準來判定《三禮》內容,結果書中的禮制自然是多不可行。這所以他在《儀禮恆解》中指出不可拘泥古制,甚至懷疑某些禮制不是聖人制作,其動機不是要否定禮的本身價值,只是要說明古制已經是過時。可見,劉沅治《三禮》是從禮的實用價值出發。事實上,在禮的影響力日漸減退的晚清時期,復禮的期望促使劉沅在宋明性理學的基礎上,援引道家的形上根據,以實現重振禮學的旨歸。

明代心學的提出是對宋代理學的一種反動,而心學的空疏又觸發起清初實學的興起。劉沅的學問以治心窮理為本,自必然會碰上以上問題。朱熹主張「明天理,滅人欲」,致使禮成為了扼殺人性的桎梏,以及與人情對立的工具;王陽明「致良知」的簡易功夫,使禮用形同虛設,對人情沒法起到規範作用。為了解決這個兩難局面,避免影響禮的存在的合理性,劉沅融合儒、道兩家思想,主張聖人制禮既要合乎天理,也要合乎人情。他運用道家萬物生成的秩序,指出人性和禮同樣出於天道自然,因而禮是在人性之中,故行禮是出於自然而合於天理。同時,他吸收道家陰陽相濟之說,指出禮的制定必須法乎天道陰陽,以導中和,致使人性保存其中和本質,而人情也得以發乎中節。這樣,禮既本於天理,而又合於人情,發揮起規範人情的作用。可見,劉沅在強化禮的實用價值的同時,其性理學的思想範疇也作出了相應的變動。

司馬談在《論六家要旨》中,稱道家「與時變遷,應物變化,立俗施事,無所不宜」[127],事實上,在晚清動盪的時局中,實在急需要一套通於時變的措施,用來解決當前極為尖銳的政治危機。在東西文化急劇交流的情況下,西方思想、科技文化紛紛東傳,為儒家的傳統帶來前所未有的挑戰。因此,劉沅堅守儒家本位,借助道家自然思想指出禮順乎人性,合乎時中,重新樹立起禮通於時變的存在價值,與此同時,也體現出一份發自其內心的儒家使命感。

---

[127]《史記》,第10冊,頁3289。

景印香港新亞研究所《新亞學報》（第一至三十卷）

從來是拾得，不是偶然稱——唐白話詩僧拾得生平年代考略

方志恩*

提要

唐詩僧拾得行實，初見假閭丘胤之名所撰之《寒山詩集・序》，繼有《宋高僧傳》、《景德傳燈錄》、《天台國清禪寺三隱集記》、宋版《寒山詩集》後附之《拾得錄》等記載。然閭序，係經後人竄亂，導致拾得真實生活年代如雲遮霧障，撲朔迷離。為使後人能曉悉拾得面貌，本文擬依相關材料進行考述，以期釐清其活動於唐世較為確實的時期。

壹、前言

拾得，為中國詩壇不可輕忽之唐代白話詩僧，然因作品未獲重視，導致千年以還，長期湮沒無聞。直至五四運動後，胡適《白話文學史》首將寒山、王梵志、王績三人列為初唐重要通俗詩人[1]，學者們對寒山萌生興趣[2]，拾得及其作品才為世人知悉。

---

*臺灣華梵大學東方人文思想研究所。

[1] 從二十世紀初到中葉這幾十年間，對往後寒山研究有莫大啟發者，非胡適先生莫屬。其在《白話文學史》（上卷）（北京：東方出版社，1996年3月第1版）從通俗詩創作的角度給寒山、王梵志詩相當高的評價，開闢後來研治寒山、拾得等白話通俗詩之途徑。

[2] 如1958年由科學出版社出版之余嘉錫《四庫全書提要辨證》一書，開啟研究寒

拾得身世如謎，唐代史籍未曾載錄，其生平事蹟之資料，大都散存於書序、僧傳及禪門語錄中，且各種材料常相牴牾，以致拾得為何時人，古今以來，眾說紛紜，莫衷一是。考清康熙敕編《全唐詩》卷八〇七「拾得」條云：

> 拾得，貞觀中，與豐干、寒山相次垂跡於國清寺。初豐干禪師游松徑，徐步赤城道上，見一子，年可十歲。遂引至寺，付庫院。經三紀，令知食堂。每貯食滓於竹筒，寒山子來，負之而去。一夕，僧眾同夢山王云：「拾得打我。」旦見山王，果有杖痕。眾大駭，及閭丘太守禮拜後，同寒山子出寺，沉跡無所。後寺僧於南峰采薪，見一僧入巖，挑鎖子骨，云取拾得舍利，方知在此巖入滅，因號為「拾得巖」。今編詩一卷。【3】

又近人張忠綱所編之《全唐詩大辭典》「拾得」條載：

> 拾得，約於玄宗至代宗間在世。台州國清寺苦行僧。與寒山友善。時傳其為菩薩應身，尊為賢士。善以詩宣揚佛理，以勸諭世人，亦有吟詠山林風景及隱逸情趣之作。其詩由僧道翹編為一卷，凡50餘首，附錄於《寒山詩集》末。《全唐詩》存詩一卷，多與寒山詩重出。《全唐詩補編・續拾》補詩2首。【4】

觀是，《全唐詩》及《全唐詩大辭典》二者，所載拾得之事無多大差異。惟不同處在於拾得生時年代，一言初唐太宗貞觀（約627年~649年）時期，另一則指為中唐玄宗至代宗（約713年~779年）之間，二者所指之

山的新里程。其卷二十（集部一）中對《寒山子詩集序》之辨偽與考證，在海峽兩岸和香港地區引起相當大的迴響。

【3】《全唐詩》第十二冊，卷八〇七「拾得」（北京：中華書局，1999年1月第1版），頁9188。

【4】張忠綱主編：《全唐詩大辭典》（北京：語文出版社，2000年9月，第一版），頁91。

時，相距近百年。其中差異，令人費解。孟子嘗謂：「誦其詩，讀其書，不知其人，可乎？是以論其世也。」為求論世知人，本文將以中外學者研究成果為初基，旁參相關文獻，試圖釐清拾得所處時代。

貳、拾得生平時代蠡測

拾得生平逸事，最早見於署名閭丘胤所撰〈寒山子詩集序〉，《四部叢刊》集部景宋本《寒山子詩集》附〈拾得錄〉載：

> 豐干禪師、寒山、拾得者，在唐太宗貞觀年中，相次垂跡於國清寺。拾得者，豐干禪師因遊松徑，徐步於赤城道路側，偶而聞啼，乃尋其由，見一子可年十歲，初謂彼村牧牛之子，委問逗遛，云：「我無舍無姓。」遂引至寺，付庫院候人來認。【5】

據悉，拾得為國清寺豐干禪師偶於赤城道旁所撿拾之孤兒，並取名「拾得」，後便久留國清寺成為佛門弟子。由於閭序是記載拾得年代第一手資料，文中所記貞觀年間自然成為初期學者考證首要依據。不過該觀點經余嘉錫考證後，許多學者都已不贊同此說法【6】；又身兼撫養及師傅之豐干禪師，雖為國清寺著名高僧，但歷來佛門史籍如宋‧贊寧《宋高僧傳》卷十九、元‧釋覺岸《釋氏稽古略》卷三等皆無詳載其年代，致使生平事蹟如寒、拾般謎樣，無法從其時代判定之。

因此，筆者擬從學界著墨較多之寒山生活年代著手，先釐訂其生年時代範圍，再據相關文獻，經辯證與分析，推測拾得生平年代。

【5】《拾得錄》收於《四部叢刊初編》集部《寒山子詩‧附拾得詩》（臺北：臺灣商務，民56年，臺二版），頁25。

【6】參見「寒山生活年代」條。

一、寒山生活年代

　　寒山生年，學術界一般認為「年逾百歲」，主要是根據自敘詩〈老病殘年百有餘〉一首。詩云：「老病殘年百有餘，面黃頭白好山居。布裘擁質隨緣過，豈羨人間巧樣模。〈一九七〉[7]」此處「老病殘年百有餘」，說明寒山年壽應逾百[8]。另外，寒山子初隱居浙江天台山年時，年約三十[9]，其詩有道：「昔日經行處，今復七十年。故人無往來，埋在古塚間。余今頭已白，猶守片雲山。（二九六）[10]」更加確定其享年百歲之實。然而，在知其享年前提下，考訂生卒年則非難事。下就學者們探究寒山出生卒年問題情形，梳理如次：

　　歷來探討寒山生活年代，主要有「貞觀說」（627~649年）、「先天說」（712~713年）以及「大歷說」（766~799年）三種說法[11]。貞觀說乃以唐代貞觀年間台州刺史閭丘胤所撰《寒山詩集序》為伊始，後經南宋孝宗淳熙十六年（1189）釋志南《天台山國清禪寺三隱集》肯定[12]。

---

[7] 項楚：《寒山詩注》（北京：中華書局，2000年3月），頁510。

[8] 余嘉錫則以此作為寒山享年根據。其云：「當其遇靈祐時蓋已百餘歲矣。釋道二氏，累多長年，寒山春秋雖高，尚未過上壽百二十之數，固亦事理所有。」臺灣學者趙滋蕃、陳慧劍及大陸學者張伯偉、錢學烈等皆認同之。但項楚〈寒山詩籀讀札記〉（收於《柱馬屋存稿》（北京：商務印書館），頁130）則有不同解讀：「倘若把『百有餘』理解為百有餘歲，則是完全誤解了詩意。這個『百』字不是指數字一百，而是『凡百』、『一切』之義。」

[9] 其〈出生三十年〉詩有載：「出生三十年，當遊千萬里。行江青草合，入塞紅塵起。鍊藥空求仙，讀書兼詠史。今日歸寒山，枕流兼洗耳。（三〇二）」可見寒山初隱之時，約為三十歲。項楚：《寒山詩注》，頁777。

[10] 同上，頁768。

[11] 此外尚有「貞元」、「元和」諸說，均由「大歷說」衍生。

[12] 釋志南：《天台山國清禪寺三隱集》（收於《寒山詩集》，臺北：漢聲出版社，民60年2月初版。）乃「貞觀說」之濫觴，其序有云：「豐干禪師，唐貞觀初，

後人如宋僧釋志磐《佛祖統紀》、釋本覺《釋氏通鑑》及元僧釋熙仲《釋氏資鑑》、釋覺岸《釋氏稽古略》皆以此說為據【13】。明清以降，幾成定論。不少辭書及文學史家，亦以援引【14】。今人持貞觀說以考證寒山生卒年代，主要有趙滋蕃〈寒山子其人其詩〉、嚴振非〈寒山子身世考〉【15】、李敬一〈寒山子和他的詩〉【16】、黃博仁《寒山及其詩》為主。

> 居天台國清寺，剪髮齊眉，衣布裘，人或問佛理，止答『隨時』二字。常唱道乘虎出入，眾僧驚畏，無誰語。有寒山子、拾得者，亦不知其氏族，時謂風狂子，獨與師相親。」，頁58。

【13】四書皆紀錄寒山拾得為貞觀時代人，但詳細年代各異：1. 貞觀七年（633）—宋僧釋志磐：《佛祖統紀》（作於1256）。2. 貞觀十六（642）—元僧釋熙仲：《釋氏資鑑》（作於1336）3. 貞觀十七年（643）—宋僧釋本覺：《釋氏通鑑》（成於1355）4. 貞觀十七年（643）—元僧釋覺岸：《釋氏稽古略》（成於1355）。引黃博仁：《寒山及其詩》（臺北：新文豐，民82年12月），頁4。

【14】如《四庫全書簡明目錄》卷十五〈寒山子詩集一卷附豐干拾得詩一卷〉：「寒山子、豐干、拾得，皆貞觀中台州僧，世頗傳其異跡。是集乃台州刺史閭丘胤令寺僧道翹所蒐輯。」、《全唐詩》卷八〇七「拾得」條云：「拾得，貞觀中，與豐干、寒山相次垂跡於國清寺。」、大漢和辭典和辭海：「寒山，唐貞觀時高僧，亦稱寒山子。居天台始豐縣寒巖，與國清寺僧拾得友善，好吟詞偈。」、澤田總清原著、王鶴儀編譯《中國韻文史》：「拾得是貞觀中國清寺的僧。後出寺，不知其詳。」。

【15】其以《北史》、《隋書》與寒山詩，通過歷史之印證，得其「約生於隋開皇三年，卒於唐長安四年」之結論。參閱嚴氏之〈寒山子身世考〉，載《東南文化》第二期，1994年，頁217~218。

【16】李敬一〈寒山子和他的詩〉（載《江漢論壇》第一期，1980年）則是「通過對寒山詩中所反映社會狀況的詳盡分析，同樣支持貞觀說。」語見王早娟：〈寒山子研究綜述〉收釋妙峰主編《曹溪禪研究》。北京：中國社會科學出版社，2002年9月，頁481。

趙滋蕃所發表〈寒山子其人其詩〉，其曰：

> 關於寒山的行狀，見於同時代人的記載者，首推閭丘胤的《天台三聖詩集序》[17]。寒山拾得的詩，能夠不在竹林石壁、村墅人家廳壁、或土地堂壁上湮沒，得以流傳後世，閭丘胤實居首功。……這是歷史的目擊者所作的第一手紀錄與見證，其可信的程度，不應等閒視之。[18]

最後，趙氏推斷寒山時代大抵是由貞觀到開元、天寶間，約公元642~742年之間。不過，趙滋蕃是以「這是歷史的目擊者所作的第一手紀錄與見證，其可信的程度，不應等閒視之。」之觀點推論，不免過於疏略。因評論史料需多方面的批判與深入考證，才不至於偏頗，且所得結論也較嚴謹。趙文缺失，在於未深入細檢撰者閭丘胤之相關問題。

至於黃博仁《寒山及其詩》認為：

> 1. 閭氏集序雖是神話，然可以考見三件事：一為寒山隱居天台，與國清寺僧拾得友善。二為閭丘胤曾遇寒山、拾得，閭氏為貞觀年間台州刺史，因此可以推定寒山、拾得生於唐初，約七世紀初葉。三可以使我們知道唐朝已有關於寒山的神話，因此又可以想見寒山的詩在當世已流行於民間，閭氏才令僧道翹加以搜集。2. 根據《續高僧傳》卷二十五〈釋智巖傳〉證明閭氏已為麗州刺史；又據陳耆卿《嘉定赤城志》卷八〈秩官表〉，正觀（即貞觀，避宋諱字）十六年至廿年台州刺史正是閭丘胤。故閭丘胤為貞觀台州刺史，可以明矣。3. 唐興縣設於上元二年，上元既是高宗的年號，又是肅宗的年號，《元和郡縣志》及《天台山記》皆云肅宗上元二年（761），改始興縣為唐興縣，而《新唐書‧地理志》，

---

[17] 即〈寒山詩集序〉。

[18] 參閱趙滋蕃所發表〈寒山子其人其詩〉(《中國詩季刊》第四卷第一期，民62年3月)，頁12。

則以為高宗上元二年（675）改為唐興縣，未知孰是？胡適據此，推定閭序不可能作於高宗以前，余嘉錫則更以此序為後人偽作，不可相信。因唐興兩字加上寒山詩不可靠的內證，則斷定閭序為杜撰事蹟惑人，未免過甚其詞，安知閭序非原用始興縣兩字，到南宋重刻《寒山詩》，逕改用今名唐興縣耶？【19】

黃氏採信閭序內容記載，認為寒山是初唐貞觀時人，主要原因是後人於前人之書，常會因地之異而更移書中之字，導致『始興縣』被後人更改成『唐興縣』。此可能性，或許合理，卻忽略檢視閭丘胤「朝議大夫使持節台州諸軍事守刺史上柱國賜緋魚袋」頭銜之合理性。據陳慧劍《寒山子研究》一書所考，「使持節」與「緋魚袋」應為高宗（650年）以後才能賜予及佩帶。換言之，閭丘胤其人其事應於高宗以後，絕非貞觀年間，黃氏所言顯然有誤。

總之，認同貞觀說者，皆是相信閭丘序之記錄，並加衍生而成。然「貞觀說」仍有諸多疑點，令人無法置信。至余嘉錫《四庫提要辯證》一文將閭序證為偽作之後【20】，「貞觀說」可謂徹底被推翻。

先天說是以宋釋贊寧所著《宋高僧傳》為首倡。惟該說所據文獻基礎薄弱，所推論尚有待商榷，不足採信【21】，歷來僅有元僧曇噩作於惠

【19】黃博仁：《寒山及其詩》，頁3~19。

【20】余嘉錫據宋陳耆卿《嘉定赤城志》卷八〈秩官表〉，確定貞觀十六年至二十年，台州刺史為閭丘胤；並以徐靈府《天台山記》與李吉甫《元和郡縣圖志》，二書均言明唐肅宗上元二年（761）以後才有「唐興」縣名，證實《寒山子詩集序》中之「天台唐興縣七十里」非初唐時有，時任台州刺史之閭丘胤（642~646），是不可能知道唐興縣改名之事（唐興縣舊名為始興縣），故閭丘序顯然非為閭丘所撰，而是由後人撰作。參見余嘉錫《四庫提要辯證》卷二十・集部一〈寒山子詩集二卷附豐干拾得詩一卷〉（北京：中華書局，1980年），頁1251~1255。

【21】其卷十九《唐天台封干師傳》引唐代史學家韋述（？~757）撰之《兩京新記》所言，稱封干曾於先天年間行化於京兆，因此認為寒山子也為此時人，不過文中卻

宗至正二年（1366）《科分六學僧傳》及譚正璧《中國文學大辭典》持此說法。

大歷說則以李昉（925~996）《太平廣記》卷五十五所引唐末天台道士杜光庭（850~933）之《仙傳拾遺》（今佚）為主要依據。其載：

> 寒山子者，不知其名氏。大歷中隱居天台翠屏山，其山深邃，當暑有雪，亦名寒巖，因自號為寒山子。好為詩，每得一篇一句，輒題於樹間石上，有好事者隨而錄之，凡三百餘首，多述山林幽隱之興，或譏諷時態，能警勵流俗。桐柏徵君徐靈府序而集之，分為三卷，行於人間。十餘年忽不復見。【22】

此一資料雖是歷史風塵中殘存之鱗光片羽，卻是志南後序以後記錄寒山時代第一手資料。其經紀昀《四庫提要》提及，後由胡適【23】、余嘉

沒有進一步之說明，且封干是否為豐干仍有出入，因余嘉錫已考出《兩京新記》中之封干非豐干禪師，而是另有其人，參見〈四庫提要辨證〉，頁1252~1253。

【22】《太平廣記》卷五十五〈寒山子〉（北京：中華書局，1982年第一版），頁338。

【23】胡適對「貞觀說」早就存疑，其於《白話文學史》曾表示：「後世關於寒山時得之傳說，多根據閭丘胤的一篇序。此序裡神話連篇，本不足信。閭丘胤事蹟已不可考，序中稱唐興縣，唐興縣之名起於高宗上元二年（675）。故此序至早不過在七世紀末年，也許在很晚的時期呢。此序並不說閭丘胤到台州是在「貞觀初」；「貞觀初」的傳說起於南宋沙門志南的後序。」再者，胡適認為有關寒山之材料大致是不可靠，宋前之記載較可信也僅有兩件：一是五代禪宗大師風穴延沼禪師的「風穴語錄」及宋李昉的《太平廣記》卷五十五杜光庭〈仙撰拾遺〉。接著胡氏即以延沼禪師於「風穴語錄」引寒山詩一條之內容，即「梵志死去來，魂識見閻老。讀書百王書，未免受捶拷。一稱『南無佛』，皆以成佛道。」主張該詩出於初唐白話詩僧王梵志之後，且又據〈仙傳拾遺〉所載：「大歷中隱居天台翠屏山」之說，認為寒山的時代為「八世紀初期」，相當700~780年，正值盛唐時期。見胡適：《白話文學史》，頁174~178。

錫【24】、錢穆【25】等考證質疑後,該觀點遂漸入人心【26】。近年來許多學者都以此說相繼做出修正、肯定之工作。其中以王運熙、陳慧劍、錢學烈、連曉鳴、羅時進、葉珠紅等人為代表。

王運熙和楊明撰〈寒山子詩歌的創作年代〉【27】一文,則以寒山「蒸沙擬作飯,臨渴始掘井。用力磨瓦磚,那堪將作鏡。」中「用力磨瓦磚,那堪將作鏡」句,是運用《景德傳燈錄》卷六所載禪宗大師懷讓和

【24】 余嘉錫《四庫提要辨證》首先對閭丘胤所撰《寒山子詩集序》考其為偽作後,並且認為杜光庭〈仙傳拾遺〉關於徐靈府最早編纂《寒山詩集》之記載為可信的。接著以《宋高僧傳》卷十一大溈祐公遇寒山之事,推測出貞元九年(793年)為寒山子卒年。然後並以《太平廣記》之大曆中隱居天台山翠屏山及徐靈府之序「十餘年,忽不復見」相印證,得到寒山子「遇靈祐時蓋已百餘歲」之結論。

【25】 錢穆在〈讀書散記兩篇·讀寒山詩〉(收《新亞書院學術年刊》第一期,民48年10月,頁9~11)所持之立場,與余嘉錫相仿,但將寒山卒年定為順宗、憲宗間,即805年~810年。其據《太平廣記》、《宋高僧傳》推論:「代宗年號大曆,凡十四年(766~780),縱謂寒山子以大曆元年卜隱寒山,上推三十年,應為開元二十四年,惟據《宋高僧傳》卷十九,豐干於先天年中,在京兆行化,尚在睿宗時,猶應在此前二十四年。豐干行化於京兆,則其在天台國清寺,猶應在前。若寒山於睿宗景雲年間在天台國清寺晤及豐干,則由此再上推三十年,寒山之年,應在高宗之末葉矣(約680)。由此再下數至德宗九年,靈祐遇寒山,其時寒山已年過百歲,而趙州生大曆十一年,若其晤寒山,尚在靈祐後數年,則趙州方年三十左右,而寒山已近一百二十歲。」可知錢穆認為寒山子約生於高宗末葉(680年~683年),卒於順、憲之時(805年~810年),壽一百二十餘歲。

【26】 採用此說另有任繼愈:《宗教辭典》、孫望、郁賢皓:《中國大百科全書:宗教卷》、任道斌:《佛教文化辭典》、陳慧劍:《寒山子研究》。參閱王早娟:〈寒山子研究綜述〉,頁481。

【27】 見王運熙、楊明:〈寒山子詩歌的創作年代〉,載《中華文史論叢》第四輯,1980年,頁47~59。

馬祖道一之典源，而判定寒山絕非初唐時人【28】。另外，該文又將寒山三百十一首詩歌體制進行細緻分類【29】，得到寒山詩格非貞觀間詩歌體例，進一步證明其必為律詩體制相當普及之後。

　　陳慧劍《寒山子研究》對寒山子年代之考證，頗為獨到。其從寒山詩序中所謂「朝議大夫使持節台州諸軍事守刺史上柱國賜緋魚袋閭丘胤撰」中之「使持節」與「緋魚袋」二名詞判斷寒山年代。陳氏從《國史大綱》（錢穆著）及《歷代職官表》考證，得出「使持節」之制本自晉始，唐代則自永徽以後設置。又據《唐書‧車服志》、《唐會要》，得知凡佩緋魚袋之政府官員，始自六五〇年以後，且官必五品，封疆官必都督、刺史方可，故縱有閭氏此人，也是公元六五〇年以後之事。此外，陳氏又援引寒山詩中曾提「萬迴師」、「南院」、「吳道子」之內證，以及姚廣孝、元僧念常《佛祖歷代通記》、徐凝詩證等，推出寒山年代，約於公元710年~820年間【30】。

【28】「磨磚作鏡」乃南嶽懷讓啟發馬祖道一悟道之禪宗著名公案。宋‧普濟撰：《五燈會元》卷三（臺北：新文豐出版社，民84年臺1版，頁53）〈南嶽懷讓禪師〉條載：「開元中沙門道一（即馬祖也），在衡嶽山常習坐禪。師知是法器，往問曰：『大德坐禪圖什麼？』一曰：『圖作佛』。師乃取一磚，於彼庵前石上磨。一曰：『磨作什麼？』師曰：『磨作鏡』。一曰：『磨磚豈能成鏡邪？』：『磨磚既不能成鏡，坐禪豈能成佛？』」；杜松柏《禪學與唐宋詩學》第四章（臺北：台灣黎明有限公司，1976年，頁318）曾引此公案後云：「懷讓圓寂於天寶三年（744年），馬祖入滅於貞元四年（788年）。據此則寒山與南嶽一系，自有關係。且天台南嶽，相去甚遠，此一故事之流傳，當在馬祖弘法於江西之後。馬祖顯名於大歷（766~779年）中，是則寒山作此詩之時代，當不能早於此時也。」

【29】王、楊二氏將寒山詩歌分類，發現有六十九首詩押平聲韻，單句詩之平仄基本協調，對偶工整，其中完全符合黏對則有五十四首。並透過翔實縝密地考察初唐律詩之創作特徵，得出「寒山作品不可能產生於初唐」之結論。

【30】參見陳慧劍：《寒山子研究》（臺北：東大圖書，民80年8月），頁1~44。

錢學烈〈寒山子年代的再考證〉，則透過閭序之質疑及大量寒山詩之內證，修正胡適、余嘉錫、錢穆等觀點【31】，並推翻先前所考寒山年代大致為武則天天授年間至德宗貞元年間（約691年~793年）之結論【32】。將其年代定於唐玄宗開元年，約725~730年左右，卒於文宗寶歷、太和年間，約825年~830年左右。

連曉鳴、周琦〈試論寒山子的生活年代〉是參閱胡適《白話文學史》、余嘉錫《四庫提要辨證》、施蟄存《唐詩百話》、鄭振鐸《插圖本中國文學史》、王運熙〈論寒山子詩歌的創作年代〉、王進珊〈說寒山話拾得〉、楊明〈張繼詩中寒山寺辨〉、陳慧劍《寒山子研究》、徐光大〈論寒山子思想和詩風〉等文章，予以考證，得出《閭丘序》純系偽託之結論，並將寒山年代定生於盛唐（713~766），卒於中唐（766~835）【33】。

羅時進〈寒山生卒年新考〉則從寒山詩中相關內證進行考索，認為唐代至德一載（756）之遷移朝，為寒山隱居之時。並依此上推三十年，得到寒山生於開元十四年（726）。後又以徐靈府（約761~843）遷居桐柏方瀛，編《寒山詩集》時間（826年）為其卒年【34】。

至於葉珠紅《寒山子資料考辨》碩士論文第三章第二節〈關於寒山

【31】 錢氏主要據陳慧劍主張徐凝曾與寒山相見之史實，推翻余嘉錫與錢穆「寒山百歲遇靈祐」之說。並認為寒山若於貞元九年（793）遇靈祐後，離開天台，則應與生活於元和、長慶年間之徐凝無緣相見。故應把寒山卒年再往後延之。〈寒山子年代的再考證〉（深圳大學學報【人文社會科學版】第十五卷第二期），頁101~107。

【32】 錢學烈：〈寒山子與寒山詩版本〉，《文學遺產》總十六輯，頁130~143。

【33】 連曉鳴、周琦：〈試論寒山子的生活年代〉，《東南文化》第二期，1994年，頁222。

【34】 收錄於羅時進：《唐詩演進論》（南京：江蘇古籍，2001年9月），頁204~213。

交遊諸說之考查〉，則依據陳慧劍從《全唐詩》找出徐凝所作的〈天台獨夜〉、〈送寒巖歸士〉二首詩中有關寒山子之物證，進行再次考察[35]，提出寒山卒年年限約唐文宗大和元年（827）～唐武宗會昌四年（844）。

以上為各家對寒山生卒年之考述，茲將彙成簡表：

發表者	所考寒山生卒年代	出　　處	發表年份
胡　適	700~780	《白話文學史》	1928 年
余嘉錫	691~795	《四庫提要辨證》	1958 年
錢　穆	680~810	〈讀書散記兩篇・讀寒山詩〉	1959 年
陳慧劍	710~820	《寒山子研究》	1984 年
連曉鳴、周琦	713~766（生） 766~835（卒）	〈試論寒山子的生活年代〉	1994 年
錢學烈	725~830	〈寒山子年代的再考證〉	1998 年
羅時進	726~826	〈寒山生卒年新考〉	2001 年
葉珠紅	827~844（卒）	《寒山子資料考辨》	2003 年

依上表所示，可初步歸納寒山生平年代範圍約為680~844年，大致從高宗至武宗時期，橫跨近一百六十餘年。主要因為寒山生平年代，至

---

[35] 葉珠紅於文中首先推翻陳慧劍所考「徐凝兩首詩，可能作於白居易在長慶二年至長慶四年（822~824），於杭州擔任刺史之前的元和年間，或更早些」之說法，另提出新見解：「徐凝這兩首有關寒山的詩，不會早於白居易在長慶四年卸任前，由此知長慶年間（821~824），寒山仍在世，此正與趙州（從諗禪師）最晚遇寒山（趙州四十九歲【827】年）時，相去不遠，可定為寒山遇徐凝的上限；而雍陶〈送徐山人歸睦州舊隱〉一詩，作於會昌四年（844）前後，則可定為寒山遇徐凝的下限，也正是寒山活至一百二十餘歲的卒年下限。《寒山子資料考辨》，中興大學中文研究所在職專班碩士論文，民92年，頁56。

今仍未有直接證據證明。不過所謂「學有新知,論多改定」,新資料推陳出新,舊見難免會有修正。早期研究寒山子者如胡適、余嘉錫、錢穆等人,其蓽路藍縷之勞績,不容小覷。但不能否認,後繼者成就仍有其突破之處。換言之,後人在胡適等人基礎上,挖掘新文獻,以更縝密之論證方式,細定寒山生時年代,顯然較為可信與合宜。故秉持此種信念,筆者遂以陳慧劍、錢學烈、連曉鳴、羅時進及葉珠紅所考結果,為寒山生平年代之最大範圍,即710~844年左右(約唐少帝唐隆元年至唐武宗會昌四年),並據此為推測拾得生平年代合理範疇。

二、拾得生平旁涉文獻再考查

拾得生平行事不少見於佛教史籍,卻皆未明言年代,若有,則盡屬不合理之敘述;或在今人探討寒山時,已被推翻。因此,要明究生平年代尚屬不易,但仍有一些相關跡證,值得深入考究。

1 拾得遊寒山寺傳聞

舊聞寒山、拾得嘗遊於蘇州寒山禪寺,且該寺亦因寒山而聲名遠播。該文獻見於明永樂十一年(1413)姚廣孝撰〈寒山寺重興記〉,其云:

> 唐元和中(806~820),有寒山者,不測人也。冠樺皮冠,著木屐,被藍縷衣,掣風掣顛,笑歌自若,來此縛茆以居。……尋游天台寒岩,與拾得、豐干為友,終隱巖石而去。希遷禪師於此創建伽藍,遂額曰「寒山寺」。[36]

另宣統年間《吳縣志》卷三十六上〈寺觀一〉「寒山禪寺」條亦載:

> 寒山禪寺在城西十里楓橋,故稱楓橋寺。起於梁天監間

---

[36] 清・葉昌熾撰,張維明校補:《寒山寺志》(南京:江蘇古籍出版社,1999年8月),頁142。

（502~519），舊稱妙利普明塔院，……其稱寒山寺者，相傳寒山、拾得舊止此[37]，故名。然不可考。[38]

姚氏指證歷歷地認為寒山於唐元和中曾縛茆居寒山寺，且該寺由石頭希遷禪師所建，並題匾名曰「寒山寺」。《吳縣志》則指出，寒山寺乃因寒山、拾得曾造訪於此而得名。不過，二書所記之事，雖有些差異，卻使人無法苟同。因按姚氏所言寒山寺是由石頭希遷禪師所建，並題匾名曰「寒山寺」。據《宋高僧傳》卷九〈唐南嶽石頭山希遷傳〉載：

> 釋希遷，姓陳氏，端州高要人也。母方懷孕，不喜葷血。及生岐嶷，雖在孩提，不煩保母。天寶初，始造衡山南寺。寺之東有石狀如臺，乃結庵其上，杼載絕岳，眾仰之，號曰「石頭和尚」焉。……廣德（764）二年，門人請入下於梁端。自江西主大寂[39]，湖南主石頭，往來憧憧，不見二大士為無知矣。貞元

---

[37] 今寺亦將此二人之繪像，供奉於中。唐浩：〈江南古剎－寒山寺〉，有言：「由山門入，過林蔭小院，即為大雄寶殿。大殿氣宇雄偉，殿內正中為釋迦牟尼像。在右側殿的蓮花盤上供奉著寒山和拾得兩尊像。身著架裟，袒胸露乳，蓬頭赤腳，一個站、一個蹲；一個手捧淨瓶，一個手執蓮花。這兩個和尚喜笑顏開，神態輕鬆自如，令遊客到此駐足觀賞。傳說寒山、拾得在天台國清寺為僧，兩人友善而齊名，被視為二仙供奉。」載《中國地名》第一期，2002年，頁44。

[38] 曹允源等纂：《吳縣志》（收《中國方志叢書》，臺北：成文出版社，民59年），頁561。

[39] 道一（709~788）什邡（今屬四川）馬氏。世稱馬祖道一。幼依資州唐和尚落髮。受具於渝州圓律師。開元中，習定於衡嶽山中，遇懷讓，言下領旨，密受心印。始自建陽佛跡嶺遷至臨川，次至南康龔公山，創立叢林法度。大曆中，隸名於鍾陵（江西南昌附近）開元寺，四方學子雲集，常以即心即佛之旨示人。入室弟子一百三十九人，各為一方宗主，世稱「洪州宗」。寂後權德輿撰塔銘。元和中諡「大寂禪師」。振華法師遺稿《中國佛教人名大辭典》（上海：上海辭書出版，1999年11月第1版），頁799。

六年（790）庚午歲十二月二十五日順化，春秋九十一，僧臘六十三。【40】

傳中並無提及希遷至蘇州楓橋建寺之記載。希遷禪師本與馬祖道一禪師為同時期人，其卒年應早於寒山【41】，因此，希遷禪師如何在寒山尚在之時，在詩未被收集流傳，其名不為人知之情況下，以其名而建寺廟？再者，若以姚氏所言，寒山於唐憲宗元和年間（806~820）曾落腳楓橋，希遷卒年為貞元六年（790），此時，早已入滅，又如何以「寒山」之名而建寺？顯然姚廣孝所記有關希遷禪師因「寒山子」而題「寒山寺」之匾，純屬無稽之談，是不足憑信的。另外，據姚氏所指唐元和中（806~820），寒山曾「縛茆以居」該寺，亦是證據不足，不能成立。其目的只是為遷就石頭希遷建寺題匾之說【42】。因此，有關寒山寺與寒山拾得諸說，皆為虛構。至於《吳縣志》所言「拾得舊止此」之事，應該是在寒山造訪寒山寺傳聞之下，由後人所附麗。綜言之，寒山及拾得皆未曾到訪過寒山寺，寒山寺亦非因二人而改名，其所造成之訛傳，乃後

【40】宋・贊寧撰、范祥雍點校：《宋高僧傳》（北京：中華書局，1987年8月），頁208~209。

【41】希遷與馬祖道一禪師為同時期人，而寒山詩中曾引用「磨磚作鏡」的禪宗公案，該詩正是南岳懷讓與馬祖道一的故事。這也說明其生活年代當與馬祖同時或晚些，而絕非早於馬祖。換言之，寒山亦絕不可能早於希遷禪師。

【42】葉珠紅《寒山子資料考辨》對此有考：「姚廣孝此《記》錯誤不少，元和（806~820）為憲宗年號，此時的寒山已是個百歲翁，姚廣孝應是贊成寒山『百歲出天台』之說，但與今所公認寒山隱居的正確時間－《仙傳拾遺》：『大曆中（766~779），隱居天台山翠屏山。……十餘年，忽不復見』以及各書所記的寒山『遊天台』的時間恰恰相反。……若如以余嘉錫所考貞元九年（794），靈祐遇寒山後，其以百歲之齡閒逛天台，是不可能在元和年間再逛到該寺。姚廣孝認為寒山先到江蘇吳縣再到浙江天台，目的是為了符合石頭希遷的題匾說。」頁59~60。

世人們喜愛其詩,崇尚其人,而造成的結果[43]。

2 遇溈山靈祐禪師

在拾得相涉文獻之中,有一則是載錄拾得與溈山靈祐禪師相遇之史實。此一事在歷代有關拾得之記載中最為具體確鑿,極富重要價值。該文獻最早見於五代南唐保大十年(925)由泉州昭慶寺靜、筠二禪師編纂之《祖堂集》卷十六〈溈山和尚〉,傳云:

> 溈山和尚嗣百丈,在譚州。師諱靈祐,福州長溪縣人也,姓趙。師小乘略覽,大乘精閱。年二十三,乃一日嘆曰:「諸佛至論,雖則妙理淵深,畢竟終未是吾棲神之地。」於是杖錫天台,禮智者遺跡,有數僧相隨。至唐興路上,遇一逸士,向前執師手,大笑而言:「余生有緣,老而益光。逢潭則止,遇溈則住。」逸士者,便是寒山子也。至國清寺,拾得唯喜重於一人。主者呵嘖偏黨,拾得曰:「此是一千五百人善知識,不同常矣。」自爾尋游江西,禮百丈。[44]

該文詳載靈祐禪師年廿三歲時,參百丈禪師於江西時,曾入天台山,謁見寒山、拾得二人。顯然靈祐禪師與寒、拾二人同時代。今考《宋高僧傳》卷十一〈唐大溈山靈祐傳〉中所載:

> 釋靈祐,俗姓趙,祖父俱福州長溪人也。……冠年剃髮,三年具

---

[43] 錢學烈《寒山拾得詩校評》(天津:天津古籍,1998年7月):「寒山禪寺雖不是因寒山子來此寓居而得名,與唐代隱居於天台的寒山子毫無瓜葛。但明清以來,由於寒山詩的流傳,人們喜愛其詩,尊崇其人,在蘇州寒山寺為之繪形塑像,供奉禮拜,使寒山寺成為吳中勝地,名揚海內外;吳中百姓把寒山、拾得奉為「和合二聖」,看作幸福和睦的化身,幾乎婦孺皆知。這已有數百年的歷史,是不可改變也無須改變的事實。」,頁30。

[44] 南唐‧靜、筠禪僧編、張華點校:《祖堂集》(鄭州:中州古籍出版社,2001年10月),頁541。

戒。……及入天台，遇寒山子於途中，乃謂祐曰：「千山萬水，遇潭即止。獲無價寶，賑卹諸子。」祐順途而念，危坐以思，旋造國清寺，遇異人拾得申繫前意，信若符合。遂詣泐潭謁大智師，頓了祖意。……以大中癸酉歲正月九日盥漱畢，敷座瞑目而歸滅焉。享年八十三，僧臘五十九。【45】

「冠年剃髮，三年具戒。」即二十三歲之謂。大智師則為百丈懷海【46】之諡號。所指靈祐「冠年剃髮，三年具戒。及入天台，遇寒山子於途中。旋造國清寺，遇異人拾得申繫前意。遂詣泐潭謁大智師，頓了祖意。」正與《祖堂集》所記其杖錫天台時間可謂相符。因此，如從《宋高僧傳》指其「大中癸酉歲正月九日盥漱畢，敷座瞑目而歸滅焉。享年八十三，僧臘五十九。」之語推判，靈祐應生於代宗大曆六年（771），卒於宣宗大中七年（853）。其遊江西遇寒山、拾得之年應為唐德宗貞元九年（793）。由此可證，拾得卒年勢必在貞元九年以後。

不過，靈祐於德宗貞元九年（793）遇拾得之事，雖無法判定拾得詳確年齡為多少，但如據前人考訂寒山卒年線索【47】及志南《三隱集記》所載之事【48】推判，拾得當時年事已高。

【45】《宋高僧傳》，頁264。

【46】懷海（720~814）唐僧。福州長樂（今屬福建）王氏。幼時入道，三學該練。會馬祖道一闡化江西，乃傾心依附，隨侍六載，卒得秘傳。後開法洪州新吳百丈山，自立禪院，訂製清規，率眾參修，並事墾植，有「一日不作，一日不食」之言，開農禪之風，為佛門所重。寂後穆宗長慶中諡「大智禪師」。所訂規約，世稱《百丈清規》，天下叢林無不奉行。《中國佛教人名大辭典》，頁110。

【47】余嘉錫認為貞元九年為寒山卒年之上限。其《四庫提要辨證》曾考：「從大曆中下數十餘年，正當貞元間，與吾所考靈祐以貞元九年遇寒、拾者，適相吻合。……蓋寒山即以此時出天台，遂不復見。」而陳慧劍則認為：「照公案推算，他（靈祐）見寒山時二十三歲，是公元七九四年，寒山（七一〇~八一五），比他大一甲子，此時已八十多歲。」從上觀來，余氏與陳氏所考寒山之卒年，顯

3 遇趙州從諗禪師

另一文獻則是相傳趙州從諗禪師【49】也曾於行腳談禪時參訪寒山、拾得。其著錄在宋・賾藏主編《古尊宿語錄》卷十四，曰：

> 師（趙州從諗）因到天台國清寺見寒山、拾得。師云：「久向寒山、拾得，到來只見兩頭水牯牛。」寒山、拾得便作牛鬥。師云：「叱叱！」寒山、拾得咬齒相看，師便歸堂。二人來堂問師：「適來因緣作麼生？」師乃呵呵大笑。一日，二人問師：「什麼處去來？」師云：「禮拜五百尊者來。」二人云：「五百頭水牯牛輩尊者。」師云：「為什麼作五百頭牛牯去？」寒山云：「蒼天！蒼天！」師呵呵大笑。【50】

文中清楚提到趙州禪師曾到國清寺拜訪寒山、拾得，但時間也是不詳。又南宋淳熙十六年（1189）釋志南《天台山國清禪寺三隱集記》亦有相近之記載：

> 趙州到天台，行見牛跡。寒曰：「上座還識牛麼？此是五百羅漢游山。」州曰：「既是羅漢，為什麼卻作牛去？」寒曰：「蒼天，蒼天！」州呵呵大笑。寒曰：「笑作什麼？」州曰：「蒼天！蒼

然有差異。姑且不論孰是孰非，可確定是靈祐見寒山時，寒山至少為八十多歲之老翁，加上拾得卒年應與寒山相近，依此推斷拾得當時年事已高。

【48】釋志南《三隱集記》中有載：「溈山來寺受戒，與拾往松門，夾道作虎吼三聲，溈無對。……拾拈柱杖曰：『老兄喚這箇作什麼？』溈又無對。」從「拾拈柱杖」之語研判，拾得此時年紀應該已大。

【49】從諗（778~897）曹州（山東縣西北）郝氏。幼於本州扈通院披薙。參池陽南泉有悟。乃往嵩獄琉璃壇受戒。仍返南泉，久之眾請往趙州觀音院，道化大揚。其玄言法語遍布四方，時謂趙州門風。有趙州茶，狗子無佛性，庭前柏樹子，四門三轉語等公案流傳叢林。寂諡真際大師。《中國佛教人名大辭典》，頁655。

【50】宋・賾藏主編集：《古尊宿語錄》（北京：中華書局，1994年5月），頁247。

天！」寒曰：「這小廝兒卻有大人之作。」[51]

《古尊宿語錄》與《三隱集記》內容大致相仿，雖《三隱集記》並無提及拾得，但仍可確定二者應同指一件事。然而，趙州遇寒、拾公案，贊寧《宋高僧傳》卷十一〈唐趙州東院從諗傳〉卻隻字未提，且未有資料證明趙州從諗遇寒、拾之時間，導致有人曾對此文獻之真實性提出懷疑[52]。不過，從諗禪師見寒山、拾得之事，應非為神話或由後人所杜撰[53]，而有其一定程度之參考價值，不該輕易捨棄。倘若趙州從諗禪師拜訪屬實，則陳慧劍所考結論，誠然可信，其曰：

> 趙州比溈山小七歲，那麼公案時期，趙州只有十六歲，如果趙州到天台山，則「趙州對寒山」的公案，當在七九四年以後。[54]

從陳氏推論來看，認為從諗禪師遇寒山、拾得約為溈山靈祐相見後不久，即七九四年以後發生之事，似乎還不夠深入。對此，羅時進則進一步考釋：

> 從諗的卒年在《趙州語錄》所附〈行狀〉中記為「戊子歲十一月十日」，但應該知道此處「戊子」乃「戊午」之誤。「戊午十一月」與《景德傳燈錄》卷十所記「乾寧四年（丁巳）十一月」只差一年，並不能說完全失據。無論其滅寂於丁巳（897）或戊午（898），在元和九年（814）百丈死時從諗已三十六、七歲，此當

---

[51] 釋志南：《天台山國清禪寺三隱集記》，頁60。

[52] 如日本元祿十四年（1701）本內以慎《寒山子傳纂》及胡適《白話文學史》皆曾提出質疑。參見羅時進《唐詩演進論》第十章「唐代詩人實考」，頁201。

[53] 對此，羅氏認為本內以慎所據之《唐年譜》與宋僧志磐《佛祖統記》同一史源。且《統記》所載寒山、拾得見閭丘胤之事，是從閭丘胤所撰《寒山子詩集序》衍生而出。而閭《序》已足證為偽作，故據此來懷疑溈山、趙州遇寒、拾事就毫無意義。而胡適則是未能利用《祖堂集》中之材料，如能知曉貞元九年溈山遇寒山，對趙州之事或有別論。同前書。

[54] 陳慧劍：《寒山子研究》，頁60。

然可以「談禪行腳」。雖然我們尚無確切的材料證定趙州從諗與寒山相見的時間，不過從寒山說「這廝兒宛有大人之作」的口氣來看，顯然兩人年齡相差很大。稱「這廝兒」，似其時從諗在弱冠前後，以從諗生年（778）推之，寒山遇從諗當在798年前後，亦即靈祐遇寒山、拾得後不久幾年。【55】

據是，羅氏以《景德傳燈錄》卷十所云：「從諗，唐乾寧四年十一月二十日，右脅而寂，壽一百二十。」其「壽一百二十」之說法，推算趙州生卒年。並用寒山與從諗對答之內容片段判斷，其相見時間大約為唐德宗貞元十四年（798）之後的事情，考證甚為合理。不過此一說法之成立，也推翻余嘉錫所考寒山於德宗貞元九年（793）後「遂不復見」之觀點。

再者，依據陳星橋〈廣參苦行存典範，古柏千年播禪風－趙州和尚生平化跡與趙州禪得歷史影響〉文中統計，趙州從諗禪師一生曾行腳七省，遍參南、北二宗禪師【56】，其造訪國清寺見寒山、拾得也應於此時。若以趙州大到可以行腳，而寒山已是百歲之人來推測，則趙州遇寒、拾最早約為三十六歲（百丈圓寂於憲宗元和九年，814），最晚則是四十九歲（文宗太和元年，827），參南泉普願之後。【57】

參、拾得享年與卒年

拾得有生之年究竟多長，文獻並無提及。因此在無法知悉其享年之

【55】羅時進：《唐詩演進論》，頁201~202。

【56】陳星橋：〈廣參苦行存典範，古柏千年播禪風－趙州和尚生平化跡與趙州禪得歷史影響〉（載《法音》，2002年第八期，總第二一六期）轉引葉珠紅：《寒山子資料考辨》，頁54。曾統計其行腳過山東、河北、江西、湖南、湖北、浙江、安徽；參訪過江西的百丈懷海、黃檗希運、雲居道膺、河北的寶壽沼和尚、臨濟義玄、湖南的道吾圓智、溈山靈祐、藥山惟儼、鹽官和尚、夾山善會、湖北的茱萸、浙江的大慈寰中、安徽的投子大同。

【57】葉珠紅：《寒山子資料考辨》，頁54。

下，要定其生卒年，確毫無憑據，不知從何著手。今陳慧劍在檢核寒山詩與拾得詩誤收問題時，曾作出六點結論，其一曰：

> 寒山、拾得在年齡上的差距（二人相差三十到六十歲之多），……（又：從詩情推論，寒、拾二人，年紀相距，則不可相差太遠。）【58】

陳氏所言並無所據，但在史料缺乏下，此一猜測或許能成為推定拾得生時年代之要素。拾得〈從來是拾得〉詩中有句：「從來是拾得……若問年多少，黃河幾度清。（十六）【59】」從末句「若問年多少，黃河幾度清」引用王子年《拾遺記》：「丹丘千年一燒，黃河千年一清。」之典實【60】觀之，似乎說明拾得享年亦長之事實。假設拾得年齡與寒山相仿，加上享年亦長條件下，筆者以為此二人年齡差距應非陳氏所言三十至六十歲之多，而是十至三十歲，才算合理【61】。

復次，觀記載拾得入滅之時，除見先前所提之文獻外，釋志南《天台山國清禪寺三隱集記》有不同之載錄：

> 閭丘歸郡，送淨衣香藥到巖，寒高聲喝曰：「賊，賊！」遂入巖石縫中，且曰：「報汝諸人，各各努力。」石縫忽合。後有僧採薪南峰，距寺東南二里，遇一梵儀，持錫入巖，挑鑷子骨曰：「取拾得舍利。」乃知入滅於此，因號巖為「拾得」。……按舊

【58】陳慧劍：《寒山子研究》，頁97；另錢學烈也提出「拾得生卒年代不可考，但從寒拾二人詩中可知其年齡相近，寒山略長於拾得。」《寒山拾得詩校評》中寒山詩〈慣居幽隱處〉注釋3，頁151~152。

【59】項楚：《寒山詩注》，頁854。

【60】錢學烈《寒山拾得詩校評》，頁176。

【61】寒山享年約為百二十餘歲，如拾得與其距相六十歲之多，則拾得享年才四十至六十歲之多，似乎太過短暫。另又據陳氏所言：「詩情推論，寒、拾二人，年紀相距，則不可相差太遠。」來研判，筆者認為寒山與拾得年齡相距大約為十至三十歲，享年約為八、九十歲。

序,二人呵叱,自執手大笑。閭丘歸郡,遣衣送藥,與夫挑鏍子骨等語,乃知寒山不執閭丘手,閭丘未嘗至寒巖,拾得亦出寺門二里許入滅。今《傳燈》所錄,誤矣。【62】

《三隱集記》記寒山、拾得二人巖穴而逝之事,皆不出閭丘序之窠臼。惟不同處為志南對閭丘胤是否曾至寒巖之事提出懷疑,不但清楚指出拾得入滅之地,且認為《景德傳燈錄》所記之事為誤,可見釋志南《三隱集記》對於寒、拾最終下落之交代較為具體。因此,如根據志南所言,雖無法詳知拾得卒年時間,但可肯定是二人入滅時間應相距不遠。如以拾得與寒山卒年相近,且又大概與寒山相距十至三十歲之前提下,加上寒山最晚卒年下限為唐文宗大和元年(827)與武宗會昌四年(844)等相關條件成立之下,上推九十年,可得到拾得生年範圍約為唐玄宗開元二十五年(737)~唐玄宗天寶十三年(754),卒於唐文宗大和元年(827)~唐武宗會昌四年(844)。

肆、結語

綜上所述,大致可確定拾得生於唐玄宗開元至天寶年間,約737~754年左右,卒於唐文宗大和至武宗會昌年間,約827~844年左右,約為盛唐末葉至晚唐時期人。不過有關拾得之生平時代,因史蹟之湮沒,言人人殊,故目前所得之結論,也僅是筆者爬羅及辯證相關史料後,所可獲之一鱗影。《論語‧八佾》曾謂:「子曰:『夏禮,吾能言之,杞不足徵也;殷禮,吾能言之,宋不足徵也。文獻不足故也,足則吾能徵之矣。』」拾得生平時代無法確考,實為文獻不足之故。因此,如要對其生平年代窮根究柢,得其真相,則有待更多新文獻之出現。筆者相信,假以時日,拾得生平年代之真面目,終會有水落石出之一天。

【62】釋志南:《天台山國清禪寺三隱集記》,頁63~64。

韓愈貶潮行跡與三詩繫年新論

柯萬成*

提要

　　據錢仲聯（1908-2003）《韓昌黎詩繫年集釋》，韓愈的貶潮詩有二十一首，其中三首詩的繫年，諸家意見頗有異同。此貶潮三詩與韓愈（768-824）當年的行跡連結，而其行跡又與唐代律令有關。只要行跡一定，則據此以言其詩作繫年，較為準確，也有說服力。於是，筆者根據唐代律令，對其何時接赦書？何時接量移書？何時離潮？何時至廣？何時至韶？何時至袁？分別展開考察。結果發現，韓愈當年的行跡：元和十四年七月十三日，群臣上尊號，赦天下。韓愈在七月二十八日左右接赦書。十一月中旬，收到量移令；過了冬至假離潮。除夕前抵達韶州，元和十五年正月八日左右離開韶州，閏正月八日到達袁州。據上，此貶潮三詩：〈量移袁州張韶州端公以詩相賀因酬之〉、〈將至韶州先寄張端公使君借圖經〉、〈韶州留別張端公使君〉宜分別繫於元和十四年十一月中旬、十二月中旬、翌年正月七日左右。再者，前人對韓愈抵袁時間，有正月與閏正月之辨，經本文討論定案後，可告息矣。

關鍵詞

　　韓愈、潮州、韶州、袁州、貶潮詩、張端公

一、前言

　　韓愈（768-824）有三首貶潮詩：〈將至韶州先寄張端公使君借圖

*臺灣國立雲林技術學院副教授。

經〉、〈量移袁州張韶州端公以詩相賀因酬之〉、〈韶州留別張端公使君〉詩,歷來,對前詩的繫年有不同意見。本文即以「將至韶州」之時間展開討論,順及其餘二首。復次,因為事涉韓愈的行跡,諸如何時聞赦令、量移令等問題,何時離潮?何時至袁州等等,皆有規定,此與唐代的律法有關,必須以之為主軸,先行加以論述,然後作品繫年才有著落點。復次,中國幅原廣大,南北地形高低有別,律令中所要求到達之時間,恐怕要彈性處理為好;況且作詩時間不一定在當時,有可能作於日後,不過既然講繫年,不得不如此論述罷了。為此,筆者不揣譾漏,撰成此篇,敬希方家指正。

二、韓愈貶潮三詩繫年問題

(一)、諸家對〈將至韶州先寄張端公使君借圖經〉一詩的觀點

洪興祖（1090-1155）曰:「此詩自潮移袁道中作。」[1]

方崧卿（1119-1178）《韓集舉正》以為「歸日再經韶陽之所作」;[2] 其〈韓文年表〉亦繫於:「元和十四年己亥。」[3]

方成珪（1785-1850）《昌黎先生詩文年譜》,繫於元和十五年正月。[4]

---

[1]《韓昌黎詩繫年集釋》卷12,註文《魏本》引（上海:古籍出版社,1984年3月）,頁1179。下稱:《集釋》。

[2]〔宋〕方崧卿:《韓集舉正》卷4,第10卷（台北縣:藝文印書館,四庫善本叢書館景印故宮博物院所藏文淵閣本,民48年）

[3]〔宋〕方崧卿:《韓文年表》,徐敏霞校輯:《韓愈年譜》（北京:中華書局,1991年5月）,頁102。

[4]《集釋》卷12,頁1179。（清）方成珪撰,陳准校刊:《韓集箋正五卷附年譜一卷》（清道光間瑞安陳氏湫漻齋校刊本）。又清人顧嗣立《昌黎先生詩集注》、方世舉《昌黎詩編年箋注》亦觸及繫年,惟其重點偏於箋注,故不採及。

岑仲勉（1886-1961）：此詩應是謫潮時作。【5】

錢仲聯（1908-2003）因據繫於元和十五年庚子、【6】屈守元（1910-2003）則據繫於元和十五年。【7】兩家雖無註明月份，惟推其意，應指正月。

羅聯添（1927- ）繫於元和十五年春正月。【8】

黃埕喜（1950？- ）據方、洪及羅說，繫於元和十五年正月。【9】

張清華（1936- ）繫於元和十四年十二月下旬。【10】

陳克明（1918-1999）據方、洪、岑諸說，繫於元和十五年。【11】

(二)、諸家之分歧點

此詩繫年有五說：1、元和十四年，謫潮時作。方崧卿〈年表〉、

【5】《集釋》卷12，頁1179。岑仲勉：《唐史餘瀋》「韶州借圖經詩」條（北京：中華書局，2004年4月），頁154。

【6】《集釋》卷12，頁1179。

【7】屈守元、常思春：《韓愈全集校注》（成都：四川大學出版社，1996年7月），頁818。

【8】羅聯添：《韓愈研究》（台北：台灣學生書局，民70年11月增訂再版），頁109。

【9】黃埕喜：《韓愈事蹟繫年考》（台北：東吳大學碩士論文，民78年4月），頁197。收入羅聯添編：《韓愈古文校注彙編》附編（台北：國立編譯館出版，民92年6月），頁3930-3931。

【10】張清華：「按韓愈〈袁州刺史謝上表〉說他十四年十月二十四日，準例量移，改授袁州刺史……按十月二十四日下詔，詔到潮二千五百多公里路程，韓愈去時用了百日，此驛站傳遞，也得經月，到潮最早也得到十一月下旬或十二月初。接詔出發，當在十一月底或十二月初，韓愈到韶州的時間，以十四年十二月底為宜，此詩當寫於將到韶州的途中，寫於十二月下旬。」見氏著：《韓愈研究‧韓愈年譜匯證》（南京：江蘇教育出版社，1998年8月），頁379-380。

【11】陳克明：《韓愈年譜及詩文繫年》（成都：巴蜀書社，1999年8月），頁570。

岑仲勉主之；2、「歸日經韶陽之所」作，方崧卿《舉正》主之；3、元和十四、五年，「自潮移袁道中作」，洪興祖主之；4、元和十四年十二月下旬，張清華主之；5、元和十五年正月，方成珪、錢仲聯、屈守元、羅聯添、黃埕喜、陳克明主之。

關於第一說，此為回程作，非為去程作，甚明，可以排除。

第二說，指由潮州移刺袁州經過韶陽時，基本上是對的；

至於第三說，「自潮移袁道中作」，可以由元和十四年十一月中旬至十五年閏正月。第四、五說，是欲就前說加以釐析，故出現諸家之分歧。

三、韓愈行跡及詩作繫年

此詩題為〈將至韶州先寄張端公使君借圖經〉，既云「將至」，則寫作時間，有可能在潮州時、在廣州時、或將至韶州時。以下試分幾點考察：1、何時接赦書？2、何時接量移書？3、何時離潮州？4、何時至廣州？5、何時至韶州？6、何時至袁州？7、有無超出程限？為方便閱讀，以下試用小題標明，明述詩作繫年的時間，以醒眉目：

（一）、接赦書在七月二十八日左右

韓愈甚麼時候接赦書？考察重點為：（1）、朝廷何時頒布？（2）、赦書有無稽緩？（3）、赦書日行幾里？（4）、長安至潮州幾里？

據《通鑑》卷241：「元和十四年，七月己丑，群臣上尊號，赦天下。」【12】《洪譜》記同。【13】《新唐書·憲宗紀》引同。【14】

【12】〔宋〕司馬光撰、〔宋〕胡三省注、章鈺校記：《新校資治通鑑注》卷241，唐紀57（台北：世界書局，民76年1月10版），頁7769。下稱：《通鑑》。

【13】〔宋〕洪興祖：《韓子年譜》，徐輯《韓柳年譜》，頁69。

據唐憲宗（778-820）〈元和十四年冊尊號赦〉頒布的時間，是在該年七月己丑（十三日），文曰：「自元和十四年七月十三日昧爽已前，大辟罪已下，已發覺、未發覺，已結正、未結正，繫囚見徒，罪無輕重，咸赦除之；唯故殺人及官典犯贓，不在此限。左降官量移近處，已經量移者，更與量移……。」[15]

據《唐律疏議》「稽緩制書官文書」條，疏曰：赦書「計紙雖多，不得過三日。」[16]。而「赦書」自屬大事，易言之，最慢七月十六日，就應由尚書省轉發至天下百司。

唐代赦書有日行五百里的規定，據上引唐憲宗〈元和十四年冊尊號赦〉，文末即言：「赦書日行五百里，布告天下，咸使知聞。」[17] 潮州至長安多少里？據《元和郡縣圖志》為5625里。[18]

---

[14]〔宋〕歐陽修、宋祁：《新唐書‧憲宗紀》卷7（北京：中華書局點校本，1991年12月），頁218。

[15] 此赦文見宋‧宋敏求編：《唐大詔令集》卷10（台北：華文書局，民58年6月初版，頁434-437。）清‧董誥等編：《全唐文》卷63（北京：中華書局，1983年11月，頁675-678。）宋‧李昉等編：《文苑英華》卷422（北京：中華書局，1982年7月，頁2138-2141。）惟詳略不同，以《全唐文》卷63所載最詳。至赦書日期，亦見宋‧王欽若等編：《冊府元龜》卷89（北京：中華書局，2003年6月，頁1071。）後晉‧劉昫等：《舊唐書‧憲宗紀》卷15作：「七月辛巳（五日），群臣上尊號。」（北京：中華書局，1997年3月〕，頁468-469。）疑誤。

[16] 劉俊文：《唐律疏議箋解》（北京：中華書局，1996年6月），頁771。

[17]《文苑英華》卷422，頁2138-2141。〔清〕顧炎武撰、黃汝成集釋：《日知錄》卷10〔驛傳〕：「唐制，赦書日行五百里」（台北：台灣中華書局，民65年3月台二版）。

[18]〔唐〕李吉甫撰、孫星衍校、張駒賢考證：《元和郡縣圖志》卷34，《叢書集成新編》第93冊（台北：新文豐出版社，民74年1月），頁345。按：據《舊唐書‧地理志》卷41：廣州距京5447里，而潮州距廣州多少里，無記載。再據

由上，七月十三日大赦，赦書最慢在七月十六日，就該由尚書省轉發至天下百司；依照赦書日行五百里的規定；由長安至潮州5625里，即12日左右可達；據《唐代的曆》：七月為大月，[19]到達時即為七月二十八日左右。他聞令即在此時。之後，韓愈還呈上〈賀冊尊號表〉。[20]

（二）、接量移書在十一月十六日左右

朝廷處理量移書有一定的手續，韓愈何時接量移書？考察重點為：（1）、一般貶官的其手續為何？（2）、特殊情況又如何？（3）、韓愈屬哪一種？（4）、量移書內容？（5）、何時接量移書？

韓愈接到赦書後知道符合量移條件，但量移到那裡？官職如何？何時生效等等，他是不知道的；中間有還有許多手續待辦。[21]

《唐會要》卷41云：「（元和十二年）七月敕，自今以後左降官及責受正員官等，並從到任後，經五考滿，許量移。……考滿後，委本任處州府具元貶事例，及到州縣月日，申刑部勘責，俾吏部量資望位量移官，仍每季具名聞奏，並申中書門下。」[22]

對於一般貶官而言，由當地的州府將左降官當初遭貶謫的事由和到州縣的時間，申報刑部；刑部核實後，再由吏部評估官員的資望，再量移官位；吏部擬定的名單，仍須申報中書門下確認，才會發出〈量移

同卷「循州」條，循州南至廣州400里，東至潮州517里，合為917里可視為廣州至潮州之距離。以此言，長安經廣州至潮州，路程計為5447里加917里，即共6364里。以文獻論，前書成於中唐，後書成於北宋，今取前書為準。

[19]〔日〕平岡武夫：《唐代的曆》（上海：上海古籍出版社，1990年9月），頁250。

[20]〔宋〕洪興祖：《韓子年譜》，徐輯：《韓柳年譜》，頁69。

[21] 參陳俊強：〈唐代「量移」試探〉，《第五屆唐代文化學術研討會論文集》（高雄：麗文文化事業公司，2001年9月），頁655-669。

[22]〔宋〕王溥撰：《唐會要》（台北：世界書局，民78年4月五版），頁736-737。

書〉。這段時間頗長。以韓愈貞元二十一年逢赦量移江陵為例,共耗時166日。【23】

倘若左降官所犯事由及身份特殊者,則為特別處理。

《唐會要》卷41云:「如是本犯十惡、五逆及指斥乘輿、妖言不順、假託休咎、反逆緣累及贓賄數多,情節稍重者,宜具事由奏聞。其曾任刺史、都督、郎官、御史、五品以上常參官,刑部檢勘,具元犯事由聞奏,並申中書門下商量處分。」【24】又云:「未滿五考以前,遇恩赦者准當時節文處分。」【25】

韓愈此犯情節嚴重,據〈潮州刺史謝上表〉,自稱:「言涉不敬。」【26】加上他的身份頗為特殊,曾任品階為正四品下【27】的刑部侍郎,故需特別處理。

韓愈的案子既屬特別情況,乃由刑部將其所犯事由上奏,由中書門下直接處理,不需經過吏部。如今,以韓愈這樁量移案為例,由七月十

【23】 貞元十九年韓愈貶陽山令,二十一年正月丙申(二十六日)順宗即位,二月甲子(二十四日)大赦天下。陽山縣,據《新唐書‧地理志上》卷43上「連州條」,為中下縣(頁1107);又據《唐六典》卷之30,品階為「從七品上」(〔唐〕唐玄宗御撰:《唐六典》(台北縣:文海出版社,民63年6月),頁517)。韓愈於三月底接過赦書後,申請量移。是沿一般左降官的情況,由州府檢送資料申辦,中間又遭楊憑壓抑,故情況不同。夏秋之間,離開陽山,待新命於郴州。其年八月乙巳(九日)憲宗即位,十四日韓氏在郴州才接得〈量移書〉,移官江陵法曹參軍。前後共耗時166日。韓愈曾患瘧疾,稽留到九月初才與張署上路,約十月末抵達江陵。

【24】《唐會要》卷41,頁737。

【25】 同上註。

【26】〔清〕馬其昶校注:《韓昌黎文集校注》第8卷(香港:中華書局,1984年重印)頁357-358。下稱《校注》。

【27】《唐六典》卷6,頁128。

三日下達赦書起至十月二十四日發出止,共用了100日。

而刑部所提有關韓愈量移書的內容,從〈袁州刺史謝上表〉可知端倪。〈袁州謝表〉云:「臣某言,臣以去年正月上疏論佛骨事,先朝恕臣愚直,不加大罪,自刑部侍郎貶授潮州刺史。伏遇其年七月十三日恩赦至。」【28】文末云:「其年十月廿四日,準例量移,改授袁州刺史。」【29】據此,未嘗不可以視為朝廷〈量移書〉的內容,因為裡面包括了:犯罪的原因、恩赦、量移地點、官職、發出日期。

何謂「準例量移」?是說他雖未經五考,但遇恩赦,依據七月十三日赦書的節文規定,得以量移。

再說,韓愈量移一郡,在當年五月間,皇帝接過韓愈〈潮州刺史謝上表〉時即已決定。【30】

依量移慣例,韓愈確是移近了京師,品階亦有所提升,表示了朝廷的恩惠。潮州距長安5625里,【31】袁州距長安2972里,【32】移近了2653里;【33】由原屬嶺南道【34】的潮州移到屬於江南西道【35】的袁州,移近

【28】《校注》,頁360。

【29】同上註。

【30】據《舊唐書・韓愈傳》卷160:「憲宗謂宰臣曰:『昨得韓愈到潮州表,因思其所諫佛骨事,大是愛我,我豈不知,然愈為人臣,不當言人主事佛乃年促也。我以是惡其容易。』上欲復用愈,故先語及,觀宰臣之奏對。而皇甫鎛(760-836)惡愈狷直,恐其復用,率先對曰:『愈終太狂疏,且可量移一郡。』乃授袁州刺史。」頁4202。

【31】《元和郡縣圖志》卷34,《叢書集成新編》第93冊,頁345。

【32】《元和郡縣圖志》卷28,《叢書集成新編》第93冊,頁280。

【33】依《舊唐書・地理志》卷41、40,廣州、循州條,廣州至長安為5447里,廣州至循州至潮州為400+917里,故知:潮州距長安6364里;袁州距長安為3580里,則移近了2784里,頁1712-1715、1609。

了一個州。在品階方面，潮州為下州、【36】下州刺史正四品下；【37】袁州為上州，【38】上州刺史從三品。【39】

〈量移書〉是元和十四年十月廿四日由朝廷發出，自當日起，韓愈可以「準例量移」。據韓愈〈袁州謝表〉：「元和十四年十月廿四日，準例量移，改授袁州刺史。」《洪譜》引《憲宗實錄》亦云：「十月己巳，韓愈袁州刺史。己巳，十月二十四日也。」【40】

韓愈何時收到〈量移書〉？此書既由十月廿四日朝廷所發，最遲三天後送出，若比照貶官日馳300里（十驛）速度，【41】則為18天，即至遲十一月十六日左右到達潮州。（若比照赦書速度，日行500里大概也要12日。）

【34】《元和郡縣圖志》卷34，《叢書集成新編》第93冊，頁343。《舊唐書・地理志》卷41，頁1711-1724。

【35】《元和郡縣圖志》卷28，《叢書集成新編》第93冊，頁278-280。《舊唐書・地理志》卷40，頁1601-1609。

【36】《元和郡縣圖志》卷34，作下州，載《叢書集成新編》第93冊，頁345。《新唐書・地理志》卷43上，作下州，頁1097。《舊唐書・地理志》卷41，無潮州記載，頁1711-1714。

【37】《唐六典》卷之30，頁510。

【38】《元和郡縣圖志》卷28，作上州，《叢書集成新編》第93冊，頁280。《新唐書・地理志》卷41，作上州，頁1070。《舊唐書・地理志》卷40，作下州，頁1609。

【39】《唐六典》卷30，頁508。

【40】〔宋〕洪興祖：《韓子年譜》，徐輯：《韓柳年譜》，頁69。

【41】《唐會要》卷41〔左降官及流人〕條：「天寶五載七月六日敕，……自今以後，左降官量情狀稍重者，日馳十驛以上赴任。」頁735。

（三）、冬至後離潮州

韓愈何時離潮？有四個觀察點：（1）、何時接量移書？（2）、官員量移是否有程限？（3）、有無職田需收割？（4）、他如何利用其裝束假？

《唐律疏議》職制律〈之官限滿不赴〉條，疏云：「議曰：依令，之官各有裝束程限。限滿不赴，一日笞十，十日加一等，罪止徒一年。其替人已到，淹留不還，準不赴任之程減罪二等。其有田苗者，依令『聽待收田訖發遣』。無田苗者，依限須還。」[42]

敦煌伯2504〈天寶令式表（殘卷）〉載〈裝束式〉稱：「敕：今年新授官過謝後，計程不到任所者，宜解所職，仍永為恆式。開元二十八年三月九日。」[43]

唐代官員赴任有裝束假與程限。計程不到所任者，解職；若代任者已到，本人當需立即赴任。本來，唐代官人有職田，職田若有莊稼待收穫者，其程限皆自收穫日起算，但自開元以後改為給粟；[44] 所以，韓愈自潮州量移袁州所需時日，必須計算裝束假，代任者到潮日；而不必計算職田有否莊稼待收穫。

何謂裝束假？唐代官員授任後，朝廷要給以準備的時間，這就是裝束假。與此同時，還有到達任所需要的路程的期限，也即程假。

據唐律「假寧令」：「諸外官授訖，給假裝束，其千里內者卅日，二千里內者五十日，三千里內者六十日，四千里內者七十日，過四千里者八十日。並除程。其假內欲赴程者，聽之。若有事須早遣者，不用此

---

[42]《唐律疏議箋解》卷9，頁721。

[43]《唐律疏議箋解》卷9，〔之官限滿不赴〕解析引，頁723。

[44]《唐會要》卷92「內外官職田」，開元十年、二十九年條，「正月命有司收內外官職田……其職田以正倉粟二升給之。」「二月敕，外官職田，委所司準例倉中受納，納畢，一時分付；縣官亦準此。」頁1669-1670。

令。若京官身先在外者，裝束假減外官之半。」【45】

裝束假不僅給於一般官員，即左降官與流貶者也可享受。【46】

至於程假或稱程限。

〈量移書〉在十一月十六日左右到達潮州；筆者以為，他要到十二月四日冬至後才能出發？因為代任者未到，他需要主持一些儀式。

為甚麼要留到冬至？冬至是古代中國的大節日。在唐代，朝廷要作大陳設，與元日相同，有大聚會，是一年中的盛事。冬至時，潮州也需有一番儀式慶祝，當新任刺史未到，韓愈需要做主持人。【47】

韓愈既有八十日裝束假，他如何運用？有兩個注意點：一是潮州，一是韶州，前者過冬至，後者過春節。

他半年來用心經營潮洲，獲得人民愛戴，建立了友誼，他在潮州稍作逗留是很可能的；十一月中旬接到量移令距冬至不過十來天，（按：元和十四年十一月壬寅〔二十八日〕冬至）【48】，故此，筆者以為，韓愈留到冬至假後才上路。【49】

【45】《唐律疏議箋解》卷9，〈之官限滿不赴〉箋釋註引，頁721。

【46】李斌城等：《隋唐五代社會生活史》（北京：中國社會科學出版社，1998年7月），頁597。

【47】《唐會要》卷24「受朝賀」條，雖是記元日，而冬至日亦準此：「舊制元日，大陳設。」註云：「皇太子獻壽，次上公獻壽，次中書令奏諸州表，黃門侍郎奏祥瑞，戶部尚書奏諸州貢獻，禮部尚書奏諸蕃貢獻，太史奏雲物，侍中奏禮畢，然後中書令又與供奉官獻壽，時殿上皆呼萬歲。按舊儀闕供奉官獻壽禮，但依位次立，禮畢，竟無拜賀。開元二十五年，李吉甫革其舊儀，奏而行之。冬至亦然。」頁455。

【48】《唐代的曆》，頁250。

【49】據《唐會要》卷61：「貞元二年三月，京兆尹兼御史大夫第五琦奏：『使人緣路，無故不得在館驛淹留，縱然有事，經三日已上，即於主人安置館存其供限。如有家口相隨，即自須於村店安置，不得令館驛將什物飯食草料，就等彼供給擬

至於在韶州過春節。時間是除夕到正月初七。以下有討論。

（四）、〈量移袁州張韶州端公以詩相賀因酬之〉宜繫於十一月中旬

韓愈聞〈量移令〉既在十一月十六日左右，此時韶州刺史張端公有詩相賀，韓作詩〈量移袁州張韶州端公以詩相賀因酬之〉。

過往，此詩繫年諸說，即有十四年、聞命時之說，如：宋代韓醇：「量移令初下時」，[50]羅聯添：元和十四年十二月聞命時，[51]黃埕喜說同，[52]張清華：「冬十二月」，[53]陳克明：元和十四年。[54]

據上，筆者認為此詩寫於十一月中旬左右。

（五）、〈將至韶州先寄張端公使君借圖經〉宜繫於十二月中旬

七月底韓愈聞赦令後，十一月十六日左右收到量移書；冬至七日假後，即在十二月五日左右離潮。依地圖[55]（見附圖一、二），韓氏水陸並行，其期程為何？

據《唐六典》「戶部度支郎中」條的規定，[56]以水陸並行，日行60

者。」（頁1061）唐代往來使者，在館驛中人有所謂「淹留」情事。由此推測，韓愈若停留廣州，時間不超過三天。

[50]《集釋》卷11，頁1173-1174。

[51]《韓愈研究》，頁109。

[52]《韓愈事蹟繫年考》，頁196。

[53]《韓愈研究‧韓愈年譜匯證》，頁378。

[54]《韓愈年譜及詩文繫年》，頁553。

[55]〔江南西道〕、〔嶺南道東部〕頁57-58、69-70，譚其驤主編：《中國歷史地圖集》〔隋唐五代十國時期〕（上海：地圖出版社，1982年10月）。下稱：《史圖》。

[56]《唐六典》卷之3，「戶部度支郎中」條：「凡陸行之程，馬日七十里，步及驢五十里，車三十里。水行之程，舟之重者，泝河日三十里，江四十里，餘水四十

里算，917/60＝16日，到達廣州需時十六天，即為十二月二十日左右。他到了廣州，一時興起，才致函借圖經；既言「將入界」，即作於十二月中旬。

韓愈經廣州，有無停留？有無與孔戣見面，不清楚。目前未見其與孔戣間文書酬應詩文之記述。【57】

（六）、除夕前抵韶州

韓愈到達廣州為十二月二十日左右，他與家眷分別坐船逆行，依程限就需時530/45＝12天，到達韶州時，約在正月三日左右（按：十二月為小月）。但九天後就是春節，他要過年，而且在韶州過年。故此他要趕路，務令在除夕前抵達；否則，只能在驛館過春節了。

為甚麼要在韶州過年？在潮時，張韶州端公曾以詩相賀量移；而去年韓氏初貶潮州，路過韶州，路過宣溪時，張韶州曾寄書敘別，韓愈有〈晚次宣溪辱韶州張端公使君惠書敘別酬以絕句二章〉【58】相答。情意殷切。加上，韶州有他童年記憶。【59】於是，韓愈決定在韶州過年。

五里；空舟泝河四十里，江五十里，餘水六十里；沿流之舟則輕重同制，河日一百五十里，江百里，餘水七十里。」頁72。

【57】據《韓昌黎文集校注・遺文》有〈潮州謝孔大夫狀〉，孔大夫是孔戣（752-824），韓愈初貶潮州之時，孔戣顧慮到潮州「州小俸薄，慮有闕乏，每月別給錢五十千」，韓氏此狀以「身衣口食，絹米足充」為由，披陳謝意。再據《校注》卷8〈論孔戣致仕狀〉及《舊唐書・孔戣傳》卷154，孔戣與韓氏往昔同在南省為官，有所往來，孔戣自元和十二年（817），自國子祭酒拜御史大夫、嶺南節度使；孔戣在南海，「禁絕賣女口」，「自犯風波」禱南海神，韓愈後在袁州，曾作〈南海神廟碑〉敘其善政予以贊美。元和十五年，穆宗即位，九月，孔戣擢遷吏部侍郎，此際尚在廣州。情理上，不管〈謝孔狀〉真偽，兩人既為同僚舊識，既經廣州，理應一敘，惟未見詩文記述其酬應往來。

【58】《集釋》卷11，頁1119。

（七）、〈韶州留別張端公使君〉宜繫於正月七日前

  韓愈在韶州過完年，臨別時，有〈韶州留別張端公使君〉詩。【60】

  過往，此詩繫年諸家有不同說法：方成珪：「是年（元和十五年）正月作」；【61】徐震（1412-1490）：「此過韶當在十一月」；【62】王元啟（1714-1786）：元和十五年閏正月過韶作；【63】錢仲聯：「移袁過韶為十五年閏正月」。【64】羅聯添：元和十五年正月，【65】黃埕喜說同，【66】張清華：「正月十日前後」，陳克明，繫於元和十五年。【67】

  由上，筆者認為詩作於韶州，離別張韶州時，即元和十五年正月七日左右。【68】

【59】〈復志賦〉：「當歲行之未復兮，從伯氏以南遷，……至曲江而乃息兮，逾南紀之連山。」韓愈三歲父卒，就養於其兄韓會。唐德宗大曆十二年（777）韓會為起居舍人，坐元載黨貶官。十四年（779）再貶韶州，韓愈隨兄赴韶。建中元年（780）左右，韓會卒，隨嫂護喪北歸河陽。當時韓愈12-13歲，韶州有他的童年回憶。《韓愈研究》，頁29-31。

【60】《集釋》卷12，頁1181。

【61】《集釋》卷12，頁1181。

【62】《集釋》卷12，頁1182。

【63】《集釋》卷12，頁1181-1182。

【64】《集釋》卷12，頁1182。

【65】《韓愈研究》，頁109-110。

【66】《韓愈事蹟繫年考》，頁197。

【67】《韓愈年譜及詩文繫年》，頁571-572。

【68】案：詩中四句，可以一提，就是：「來往再逢梅柳新，別離一醉綺羅春，……已知奏課當徵拜，那復淹留詠白蘋？」後兩句：「已知奏課當徵拜，那復淹留詠白蘋？」說張韶州剛把秋稅事辦好，成績甚佳，不久亦當得到朝廷徵拜回朝。是讚頌也是實情。請注意：「那復淹留」四字，「那復淹留」表示日前曾淹留，此刻不欲再度淹留？日前之淹留指甚麼？指在潮州時？在廣州時？由於廣州不可

(八)、閏正月八日到袁州任

韓愈至袁州到任時間,據〈袁州謝表〉言「今月八日」,是正月抑閏正月?

據《元和郡縣圖志》,韶州至袁州距離雖無直接里數,但由各段里數相加,而知其大概。虔吉路至袁州:韶州—虔州—吉州—豐城—袁州,分別為:550里、474里、346里、488里,合為1858里;[69](至於郴州路則為:韶州—郴州—衡州—潭州—袁州,分別為:410里、371里、460里、525里,合為1767里。[70])韓愈走虔吉路,則至袁州需時為:550/70(韶州至虔州,以水陸相半算)+474/70(虔州至吉州,以舟重沿流算)+346/70(吉州至豐城,以舟重沿流算)+488/45(豐城至袁州,以舟重溯流算)= 7.86 + 6.77 + 4.94 + 18.44 = 30.01 日,[71] 由上概估,[72] 其到任時間,應為「閏正月八日」。

知。由此猜測:韓氏在潮州時曾停留一段時間,與冬至有關。即所謂「淹留」也。

[69]《元和郡縣圖志》卷34、28,《叢書集成新編》第93冊,頁347、279、280。而吉州至豐城段以576里(吉至洪)三份二概算,為346里;豐城至袁州段則以740里(洪至袁)三份二概算,為488里。

[70]《元和郡縣圖志》卷34、29,《叢書集成新編》第93冊,頁347、289、288。惟據《舊唐書·地理志》卷40、41:袁州距京3580里,韶州距京4932里,韶州至袁州的距離可從兩數相減,知為1352里。頁1609、1714。

[71] 韶州至始興,過大庾嶺到虔州,水陸相半。由虔州、吉州至豐城再至袁州,贛水接袁水時,走水路,贛水順流,袁水逆流。

[72] 參《史圖》,有清江,是贛水、袁水的交會口,韓氏由此轉驛船,會比較快抵達,不用30日。因資料不夠,無法斷定。

（九）、沒有超出程限

以下，試換面考察，從裝束假、程假來看。韓愈由長安貶潮州，他有裝束假80日、程假5625里/300里＝19.4日（以日走十驛，300里算），合100日；他由正月十四日上路，四月二十五日抵達，只走99日，無有超出期限，正合。

次說，他由潮州量移袁州，有裝束假80日，潮州至袁州的里數，可由各段相加，潮州—廣州—韶州—袁州，各為1600里、530里、1858里，[73] 共為3988里，其程假為：3988/300＝13.29日（以日走十驛，300里算），另加冬至和元日假14日，合107.29日；韓氏不需收割職田，則由十月二十四日起算，翌年閏正月八日抵達，只用102日，沒有超出期限，亦合。

再如上引「假寧令」規定：「若京官身先在外者裝束假減外官之半。」則韓愈的裝束假減半，扣除40天後，得67.29天；而他自冬至假後，十二月五日離潮起，翌年閏正月八日到袁州，共用63日，仍未超出期限。

四、結論

筆者經以唐代律法論證，關於韓愈貶潮行跡與三詩繫年，結論如次：

（一）、在行跡方面：元和十四年七月十三日，群臣上尊號，赦天下。韓愈在七月二十八日左右接赦書，之後，他呈上〈賀冊尊號表〉。十一月中旬，收到量移令；過了冬至，十二月五日左右離潮。除夕前抵達韶州。過了七天元日假，在元和十五年正月八日左右離開韶州，閏正月八日至袁州。

---

[73]《元和郡縣圖志》卷34、28，《叢書集成新編》第93冊，頁345、343。

（二）、在貶潮三詩繫年方面：〈量移袁州張韶州端公以詩相賀因酬之〉，宜繫元和十四年十一月中旬。〈將至韶州先寄張端公使君借圖經〉詩宜繫元和十四年十二月中旬，將至韶州前。至於，〈韶州留別張端公使君〉詩，宜繫元和十五年正月七日左右。

景印香港新亞研究所《新亞學報》（第一至三十卷）

日本天理圖書館所藏宋刊
《劉夢得文集》流傳考略

劉衛林*

提要

　　本文集中探討日本奈良縣天理市內，天理圖書館所藏南宋初浙刻本《劉夢得文集》於版本流傳上諸問題。除介紹此一宋刊劉集之版本式樣，及歷來諸家對此帙之有關著錄外，又自文獻資料及書中鈐印等各方面，考訂於南宋孝宗至光宗期間，是帙於中土流傳至日本之經過，及元明以來此宋刊於日本國內流傳及庋藏情況，並考述其於同治初年流入京都福井氏崇蘭館，到民國時期入藏天理藏書館之流傳始末。最後並闡明此帙於清末之為國人發現，及其影本得見於中土之有關經過。篇末附有對學者間所提出董康影印本精粗不一問題之個人意見。

一、緒言

　　自中唐以來劉禹錫詩即享盛譽，並世詩人白居易至推之為「詩豪」。《新唐書‧文藝傳》論唐有天下三百年，文壇上卓然以所長為一世冠之豪傑士，即以劉禹錫與李、杜、元、白等大詩人並列，以五者俱為唐代詩人中之翹楚。此外劉禹錫詩歌及其文學觀念，對於晚唐及兩宋詩歌創作與詩歌理論亦有極其廣泛及深遠之影響。[1] 然而劉集傳世善

---

*香港城市大學語文學部講師。

[1] 劉禹錫詩及文學觀念對晚唐及兩宋詩歌創作與詩歌理論之影響，詳卞孝萱所撰

本甚少，明、清以來劉集刻本、抄本均訛誤特甚。宋刊劉集晚出，對是正劉集極具幫助，惜其傳於今者僅得三種：其一為北京圖書館藏僅殘存四卷之南宋時刊本《劉夢得文集》，其次為臺北國立故宮博物院所藏四十卷本之南宋初浙刻本《劉賓客文集》，其三則為日本天理圖書館所藏四十卷亦為南宋初浙刻本之《劉夢得文集》。三種宋刊劉集，對校理劉禹錫詩文，及探究唐人文集流傳情況，均裨益至鉅。對於三種宋刊之研究，考訂日本天理圖書館所藏宋刊本《劉夢得文集》之流傳情況當有特殊之意義存在，蓋因除有助於版本學上說明此一南宋初浙刻本《劉夢得文集》之流傳情況外，更有助闡明唐人詩歌之流播海外及其對於日本文化之影響，甚至對宋代文化與域外文化交流之具體情況亦得以進一步瞭解，故此以下將集中對日本天理圖書館所藏宋刊劉集上述諸問題加以探討。

二、版本式樣

日本天理圖書館所藏宋刊本《劉夢得文集》，全書共十二冊[2]，總數四十卷。前三十卷題為《劉夢得文集》，書名同於北京圖書館所藏宋刊殘本《劉夢得文集》；後十卷題為《劉夢得外集》。原書版框長八寸六分，廣六寸四分[3]。行款為半葉十行，每行十八字。細黑口，左右雙欄，有界。版心無魚尾，亦無每葉字數，有「劉夢得一」（外集則

〈劉禹錫與晚唐詩人〉、〈劉禹錫與蘇軾〉及〈劉禹錫與江西詩派〉等論文所述。以上三篇論文均收入卞孝萱與屈守元合撰之《劉禹錫研究》（貴陽：貴州人民出版社，1989年）一書之內。

[2] 見日本天理圖書館所編《天理圖書館稀書目錄》和漢書之部第三，第3069號《劉夢得文集》條下著錄。《天理圖書館叢書》（天理：天理圖書館，1961年），第25輯，頁476。

[3] 見民國二年（1913年）武進董康（1867-1947）影印日本崇蘭館藏宋刊本《劉夢得文集》內藤虎跋語。今據商務印書館《四部叢刊初編》本述之。

為「劉夢得外一」）等書名及卷數簡稱，中記葉數，最下記刻工姓名，三者悉以橫線欄斷，故版心分為六格。書有闕葉，無前後序跋可見。書前有卷一至三十總目，卷三十後有外集十卷總目，目錄首葉已闕，故前三十卷總目僅自卷二〈詠史〉一詩開始。每卷又各具子目，目後連接正文。卷一首行大題為：「劉夢得文集卷第一」，次行低兩格小題：「古詩」。

全書闕葉為：卷首總目第一葉；卷五第二葉左面、第三、四葉；卷三十第十一葉；外集卷三第十三、十四及十五葉，均已闕去[4]。

此書編次，外集十卷與臺北故宮博物院所藏宋刊本《劉賓客文集》，及傳世之通行本無異；獨其前三十卷與傳世各本俱迥異。宋諱玄、絃、眩、朗、敬、驚、境、弘、殷、慇、胤、恆、貞、楨、徵、煦、構、遘俱闕筆，高宗以下諱不避。刻工名可辨者有：中、升、卞、夏、家、單、詔、開、隆、權、壬止、扚章、呈卞、呂奇、王元、單民、王吟、王性、王信、王祥、王堪、王詔、王道、王榮、王權、任達、任顯、夏開、家宗、張千、張安、張定、單升、單隆、單達、揚中等。內集卷三十後鈐有「天山」爵形印記[5]。

天理圖書館所藏南宋初浙刻本《劉夢得文集》書影

天理圖書館所藏南宋初浙刻本《劉夢得文集》內所鈐「天山」爵形印記

[4] 今所見《四部叢刊初編》本，上述各葉俱非原刻，皆為補寫之葉，或於左欄下角注明：「據結一廬本補」，或不予說明，然皆闕葉所在。

[5] 見天理圖書館編《天理圖書館稀書目錄》和漢書之部第三，第3069號《劉夢得文集》條下著錄。同注2，頁同。

三、諸家著錄

因是書發見甚晚,故歷代藏書家鮮有著錄,至近代始見諸傅增湘 (1872-1949)《藏園群書經眼錄》卷十二集部一著錄。又柳存仁先生所撰〈天理圖書館藏宋本書經眼錄〉一文[6],嚴紹璗先生《漢籍在日本的流布研究》一書[7],其中均提及此帙。於日本則有天理圖書館所編《天理圖書館稀書目錄》,和漢書之部第三文學部著錄[8]。

有關此帙之刊刻時地等版本問題,因前輩對此經有深入論證,如日本方面有木村三四吾〈宋版劉夢得文集解題〉[9],及阿部隆一〈天理圖書館藏宋金元版本考〉[10],均論及此書刊刻等版本問題。又屈守元先生於〈談劉禹錫詩文集的兩個影宋本〉一文中,對本帙之刊刻年代及刊刻地區等問題,更有頗為詳盡深入之考證[11]。至於此帙之流傳情況,前人雖有提及,然而其事尚可予以具體考證及說明。茲就所搜求及考見材料,說明日本天理圖書館所藏此一宋刊本《劉夢得文集》之流傳概略如下。

四、流傳概略

此書源出日本東山建仁寺,內藤虎次郎跋武進董康(1867-1947)影

---

[6] 載香港大學馮平山圖書館所編《馮平山圖書館金禧紀念論文集》(香港:香港大學馮平山圖書館,1982年),頁74-80。

[7] 嚴紹璗:《漢籍在日本的流布研究》(南京:江蘇古籍出版社,1992年),第十章〈日本宗教組織的漢籍特藏〉,頁329-330。

[8] 同注[2],頁同。

[9] 載於天理圖書館編:《ビブリア》,第4期(1955年),頁36-37。

[10] 載於天理圖書館編:《ビブリア》,第75期(1980年),頁389-410。

[11] 載《四川師範學院學報》,1977年第3期,頁64-74。

印崇蘭館藏宋刊本《劉夢得文集》云：

> 宋槧《劉夢得集》卅卷、外集十卷，蓋為東山建仁寺舊藏，相傳千光國師入宋時所齎歸。【12】

「千光國師」即建仁寺開山始祖榮西（1141-1215）。明人加蘭〈洛城東山建仁禪寺開山始祖明庵西公禪師塔銘〉（以下省稱〈塔銘〉）云：

> 淳熙間，歲大旱，郡請師禱雨，身發千光燭，天雨大澍，因號「千光」。【13】

以此知榮西號「千光國師」之緣起。榮西號明庵，生於近衛天皇永治元年〔宋高宗紹興十一年（1141）〕。為備之中州吉備津宮人，其先賀陽氏【14】。自少出家，篤好佛法，〈塔銘〉述其事云：

> 鴟鳥歲習《俱舍頌》，聰敏邁群兒。十一事郡之安養寺靜心，十四落髮，登叡山，戒壇受具戒。十七心亡，從其法兄千命。十八授以虛空藏求聞持法，自是精進，屢見靈應。十九赴上都，從叡山之有辯，學台教；又從伯州大山之有基，聞密乘，盡得其蘊。【15】

故知其先曾習俱舍之學，並習天台宗及密宗之學，其後以求道而兩度入宋。師鍊《元亨釋書》卷二「建仁寺榮西」條記其事云：

> 仁安三年夏四月，乘商舶泛瀛海，著宋國明州界，乃孝宗乾道四年也。五月，發四明，赴丹丘，適與本國重源遇，相伴登台嶺。秋九月，共源理歸楫。以所得天台新章疏三十餘部六十卷，呈座

【12】見內藤虎跋董康影印日本崇蘭館藏宋刊本《劉夢得文集》內所述。同注【3】。

【13】加蘭：〈洛城東山建仁禪寺開山始祖明庵西公禪師塔銘〉，續群書類從完成會：《續群書類從》（東京：續群書類從完成會，1932年），卷225，傳部36，頁275。

【14】見師鍊編：《元亨釋書》卷2，「建仁寺榮西」條。佛書刊行會編纂：《大日本佛教全書》（東京：佛書刊行會，1913年），第5冊，頁22。

【15】同注【13】，頁274。

> 主明雲，明雲見疏加嘆。西又以宋地台宗酬酢之言，及彼地名德書文與雲。【16】

榮西二十八歲時初次入宋，於宋孝宗乾道四年（1168）夏五月抵明州（今寧波市），歷遊天台、阿育王諸山【17】，攜返經書典籍甚夥。其後於文治三年（1187）再度入宋。兩次入宋時間前後相距約二十載。《元亨釋書》載其事云：

> 西又跂大志，欲重入支那，達於印度，拜牟尼八塔為滅罪之要。……遂以三年夏重入宋域。【18】

〈塔銘〉又載：

> 時北虜強大，西域不通，遂止。舶主告回，放洋三日，逆風俄起，反至溫州瑞安縣。自謂未究參訪，故風濤阻我，乃別商主，直往天台萬年寺，謁虛庵。……親炙數載。……淳熙末，虛庵移天童，師亦隨之。……紹熙二年秋辭虛庵。【19】

榮西自文治三年（宋孝宗淳熙十四年—1187）至建久二年（宋光宗紹熙二年—1191），居宋境共四年之久。榮西此番歸國，除得虛庵傳衣外，更多攜坐具、寶瓶、拄杖及白拂等諸般禪門物件而返【20】。自是宣揚禪要，令禪風大暢於東瀛，日人推為禪宗之祖【21】。

榮西兩度入宋，此宋刊劉集當屬攜返經書典籍之一。除此之外又因劉夢得晚年好禪，尤好與天台僧侶交遊。其〈春日書懷寄東洛白二十二楊八二庶子〉一詩，即自稱：

【16】同注【14】，頁23。

【17】同注【13】，頁274。

【18】同注【14】，頁23。

【19】同注【13】，頁274-275。

【20】《元亨釋書》及《塔銘》，均載此事。

【21】《元亨釋書》贊云：「後世皆推禪門之大祖」。同注14，頁27。

曾向空門學坐禪，如今萬事盡忘筌。【22】

又其〈送僧元暠南游引〉中自稱：

雅聞予事佛而佞，亟來相從。【23】

集中又頗多送僧之詩，即如此書之卷七，即全屬送僧之作。夢得貶居朗州、連州期間，慕名而訪之僧侶頗眾，如〈送鴻舉師遊江南引〉云：

始余謫朗州，爾時是師振麻衣，斐然而前，持文篇以為僧贄。【24】

又如〈送景玄師東歸引〉云：

廬山僧景玄，袖詩一軸來謁，往往有句輕而道。……獻詩已，斂袂而辭，且曰：「其來也與故山秋為期，夫丐者僧事也，今無它，請唯文是求。」故賦一篇，以代瓔珞耳。【25】

又如〈送僧方及南謁柳員外引〉云：

予為連州，居無何而方及至，出袂中詩一篇以貺予，其詞甚富。……一旦以行日來告，且曰：「雅聞烏咮之下有賢諸侯，願躋其門，如蹈十地，敢乞詞以抵之。」予唯而賦，顧其有重請之色起於顏間耳。【26】

其中又不乏送天台僧者，如〈送元簡上人適越〉云：

更入天台石橋路，垂珠璀璨拂三衣。【27】

又如〈送霄韻上人遊天台〉云：

曲江僧向松江見，又道天台看石橋。【28】

【22】見劉禹錫：〈劉氏集略說〉，《劉賓客文集》（臺北：國立故宮博物院影印館藏宋刊本），外集卷一，頁3。

【23】同上，卷29，頁2。

【24】同上，卷29，頁7。

【25】同上，卷29，頁9。

【26】同上，卷29，頁5。

【27】同上，卷29，頁10。

【28】同上，卷29，頁8。

此等與東林、天台及域外僧酬酢之作頗多。又劉氏詩文之所以見重於僧侶，可於集內〈秋日過鴻舉法師寺院便送歸江陵引〉一文中考見：

> 閏八月，余步出城東門謁仁祠，而鴻舉在焉。與之言移時，因告以將去，且曰：「貧道雅聞東諸侯之工為詩者，莫若武陵（按：此指禹錫，時貶朗州司馬），今幸承其話言，如得法印，寶山之下，宜有所持，豈徒衣袱之中眾花而已。」余聞是說，乃叩商而吟，成一章，章八句。【29】

正因夢得好內典而又詩名播於海內，僧侶每以得其一紙題贈為榮，故有鴻舉法師等方外中人，爭相珍藏劉氏詩文。宋人虞樗於〈日本國千光法師祠堂記〉內，稱榮西之學行云：

> 師自幼敏悟，晚通唐內外典。【30】

故知榮西於中土經籍，不唯精於內典，且能通於其他典籍。夢得既好禪，又文名滿天下，加以集內多有與僧侶酬酢之作，如上文所述，榮西入宋除帶返禪門典籍外，更有天台宗酬酢之言及名德書文。以此之故，夢得詩文集為榮西所攜返亦屬頗為合理之事。

除此以外，此宋刊劉集既出於建仁寺舊藏，而榮西與建仁寺關係又極為密切，加蘭〈塔銘〉即載榮西返國後，多營禪寺：

> 所創大道場三：曰建仁、曰壽福、曰聖福。【31】

建仁寺即其一。《元亨釋書》載建仁寺興建始末云：

> 建仁二年，金吾大將軍源賴家施地于王城之東，營大禪苑。三年六月，尚書省劄置台、密、禪三宗，西即而搆真言、止觀二院于寺。【32】

【29】 同上，卷29，頁4。

【30】 見《續群書類從》，卷225，傳部36，頁273。

【31】 同注【13】，頁276。

【32】 同注【14】，頁26。

建仁二年，即宋寧宗嘉泰二年（1202），征夷大將軍源賴家施地營大禪苑，所謂「王城之東」，即洛外鴨河以東、四條以南、五條以北之地【33】（今京都鴨川邊），因年號而名曰「建仁寺」。自《元亨釋書》可知，其初不限於禪宗，而兼為天台、密二宗之道場。榮西既為此寺之開山祖師，故其圓寂後亦葬於此。〈塔銘〉云：

> 年七十五，臘六十三，塔于建仁之東。【34】

正因榮西一生與建仁寺關係如斯密切，而此帙又出自建仁寺，是以有榮西入宋將歸之說。綜合以上所述三事，則知內藤虎次郎所稱相傳之說，亦未必純屬嚮壁虛造。

榮西卒於建保三年，即宋寧宗嘉定八年（1215）【35】，此一宋刊劉集，其後又為室町幕府之大將軍足利義滿（1358-1408）所有。此書卷三十末葉，鈐有「天山」字樣之爵形朱文印記【36】，足證此點，因「天山」即為義滿之法名（詳見下文）。倘此帙果為榮西所將返者，則上距榮西圓寂之時計，此帙已庋藏於建仁寺逾百年之久。

足利義滿生於日本南北朝時代，後光嚴天皇延文三年，即元順帝至正十八年（1358），為開創室町幕府之征夷大將軍足利尊氏之孫。其父義詮，亦任大將軍一職。至義滿繼大將軍位後，北朝勢力日隆，南朝後龜山天皇乃於元中九年（1392）遜位，至是結束南北對峙局面，全國一統，而國柄遂宰制於義滿手中。

【33】見武田恆夫〈建仁寺の友松障壁畫〉一文。《障壁畫全集——建仁寺》，美術出版社，1968年，頁65。

【34】同注【13】，頁276。

【35】榮西卒年，參見《元亨釋書》及《塔銘》。

【36】參見日本文部省文化廳所編：《重要文化財》（東京：每日新聞社，1976年），第19卷，漢籍集部，第187號《宋版劉夢得文集》圖版，頁104。

【37】見臼井信義《足利義滿》一書第七章。日本歷史學會編集：《人物叢書》（吉川弘文館，1970年），頁100。

義滿一家，屢代均篤信禪宗，其祖尊氏、父義詮俱受戒於禪僧，並各有法名[37]。至義滿則所受影響更深，既營建禪院，又每至西芳寺舍利殿坐禪[38]。應安五年（1372），年十五，詣臨川寺三會院拜塔受衣，因有「天山」道號，法名「道有」之稱[39]。應永二年（1395）六月，更從禪僧空谷明應出家，其時正為三十八歲[40]。義滿平生好書畫，所收集名品，多鈐上刻有其道號之爵形印記[41]，今臨川寺三會院、東福寺退耕庵，及丹覺寺等地區額之上俱見鈐有此一印記，其式樣正與宋刊本《劉夢得文集》一致，可見義滿曾一度擁有此書。

　　義滿一生與建仁寺關係至為密切。康安元年（1361）南軍大舉攻京都，足利義詮不敵，逃至近江（今滋賀縣），義滿則於左右護衛下，倉惶出奔至建仁寺，其時尚不足四歲[42]。其後義滿因深受禪僧義堂周信所影響，與之過從甚密，乃特自鎌倉召之入京都，使之主持建仁寺[43]，是為建仁寺第五十五代主持[44]。於此期間，義堂周信每應義滿所請，為其講解內外典籍[45]，又每於建仁、南禪諸寺，為詩文之會，共賦和漢聯句[46]。時義滿年方廿三、四[47]，已領征夷大將軍一職，而好流連於五山十剎諸寺院間，日與僧眾講習內典，並以詩文唱

---

[38] 同上，頁120。

[39] 同上，第六章，頁99。

[40] 同上，第七章，頁102。

[41] 同上，頁97。

[42] 同上，第一章，頁14。

[43] 同上，第七章，頁105。

[44] 同注[33]，頁66。

[45] 同注[37]，第十二章，頁202。

[46] 同上，頁215–216。

[47] 同上，書後所附「略年譜」部份，頁267–268。

10

和。宋刊本《劉夢得文集》之鈐上義滿道號印記，推之當即此際。尤其義堂周信主持建仁寺期間，義滿常出入建仁寺，向義堂周信請益，兼之義堂周信為義滿講解內外典籍，或即因此得見是書，而鈐上刻有「天山」道號之爵形印記。

然而自上文所徵引之內藤虎次郎跋文可知，此書於明治以前仍存於建仁寺，可見義滿雖鈐上私章，然而並未將此書攜離建仁寺。固因義滿雖有出家之名，而其一生實未嘗離開政壇，日夕為支配幕府而操心，可能未暇及此；況且建仁寺本屬官寺，義滿以征夷大將軍之尊宰制全國，即使建仁寺主持尚出其任命，故書存建仁寺中，與其私有無異。合此兩端，可明何以此帙一直存於寺內。

足利義滿卒於應永十五年，即明成祖永樂六年（1408年）[48]。此後宋刊本《劉夢得文集》即藏於建仁寺中，沉湮垂四百餘年，方由建仁寺主持天章帶走。內藤虎次郎跋武進董康影印崇蘭館藏宋刊本《劉夢得文集》云：

> 近年寺主僧天章，以方外之身，勤勞王事，兼能詞翰，名著士林。明治初，退居西崦妙光寺，因帶此書而去。既為凶奴所殲，藏書散佚，此書遂歸崇蘭館。[49]

明治初即清同治初年（按：明治元年即同治三年，時為公元1868年），正以主持天章雅好詩文，亦嗜藏書，故自建仁寺帶出此帙。及至妙光寺後，天章遇刺身故，此書流出，遂為崇蘭館所得。

崇蘭館為京都平安福井氏藏書之所，屢世搜羅善本。內藤虎次郎跋武進董康影印崇蘭館藏宋刊本《劉夢得文集》云：

> 平安福井氏崇蘭館，以多藏宋元古書聞於海內。安政中罹災，故

---

[48] 同上，頁279。

[49] 同注[3]。

[50] 同上，頁同。

> 物蕩然。迄其後嗣克紹先志，兩世蒐購，收儲之富，不減曩日。【50】

安政中即咸豐初年（按：安政元年即咸豐四年，時為公元1854年）。其先世所藏既付諸一炬，今所見者，皆內藤虎次郎所謂「兩世蒐購，收儲之富不減曩日」之新收善本也。民國二年（1913）董康跋影印崇蘭館藏宋刊本《劉夢得文集》，述其訪得此帙之始末云：

> 光緒丙午，奉牒游日本。道出西京，因閱《訪古志》慕崇蘭館藏書之富，訪之於北野別業。主人福井翁，漢醫也，清芬世紹，抱獨樂天，出示宋元及古刻，且言凡經森氏簿錄者，慘罹秦厄，此皆劫餘所續得者也。縹帙井然，如登宛委。內宋大字本《劉夢得文集》，每半葉十行，行十八字，中縫有刻工姓名。書體遒麗，純仿開成石經，紙墨並妙。……可稱海內奇本。【51】

董康於光緒丙午——即光緒三十二年（1906），睹此書於崇蘭館，距是帙於天章身故後散出之時約四十年，以此知此乃福井氏火厄之後續收之物。

六年之後——即民國元年，時為一九一二年，董康避地東渡，僑居日本東山，再過訪崇蘭館主人，遂有影印此書之議。董氏跋文又謂：

> 昨年避囂東航，僑居是地，復遇崇蘭翁，猶強健。罄閱所藏，始知是集首尾完善，並附外集，尤所心醉。適小林忠治業珂羅製版，藝精為全國冠，……乃介內藤炳卿博士假歸，屬小林氏用佳紙精製百部。……癸丑（按：即民國二年——一九一三年）夏日毘陵董康識於東山寄廬。【52】

如以上所記，董康屬小林忠次郎以玻璃版法精印百部，是書自此方得以流傳中土。其後商務印書館將此影印本影印，收入《四部叢刊初編》內。

【51】見民國二年武進董康影印崇蘭館藏宋刊本《劉夢得文集》董康跋語。同注【3】。
【52】同上，頁同。

原書則自崇蘭館流入天理圖書館。天理圖書館位於日本天理市天理大學之內，成立於大正十四年（1925）【53】，則此書之自崇蘭館流出，至入天理圖書館，當在民國十四年（1925）以後。

附記

據屈守元先生之見，董康囑小林忠次郎以玻璃版法精印崇蘭館藏宋刊《劉夢得文集》百部之說殊堪商榷。屈氏於〈談劉禹錫詩文集的兩個影宋本〉一文中云：「據董康跋，此書在日本印了一百部。據我所見，四川省圖書館收藏兩部，紙質、邊幅、刷印、裝潢，優劣懸殊。疑董氏百部之說不可信。」【54】兩種宋刊《劉夢得文集》複影本既經屈先生目驗，其非同一影本固無可疑。然而自兩者紙質與刷印等優劣懸殊一事，令人頗疑當日董康將此宋刻影印百部後，此影本於國內又為人所仿製影印。蓋董氏自稱用佳紙精製，而小林忠次郎又為製珂羅版第一名手，即所印逾百部，亦不致優劣相去如是。惟其精印精製，故當日流傳國內已售價不菲，據繆荃孫《藝風堂友朋書札》所載，此影印本一部售價高達銀洋三十元，【55】今所見劣本，疑乃書賈以董康影印本仿製射利所為，未必董氏故為百部之說以自高身價也。

【53】見《日本圖書館總覽》（日本學術會議，1954年），「奈良縣」下「天理圖書館」條。頁395。

【54】見《四川師範學院學報》，1977年第3期，頁73，注3。

【55】繆荃孫撰，顧廷龍校：《藝風堂友朋書札》（上海：上海古籍出版社，1980年），「吳昌綬」第124札，下冊，頁913。

景印香港新亞研究所《新亞學報》（第一至三十卷）

楊億與北宋詩文革新[1]

馮志弘*

提要

本文旨在考證楊億與北宋古文作者的交往，聯繫《西崑酬唱集》引韓愈詩文典故、《冊府元龜》議述韓愈條材料，藉以瞭解楊億的「韓愈觀」及文道觀，並指出：一・楊億與宋初古文家王禹偁關係密切，王禹偁對楊億詩文多有肯定。二・楊億不喜韓愈文章，與韓愈「不平則鳴」、「窮苦之言易好」的文學主張不符合其「革時風之澆浮，潤皇藻之雅正」的觀念有關。三・石介反對楊億是因為其為「文」偶麗，而歐陽修、蘇軾等北宋古文家卻從「道」的層面肯定其貢獻。這說明了北宋詩文革新除了有革除「太學文體」的意義外，還有對於文、道觀念再認識的內涵。而宋人對「西崑詩文」的不同看法，正反映了這些觀念的複雜變化。因此探討楊億與北宋詩文革新的關係，當是研究北宋文學觀念不可忽略的視角。

近年學術界對楊億（974-1020）與西崑體的研究愈見深入，基本已糾正了八十年代初視西崑體為「提倡言之無物、專尚形式的誇飾文學」[2]的看法。對於北宋詩文革新與西崑體、太學體的複雜關係，葛曉音與曾

---

*香港城市大學中國文化中心。

[1] 本文的撰作蒙香港浸會大學葛曉音教授悉心指導；復旦大學王水照教授提供寶貴修改建議，特此說明，並致謝忱。

[2] 吳組緗、沈天佑：《宋元文學史稿》（北京：北京大學，1989），頁9。

棄莊兩位先生已有仔細嚴謹的研究。【3】其中最重要的是歐陽修雖然也不贊成儷偶時文，【4】但他在嘉祐二年知貢舉變革文風的對象，卻主要是「太學體」而非「西崑體」。另外，北宋詩文革新的代表人物對於楊億以及西崑體的態度並不一致。【5】自西崑體形成【6】（1005-1008）至楊億卒年（1020），對楊億的貶評很少。在楊億身故後二十年，分別有知制誥陳從易（天聖六年1028知制誥）、徂徠先生石介批評楊億詩文，其中又以石介影響較大。【7】到了慶曆變法建太學，石介及其門人大力抨擊楊、劉時文，遂使「新進後學不敢為楊、劉體。」【8】

雖然石介亟力否定楊億，但活躍於天聖以後的尹洙、梅堯臣、蘇舜欽、歐陽修等卻把楊億與西崑流弊劃分開來，肯定前者的成就並批評後者。可見後人雖以「語意輕淺」【9】、「弄斤操斧太甚，所謂七日而混沌

【3】關於北宋詩文革新的具體對象，可參葛曉音：〈歐陽修排抑「太學體」新探〉、〈北宋詩文革新的曲折歷程〉，見葛曉音：《漢唐文學的嬗變》（北京：北京大學，1989），頁208-244。〈宣曲〉詩諷諭考證可參曾棗莊：《論西崑體》（台北：麗文文化，1993）第一章，頁1-10。

【4】歐陽修：「（昔時余）姑隨世俗所謂時文者，皆穿蠹經傳，移此儷彼……非有卓然自立之言如古人者」，〈與荊南樂秀才書〉，《歐陽修全集》（冊二）（北京：中華，2001），頁660。

【5】並參馮志弘：〈范仲淹與北宋古文運動〉，載馮志弘：〈北宋古文運動的形成〉，香港浸會大學博士論文，2006年，頁201-243。

【6】《西崑酬唱集》詩歌錄自景德二年（1005）至大中祥符元年（1008），姑且以此作為「西崑體」形成的時間。又，下文簡稱《西崑酬唱集》為《西崑集》。

【7】石介在〈怪說中〉謂楊億：「淫巧侈麗，浮華纂組，刓鎪聖人之經，破碎聖人之言，離析聖人之意，蠹傷聖人之道」，見石介：《徂徠石先生文集》（北京：中華，1984），頁62。

【8】朱熹編：《宋名臣言行錄》前集卷10，《文淵閣四庫全書》（冊449）（台北：台灣商務，1985），頁122。

死」【10】之語批評楊億、劉筠詩文,但不完全反映北宋論者對西崑體的評價。研究北宋古文革新主流人物對於楊億的認識究竟如何?有助於更實事求是地揭示北宋詩文革新的歷史面貌。特別是關於一‧楊億與古文家的關係;二‧楊億論韓愈;三‧由王欽若、楊億編纂的《冊府元龜》中的「頌美」觀念;四‧大中祥符年間古文運動低潮與當時文學觀轉變的關係等問題,目前的研究比較薄弱,須要繼續深挖。本文試圖就上述問題提出初步看法。

一‧北宋前期古文家與楊億交往考述

王禹偁(954-1001)比楊億(974-1020)年長二十歲。查王禹偁中進士是太平興國八年(983),是年楊億十歲。王禹偁出仕後雖經「三進三黜」,但他三知制誥,太宗又謂其賦詩「不踰月遍天下」,【11】其文壇領袖身分當時人所共知。【12】太平興國九年(984),楊億年十一歲,因年少屬文為太宗賞識,被太宗召送闕下賦詩。《宋史‧楊億傳》載「(楊億)連三日得對,試詩賦五篇,下筆立成。太宗深加賞異。」【13】同年授秘書省正字。【14】可知王、楊年歲雖相距二十,但知名於太宗的時間僅相隔一年。關於王、楊二人在太平興國九年至淳化四年(993)交往的

【9】魏泰:《臨溪隱居詩話》「楊億」條(北京:中華,1985),頁10。

【10】張表臣:《珊瑚鉤詩話》卷1,《文淵閣四庫全書》(冊1478),頁966。

【11】脫脫等:《宋史‧王禹偁傳》卷293(冊28)(北京:中華,1977),頁9794。

【12】關於王禹偁的文學地位及文學主張,請參馮志弘:〈柳開、王禹偁不相交擬論——兼論柳、王文道觀之分歧〉,〈北宋古文運動的形成〉,頁70-112。

【13】脫脫等:《宋史‧楊億傳》卷305(冊29),頁10079。

【14】脫脫等:《宋史‧太宗本紀》卷4(冊1):「十一月……癸酉,以浦城童子楊億為秘書省正字」,頁73。

資料至今無存,但二人當時均有名於世,對於彼此文名、文章當有所認識。淳化五年(994),楊億歸里迎母,時年王禹偁知制誥,作詩送之。詩作題為〈送史館學士楊億閩中迎侍〉,見於王禹偁《小畜集》:

> 迎侍閩川去路長,才名官職過歐陽,翰林貴族誇東閣,史館清銜慶北堂。
>
> 別酒正逢寒菊綻,歸舟應見早梅香。拾遺健羨吟詩送,莫笑蹉跎兩鬢霜。【15】

「閩川」即建州,楊億是建州浦城人。詩中的「歐陽」指的是唐代歐陽詢。當時楊億二十一歲,受詔直集賢書院,王禹偁為知制誥,兩人都任職以文辭著稱的官職。此所以王禹偁謂楊億「翰林貴族誇東閣,史館清銜慶北堂」。二人既同朝為臣,又均以文學著稱,相互交往是很自然的事。雖然自中唐以後「送別詩」在某種程度上變成了表面的儀禮,但觀乎王禹偁素以惜取少年材著稱,其性情又謹直忠信;〈送〉詩當出於長輩對青年才俊的關懷而非一般應酬之作。後四句寫楊億歸里時正是梅花燦爛之日,花香早送;王禹偁又自嘲「莫笑蹉跎兩鬢霜」,行文十分親切,可見二人情非泛泛。另外,後人雖多舉《西崑集》詩歌作為楊億學習李商隱的證據。但據楊億自述,他是在「至道中」「偶得玉溪生(李商隱)詩百餘篇,意甚愛之,而未得其深趣。」【16】〈送〉詩的寫作時間比至道元年(995)還要早上一年。從今存楊億詩文看,可見他這時的詩作尚未深受李商隱詩影響。總之,據〈送〉詩看來,這時候楊億正是少年得志、風流才俊,王禹偁亦充份肯定楊億成就。咸平元年(998),楊億出知處州縉雲郡,王禹偁又有詩送之。詩題為〈送正言楊學士億之任縉

【15】王禹偁:〈送史館學士楊億閩中迎侍〉,《小畜集》卷10(上海:商務,四部叢刊本),頁66。

【16】江少虞:《宋朝事實類苑》卷34「玉溪生」條(上海:上海古籍,1981),頁435。

雲〉：

> 弱冠珥朝簪，才堪入翰林。重違君厚遇，聊奉母心懽。
> 筆削留惇史，囊裝貯賜金。帆張淛河闊，山對括蒼深。
> 暫歇趨朝馬，重聞故國禽。幽蘭南澗採，壽酒北堂斟。
> 務簡慵開閤，家豐不典琴。彩衣方侍養，紅藥即供吟。
> 我佔披垣久，自驚年鬢侵。妨賢兼曠極，相送淚盈襟。【17】

咸平元年楊億等完成編修《太宗實錄》。《宋史》載：「詔錢若水修《太宗實錄》，奏億參預，凡八十卷，而億獨草五十六卷。書成，（億）乞外補就養，知處州。真宗稱其才長於史學，留不遣。固請，乃許之任。」【18】又載王禹偁「咸平初，預修《太祖實錄》，直書其事。」【19】二人司職相似，其間曾交流意見，是非常可能的事。楊億編修《太宗實錄》獲真宗稱許，也是他後來獲真宗委任與王欽若統籌編修《冊府元龜》的原因。這年楊億二十五歲，年少有成，所以王禹偁稱讚他「弱冠珥朝簪，才堪入翰林」。詩中「筆削留惇史」指的是楊億編修《太宗實錄》故事。任職「翰林」與王禹偁等推崇韓、柳紹述斯文是兩個不同概念，但從王禹偁知制誥的身分來看，他對於楊億文章，尤其對楊億的頌雅文章與編修國史這兩方面的成就充份認同，因此他才認為楊億「才堪入翰林」。此外，王禹偁兩首〈送〉詩均提及楊億淳化五年歸里迎母故事（「重違君厚遇，聊奉母心懽。」）可見他對楊億孝行的肯定。

對比兩首〈送〉詩，不難發現它們的敘述方式很相似：先述楊億少年英才，次述其歸里迎母，再次想像其歸途所見風光，終之以表示自己年華已老，寄望後來者青出於藍。詩末「我佔披垣久，自驚年鬢侵。妨賢兼曠極，相送淚盈襟」句雖未有明確指出楊億與自己文學觀念一致，

【17】 王禹偁：〈送正言楊學士億之任繡雲〉，《小畜集》卷11，83-84。
【18】 脫脫等：《宋史·楊億傳》卷305（冊29），頁10080。
【19】 脫脫等：《宋史·王禹偁傳》卷293（冊28），頁9798。

但王禹偁既說其「佔掖垣久」，又自慚因此「妨賢」，可見王禹偁覺得楊億可繼「掖垣」之位。當然王禹偁最賞識的始終是被他喻為「真韓、柳之徒也」[20]的孫何、丁謂。但他從德行、文章、史才三方面褒揚楊億，評價仍然很高。可見王禹偁不認為楊億詩文風格與他的文道觀念相悖。這一點與後來石介認為楊億「破碎大道，雕刻元質」[21]有極大不同。咸平四年（1001），王禹偁卒於蘄州。楊億聞訊，作挽歌五首悼之。這五首詩歌對於理解楊億和王禹偁的關係有很大幫助，茲全錄如下：

東觀未絕筆，西垣餓解龜。罷裁青紙詔，重入白雲司。
流落成三黜，聯翩換一麾。黃岡與滁上，應立去思碑。

難省曾三人，鼇峰近十旬。命書批鳳尾，諫疏逆龍鱗。
按部朱幡遠，悲秋素髮新。茂陵終不起，遺札漢埃塵。

近署懼官謗，清淮綰郡章。平生不佞佛，晚歲尚為郎。
得疾因卑濕，為文足感傷。纔蒙宣室召，奄忽歎云亡。

楚客離騷怨，子牟江海心。積憂偏損壽，多病未妨吟。
野鳥俄窺舍，甘棠已結陰。郡中應罷市，遺愛在人深。

奏稿應盈篋，藏書復幾車。門人誰漬酒，天子想投瓜。
旅櫬關山闊，銘旌道路賒。趨庭有令子，清白自傳家。[22]

---

[20] 王禹偁：〈送孫何序〉，《小畜集》卷19，頁130。
[21] 石介：〈祥符詔書記〉，《徂徠石先生文集》，頁220。
[22] 楊億：〈故蘄州王刑部閣老挽歌五首〉，《武夷新集》卷5，《景印文淵閣四庫全書》（冊1086），頁405。

「東觀未絕筆,西垣餓解龜」稱讚王禹偁文章。王禹偁一生曾「三進三黜」,《宋史》本傳謂其「詞學敏贍,遇事敢言……其為文著書,多涉規諷,以是頗為流俗所不容,故屢見擯斥。」[23]這個評價是中肯的。「流落成三黜,聯翩換一麾」指的就是「三黜」之事。「黃岡與滁上,應立去思碑」一句指王禹偁曾知黃州、滁州;楊億悼詩則藉州民立碑之事歌頌王禹偁治績。第二首「諫疏逆龍鱗」一句指王禹偁因上疏請論廬州「妖尼」道安罪,坐貶商州團練副使事。「茂陵終不起,遺札漢埃塵」用司馬相如病免,家居茂陵,死後天子派人取其遺札的典故,悲王禹偁最終未能重新被朝廷起用。第三首「近署懼官謗,清淮綰郡章」指咸平年間王禹偁與宰相張齊賢、李沆不協出知黃州、移蘄州事。第三首後四句至第五首感懷述傷,並歌頌楊億文辭,政績,故謂「為文足感傷」、「郡中應罷市,遺愛在人深」。詩末以王禹偁文章傳世,清白傳家作結。

總之,楊億這五首挽詩從經歷、持節、文章、政績、傳世等方面全面肯定了王禹偁;可見楊億對王禹偁尊敬有加。此外有兩點值得留意:第一,詩中稱讚王禹偁「平生不佞佛」。然而,在楊億詩文中,禮佛敬佛之語甚多。吳處厚《青箱雜記》載:「公(王旦)與楊文公億為空門友,楊公謫汝州,公適當軸,每音問不及他事,唯談論真諦而已。」[24]《東都事略》載「(億)晚年頗留意釋典」,[25]這些論述與上述悼詩中的「佞」佛之語很不相同。那麼楊億對佛教的看法究竟如何呢?查楊億謫汝州是大中祥符七年(1014)事,時年楊億四十一歲,與《東都事略》所謂「晚年」之說吻合。《西崑集》雖有楊億〈譯經光梵大師〉詩作,但詩作內容以頌讚光梵大師為主,沒有涉及楊億本人對佛教的評價。因

---

[23] 脫脫等:《宋史‧王禹偁傳》卷293(冊28),頁9799。
[24] 吳處厚:《青箱雜記》卷1(北京:中華,1985),頁4。
[25] 王稱:《東都事略‧楊億傳》卷47,(冊2),宋紹熙間眉山程舍人宅刊本,(臺北:國立中央圖書館,1991),頁709。

此最能夠反映王禹偁卒年楊億對佛教的態度的,當是他在此年所作的〈殤子述〉。是年楊億喪子,悲傷亟待自解,故作〈殤子述〉:

> 因念嘗讀金仙子書,了知大雄氏之旨。識六塵之妄相,見諸行之無常。聚沫非可撮摩,浮雲倏然變滅。輪迴起于愛,必斷必除;煩惱歸于空,何執何著?一切虛幻,萬化紛綸,又安能觸類增悲,緬懷舐犢之愛;積毀成疾,自貽喪明之戚哉?予出于儒門,沉迷俗諦,猶或慕聖人達節,希上士之忘情。誠知其無可奈何,聊以自道耳,服名教者,得無罪我乎?【26】

文末以「誠知其無可奈何,聊以自道耳,服名教者,得無罪我乎?」這種「竊以自恕」的方式聊解他心中對於儒、佛之間的取捨矛盾。可見楊億雖為儒者,但遭受喪子之悲,無可自解,唯求助於「空門」以忘情,但仍顧慮「名教」中人會怪罪自己,說明他尚未放棄儒門不應事佛的觀念。楊億這個看法與他四十一歲時與王旦為「空門友」大為不同。因此,我認為楊億稱許王禹偁「平生不佞佛」是由衷之辭。反之,楊億晚年詩文不再有「佞佛」、反佛之語,說明他對佛教的態度經歷了前後期的轉變。據此推論,在王、楊相交的這段日子,他們未曾就儒、佛之爭發生過認同上的爭論,這也是王禹偁冀盼楊億能夠繼「掖垣」的原因之一 ── 因為王、楊在當時對於「道」的理解並沒有「反佛」和「禮佛」的不同。

第二點值得留意的是:觀乎楊億五首〈挽歌〉及其〈殤子述〉,雖不如「白體詩」般淺白,但也並不如「西崑體」的「組織華麗,雕采太甚,失之浮艷」;【27】而楊億早年的詩文亦無「五代以來燕鄙之

【26】楊億:〈殤子述〉,《武夷新集》卷11,《景印文淵閣四庫全集》(冊1086),頁488。

【27】王仲犖:《西崑酬唱集》〈前言〉,見王仲犖編:《西崑酬唱集》(上海:上海書店,2001),頁5。

氣」。【28】〈殤子述〉更是文從字順而感情真摯。就〈挽歌〉與〈殤子述〉看，楊億這時的詩文風格與王禹偁所倡導的詩文風尚相去不遠。楊億自述謂：

> 至道中，偶得玉溪生詩百餘篇，意甚愛之，而未得其深趣。咸平、景德間，因演繹之暇，遍尋前代名公詩集，觀富於才調，兼極雅麗，包蘊密緻，演繹平暢，味無窮而久愈出，鑽彌堅而酌不竭，曲盡萬態之變，精索推言之要，使學者少窺其一斑，略得其餘光，若滌腸而換骨矣。由是孜孜求訪，凡得五七言長短韻歌行雜言共五百八十二首。【29】

楊億真正深醉李商隱詩文是在咸平（998-1003）、景德（1004-1007）年間，以咸平、景德之交為時間座標，即1003-1004年，那正是西崑酬唱的前一、兩年，亦即王禹偁死後兩、三年。宋祁〈石太傅墓志銘〉謂「號略楊億……公（石中立）與中山劉筠、潁川陳越，推而肆之，故天下靡然變風。」【30】《儒林公議》又謂：「楊億在兩禁，變文章之體，劉筠、錢惟演輩皆從而斅之。」【31】所謂「靡然變風」、「變文章之體」，就是說楊、劉等在秘閣酬唱，以及《西崑集》刊行的這段時間，文風發生了比較快速的轉變。相反，在《西崑集》成書之前，這種風氣尚未大盛。楊億個人的偶麗文風要比《西崑集》早一些，但從他自述深醉李商隱詩文的話推測，這種影響不會早於咸平初年。換言之，從楊億為太宗賞識至王禹偁卒於蘄州的十六、七年間，楊億詩文並沒有和部分古文家「反對偶麗雕琢」的文學觀有很大矛盾。

【28】田況：《儒林公議》卷上「國朝以來」條（北京：中華，1985），頁10。

【29】江少虞：《宋朝事實類苑》卷34「玉溪生」條，頁435。

【30】宋祁：〈石太傅（中立）墓志銘〉，《景文集》卷59（冊10）（北京：中華，1985），頁789。

【31】田況：《儒林公議》卷上「楊億在兩禁」條，頁2。

石介在〈祥符詔書記〉有這樣的一段話:「(億)性識浮近,不能古道自立,好名事勝,獨驅海內,謂古文之雄有仲塗(柳開)、黃州(王禹偁)、漢公(孫何)、謂之(丁謂)輩,度己終莫能出其右,乃斥古文而不為,遠襲唐李義山之體,作為新制。」【32】筆者對於楊億是否如石介所述曾謂「古文之雄有仲塗……」很懷疑。這段話僅見於石介此文,只能算是孤證。再說,認為楊億說古文之雄有王禹偁也許還說得過去,但楊億謂柳開乃「古文之雄」則很難讓人信服。【33】這就難以排除石介以「好名」之心揣度楊億的可能性。當然,如果從另一個角度看,石介卻因此指出了楊億「作為新制」是後來的事——這點有助於理解楊億早期詩文並非雕琢艷麗。總之,就王禹偁與楊億相交的這段時間看,楊億與王禹偁相互敬重賞識,對於彼此文章也相互認同。

　　楊億與孫何也有交往。《宋史》載孫何「咸平二年,舉入閣故事,何次當待制。」【34】是年楊億在京。咸平三年春,李宗訥、孫何使浙西,後李宗訥與楊億相聚,以孫何詩三首示楊億。楊億因作詩以和孫何。楊、孫二人既然相隔兩地酬唱,可見任京職的一年裡二人必有交往。今孫何三首詩作已佚,楊詩尚存。查楊億詩中有「孫侯不假道,鄙我信為多」【35】一句,表達了遺憾不能藉此敘舊之意。三首詩作以寫景為主,

---

【32】石介:〈祥符詔書記〉,《徂徠石先生文集》,頁220。

【33】這和柳開性格狂狷、自視為聖人有關。柳開這種自負正是王禹偁不可能認同他的原因,也是楊億不可能尊柳開為聖人之繼、「古文之雄」的理由。詳參馮志弘:〈柳開、王禹偁不相交擬論——兼論柳、王文道觀之分歧〉,〈北宋古文運動的形成〉,頁70-112。

【34】脫脫等:《宋史·孫何傳》卷306(冊27),頁10098。

【35】楊億:〈太常李博士史館孫秘丞相繼奏使浙右博士至群以孫侯詩三章示予且以致意因次韻和酬〉其三,《武夷新集》卷1,《景印文淵閣四庫全書》(冊1086),頁364。

難以藉此考察二人關係。雖然如此，從文學手法而言，則三首詩歌用辭雖然雕飾，但並非艷麗。像第一首：「迅瀨拖舟上，危梯躡履登。山光翠欲滴，水氣熱如蒸。路轉藤蘿暗，天開物象澄。邱園足逋客，應得薦賢能。」【36】首聯概括急流行舟和攀登陡崖的旅程。中二聯分別從山光與水色兩面想像孫何在南方炎暑中所見景色，雖為律詩，卻頗有謝靈運古體山水詩的格調。其餘像「路入三吳遠、舟浮一水長」、「清曉見雲物、依依認帝鄉」均平易自然。可見楊億多樣的詩風。曾棗莊先生已經指出楊億詩文有「豐富藻麗」和「清峭感愴」二格，【37】就楊億早期詩作看也不乏清新自然一面。總之，從楊、孫二人的唱和可見二人顯有交情，情誼亦見真切。

此外，編有《唐文粹》，認為韓愈文章可繼孔、孟之文【38】的姚鉉與楊億也有交往。咸平六年（1003），姚鉉任兩浙轉運，楊億作〈姚起居赴兩浙轉運〉詩送之：

吳會商功利，蓬丘輟史臣。同僚供祖帳，屬郡望行塵。
富國催流馬，編年廢獲麟。橐鞬二千石，襦袴幾州人。
名姓丹臺籍，封疆析木津。片言空狴獄，密啟到鈞陳。
且運方舟粟，初嘗千里蓴。江山助詩思，新詠掩汀蘋。【39】

【36】楊億：〈太常李博士史館孫秘丞相繼奏使浙右博士至群以孫侯詩三章示予且以致意因次韻和酬〉其一，《武夷新集》卷1，《景印文淵閣四庫全書》（冊1086），頁364。

【37】曾棗莊：《論西崑體》，頁196。

【38】姚鉉〈唐文粹序〉謂：「惟韓吏部超卓群流，獨高遂古，以二帝、三王為根本，以六經、四教為宗師，憑陵轥轢，首唱古文，遏橫流於昏墊，關正道於夷坦……論者以退之之文，可繼楊、孟，斯得之矣。」《唐文粹》（冊1）（上海：商務，四部叢刊本），頁3-4。

【39】楊億：〈姚起居赴兩浙轉運〉，《武夷新集》卷4，《景印文淵閣四庫全書》（冊1086），頁390。

查《宋史》載姚鉉「淳化五年（994），直史館。」是年稍後時間楊億歸里迎母畢，返抵京師。楊億和姚鉉在這年或稍後時間認識。咸平三年姚鉉治鄆州水利事，工畢；加起居舍人、京東轉運使，徙兩浙路；此即咸平六年楊億作詩送姚鉉的背景。詩中敘述了兩浙乃商賈功利之都，極言其經濟繁華。這是對於兩浙風情的一般描述。就楊億對姚鉉的寄意而言，則最後六句方為重點。宋代轉運使負有調查地方民情和官員弊端的職責，《宋史·職官七》「轉運使」條謂其職責「掌經度一路財賦，而察其登耗有無，以足上供及郡縣之費；歲行所部，檢察儲積，稽考帳籍，凡吏蠹民瘼，悉條以上達，及專舉刺官吏之事。」【40】「片言空狂獄，密啟到鈞陳，且運方舟粟，初嘗千里蓴，江山助詩思，新詠掩汀蘋」祝願姚鉉此去能清空冤獄，考察吏治，使皇帝了解地方實情。同時在運粟途中，既可品嘗江南蓴菜，又可寫出新詩。末二句指出兩浙風光有助啟發詩人情思。這雖是同僚送別的應酬話，但至少說明楊億對於姚鉉的為人和詩歌都不是持負面評價的。

有學者指出姚鉉編輯《唐文粹》的時間（咸平五年至大中祥符五年，1002-1011）正是西崑體形成的時間，「楊、劉諸人崇尚四六文，他偏不錄四六文；楊、劉諸人欣賞摛華捵藻，雕章麗句，他卻以古雅為宗，不以雕篆為工，侈言蔓詞，率皆不取……鮮明體現了他對西崑體的態度。」【41】認為姚鉉欣賞的文章以古雅為宗是準確的，姚鉉反對雕篆為工的侈言也是事實。但是據此認為他反對西崑體，也許還有商榷餘地。第一：姚鉉反對侈言蔓詞的原因是這些堆砌辭藻的詩文內容空洞無物。換句話說，姚鉉反對偶麗之文的核心意義始終還是內容而不是形式。但就楊、劉本人的西崑詩文而言，也就是西崑體形成初期而言，西崑詩文是多有寄託寓意的；這點曾棗莊先生《論西崑體》與周益忠先生《西崑

【40】脫脫等：《宋史·職官志》卷167，頁3964。

【41】曾棗莊：《論西崑體》，頁376。

研究論集》論之甚詳。正如周先生所說：若然《西崑集》不過是浮靡文辭，又何來〈宣曲〉寓諷與「禁文詔」之事？【42】因此，姚鉉是否「一開始」就針對《西崑集》編《唐文粹》，還可以再討論。第二，姚鉉今存詩文雖僅有文三篇、詩五首，較難反映姚鉉文風。但從「金聲才振於禁苑，寶軸俄頒於近屛。英辭煥發，駭龍蛇之變擔；妙翰優柔，睇鷓鷺之翔集」【43】等句看來也是駢偶之辭。因此《宋史》謂之「文詞敏麗」，【44】還是稱得上一個「麗」字。我認為，《四庫總目》論姚鉉文風及其編纂《唐文粹》原因的評述最為公允：

> 考阮閱《詩話總龜》載鉉於淳化中侍宴，賦賞花釣魚七言律詩，賜金百兩，時以比奪袍賜花故事。又江少虞《事實類苑》載鉉詩有「疏鐘天竺曉，一雁海門秋」句，亦頗清遠，則鉉非不究心於聲律者。蓋詩文儷偶，皆莫盛於唐，盛極而衰，流為俗體，亦莫雜於唐。鉉欲力挽其末流，故其體例如是。於歐、梅未出以前，毅然矯五代之弊，與穆修、柳開相應者，實自鉉始。【45】

姚鉉詩文並非不講究文辭、聲律，只是因為他編輯《唐文粹》時須要突出古雅為宗的唐文，因此才從「古雅」的反面批評了雕琢之辭。更何況，楊億撰作〈姚起居赴兩浙轉運〉時姚鉉已經開始編輯《唐文粹》，楊億也已受李商隱風格影響；但二人當時關係和諧，楊億也肯定姚鉉詩歌，可見姚鉉編《唐文粹》縱有矯正時弊之意，也主要是針對五代以來流弊，尚無確實的證據可以判斷他是針對楊億。

【42】周益忠：《西崑研究論集》（臺北：臺灣學生，1999），頁226-227。

【43】姚鉉：〈遷移鄆州謝表〉，見杜詔編：《山東通志》卷35之3，《景印文淵閣四庫全書》（冊541），頁331。

【44】脫脫等：《宋史・姚鉉傳》卷441（冊37），頁13055。

【45】永瑢等：《四庫全書總目・唐文粹》卷186，《景印文淵閣四庫全書》（冊5），頁18。

除姚鉉外,張詠也是與楊億並時的古文家。張詠參加了《西崑集》的和唱,有詩作兩首,但並非《冊府元龜》編修者。曾棗莊先生認為張詠實屬宋初古文家,【46】這個看法是正確的。至於張詠對於韓、柳古文的肯定,則以他在〈答馮華進士書〉中稱讚馮華的話最明白:「(馮華)少有老成之風,噫!可畏矣!詞有復古之志……得謂韓柳之下升堂者也。」【47】其實,張詠並不反對偶麗之文,他也不認為古、今之文有高下之分,而當以是否符合「道」為評價標準。他在〈答友生問文書〉說:「若以偶語之作,參古正之辭,辭得異而道不可異也。故謂好古以戾,非文也;好今以蕩,非文也。出乎是者,予焉及知!」【48】可見張詠論文準則在「道」而不在偶散。終張詠一生,他與擅寫駢偶之文的楊億的關係都是和諧的,甚至也參加了西崑酬唱。直至張詠將歿之時,更寫信向楊億表述心志,謂「大年,大年(楊億),知張老乎?老子心無蘊畜,絕情絕思。情絕則聚散是閑,思絕則榮賤一致。」【49】若非親密信任的好朋友,很難用這種語氣,說出這樣的心底話。

張詠以「道不可異」而非文辭偶散作為衡文準則,合宜地處理了以駢偶之文代表靡爛風尚的認知。除此以外,這個標準也使後人把評價楊、劉個人詩文與後學模仿氾濫成風的空洞的西崑體分隔開來。後來歐陽修評述楊億詩文與後學者之差異時認為「先生老輩患其多用故事,至於語僻難曉,殊不知自是學者之弊……蓋其(楊億)雄文博學,筆力有餘,故無施而不可,非如前世號詩人者,區區於風雲草木之類,為許洞所困者也。」【50】這與張詠批評後學者「好古以戾」或「好今以薄」的思

【46】曾棗莊:《論西崑體》,頁254。

【47】張詠:〈答馮華進士書〉,《張乖崖集》(北京:中華,2000),頁63-64。

【48】張詠:〈答友生問文書〉,《張乖崖集》,頁73-74。

【49】張詠:〈答汝州楊大監書〉,《張乖崖集》,頁70。

【50】歐陽修:《六一詩話》,《歐陽修全集》(冊5),頁1955。

想方法是一致的。

　　再說陳從易。《儒林公議》載:「陳從易者,頗好古,深擯億之文章,億亦陋之。天禧中,從易試別頭進策,問時文之弊,曰:『或下里如會秤,或叢脞如急救。』億黨見者深嫉之。」【51】陳從易後來在天聖六年(1028)知制誥,這對於北宋詩文革新是一件饒富深意的事。【52】據《儒林公議》這一段記錄來看,陳從易與楊億的相互否定很明顯。《宋史》載陳從易「喜別白是非,多面折人」,【53】說明了他對楊億的態度。陳從易也是由王欽若、楊億統籌的《冊府元龜》的編修官。【54】這比《儒林公議》所載的「天禧中」【55】要早上十多年時間。現存材料較難考證楊、陳二人編修《冊府元龜》的相處是否和諧,但按《宋史》「景德(1004-1007)後,文士以雕靡相尚。一時學者鄉之,而從易獨守不變」【56】的說法看;陳從易並不認同景德年間文風的轉變。景德年間正是「西崑體」形成,文士相繼模仿楊、劉詩文的時間,陳從易與楊億同修《冊府元龜》,對楊、劉等酬唱之事與《西崑集》有相當認識。他很有可能就在這時對楊億的詩文有了負面看法。但陳從易好古以及對楊、劉詩文的批評在楊億在世時畢竟是殊例,是故「一時學者嚮之」,而陳從易只好

【51】田況:《儒林公議》卷上「楊億在兩禁」條,頁2。

【52】參馮志弘:〈天聖「申戒浮文」詔的背景和意義——兼論北宋古文革新的徵兆〉,《中國文化研究所學報》第46期(2006年),頁285-300。

【53】脫脫等:《宋史·陳從易傳》卷300(冊28),頁9979。

【54】趙希弁輯:《郡齋讀書志·後志》卷2「冊府元龜」條:「皇朝景德二年,詔王欽若、楊億修《君臣事跡》(按:即《冊府元龜》)……同修者十五人:錢惟演、杜鎬、刁衎、李維、戚綸、王希哲、陳彭年、姜嶼、宋貽、陳越、陳從易、劉筠、查道、王曙、夏竦。」《景印文淵閣四庫全書》(冊674),頁401。

【55】楊億卒於天禧四年(1020),則天禧中所指當是1017至1020間。

【56】脫脫等:《宋史·陳從易傳》卷300(冊28),頁9979。

「獨」守不變。從「景德以後……從易獨守不變」的事實看來，楊億身故後八年（天聖六年，即景德二十多年後）朝廷任命好古的陳從易、楊大雅知制誥的象徵意義就更殊堪細味了。

二・《楊文公談苑》「穆修」條非楊億所撰考論・穆修詩文及其主張

今存穆修（979-1032）詩文都沒有直接評述楊、劉文風或作品的記述。楊億《武夷新集》及《西崑集》也不見論述穆修文字；唯有《楊文公談苑》203則收錄了論述穆修的一段文字。《談苑》由楊億同鄉，國子監直講黃鑑輯錄楊億口述故事整理成文，並由宋庠（996-1066）整理編次成書。明清之際《談苑》一度散佚，今本《楊文公談苑》係由李裕民先生從群書彙輯234條，共七萬餘字成書，於1993年由上海古籍出版社出版。

《談苑》論穆修這段材料常為學者徵引，以說明穆修首倡古文。[57]為方便說明問題，茲將《談苑》穆修條全文引述如下：

> 文章隨時風美惡，咸通（按：即唐懿宗860-873年）已後，文力衰弱，無復氣格。本朝穆脩，首倡古道，學者稍稍向之。脩性褊忮少合，初任海州參軍，以氣陵通判，遂為捃摭，貶籍繫池州，其集中有〈秋浦會遇〉詩，自敘甚詳。後遇赦釋放，流落江外。賦

---

[57]《談苑》203則「穆修」條註出處「同上」，即《事實類苑》卷74。查《事實類苑》並無相關資料，又，《類苑》卷47記載了丁謂、楊億故事，其中幾條材料註明源出《楊文公談苑》、《東軒筆錄》。查魏泰：《東軒筆錄》卷3收錄了關於穆修的這段材料，學者引述這段材料亦多據《東軒筆錄》，可見《事實類苑》疑為《東軒筆錄》之誤。參魏泰：《東軒筆錄》卷3（北京：中華，1985），頁30-31。

命窮薄,稍得錢帛,即遇盜,或臥病,費竭然後已,是故衣食不能給。晚年得《柳宗元集》,募工鏤板,印數百帙,攜入京相國寺,設肆鬻之。有儒生數輩,至其肆,未評價直,先展揭披閱,脩就手奪取,瞋目謂曰:「汝輩能讀一篇,不失句讀,吾當以一部贈汝。」其忤物如此。自是經年不售一部。【58】

筆者認為《談苑》「穆修」條並非楊億口述,理由有二,其一:文中載穆修「集中有〈秋浦會遇〉詩」。穆修詩文在他在世時並未結集。蘇舜欽〈哀穆先生文〉(並序)謂其「遺文散墜不收」、「初,先生死,梁堅自解以書走上黨遺予,欲訪其文,俾予集序之。去年赴舉京師,歷問人,終不復得一篇。」【59】後來由穆修弟子祖無擇求穆修遺文於其子嗣,方輯成三卷本《河南穆公集》。楊億(974-1020)卒年比穆修要早十二年,不可能知道《穆公集》的情況。其二,《談苑》載穆修「晚年得《柳宗元集》,募工鏤板,印數百帙,攜入京相國寺,設肆鬻之」事。據穆修〈唐柳先生集後序〉載其自謂:「不圖晚節,遂見其書(《柳宗元集》),……因按其舊錄為別本,與隴西李之才參讀累月,詳而後止。……天聖九年秋七月河南穆修伯長後序。」【60】可見穆修得見《柳宗元集》大概是天聖八、九年(1030-1031)的事,這時楊億已身故多時,更不可能知道穆修攜《柳集》入京設肆鬻之的事。因此我認為《談苑》的上述材料不可能是楊億親口所述。雖然如此,這段材料同時見於《東軒筆錄》,因此仍然代表了北宋論者的意見,亦不妨析論如下。

【58】楊億:《楊文公談苑》203「穆修」條(上海:上海古籍,1993),頁163-164。

【59】蘇舜欽:〈哀穆先生文〉並序,《蘇舜欽集》(上海:上海古籍,1981),頁200。

【60】按:「天聖九年」一句為《四部叢刊》本《河南穆公集》所無,今參考《全宋文》校正,並據《皇朝文鑑》原文補回。穆修:〈唐柳先生集後序〉,《河南穆公集》(上海:商務,四部叢刊本),頁14-15。呂祖謙編:《皇朝文鑑》卷85(冊2)(上海:商務,四部叢刊本),頁907。

上述文字把穆修倡古道視為自晚唐以後「文力衰弱，無復氣格」的改善，可見論者肯定穆修倡古道。配合「文力」一句看，論者也把穆修倡古道和「古文」聯繫起來，並認為穆修倡古道的具體表現正是「稍稍」（按：即「漸漸」）改變了晚唐五代「文力衰弱、無復氣格」的文章面貌。可是，文章的論者對穆修處世之道頗有微詞，直接說他「性褊忤少合」。另外，穆修「好論斥時病，詆誚權貴，人欲與交結，往往拒之」；[61] 連蘇舜欽亦不諱言其「性剛峭，喜於背俗」；[62] 南宋陳亮在〈變文法〉裡指出「穆修、張景專以古文相高，而不為駢儷之語，則亦不過與蘇子美兄弟唱和於寂寞之濱而已。」[63] 楊億性格亦「剛介寡合」，[64] 即使是張詠也曾婉轉地勸戒他「言詞正直，人情所厭」；[65] 加上楊億、穆修地位懸殊等原因，可以視為二人不曾交往的一個佐證。

文中仔細描述了穆修募工印刷《柳宗元集》，「設肆鬻之，經年不售一部」事，這段文字的重點並非評述柳宗元文章高下，而是著重描寫穆修性格、經歷與販賣《柳宗元集》事。從其「就手奪取」、「瞋目謂曰」、「其忤物如此」等句可見，論者雖未曾直接評論韓、柳文章，但不認同穆修性格、行事。其實，穆修雖主張作古文，可是他部分文章頗見苦澀。最廣為學者引用的是《夢溪筆談》裡他與張景（柳開門人）對於「奔馬踐死一犬」的紀事：

> 往歲士人多尚對偶為文。穆修、張景輩始為平文，當時謂之古文。穆、張嘗同造朝，待旦於東華門外。方論文次，適見有奔馬踐死一犬，二人各記其事，以較工拙。穆修曰：「馬逸，有黃犬

---

[61] 脫脫等：《宋史·穆修傳》卷442（冊37），頁13069。

[62] 蘇舜欽：〈哀穆先生文〉並序，《蘇舜欽集》，頁199。

[63] 陳亮：〈變文法〉，《陳亮集（增訂本）》（上冊）（北京：中華，1987），頁135。

[64] 脫脫等：《宋史·楊億傳》卷305（冊27），頁10082。

[65] 張詠：〈答汝州楊大監書〉，《張乖崖集》，頁70。

遇蹄而斃。」張景曰：「有犬死奔馬之下。」時文體新變，二人之語皆拙澀，當時已謂之工，傳之至今。【66】

沈括評穆、張二子「語皆拙澀」，僅就二人這次記述而言是合理的。但綜觀穆修今存詩文雖不乏佶屈贅牙的篇章，但文從字順作品也不少。清人李慈銘在《越縵堂讀書記》裡謂：「參軍（穆修）才無過人，學亦不競。惟生崑體極盛之世，獨矯割裂排比之習，以文從字順為文，而說理明確。尹氏、歐陽氏出而推尊之，故名遂震爍。」【67】穆修的聲名因尹洙、歐陽修等的「推尊」而愈加彰顯。但就上述記述看來，在尹、歐還未出現之時，穆修倡議古文已經令「學者稍稍向之」，因此穆修雖然只和蘇舜欽等「唱和於寂寞之濱」，但這種寂寞也僅限於少有志同道合的文友，並非寂寂無聞。至於穆修詩文是「語皆拙澀」抑或「文從字順」，從穆修現存詩文來看，似乎兩者都有，很難概括而論。

那麼，穆修對西崑體的看法如何呢？明末清初的陳宏緒在〈與吳眾香書〉中指出「伯長（穆修）矯楊、劉駢麗之習，力以韓、柳為宗」，【68】曾棗莊先生也直言穆修反對西崑體；【69】也有學者持不同意見，認為穆修「不曾反對西崑派」。【70】查今存穆修詩文，不見穆修排斥楊、劉、《西崑集》的論述。當然，穆修既指出當時士子「浮軌濫轍，相跡而奔」，而真宗朝詩文又以西崑流風為主導，認為穆修反對的文風亦即西崑流風並非不合理的推論。但是，從另一個觀點看，穆修不直言楊、劉

【66】沈括：《夢溪筆談》卷14（冊2）（北京：中華，1985），頁96。

【67】李慈銘：《越縵堂讀書記》（下冊）「穆參軍集」條（北京：中華，1963），頁640。

【68】陳宏緒：〈與吳眾香書〉，《陳士業先生集・石莊初集》卷2，康熙二十六年刻本，《四庫全書存目叢書補編》（冊54）（濟南：齊魯書社，2001），頁249。

【69】曾棗莊：《論西崑體》，頁379。

【70】程千帆、吳新雷：《兩宋文學史》（上海：上海古籍，1991），頁29。

詩文也許是由於自己與楊、劉身分、地位殊有不同；也可能是因為楊、劉當時政績名聲甚佳，穆修並不認為二人詩文言之無物。無論是哪一種說法都僅屬推測，並沒有材料上的印證。但既然歐陽修能夠清晰地把楊、劉本人的詩文與後學的西崑流風分別開來，與楊、劉同時代的穆修能夠作這個判斷也不是不可能。此外，穆修的門人尹洙、蘇舜欽等亦無批評楊、劉之語，范仲淹所作〈尹師魯文集序〉亦謂「楊大年以應用之才獨步當世，學者刻辭鏤意，以希彷彿，未暇及古也」，【71】其中說法與歐陽修相似；或許可作為上述推論的佐證。當然，從詩文水平而言，穆修文字無法與王禹偁相比，但二人的文章觀念則較相似。後來尹洙、蘇舜欽等系出穆修之門，並匯合成歐、蘇詩文革新的前波；可見王禹偁、穆修文道觀念對他們有承傳上的影響。

　　穆修與石介都不曾批評楊億崇佛。就穆修而言，因楊億敬佛是在晚年，穆修與楊億地位懸殊，對於楊億的個人信仰未必關注。總之，就今存穆修詩文看，不論是從文學主張抑或儒佛之辨，穆修均不曾把「個人」視為攻訐對象；後來的歐陽修亦大抵採取相似態度。至於石介痛斥楊億「刓鏤聖人之經」，卻並不批評楊億佞佛，這是由於中唐以後，佛教並非以個別代表人物為核心，而是以自身的教義和存在的合理性，在朝廷與民間發揮著龐大的影響力。這與古文運動能夠舉出韓、柳、歐、蘇等代表人物很不相同。真宗朝編纂的《冊府元龜》卷五十一〈崇釋氏〉序載：「歷代帝王，或崇奉其事、營建塔廟、增嚴像、設翻譯梵文、廣度淨眾，蓋以茂植德本，樹立眾善，為民祈福，毆之仁壽，斯亦大易神道設教之旨歟！」【72】卷五十三〈崇黃老〉序云黃老「本其妙用，歸諸自然。故

【71】范仲淹：〈尹師魯文集序〉，《范仲淹全集》（上冊）（成都：四川大學，2002），頁183。

【72】王欽若、楊億等編：《冊府元龜‧帝王部‧崇釋氏》卷51（冊1）（臺北：臺灣中華，1967），頁566。

乃凝神御變,抱一執契,無可無不可者矣……神道設教,洪範建用,皇極愛民,治國之要,其歸一揆耳。」【73】宋真宗對《冊府元龜》的編纂非常關心,在編纂過程中幾乎通覽全部草稿,並且給了許多仔細意見(詳下),說明了上述兩篇序言基本符合真宗對佛、老的看法。可見,柳開、石介猛烈批評佛老並不符合太宗、真宗朝朝廷取態。總之,穆修反佛的方式是固守儒道以及希望佛徒謹慎守法。所以,楊億並不是他在道論上的否定對象。當然不能忽略的是:《冊》書各卷序言都由楊億編次審訂。因此,上述序言亦可視為真宗與楊億意見的契合。下文將就《冊府元龜》的編纂切入,根據其中對韓愈的論述,分析楊億的韓愈觀。

三‧從《西崑酬唱集》和《冊府元龜》看楊億的韓愈觀

《滹南遺老集》引述傅獻簡《嘉話》云:「晏相(晏殊)常言,大年(楊億)尤不喜韓、柳文,恐人之學,常橫身以蔽之。」【74】就筆者所見,這段記述是歷代談及楊億對韓、柳文態度的唯一材料,十分珍貴。從引文可知,楊億對韓、柳文非常否定。可惜晏殊沒有明言楊億為甚麼如此不喜歡韓、柳文章。其實,北宋古文運動在真宗朝所以會進入低潮,與楊億詩文及西崑體的流行有密切關係,所以進一步考察楊億否定韓愈的原因,對於理解北宋古文運動的發展很有必要。這一節將就《西崑酬唱集》是否曾引用韓愈典故,《冊府元龜》論韓愈兩方面,嘗試回答上述問題。

《西崑集》最好的注本是王仲犖先生完成於1949年前,在1978年後出版的《西崑酬唱集注》(下文簡稱「王注」),【75】以及鄭再時先生編

【73】王欽若、楊億等編:《冊府元龜‧帝王部‧崇黃老》卷53(冊2),頁585。
【74】王若虛:《滹南遺老集‧文辨》卷37(冊4)(北京:中華,1985),頁235。
【75】這裡採用的是2001年的新版,楊億等著、王仲犖注:《西崑酬唱集注》(上海:上海書店,2001)。

於1947年，1986年由齊魯書社複印其手稿的《西崑酬唱集箋注》（上、下冊）（下文簡稱「鄭注」）。【76】王、鄭兩位先生分注《西崑集》時並不認識，因此也不曾參考彼此的注本。據「王注」前言所載：王仲犖先生雖然在1949年稍後時間知道鄭再時先生注有《西崑集》，但鄭先生早故，直到1978年「王注」出版的時候王仲犖先生還沒有讀到「鄭注」。

　　簡單來說：「王注」比較側重注解詩句淵源，對於史事則注其大概。「鄭注」比較重視史事，文學引注不如「王注」詳盡。又，「王注」的注釋方式是在詩句下羅列相關典故，採取「注而不論」態度。「鄭注」除注釋典故外，也酌量加以考證，故多有「時按（按：鄭再時先生自稱）」之語。總之，以注釋詳略而言「鄭注」不如「王注」；但「鄭注」所採取的是傳統箋注方式，其中的體例與措辭都有很重要的參考價值。由於楊億現存的《武夷新集》和《楊文公談苑》都沒有和韓愈相關的記載，因此，「王注」、「鄭注」以韓愈詩文注《西崑集》這條線索實在不宜忽略。

　　查「王注」以韓愈詩文注楊億詩句者共七條、以韓注劉筠詩句者共五條，其餘以韓注任隨、錢惟濟、薛映詩句各一條。「鄭注」以韓注楊億詩句一條，以韓注劉筠詩句共三條。王、鄭兩位先生學問淵博；雖然如此，由於他們注釋《西崑集》之時正值戰亂，查找資料很不方便。加上韓愈詩文自宋以後影響甚大，容易造成淵源考證上以今論故的偏頗。因此，在鉤出王、鄭注本以韓注西崑詩的材料後，我具體地查考了王、鄭注本以韓為注的十九條材料，發現以韓愈詩文注釋這十九句詩句並非唯一選擇。為方便說明問題，雖嫌窒礙文氣，亦不妨表列如下：

【76】楊億等著、鄭再時注：《西崑酬唱集箋注》（濟南：齊魯書社，1986）。

「王注」

作者	詩句	王注韓愈詩文	唐代或以前相關詩文	頁碼
楊億	〈槿花〉：「終古怨清湘」	韓愈〈送憲師〉：「清湘沉楚臣」	杜甫〈上水遣懷〉：「嶄崒清湘石」	31
楊億	〈公子〉：「細雨墊巾過柳市」	韓愈文：「墊巾郊郭」（按：查無是句）	胡宿〈城南〉：「蕩槳遠從芳草渡，墊巾還傍綠楊堤。」	70
楊億	〈淚二首〉其一：「多情不待悲秋氣」	韓愈〈和席八(夔)十二韻〉：「多情懷酒伴」	李煜〈九月十日偶書〉：「返能厭俗態，偶緣猶未忘多情。」	104
楊億	〈宋玉〉：「七澤迷魂怨楚辭」	韓愈〈李花贈張十一署〉：「迷魂亂眼看不得」	駱賓王〈久戍邊城有懷京邑〉詩：「迷魂驚落雁，離恨斷飛鳧。」	140
楊億	〈此夕〉：「鮫人淚有千珠迸」	韓愈詩「潺潺淚交迸」（按：查無是句）	劉瑤〈暗別離〉：「翠軒輾雲輕遙遙，燕脂淚迸紅線條。」	214-215
楊億	〈致齋太一宮〉：「宵殘素瑟希」	韓愈〈宿龍宮灘〉：「夢覺燈生暈，宵殘雨送涼。」	/	252
楊億	〈因人話建溪舊居〉：「石層懸瀑濺巖扉」	韓愈〈送惠師〉：「懸瀑垂天紳」	岑參〈終南雲際精舍尋法澄上人不遇歸高冠東潭石淙望秦嶺微雨作貽友人〉：「崖口懸瀑流，半空白皚皚。」	275
劉筠	〈宣曲二十二韻〉：「憂難頃刻忘」	韓愈〈贈崔立之評事〉：「頃刻青紅浮海蜃」	白居易〈送兄弟迴雪夜〉：「所遇皆如此，頃刻堪愁絕。」	90

劉筠	〈前檻十二韻〉：「寶唾凝蘭氣」	韓愈〈城南聯句〉：「寶唾拾未盡」	/	158
劉筠	〈宋玉〉：「曾傷積毀亡師道」	韓愈〈策進士問〉：「由漢氏以來，師道日微。」	/	179
劉筠	〈送客不及〉：「客塵千古代征衣」	韓愈〈宿神龜招李二十八馮十七〉：「夜宿驛庭愁不睡，幸來相就蓋征衣。」	盧照鄰〈還赴蜀中貽示京邑遊好〉：「野禽喧戍鼓，春草變征衣。」	181
劉筠	〈櫻桃〉：「漢苑夏陰稠」	韓愈〈會合聯句〉：「夏陰偶高庇」	白居易〈樟亭雙櫻樹〉：「南館西軒兩樹櫻，春條長足夏陰成。」	260
任隨	〈舊將〉：「馬埒堆金駿足閒」	韓愈〈華山女〉：「堆金疊玉光青熒」	李賀〈馬詩二十三首〉：堆金買駿骨，將送楚襄王。」	76
錢惟濟	〈苦熱〉：「蘋末風休飛閣深」	韓愈〈送浮屠令縱西游序〉：「其去也風休」	吳融〈和嚴諫議蕭山廟十韻〉：「日出天須霽，風休海自清。」	264
薛映	〈清風十韻〉：「槭槭動輕裾」	韓愈〈贈崔立之評事〉：「槭槭井梧疏更韻。」	韋應物〈寇季鷹古刀歌〉：「古刀寒鋒青槭槭，少年交結平陵客。」	283

「鄭注」

作者	詩句	鄭注韓愈詩文	唐代或以前相關詩文	頁碼
楊億	〈再賦〉:「雙魚應共戲」	韓愈〈青青水中蒲〉:「青青水中蒲,下有一雙魚。」	《兩漢刊誤補遺·卷十·符二》:「按符契用魚,唐制也……韋述記上陽宮得古銅器,為雙魚狀,時以為李氏再興之符。」	下冊,頁471
劉筠	〈前檻十二韻〉:「寶唾凝蘭氣」	韓愈〈城南聯句〉:「寶唾拾未盡,玉啼墮猶鏘。」	/	下冊,頁518
劉筠	〈送客不及〉:「洛塵千古化征衣」	韓愈〈宿神龜招李二十八馮十七〉:「夜宿驛亭愁不睡,幸來相就蓋征衣。」	盧照鄰〈還赴蜀中貽示京邑遊好〉:「野禽喧戍鼓,春草變征衣。」	下頁,553
劉筠	〈樞密王左承宅新菊〉:「台座對熒煌」	韓愈〈和崔舍人詠月〉:「右掖連台座,重門限禁局。」	《唐大詔令集·卷四十八》:「今苗頑既革,華夏思安,爰登台座,弼我元化。」	下冊,頁560

　　從上表可見,王、鄭注本以韓注西崑詩句並非唯一選擇。例如「王注」以韓愈詩「清湘沉楚臣」中「清湘」一詞注楊億〈槿花〉中的「終古怨清湘」句,但杜甫亦有「嶄崒清湘石」句;由於在韓愈前已有「清湘」一詞,因此無法確定楊億是否引述韓愈詩句。又如劉筠〈宋玉〉:「曾傷積毀亡師道」句引韓愈〈策進士問〉「師道日微」句;雖然韓愈〈師說〉一文廣為宋初古文家傳誦,但「師道」一詞十分普遍,故亦不能視為韓愈典故。其餘例子已詳見附表,這裡不再重複。從另一個觀點來說,即

使某詞彙由韓愈創造，但如果這個詞彙由中唐至宋真宗年間已被他人引用，自然也不能夠確定楊億到底是直接受到韓愈啟發，抑或是受到其他轉引韓愈詩文者的影響。雖然王、鄭注釋大部分均不能夠視為楊、劉引述韓愈詩文的確據。可是，只要在王、鄭的注釋中有一、二條典故肯定是楊、劉對韓愈詩文的化用，那麼也足以證明楊、劉即使否定韓愈詩文，卻仍然願意化用韓文的語辭。

分析王、鄭本注釋，我認為王注引韓愈〈宿龍宮灘〉「夢覺燈生暈，宵殘雨送涼」中「宵殘」一語注楊億〈致齋太一宮〉「宵殘素瑟希」句，比較可能是用韓愈詩典。查宋真宗以前文獻，除韓愈外沒有使用「宵殘」一語入詩的先例。【77】據此，認為楊億這句詩化用韓詩典故是有可能的。雖然如此，由於「宵殘」一語並非太特別的典故，所以也實在不能否認楊億「宵殘素瑟希」一語不過是楊億自鑄新詞。因此，本文在行文上還是採用了「比較可能」和「有可能」的說法。反之，王、鄭注本均以韓愈〈城南聯句〉「寶唾拾未盡，玉啼墮猶鏘」中「寶唾」一語注劉筠〈前檻十二韻〉：「寶唾凝蘭氣」。我認為劉筠有意識地引用韓、孟聯句「寶唾」典故入詩的機會非常大。查宋真宗以前文獻，雖有美化詩人、美女咳唾的文字，但組合成「寶唾」二字則首見於〈城南聯句〉。而《佩文韻府》亦以〈城南聯句〉作為「寶唾」一詞的唯一註例，加上「寶唾」一詞非常特別，劉筠與古人之心「暗合」的機會不大。

雖然如此，即使這個推論能夠成立，還是不能夠作為劉筠引用韓詩典故的理由。最簡單的原因是〈城南聯句〉中「寶唾」一句的作者是孟郊而非韓愈。今本《韓昌黎詩繫年集釋》對此註釋甚明，其餘韓詩的注本亦認同這個說法。王、鄭注本以「韓愈」「寶唾」一句注劉筠詩似未盡妥善。當然，劉筠既然引用〈城南聯句〉孟郊詩典，自然曾通讀全詩，因此「寶唾」一句是否韓愈所作，並不影響劉筠曾引用韓愈詩歌（即使

【77】據《四庫全書》電子版搜尋功能。

是聯句)的結論。從這個觀點看,楊、劉確有化約韓愈詩文以為己用,由此反映了二人對於韓愈詩文有認識,並且願意選擇化用韓愈文詞。但就引用的次數來說,楊、劉引用韓愈詩文典故絕無僅有。這又從另一方面反映了楊、劉對於韓愈詩文的態度。

楊億曾在「咸平、景德間,因演繹之暇,遍尋前代名公詩集」。[78] 韓愈詩歌在宋初雖然流傳不廣,但韓、孟作為中唐時有重要影響力的詩派,再加上王禹偁等的影響,楊億不可能不曾讀過韓愈詩作。楊億作文章時「所用故事,常令子姪諸生檢討出處,每段用小片紙錄之,既成,則粘綴所錄而蓄之。」[79] 但對於詩文創作甚豐,屢鑄新辭的韓愈卻只引述了一句「比較可能」化用韓愈的「宵殘雨送涼」。因此,剩下來的問題反而是他究竟對韓愈詩文有何評價,以至他極少,也許是沒有在以多引典故為特色的《西崑集》中引用韓愈詩文?我認為《冊府元龜》中關於韓愈的論述是回答這個問題的關鍵。

宋真宗論《冊府元龜》謂:「朕編此書,蓋取著歷代君臣美德之事,為將來取法,至於開卷覽古,亦頗資於學者。」[80] 又謂:「太宗皇帝始則編小說而成《廣記》,纂百氏而著《御覽》,集章句而制《文苑》……洪猷丕顯,能事畢陳,朕遹遵先志,肇振斯文。」[81]《冊府元龜》原名《歷代君臣事跡》,其編修時間始於景德二年(1005)而終於大中祥符六年(1013),編成後由真宗賜名《冊府元龜》。可知《冊府元龜》的成書與西崑詩文風尚的形成時間相同。真宗謂《冊》書「遹遵先志,肇振斯文」,這句話寫於《冊》書成書之後,當時西崑流風已經形成,與此同時,朝中詔誥多由楊億草撰。可見真宗並不認為楊億詩文

---

[78] 江少虞:《宋朝事實類苑》卷34「玉溪生」條,頁435。
[79] 王構:〈檢尋出處〉,《修辭鑒衡》卷2(北京:中華,1985),頁41。
[80] 王欽若、楊億等編:《冊府元龜‧考據》(冊1),頁8。
[81] 同上,頁8-9。

與其編修《冊》書以「肇振斯文」的理念有甚麼衝突。

大中祥符二年（1009）文禁詔謂「近代已來，屬辭之弊，侈靡滋甚，浮艷相高，忘祖述之大猷，競雕刻之小技」[82]雖是針對《西崑集》〈宣曲〉詩諷喻宮闈事，但是，據曾棗莊先生研究，文禁詔的真正內涵乃在指示「欲雕印（詩、文集）者，委本路轉運司選部內文士看詳」[83]以防備諷喻；指斥浮文不過是堂而皇之的修辭而已。[84]相反，如果真宗在大中祥符元年認為楊億詩文「侈靡滋甚，浮艷相高」，卻又在大中祥符元年至六年繼續以楊億作為「肇振斯文」的《冊府元龜》的編者，這就很不合理了。另一方面，在「文禁詔」頒布前後的這段時間，楊億編輯《冊》書的工作並沒有停止，這也說明了〈宣曲〉詩並沒有影響真宗對楊億編輯《冊》書以「肇振斯文」的任命。總之，真宗對楊億的編輯工作是肯定的。

上文指出真宗在楊億等編修《冊》書時幾乎通讀全書，並給予具體而仔細的意見。這可以從真宗給王欽若、楊億的手扎中得到證實。宋真宗謂：「朕每因暇日，閱《君臣事跡》草本，遇事簡，則從容省覽；事多，或至夜漏二鼓乃終卷。」在《冊》書編輯期間，編修官「每門具進，上親覽，摘其舛誤，多出手書詰問或召對指示商略。」真宗又明確說：「或有增改事，標記，覆閱之。」[85]例如大中祥符三年真宗在給王欽若的手札裡說：

> 覽所進〈內臣部・恩寵門〉，觀其作序之意，蓋紀其宣密命，扶宸極，勤王事，守志節，如此之類，以篤恩獎；況目其部曰「內

---

[82]〈誡約屬辭浮艷令欲雕印文集轉運使選文士看詳詔〉，宋綬、宋敏求編：《宋大詔令集・誡飭二》卷191（北京：中華，1997），頁701。

[83] 同上。

[84] 詳參曾棗莊《論西崑體》第一章，頁1-10。

[85] 王欽若、楊億等編：《冊府元龜・考據》（冊1），頁8-9。

臣」,斯亦見其名矣,豈須別白塵跡,指示其身……委同修官詳正之。【86】

可見真宗對於《冊》書的編纂高度介入,並且具體地給予「指導」意見。楊億雄文博學,對於《冊》書的編述與「肇振斯文」的總綱當有很充份的掌握。關於《冊》書的編纂,顏中其先生有專門研究,這裡不展開討論。【87】總之,《冊》書是經過真宗責成其事,並具體由王欽若、楊億統籌編修而成,又由楊億負責《冊》書分部、編序等協調工作。【88】可見《冊》書乃是由真宗主導意識形態,並由楊億演繹其內涵。雖然這種編纂方式不利於楊億發揮個人意見,卻反映了真宗朝對歷代君臣事蹟乃至文化、文風的「廟堂意志」。真宗命楊億統籌編輯《冊》書是因為他對楊億等編輯的《太宗實錄》評價甚高,因此才繼之以編輯《冊》書的重任。這也反映了真宗認同楊億的史才與文學觀。在這種「廟堂意志」與個人才學的複雜關係下,我認為《冊》書中關於韓愈的論述雖然不能算是楊億的個人看法,但不會和楊億的看法有大出入。

《冊》論述韓愈的材料頗多。就韓愈的行事言之,〈總錄部‧交友〉載韓愈「少時與雒陽人孟郊,東郡人張籍友善,二人名位未立,愈不避寒暑,稱薦於公卿間。」【89】《冊》書並謂後來張籍通貴,韓愈與孟、張二人論文賦詩一如往昔;說明了韓愈不囿於身分地位交友。這段材料雖

【86】見宋綬、宋敏求編:《宋大詔令集‧政事三》卷150,頁557。
【87】顏中其:〈《冊府元龜》編修者介紹〉,見劉乃和編:《《冊府元龜》新探》(鄭州:中州書畫,1983),頁29-48。
【88】劉乃和先生指出編修《冊》書時王欽若作宰相,所以由他領銜,在學術上真正負責總其事的是楊億。但從真宗予王欽若的手扎看,王欽若不僅是領銜,而且還有相當程度的具體參與。當然,認為「總其事」者是楊億而非王欽若是合理的。見劉乃和編:《《冊府元龜》新探》序,頁14。
【89】王欽若、楊億等編:《冊府元龜‧總錄部‧交友》卷882(冊18),頁10450。

然主要是陳述韓愈與友人相處之道，但從中亦可見韓、孟兩位中唐詩人的交往；韓、孟後來合稱「韓孟詩派」，可見《冊》書編者對於以韓愈為核心的這一文人群體有所認識。〈總錄部・文章〉「後唐李愚條」載：「愚為文尚氣格，效韓柳諸公之立意。」【90】說明了韓柳為文尚「氣格」的特徵。〈總錄部・名諱〉載韓愈為李賀父諱作辯：「李賀父名晉肅，不應進士，韓愈為賀作辨諱，令舉進士……」【91】〈牧守部・公正〉載孔戣任廣州刺史，至郡禁絕販賣人口，准詔禱南海神，「韓愈在潮州作詩以美之」。【92】

編纂《冊》書時劉昫（887-946）等的《舊唐書》已經成書。《冊》書編著時大量參考了《舊唐書》的材料，這可能是構成《冊》書論韓新意不多的原因。無論如何：《冊》書編者起碼承認韓愈在中唐之時，不論從文化、文學、政治上都有其敘述價值。此外，和柳開、王禹偁把韓愈視為道統繼承者或「文以載道」的代表不同，《冊》書在記述韓愈事蹟時，也如實記述了時人對韓愈的貶評。例如〈帝王部・訪問〉記載了唐文宗認為韓愈《順宗實錄》似未詳實一事：

> 帝（唐文宗）御紫宸殿謂宰臣鄭覃、李固言、李石曰：「《順宗實錄》似未詳實，史官韓愈不是當時人否？」石曰：「韓愈貞元末屈為四門博士。」帝曰：「司馬遷〈與任安書〉全是怨望，所以〈漢武本紀〉事多不實。」【93】

唐文宗認為《史記・漢武本紀》事多不實是因為司馬遷對漢廷有所怨望所致。他並據此推論《順宗實錄》似未詳實亦與韓愈貞元末年屈為四門博士有關。柳開，王禹偁均推崇韓愈，因此在他們的論述中，並沒有否

【90】王欽若、楊億等編：《冊府元龜・總錄部・文章》卷841（冊17），頁9977。
【91】王欽若、楊億等編：《冊府元龜・總錄部・名諱》卷863（冊18），頁10289。
【92】王欽若、楊億等編：《冊府元龜・牧守部・公正》卷674（冊14），頁8056。
【93】王欽若、楊億等編：《冊府元龜・帝王部・訪問》卷104（冊3），頁1245。

定韓愈的意見,即使是引述他人批評韓愈的文字都沒有。《冊》書對韓愈的記載則是正、負面都有。韓愈最為人傳誦的「諫迎佛骨」事與〈祭鱷魚文〉在《冊》書中亦有詳細記載。〈牧守部・感瑞〉就用了超過三百字記述韓愈任潮州刺史,鱷魚為患的始末,並轉載了〈祭鱷魚文〉部分文字。【94】《冊》書記載韓愈諫迎佛骨共兩處。一是〈諫諍部・直諫〉用了上千字引述韓愈〈諫迎佛骨〉文章;二是〈總錄部・偏執〉論述韓愈「極諫帝怒,貶潮州刺史」事,轉述如下:

> 愈字退之,素不喜佛,初鳳翔法門寺有護國真身塔,塔內有釋迦文佛指骨一節……元和十四年正月,憲宗令中使杜英奇押宮人三十人持香花赴臨皋驛迎佛骨,自光順門入,大內留禁中三日,乃送詣寺。王公士庶奔走捨施惟恐在後,百姓有廢業,破產,燒頂,灼臂而求供養者。愈為兵部侍郎,上疏極諫,帝怒,貶潮州刺史。【95】

從引文看來,這段文字不涉褒貶,僅是對韓愈被貶因由與結果的敘述。雖然如此,若聯繫《冊》書的編輯體例,可見《冊》書對韓愈諫迎佛骨的評價。《冊》書卷九一六的細目為「偏執」、「介僻」、「褊急」,都是負面綱目。韓愈諫迎佛骨收於「偏執」裡面。可見《冊》書編者視韓愈「固執地」諫迎佛骨是偏執事例的代表——從《冊》書對此事論之甚詳而言,甚至可以說是「偏執」的典型事例。配合上文提到韓愈與孟郊、張籍交往的材料來看,則韓愈的固執始終如一:一方面執於友誼,一方面執於反佛。從論述的「量」而言,《冊》書似乎更在意韓愈「偏執」於儒的「頑僻」。這種解讀韓愈諫迎佛骨事的觀點與柳開、王禹偁南轅北轍。考《冊》書體例,大抵是頌讚在前,貶抑在後;因此帝王部

【94】王欽若、楊億等編:《冊府元龜・牧守部・感瑞》卷681(冊14),頁8139。
【95】王欽若、楊億等編:《冊府元龜・總錄部・偏執》卷916(冊19),頁10838。
【96】脫脫等:《宋史・楊億傳》卷305(冊29),頁10082。

「創業」、「繼統」位在前列,從卷九一零以迄卷九二零,順序為「偽政」、「嗜酒」、「酒失」、「廢滯」、「偏執」(載韓愈事)、「介僻」、「褊急」、「矜衒」、「改節」、「忿爭」、「詆訐」、「讎怨」。可見《冊》書編者對韓愈諫迎佛骨事的否定。雖然《冊》所載韓愈事蹟不一定由楊億起草,但從「其序次體制,皆億所定」【96】的背景來看,楊億對於置韓愈於「偏執」之目有決定權;再加上楊億編纂《冊》書時對佛教已深有涉獵,可見楊億視韓愈諫迎佛骨為「偏執」之事。

〈總錄部・文章第五〉從文風變化的觀點論述了韓愈文章自振於一代的故事,其中評述部分與《舊唐書・韓愈傳》所述完全相同,歸納其重點有:一・言韓愈「效揚雄、董仲舒之述作」,「欲自振於一代」。二・指出韓愈批評時文「為文者多拘偶對,而經誥之指歸,遷、雄之氣格不復振起矣。」三・韓愈「所為文,務反近體,抒意立言,自成一家新語。」四・後學之士取韓文為師法,「當時作者甚眾,無以過之,故世稱『韓文』。」五・韓愈「時有恃才肆意,亦有蟄孔孟之旨。」【97】

《冊府元龜》對韓愈文章的論述基本上是《舊唐書》的節錄,其餘刪減部分為《舊唐書》引述韓愈文章。據此看來,《冊府元龜》對韓愈論述無甚新意。前文論述真宗曾經仔細閱讀了《冊》書草稿:這說明了:第一,真宗並不否定《舊唐書》對韓愈的評價,特別是謂其「亦有蟄孔孟之旨」;第二,作為編輯統籌的楊億並不反對這個評價;第三,起草(謄鈔)這段文字的編修官並不反對《舊唐書》的評價。就是說:在《舊唐書》的編纂時間(後晉天福六年至開運二年(941-945))至《冊府元龜》的編纂時間(景德二年至大中祥符六年(1005-1013))這五、六十年間,即使經過柳開、王禹偁等古文運動前期領袖的努力,官方對於

【97】劉昫等:《舊唐書・韓愈傳》卷160(冊13)(北京:中華,1975),頁4195-4204。王欽若、楊億等編:《冊府元龜・總錄部・文章第五》卷841(冊17),頁9974。

韓愈的評價並沒有多大改變。真正從文、道兩方面肯定韓愈成就的官方典冊，還得待歐陽修《新唐書》謂其「愈深探本元，卓然樹立，成一家言。其〈原道〉、〈原性〉、〈師說〉等數十篇，皆奧衍閎深，與孟軻、揚雄相表裏，而佐佑《六經》」【98】而後始。從這個意義來說，歐陽修繼承中唐古文運動的意義還可從其「革新」《唐書》對韓愈的評價這方面看。就楊億而言，或者說就《冊府元龜》的論述而言，韓愈是從沒有被提昇至「與孟軻相表裡」、「佐佑《六經》」這個崇高地位的。

細讀《舊唐書》/《冊府元龜》關於韓愈的論述，可見二書都沒有就韓愈改革文風、乃至韓愈文章的成就予以重視。其中雖有謂「自魏晉已還，為文者多拘偶對，而經誥之指歸，遷、雄之氣格不復振起矣」，但那是引述韓愈的話，不代表《舊唐書》編者的意見。「自成一家新語」也不算是很高的評價。反而，從「道」的一面來看，「有嫠孔孟之旨」的負面批評很明顯。楊億身為《冊》書編者，在多有接觸王禹偁等對於韓愈的襃評後，仍然「不反對」沿襲《舊唐書》評價，可見他對韓愈有貶斥之意。總之，不論從《西崑集》引韓愈典故抑或《冊府元龜》論韓愈事都可以印證楊億對韓愈並不喜歡，並從中窺見楊億不喜韓愈的原因是他個人對於韓愈文、道、行事方面的評價不高，韓愈這些文道觀、事蹟也沒有影響楊億認為韓愈諫迎佛骨乃「偏執」之事的看法。

四・楊億與《冊府元龜》序中的「頌美」文學觀

楊億不喜韓柳之文，其根本原因還在於他本人的文風和文學觀與韓柳所主張的文章之道並不一致。歷代論者大抵從三個不同的側重面評論楊億文風。第一是以《西崑集》所載詩歌作為楊億文風的代表作品。魏

【98】歐陽修等：《新唐書・韓愈傳》卷176（冊9）（北京：中華，1975），頁5265。

泰《臨溪隱居詩話》謂:「楊億、劉筠作詩務積故實,而語意輕淺,一時慕之,號西崑體,識者病之。」【99】魏泰是曾布婦弟,《四庫總目》謂其「亦黨熙寧而抑元祐」,【100】他的評詩取態乃抑歐陽修、黃庭堅而盛推王安石。雖然魏泰並不推崇歐、蘇,但楊億(卒於1020)與「元祐黨人」相隔四十年,魏泰評述楊詩不會怎樣受到政治評價的影響。四庫館臣亦謂「(《臨溪隱居詩話》)評韋應物、白居易、楊億、劉筠諸詩,考王維詩中顛倒之字,亦頗有可採。」【101】魏泰這段話直接批評楊、劉本人詩作,而不像歐陽修等側重批評「學西崑不至者」。可見嘉祐以後,已漸次出現直接譏評楊、劉語意輕淺的趨勢。《苕溪漁隱叢話》引《蔡寬夫詩話》云:「義山(李商隱)詩合處,信有過人。若其用事深僻,語工而意不及,自是其短。世人反以為奇而效之,故崑體之弊,適重其失,義山本不至是云。」【102】文中雖未有直接指出「世人反以為奇而效之」的「世人」即為楊、劉。但楊、劉既然作為「崑體」作家的最重要代表,可見這段論述包括了對楊、劉在內的西崑詩人的批評。此外,論者也有在承認西崑雕琢過當的同時,並不抹煞西崑詩文某些方面的合理性。明胡應麟《詩藪》論楊、劉詩歌云:「雖時傷晦僻,而句格多整麗精工,其用事亦時時可取,世嗤以摛撦義山,非也。」【103】胡應麟指出楊、劉詩歌晦僻,但仍肯定其句格和用典,這是符合事實的。清吳喬《圍爐詩話》評西崑詩曰:「夫俗題不得雅事點染,何以成文?但不可排

【99】魏泰:《臨溪隱居詩話》「楊億」條,頁10。

【100】永瑢等:《四庫全書總目·臨溪隱居詩話》卷195,《景印文淵閣四庫全書》(冊5),頁222。

【101】永瑢等:《四庫全書總目·臨溪隱居詩話》卷195,《景印文淵閣四庫全書》(冊5),頁222。

【102】胡仔:《苕溪漁隱叢話》前集卷22(北京:人民,1993),146。

【103】胡應麟:《詩藪》卷5(上海:上海古籍,1979),頁224。

【104】吳喬:《圍爐詩話》卷5(北京:中華,1985),頁146。

砌如類書耳。」【104】可見吳喬認為以「典雅」為文未必為非，問題是堆砌典故太多而已。總之，上列評論觀點雖然不同，但都以西崑整麗精工的特色作為楊億文風的特徵。這種觀點也成為了歷代評論楊億詩文的主導方向。

第二種觀點是認為《西崑集》不足以代表楊億全部文風。傅蓉蓉先生論述楊億與王禹偁論文，即據清代彭氏知聖道齋抄本《武夷新集》芸櫺校後記云「詩家多言西崑體，讀集中詩與《小畜集》（王禹偁著）為近，絕不類玉溪生，乃一時體格，好事者故作指目耳」的這段評論，鉤勒出楊億與王禹偁的關係。【105】西崑華麗風格不足以代表楊億全部文風是對的，上引楊億予王禹偁、孫何詩及其〈殤子述〉可為佐證。但認為楊億詩與王禹偁詩相近未免矯枉過正，也無視楊億自《西崑集》起創作了大量典雅精麗詩作的事實。查楊億詩作有〈讀史效白體〉一首：「易牙昔日曾蒸子，翁叔當年亦殺兒。史筆是非空自許，世情真偽復誰知？」【106】可見他有時候故意模擬元白詩風，但並非常例。曾棗莊先生指出「宋代『表』文例用四六、奏狀一般用散文，楊億奏狀卻用四六」的同時，也指出楊億「當敘及史事，引用古人言論時」多用散句。【107】對於這個問題，我認為梁芷鄰謂「崑體特文公（楊億）之一格，《武夷新集》俱在，未嘗盡如西崑云云」【108】之說最為中肯。其實楊億〈武夷新集自序〉也說：「予亦勵精為學，抗心希古，期漱先民之芳潤，思覿

【105】傅蓉蓉：〈論楊億與王禹偁詩學思想之離合及西崑體之誕生〉，《中國韻文學刊》第2期（2001年），頁79。

【106】楊億：〈讀史效白體〉，《武夷新集》卷4，《景印文淵閣四庫全書》（冊1086），頁388。

【107】曾棗莊：《論西崑體》，頁229。

【108】祖之望《浦城遺書》本《西崑酬唱集》跋引梁芷鄰語，見王仲犖：《西崑酬唱集注》，頁347。

作者之壼奧。」[109]可見楊億自己認為《武》集詩文亦為「希古」之作。西崑典麗風尚的確是楊億詩文風格很重要的一面，但這仍然是「文公之一格」，不能代表楊億文風的全部。雖然如此，由於歷代對於楊億詩風已有成見，通讀《武夷新集》的論者不多，上述認為楊億文風多面的意見畢竟屬於少數，影響力也不大。

　　第三種觀點是在批評楊億詩文的同時，又肯定楊億為人及功業，這種意見可視為石介論楊億「破碎大道，雕刻元質」的撥亂反正。持有這種意見的正是朱熹。他在〈答李伯諫〉中說：「楊億工於纖麗浮巧之文，已非知道者所為。然資稟清介，立朝獻替，略有可觀。」[110]朱熹雖然批評楊億巧麗之文「非知道者所為」，但又肯定其「資稟清介」及對朝政的貢獻。作為推崇宋初三先生的道學繼承者，朱熹以理學家的身分說出這番話，對於糾正石介「批楊」的偏頗有積極意義。《朱子語類》又謂：「本朝楊大年雖巧，然巧之中猶有混成底意思，便巧得來不覺。」[111]相對於〈答〉書，《語類》這句話有更強的正面意義。朱熹用了「雖然──然而」的結構，大大減弱了「巧」的負面意義，並以「有混成底意思」說明其「巧得來不覺」的原因，予人「巧」並不足以成為否定楊億理據的印象。像這樣從「道德」層面為楊億開脫文章巧麗「惡名」的例子在歷代並不罕見。總的來看，除石介的先例外，在歐、蘇詩文革新後同時否定楊億道德、文章的論述十分少見。

　　雖然歷代對楊億或西崑文人的評價分歧很大，但楊、劉詩文在大中祥符年間確有革新五代文風的意義。宋祁（998-1063）〈石太傅墓志銘〉謂：「虢略楊億以雄渾奧衍革五代之弊，公（石中立）與中山劉筠、潁

---

[109] 楊億：〈武夷新集自序〉，《武夷新集》，《景印文淵閣四庫全書》（冊1086），頁354。

[110] 朱熹：〈答李伯諫〉，《朱熹集》（冊4）（成都：四川教育，1996），頁2020。

[111] 朱熹：《朱子語類》卷140（冊8）（北京：中華，1986），頁3334。

川陳越，推而肆之，故天下靡然變風。」[112]晁公武(1105-1180)《郡齋讀書志》載：「自唐大中後，文氣衰濫，國朝稍革其弊，至(楊)億乃振起風彩，與古之作者方駕矣。」[113]即使是認為楊、劉文章「頗傷於雕摘」的田況，也指出：「楊億在兩禁，變文章之體，劉筠、錢惟演輩皆從而效之，題曰《西崑酬唱集》。當時佻薄者謂之西崑體……五代以來蕪鄙之氣，由茲盡矣。」[114]這些論述都指出了楊億革新了一代文風。

事實上，在楊億主盟文壇的頗長時間內，除了陳從易的否定與「文禁詔」事外，不論朝野，對其詩文都予以充份肯定。因此在真宗朝，對於楊億文風的貶評從來沒有成為主流意見。相反，楊億文風所以能夠風靡天下，正是因為他的雅麗文字符合當時社會要求。《西崑集》的作者雖然並不都參與編修《冊府元龜》，但他們大部分都身居文史官職。其中知制誥有楊億、劉筠、錢惟演、李宗諤、李維、丁謂、晁迥、薛映、張秉；錢惟演曾知貢舉、劉騭考開封府國子監舉人；劉筠更是「三入禁林，又三典貢部，以策略論升降天下士，自筠始。」[115]而《冊府元龜》編修、知制誥、知貢舉這些與時代文風密切相關的官職，就其要求「頌時聖德」的內涵而言，本身就為典麗文風提供了有利條件。

宋真宗朝雖不如漢唐強大，但天下已定，邊疆少有戰事，朝庭亦擬封禪泰山，這都給人以四海昇平，盛世再臨的表面印象。葛曉音先生指出在這種政治氣候下，朝廷只需要謳歌堯德禹功的頌詞，不再需要直陳時弊的諫士。葛先生並引用楊億「百辟瞻堯眉，九州蒙禹力。朝政無闕

---

[112] 宋祁：〈石太傅（中立）墓誌銘〉，《景文集》卷59（冊10），頁789。

[113] 晁公武：《郡齋讀書志・讀書附志・別集類二》「楊文公武夷集」條，《郡齋讀書志校證》（上海：上海古籍，1990），頁1176。

[114] 田況：《儒林公議》卷上「楊億在兩禁」條，頁2。

[115] 脫脫等：《宋史・劉筠傳》卷305（冊29），頁10089。

遺，諫官慚曠職」【116】詩句，進一步說明這一論點。因此，她認為王禹偁等以諷刺為詩道之本的思想，在真宗一朝，就為崇尚雅頌的觀念所取代。【117】要了解真宗朝「尚雅頌」觀念與楊億主盟文壇的關係，我看具體地分析楊億的文學觀是很必要的。

　　劉筠在〈大酺賦〉序中說：「臣今所賦者，但述海內豐盛，兆庶歡康，為負暄獻芹之比爾。」【118】這段話清晰地說明了賦頌盛德的原因，乃在於海內豐裕，百姓歡康。楊億〈送人知宣州詩序〉寄望屯田郎某君「宜宣布王澤，激揚頌聲，採謠俗於下民，輔明良於治世。當使〈中和〉、〈樂職〉之什，登薦郊丘」，【119】其中所表述的就是這種希望通過頌聲使王澤流布天下的意識。他在〈廣平公唱和序〉裡又說：「雅頌之隆替本教化之盛衰，儻王澤之下流，必作者之間出。」【120】既然真宗之朝正值盛世，王澤流布，作者當然當肩負隆興雅頌的責任。這個責任是甚麼呢？楊億在〈與嚴殿丞啟〉裡謂之乃「賾化成之深旨，體潤色之宏規。登高動能賦之心，下帷有著書之志。乃至作橄楯上。聿成插羽之文；詠詩坐中，特擅燃箕之妙。及從大夫之後，益彰君子之儒。」【121】楊億認為：「潤色之宏規」、「聿成插羽之文」不僅不該視為「空洞」的

【116】楊億：〈次韻和史館盛學士朝退書懷之什〉，《武夷新集》卷2《景印文淵閣四庫全書》（冊1086），頁368。

【117】葛曉音：〈北宋詩文革新的曲折歷程〉，《漢唐文學的嬗變》，頁226。

【118】劉筠：〈大酺賦〉並序，見呂宗謙編：《皇朝文鑑》卷2（冊1），頁113。

【119】楊億：〈送人知宣州詩序〉，《武夷新集》卷7，《景印文淵閣四庫全書》（冊1086），頁433。

【120】楊億：〈廣平公唱和序〉，《武夷新集》卷7，《景印文淵閣四庫全書》（冊1086），頁431。

【121】楊億：〈與嚴殿丞啟〉，《武夷新集》卷20，《景印文淵閣四庫全書》（冊1086），頁606。

象徵,反而是「益彰君子之儒」的必備條件。石介等激烈批評楊、劉偶麗尚典的文辭浮靡空洞,但那起碼並非真宗朝文人對楊億的評價。

事實上,楊億也反對片面追求辭藻。他在〈試賢良方正策〉中寫道:「笑窮經白首之徒,專篆刻雕蟲之巧。婉媚綺錯,既事於詞華;敦樸遜讓,罔求於行實。流蕩忘返,浸染成風。故(唐)玄宗臨朝,深嘆於薄俗,楊綰建議,願復於明經。雖不果行,甚為嘉論。」[122] 固然,這種文論主張也可以視為老生常談,與論者的文學實踐可能有差異。但細觀此段文字,他贊美的是盛唐玄宗的改革薄俗的「嘉論」。葛曉音先生指出:開元年間,唐玄宗多次下詔提倡「儒道敦俗」[123],並且在〈定大唐樂制詔〉裡說:「發揮雅音,導達和氣,揖讓而理,不其盛歟?自戰國以來,此道墮壞……歷代因循,莫之改革……雖舊制之空存而正聲之多缺。」[124] 在提倡儒道和雅音正聲的思想指導下,唐玄宗也主張革新文章,他在〈送張說集賢上學士〉裡說:「禮樂沿今古,文章革舊新。」[125] 以禮樂雅頌來革新文章和薄俗,正是盛唐的政治觀念。[126] 因此楊億並不認為自己潤色王澤的文章「專篆刻雕蟲之巧」,「流蕩忘

---

[122] 楊億:〈試賢良方正策〉,《武夷新集》卷12,《景印文淵閣四庫全書》(冊1086),頁494。

[123] 葛曉音:〈盛唐清樂的衰落和古樂府的興盛〉,《詩國高潮與盛唐文化》(北京:北京大學,1998),頁150。引文見王欽若、楊億等編:《冊府元龜・銓選部・修制》卷630(冊13),頁7551。

[124] 葛曉音:〈盛唐清樂的衰落和古樂府的興盛〉,頁156。引文見王欽若、楊億等編:《冊府元龜・掌禮部・作樂》卷569(冊12),頁6842-6843。

[125] 見計有功著、王仲鏞校箋:《唐詩紀事校箋》卷2(上冊)(成都,巴蜀書社,1992),頁17。

[126] 參葛曉音:〈盛唐文儒的形成和復古思潮的濫觴〉,《詩國高潮與盛唐文化》,頁283。

返,浸染成風。」這個理解與他在〈武夷新集自序〉中「抗心希古,期漱先民之芳潤,思覿作者之壼奧」的話相一致。葛曉音先生又指出楊億在〈溫州聶從事雲堂集序〉中「聶君之詩,恬愉憂柔,無有怨謗,吟詠情性,宣導王澤,其所謂越《風》、《騷》而追二《雅》」[127]的說法,「顯然有意抬出二《雅》高於《風》、《騷》的傳統觀念,來否定前一時期標舉《風》、《騷》的詩道。」[128]「雅頌高於風騷」的觀念涉及頗複雜的歷史因素,這點葛曉音先生在她的論文中已有詳論,不贅。[129]總之,楊億所以能夠繼王禹偁後主盟文壇,當中除了其詩文以「典雅」一新五代文風外,更重要的原因是由於真宗朝對「盛世之文」的「需求」。范仲淹謂楊億「以斯文為己任,繇是東封西祀之儀,修史修書之局,皆歸大手,為皇家之盛典。」稱之為「盛乎斯文」,[130]代表了真宗至仁宗初年對楊億詩文評價的主流意識。[131]就現存文獻看,最能反映楊億「頌美」文學觀的仍然得推《冊府元龜》。下文將分析《冊》書中的「頌美觀」以及楊億的相關文論,試圖回答真宗朝文人為甚麼不尚韓柳文的問題。

《冊府元龜》共分三十一部,部下分門,共一千一百多門,部、門均有序。其中與文學有關的有帝王部文學、好文;閏位部文學、好文、頌美;僭偽部好文;儲宮部文學;宗室部文學;詞臣部詞學;宮臣部文

---

[127] 楊億:〈溫州聶從事雲堂集序〉,《武夷新集》卷7,《景印文淵閣四庫全書》(冊1086),頁426。

[128] 葛曉音:〈北宋詩文革新的曲折歷程〉,《漢唐文學的嬗變》,頁226。

[129] 參葛曉音:〈論南北朝隋唐文人對建安前後文風演變的不同評價──從李白〈古風〉其一談起〉,《漢唐文學的嬗變》,頁37-55。

[130] 范仲淹:〈楊文公寫真贊〉,《范仲淹全集》(上冊),頁167-168。

[131] 關於范仲淹論「盛世之音」的問題,請參馮志弘:〈范仲淹與北宋古文運動〉,〈北宋古文運動的形成〉,頁236-242。

學;總錄部文章一至五等。按《宋史》及相關資料的說法,部、門的序言都經楊億纂定。綜觀這些序言,其中文尚「頌雅」的觀念十分突出。帝王部·文學門序曰:「清閒之宴,留神文雅,煥乎成章,汎濫典籍,取鑑古義以茲為務者,固有益於政治,誠聖哲之用心,其或攻乎異端,溺於小巧,肆情閨闈,流蕩淫靡者,亦足以為戒也。」[132] 序文認為在清閒之宴所賦「留神文雅」的文章,是有益於宣揚王澤政風的。配合《西崑集》特色,則序文中「汎濫典籍」、「取鑑古義」之說,似亦與《西崑集》精神吻合。汎濫典籍,引為典故自不待言,就取鑑古義來說,《西崑集》有〈南朝〉、〈漢武〉、〈始皇〉等詩作,亦可視為敷衍古義。反之,「溺於小巧,肆情閨闈」則為《冊》書編者所否定。按上述真、仁宗朝宋人認為楊億一洗五代萎靡文風的說法,從序文的標準而言,《西崑集》是符合「有益」政教的標準的。第一:《西崑集》的背景正是清宴唱和,除了〈宣曲〉詩外,刺時的意思並不明顯。第二,西崑詩作「汎濫典籍,取鑑古義」;姑勿論這種手法是否「排砌如類書」,但其用典之多,在詩歌史上絕無僅有;第三,《西崑集》的確一掃五代「流蕩卑弱」之氣。可見《西崑集》符合《冊》書對「文」的要求。

上文指出楊億反對片面追求辭藻,《冊》書也有相似說法。閏位部·文學序云:「其或溺雕蟲之巧,昧經國之圖,屑屑然緣情是勤,屬詞以亟,君臣相尚,寖以成風,波流頹靡,宕而忘返,斯其弊也。」[133] 則所謂雕蟲之巧指的「昧經國之圖」的「緣情」之作,也就是不關政體的吟詠性情的詩歌。這種觀念早見於隋代的李諤。就真宗朝與後人對楊億道德政績的評價來看,除石介外,似未有斥其昧經國之圖的貶評。可見時人並不以為楊億詩文「波流頹靡,宕而忘返」。反之,《冊》書卻有「夫率性異稟,雅意好文,服勤先聖之道,潤色偏方之業,聞諸國史,真

---

[132] 王欽若、楊億編:《冊府元龜·帝王部·文學》卷40(冊1),頁443。
[133] 王欽若、楊億編:《冊府元龜·閏位部·文學》卷192(冊4),頁2316。

可尚也」【134】的說法，這是符合楊億乃至知制誥者的權責的。〈詞臣部‧詞學序〉又謂：「自漢氏之後，代言潤色之任歸於省，閫非夫學窮物表，識通治體，藻翰英發，可以丹青，帝載文辭雅奧，可以揚導天律，亦何能憲章古昔，發揮號令，使溫純郁穆有上世之風烈哉。」【135】序中不僅認為詞臣須學窮物表，而且認為身負潤色之任者須兼通治體，又認為文辭雅奧乃繼上世風烈的具體表徵，而詩賦偶麗正好是反映雅奧典尚的王化之音。從這個觀點看，楊、劉典雅精麗詩文的流行，以及宋初以「稱頌德澤、贊美王化的賦」【136】作為考試內容，都與當時文尚「頌美」的觀念有關係。《冊》書卷一九二有頌美一門，明確指出了「頌美」是王道流行不可或缺的部分。〈頌美序〉云：

> 夫善則稱君，人臣之道也，頌以揚德，有司之職也，自王澤下流，詩人攸作，莫不述宣盛烈，褒贊耿光，使休德清英久而彌劭……斯亦風雅之亞也，是皆推愛君之分，竭為臣之忠，拳拳而不能自已者焉。【137】

序中不僅視「頌美」為文臣之責，更把這個觀念視為「推愛君之分，竭為臣之忠」的「人臣之道」。其中「拳拳而不能自已」一語，雖有諛美之嫌，但作為修辭技巧，卻能產生相當的強化效果——頌美不僅有利政教，兼為人臣之道，而且是由衷地發自「拳拳」（真摯誠懇）之心的。

《冊》書表述「頌美」思想的論述不勝枚舉，然大抵不出「以潤色皇猷，助成盛業，故引諭之音，不絕乎耳；開悟之說，有益於心，時既隆

【134】王欽若、楊億編：《冊府元龜‧閏位部‧好文》卷192（冊4），頁2320。
【135】王欽若、楊億編：《冊府元龜‧詞臣部‧詞學》卷551（冊12），頁6609。
【136】葛曉音：〈中晚唐古文趨向新議〉，《漢唐文學的嬗變》，頁195。
【137】王欽若、楊億編：《冊府元龜‧閏位部‧頌美》卷192（冊4），頁2321。
【138】王欽若、楊億編：《冊府元龜‧帝王部‧好文》卷40（冊1），頁457。

平物亦咸（按：「咸」即感應）【138】的旨歸。就真宗下詔編修《冊府元龜》的意義看，則《冊》書的編纂本身已經象徵了四海盛平，因此能夠整理舊籍，以歷代君臣事蹟為龜鑑。可見《冊》書的編纂本身已經包涵了「頌美聖時」的意義。總之，在真宗朝而言，革新文風的意義並非破駢為散抑或捨今復古，而是以「潤色皇猷」，典雅駢麗的文辭取代五代「頹靡萎弱」的文風。所以《冊》書所謂「時既隆平」並非一種抽象的陳述，而是《冊》書編者對真宗時四海盛平的認識。因著這個觀念，韓愈「敢爾狂妄」【139】諫迎佛骨，以及他提倡的「不平則鳴」的文學觀，在真宗朝誠然不合時宜。楊億否定韓愈文章，這種文尚「頌美」的取向是很重要的原因。【140】另外，真宗朝古文運動衰退的理由固然是因為王禹偁後繼無人，也與西崑體的盛行有關係；就上文論述而言，我看王禹偁學習白居易以刺為主的詩歌主張，有違真宗朝文尚頌美的主流文風，因而自然趨向衰微，也是西崑體興起的重要原因。這種傳統頌美觀的復興，

【139】劉昫等：《舊唐書・韓愈傳》卷160（冊13），頁4200。

【140】這裡可以補上一筆。楊億也不喜杜甫詩，謂之「村夫子語」。顧易生等先生在《宋金元文學批評史》（上冊）中認為楊億否定杜甫是因為杜詩多窮愁悲苦之語。（上海：上海古籍，1996），頁55。關於杜甫在唐、宋人心目中的地位，鄺健行和曾棗莊兩位先生都有非常深入的研究。鄺健行先生指出：杜甫的沈鬱頓挫詩風乃盛唐以前所無，因此作品一時不能為時人欣賞了解。曾棗莊先生在具體析述宋人論杜後，亦指出宋代詩壇真認學習杜詩是北宋中葉到南宋中葉的事。根據兩位先生的看法，我認為北宋太宗朝雖有王禹偁推崇杜甫，但到了真宗朝，由於文尚頌美，使杜甫敘述國家興亡、民生疾苦的詩歌，與楊億的文學主張很不協調。這種不協調，正是楊億否定杜、韓的重要原因。鄺健行先生論文〈杜甫在唐人心目中的地位〉見鄺健行：《中國詩歌論稿》（香港：新亞研究所，1984），頁127-148。曾棗莊先生論文〈「百年歌自苦，不見有知音」——論唐人對杜詩的態度〉、〈「天下幾人學杜甫，誰得其皮與其骨」？——論宋人對杜詩的態度〉見曾棗莊：《唐宋文學研究》（冊2）（成都：巴蜀書社，1999），頁19-49。

按葛曉音先生的說法,要到歐陽修倡導詩文革新反對虛美的雅詩賦頌時才有比較徹底的改變。【141】

真宗朝「頌美」是否流為「虛美」、「溢美」,那是須要再討論的問題。就《冊府元龜》看,「頌美」不僅是文學的「有益」內涵,而且也是時代朝氣勃勃的表徵。釐清了真宗朝頌美觀佔據文學要津與西崑詩文流行的關係後;張方平謂楊億文章「典純追古昔,雅正合《周南》」、【142】蘇轍謂楊億「以文學鑒裁,獨步咸平、祥符間,事業比唐燕(張說)、許(蘇頲)無愧」【143】的話就不難理解了。對此,《宋大詔令集》收錄景祐元年(1032)仁宗對楊億的賜謚制最能反映真、仁宗之交對楊億的「定評」:「知制誥楊億,性蹈誠明,文涵經緯。被遇神聖,逮事先朝。革時風之澆浮,潤皇藻之雅正……可特贈禮部尚書,諡曰文。」【144】「革時風之澆浮,潤皇藻之雅正」的述評反映了楊億功業。這句話也可以倒換為:「何謂文?答曰:『革時風之澆浮,潤皇藻之雅正』。」這種更換雖有以偏概全之嫌,但也在相當程度上反映了真宗朝對於「文」的主流看法。

就上文的論述可見,如果從傳統的晉唐儒家文學觀來看,楊億也確可稱得上是革新浮薄時風和文風的功臣。正如真宗之世效仿漢唐盛世的政治模式一樣,楊億的文學觀與盛唐文風革新的領袖人物:「燕、許大手筆」【145】張說、蘇頲也是完全一致的。楊億不喜韓愈文章,是因為韓

【141】葛曉音,〈北宋詩文革新的曲折歷程〉,《漢唐文學的嬗變》,頁233。

【142】張方平:〈題楊大年集後〉,《張方平集》(鄭州:中州古籍,2000),頁16。

【143】蘇轍:〈汝州楊文公詩石記〉,《蘇轍集》(冊3)(北京:中華,1999),頁1107。

【144】〈贈楊億官賜諡制〉,見宋綬、宋敏求編:《宋大詔令集‧政事七十五》卷220,頁845-846。

【145】歐陽修等:《新唐書‧韓愈傳》卷176(冊7),頁4402。

愈「不平則鳴」、「窮苦之言易好」【146】的主張不符合其「革時風之澆浮，潤皇藻之雅正」的文學觀念。反之，反對片面強調禮樂雅頌，重視仁義道德的意義正是韓、柳「載道」說的一個重要內容。【147】這是楊億與韓、柳的主要分歧所在。從這一層面來說，推崇韓、柳的古文家與楊億之間分歧的性質，實際上屬於儒家文學觀念自身的變革。石介反楊僅注重其「文」的形式，而北宋多數古文家認同的是楊億的「道」，這就是我們可以將西崑體和楊、劉時文的流行視為北宋詩文革新中的一個階段的原因。

【146】韓愈：〈送孟東野序〉、〈荊潭唱和詩序〉，《韓昌黎文集校注》（上海：上海古籍，1998），頁233、262。

【147】參葛曉音：〈論唐代的古文革新與儒道演變的關係〉，《漢唐文學的嬗變》，頁156-179。

景印香港新亞研究所《新亞學報》（第一至三十卷）

從修辭格的運用看《三國》《水滸》之文藝特色

馬顯慈*

提要

　　《三國演義》與《水滸傳》都是元末明初的長篇小說,兩書的故事與人物曾在民間長久流傳。明清期間有詩詞歌詠書中的英雄人物,也有改編戲曲重新演繹兩書的精彩情節,可見它們是具有十分悠久、堅韌的生命力。《三國演義》《水滸傳》兩書除了在主題、思想、情節、結構幾方面具有獨特的吸引力,在故事人物描寫方面,尤其是行動與心理描寫,又是別有一番藝術蘊味,對於後世小說人物的描繪技巧都有着縱深廣遠的影響。綜合而言,《三國演義》的人物形象描寫,多以通過豐富多姿的情節發展去加以確立;《水滸傳》則善於通過對人物的說話、心理的描繪去塑造出具體而鮮明的形象。事實上,兩書作者在情節、人物、場面的描寫都花盡心思,在氣氛渲染方面也用了不少功夫,顯示出驚人的創作氣魄。此外還嘗試以不同的寫作角度與筆法去進行方方面面的描寫,兩書的藝術成就實在是非同小可。本文就試從這書中的修辭作研究點,通過對兩書的辭格考察與分析,以比較及評賞的角度,探研它們的文藝特色與寫作成就。

　　《三國演義》、《水滸傳》[1]都是明代長篇白話小說,書中的故事

---

*香港公開大學教育及語文學院。

[1] 本文對《三國演義》研究所採用的第一手資料,以毛氏父子訂正的版本為主要參

與人物都曾在民間長久流傳,再由作者增刪潤飾而編撰成書。兩書皆具有高度的藝術成就,對後世產生了很大的影響。綜合而論,《三國演義》描寫人物形象生動,個性突出,栩栩如生,全書的藝術結構宏偉壯闊,嚴密精巧;《水滸傳》則善於塑造人物形象,不但人物寫得血肉豐滿,性格鮮明,而且故事情節曲折,線索多變,環環相扣,高潮迭起[2]。然而,除了情節鋪排、人物性格描繪、場面氣氛渲染等技巧表現得卓越突出外,兩書作者還施展渾身解數,用了不少生花妙筆技法,去進行其他方面的描寫。我們可以通過對這些寫作技巧的分析研究,比較及評賞書中的文藝手法[3]。修辭格的運用與比較可以是其中一個研究方向:藉着對全書逐段逐句的查考,以作者所運用的各類不同修辭格為切入點,開展對兩本鉅著的文藝特色探研。

所謂修辭格,本來是修辭學的術語,是指「語辭同內容相貼切,造成超乎尋常文字、尋常文法以至尋常邏輯的新形式,呈現一種有力、動人的魅力」[4]。近代修辭學家唐鉞(1891-1987)曾按各類修辭格的格

考對象。至於《水滸傳》的版本,則以施耐庵集撰、羅貫中纂修的120回為參考藍本。

[2] 參考《中國成人教育百科全書》之〈文學・藝術〉,林崇德等主編,海口:南海出版公司,1993年,第366-368頁,「三國志演義」及「水滸傳」條。

[3] 關於《三國》《水滸》的寫作藝術,參考:

　a.《中國明代文學史》趙景雲、何賢鋒著,北京:人民出版社,1994,頁60-65(《三國演義》的藝術特色);頁79-84(《水滸傳》的藝術成就)。

　b.《中國古代文學發展史》羅宗強、陳洪主編,天津:南開大學出版社,2004年,下冊,頁56-62(《三國演義》的藝術成就);頁74-77(《水滸傳》的藝術成就)。

　c.《三國演義藝術新論》劉永良著,臺北:商鼎文化出版社,1999年。

　d.《水滸尋美錄》汪遠平著,杭州:杭州大學出版社,1993年。

[4] 見《中國語言學大辭典》之〈修辭學〉,陳海洋主編,南昌市:江西教育出版社,1991年,第418頁,「修辭格」條。

式,歸納為五大類:根於比較的修辭格、根於聯想的修辭格、根於想像的修辭格、根於曲折的修辭格、根於重複的修辭格【5】。國內學者王占福又試從語言學的角度,將古代漢語中的修辭格分為詞語型、句子型、篇章型和三棲型四大類【6】。臺灣學者黃慶萱(1932-)則從寫作角度分類,將有關修辭格分為表意方法的調整、優美形式的設計兩大類【7】。除上述諸家意見,有些學者又提出另類分法【8】。事實上,按不同的觀點與角度,可以將各類修辭格歸納為不同的類別。這些分類及處理,有助我們進一步了解修辭在語文表達上的種種功能。對於古典文學而言,一如《三國演義》與《水滸傳》兩書所用的修辭,我們可以通過對各類修辭格的運用和表達技巧的研究,窺探出作者的寫作意圖,也可以從中了解到這些修辭技巧的藝術性與傳情特點。以下就試從書中修辭格的查考,選擇數項具代表性的作分析比較研究。

首先,讓我們看看一些常用修辭格例子:

比喻:

又稱譬喻,俗稱「打比方」,是一種「借此喻彼」或「以彼喻此」的

---

[5] 見《修辭格》,唐鉞著,上海:商務印書館,1934年。
[6] 見《古代漢語修辭學》,王占福著,石家莊:河北教育出版社,2001年。
[7] 見《修辭學》,黃慶萱著,臺北市:三民股份有限公司,1997年。
[8] 其他修辭學者的分法,實在不勝枚舉,茲略舉幾位較具代表性如次:
   a. 陳望道《修辭學》(香港:大方出版社,1970年)分作材料、意境、詞語、章句四大類,共三十八種辭格。
   b. 張弓《現代漢語修辭學》(石家莊:河北教育出版社,1993年)分作描寫式、布置式、表達式三大類,共二十四種辭格。
   c. 黎運漢、張維耿《現代漢語修辭學》(臺北市:書林出版有限公司,1994年)分作描寫、比較、詞語、句式四大類,共二十三種辭格。

3

修辭法。王易《修辭學通詮》說:「譬喻法者,在理想發展時,附加同一情趣之新想念,以豐富其原情而使其意識結體之法也。」[9] 簡要點說,比喻是利用不同事物之間的某些類似的地方,借一事物來說明另一事物。以下是《三國演義》的例子:

① 此人不可屈致,使君可親往求之。*若得此人,無異周得呂望、漢得張良也。*(《三國演義》第36回)

原文寫徐庶向劉備舉薦諸葛亮一事,徐庶以周、漢兩代名臣呂望、張良輔助皇室之史事,去比喻諸葛亮的雄材偉略。

② 山險嶺峻之處,車不能行,孔明棄車步行。忽到一山,望見一谷,*形如長蛇*,皆危峭石壁,并無樹木,中間一條大路。(《三國演義》第90回)

原文寫諸葛亮帶兵與南蠻將領孟獲交戰,途中經過一個山谷,作者以長蛇形態為比喻,去描繪山谷之形狀。

③ 只見一位少年將軍,*面如冠玉,眼若流星,虎體猿臂,彪腹狼腰*,手執長鎗,坐騎駿馬,從軍中飛出。(《三國演義》第10回)

原文寫西涼猛將馬超出場,作者以具體物象比喻人物的面容、眼神,又以幾類猛獸形態比喻其威武不凡的外形。

④ 時值隆冬,天氣嚴寒,彤雲密佈。行無數里,忽然朔風凜凜,瑞雪霏霏,*山如玉簇,林似銀妝*。(《三國演義》第37回)

原文正是描寫劉、關、張三人前往茅廬謁見諸葛亮時的氣候與背景,作者以「玉簇」、「銀妝」來比喻眼前給白雪遮蓋的山林景色。

以上是《三國演義》作者以比喻方式來增加文章敘述的情味及其描繪對象的動感,也藉此豐富了所要表達的思想與感情。至於《水滸傳》的比喻例子則有以下幾條:

---

[9] 見《修辭通鑒》成偉鈞等主編,北京:中國青年出版社,1991年,頁349,轉引。

㈠ 當中坐着一個胖和尚，生得眉如漆刷，臉似墨裝，胳肢的一身橫肉，胸脯下露出黑肚皮來。(《水滸傳》第5回)

原文寫人先由面部和身體入手，以「漆刷」、「墨裝」來比喻人物的眉形和臉色。

㈡ (楊志)左手如托太山，右手如抱嬰孩，弓開如滿月，箭去似流星，說時遲，那時快，一箭正中周謹左肩。(《水滸傳》第12回)

原文以比喻筆法描繪楊志拉弓射箭的神態及其發箭的威力。「托太山」表現出左手沉雄的力度，「抱嬰孩」刻劃右手出拉弓的姿態；「滿月」寫弓與弦線的張開以及兩者之對稱情狀，「去似流星」則描述發出之箭的速度。

㈢ 武松睜起眼來道：「武二是個頂天立地、噙齒戴髮男子漢，不是那等敗壞風俗、沒人倫的豬狗！……」(《水滸傳》第23回)

原文寫潘金蓮三番四次以美色挑逗武松，結果武松在忍無可忍之下，直斥其非。武松的言辭內容分兩方面：一以表白自己人格正直，另一以「豬狗」的獸性比喻潘氏之無恥行為。

㈣ 那後生就空地當中，把一條棒使得風車般兒似轉，向王進道：「你來，你來！怕你不算好漢！」(《水滸傳》第1回)

原文寫史進自恃武藝了得，在老師父王進面前賣弄自己的實力。作者以風車之轉動來比喻史進揮動棍棒的功力。

㈤ 眾做公的都面面相覷，如箭穿雁嘴，鈎搭魚腮，盡無語言。(《水滸傳》第16回)

原文寫一批公差到機密房裏等何濤商議公事。作者以形象化的比喻加以描寫——雁魚嘴巴被器械所制肘不能活動，藉此刻劃出當時眾人神色惘然，啞口無聲的沉寂場面。

誇張：

誇張又稱誇飾、揚厲、鋪張，等等【10】。是為了要突出、鮮明地強調某一事物，而故意地言過其實，對該類事物作一種擴大或縮小的誇張描寫【11】。以下先看看《三國演義》的有關寫法：

> ①公飲數杯酒畢，一面仍與馬良弈棋，伸臂令佗割之。佗取尖刀在手，令一小校捧一大盆，於臂下接血。佗曰：「某便下手，君侯勿驚！」公曰：「任汝醫治。吾豈比世間俗子懼痛者耶！」佗乃下刀，割開皮肉，直至於骨，骨上已青。佗用刀刮骨，悉悉有聲。帳上帳下見者，皆掩面失色。公飲酒食肉，談笑奕棋，全無痛苦之色。須臾，血流盈盆。佗刮盡其毒，敷上藥，以線縫之。公大笑而起，謂眾將曰：「此臂伸舒如故，並無痛矣。先生真神醫也！」佗曰：「某為醫一生，未嘗見此。君侯真天神也！」
> （《三國演義》第75回）

原文焦點寫關羽（即關雲長，書中多稱為「關公」）中了毒箭，由神醫華佗為他刮骨療傷。這節故事綜合了多種誇張的手法，寫華佗下刀刮骨，傷口血流滿盤，都是擴大的誇張，既渲染了關羽傷勢的嚴重性，又突顯出華佗的自信心及其高深醫術。然而，寫關羽對刮骨之事淡然自若，無懼痛苦，期間又飲酒食肉，談笑奕棋，則是一種縮小的誇張描寫【12】，一方面強調了主角能抵受肉體痛苦的超凡能力，另一方面又烘托出他的

【10】 見《現代漢語修辭學》張弓著，石家莊：河北教育出版社，1993年，頁94。

【11】 見《漢語辭格大全》汪國勝著，南寧：廣西教育出版社，1993年，頁286。誇張又有分作擴大、縮小、超前三類，詳見《語法與修辭》全國外語院系《語法與修辭》編寫組撰，南寧市：廣西教育出版社，2002年，頁352-357。另參：《漢語通論》馬景侖主編，南京市：江蘇古籍出版社，2002年，頁677-679。

【12】 縮小誇張是故意把事物往小、少、矮、輕、弱等方面渲染，詳見註【11】。

英雄氣概【13】。

　　② 卻說文聘引軍追趙雲至長坂橋，只見*張飛倒豎虎鬚，圓睜環眼，手綽蛇矛，立馬橋上*；又見橋東樹林之後，塵土大起，疑有伏兵，便勒住馬，不敢近前。俄而，曹仁、李典、夏侯惇、夏侯淵、樂進、張遼、張郃、許褚等都至。見飛怒目橫矛，立馬於橋上，又恐是諸葛孔明之計，都不敢近前。紮住陣腳，一字兒擺在橋西，使人飛報曹操。操聞知，急上馬，從陣後來。張飛睜圓環眼，隱隱見後軍青羅傘蓋、旄鉞旌旗來到，料得是曹操心疑，親自來看。飛乃厲聲大喝曰：「我乃燕人張翼德也！誰敢與我決一死戰？」聲如巨雷。曹軍聞之，盡皆股慄。曹操急令去其傘蓋，回顧左右曰：「我向曾聞雲長言：翼德於百萬軍中，取上將之首，如探囊取物。今日相逢，不可輕敵。」言未已，張飛睜目又喝曰：「燕人張翼德在此！誰敢來決死戰？」曹操見張飛如此氣概，頗有退心。飛望見曹操後軍陣腳移動，乃挺矛又喝曰：「戰又不戰，退又不退，卻是何故？」喊聲未絕，曹操身邊夏侯杰驚得肝膽碎裂，倒撞馬下。操便回馬而走。於是諸軍眾將一齊望西奔走。……一時棄槍落盔者不知其數，人如潮湧，馬似山崩，自相踐踏。……曹操懼張飛之威，驟馬往西而走，冠簪盡落，披髮奔逃。……（《三國演義》第42回）

原文寫張飛單人匹馬在長坂橋頭三次喝阻曹操追兵的情節。作者以浪漫而誇張的筆法，從描寫張飛威武的神態入手，以重複強調的方式，連續

【13】 案：本節情節內容與筆法有參考自陳壽《三國志・關羽傳》。《傳》云：「羽嘗為流矢所中，貫其左臂，後創雖愈，每至陰雨，骨常疼痛，醫曰：『矢鏃有毒，毒入于骨，當破臂作創，刮骨去毒，然後此患乃除耳。』羽便伸臂令醫劈之。時羽適請諸將飲食相對，臂血流離，盈於盤器，而羽割炙引酒，言笑自若。」詳見陳壽撰、裴松之注《三國志》，北京：中華書局，1997年，頁941。

寫張飛三次「聲如巨雷」的喝聲，結果曹將夏侯杰給嚇得的肝膽碎裂而死。張飛的神威更將追趕上前的曹操大軍，嚇得慌亂而逃。誠然，張飛的勇悍典型，就藉着這種以一人之聲音與威勢逼退敵軍，以及呼喝之聲威嚇死敵將的描寫，而加以確立起來。

> ③ 那檀溪闊數丈，水通湘江，其波甚緊。玄德到溪邊，見不可渡，勒馬再回，遙望城西塵頭大起，追兵將至。……行不數步，馬前蹄忽陷，浸濕衣袍。玄德乃加鞭大呼曰：「的盧！的盧！今日妨吾！」言畢，那馬忽從水中湧身而起，一躍三丈，飛上西岸。（《三國演義》第34回）

原文是寫劉備（玄德）馬躍檀溪的情節。文中先交待檀溪的闊度、水流緊急，繼而描述追兵將到，強調了主角逃難的急逼性，接着筆鋒一轉，寫馬失前蹄，陷入絕境，增加了情節發展的懸念。作者為了突出的驢名駒的超凡本事，用了擴大誇張的手法，描述牠是具有靈性，能在危急關頭，發揮異常的本領，可以奮然躍出三丈，讓賢主越過河岸，逃出生天。

以上是《三國演義》中以誇張筆法寫英雄典型與神奇經歷的方式。至於《水滸傳》中的誇張手法又別具一種藝術氣度，作者每每在超乎現實之中把人物、事態描繪得細緻生動，雖然幻想豐富，但合乎情理兼且饒有趣味。例如：

> ㊀ 話說當時薛霸雙手舉起棍來，望林沖腦袋上，便劈下來。說時遲，那時快，薛霸的棍恰舉起來，只見松樹背後，雷鳴也似一聲，那條鐵杖飛將來，把這一水火棍一隔，丟去九霄雲外，跳出一胖大和尚來，喝道：「洒家在林裏聽得多時！」（《水滸傳》第8回）

原文寫魯智深在野豬林拯救林沖。作者利用對空間作出誇張描寫的手法，來交代這段危在瞬間的緊迫情節——通過對聲音、距離的描述，將魯智深飛擲禪杖去格擋薛霸水火棍的畫面，細緻而具體的描繪出來。

「雷鳴」的聲響與「九霄雲外」的距離都是誇張的描繪，但又完全合乎真實，文章強調了魯智深用禪杖格開水火棍的深厚功力。

㈡戴宗念念有詞，吹氣在李逵腿上。……那當得耳朵邊有如風雨之聲……看見酒肉飯店，連排飛也似的過去，又不能覓入去買吃。（《水滸傳》第52回）

㈢只見兩個黃巾力士，押著李逵，耳朵邊如風雨之聲，下頭房屋樹木一似連排曳去的，腳底下如雲催霧趕，正不知去了多少遠，諕得魂不著體，手腳搖戰。（《水滸傳》第52回）

上面兩節同見於第52回，都是寫李逵在神行魔法下凌空而走的情況。作者以李逵為記敘活動的主體，由他的所見所感作出描述，並以個人豐富的想像，將人在高速下行走，耳邊所聽的聲音，以及從高空望下所見的景物情狀，清晰的、生動的交待出來。這種在空中飛馳行走的描述，對於明清時代的人來說，完全是一種天馬行空的幻想，是假設性的經歷【14】。它在現實中根本沒有可能，然而對空中飛行的人所見所感就描寫得十分逼真，因為作者的想像合乎情理。

㈣酒家道：「俺家的酒，雖是村酒，卻比老酒的滋味；但凡客人來我店中吃了三碗的，便醉了，過不得前面的山崗，因此喚此做『三碗不過崗』。若是過往客人到此，只吃三碗，更不再問。」……再篩了六碗與武松吃了。前後共吃了十八碗，綽了梢棒，立起身來道：「我卻又不曾醉！」走出門前來，笑道：「卻不說『三碗不過崗』！」手提梢棒便走。（《水滸傳》第23回）

原文寫武松在過景陽崗前於酒店喝酒的情況。作者先讓店主將「三碗不過崗」的酒向讀者介紹一番，然後鋪寫武松的酒量——武松連續三碗

【14】案：人類飛行的經歷是在飛機發明後才出現，德國人萊德兄弟在1903年成功利用機器作出人類首次飛行，開創一項世界性的人類飛行紀錄。參考：http://dajiyuan.com/b5/3/12/18/n431984.htm。

的、六碗的喝下去,其間談笑自若,絲毫沒有半點醉意,最後一共喝了十八大碗,這種異於一般常的酒量與容量,都是一種擴大誇張的描寫手法。然而,正因為武松是個非凡的人,古典小說以這種誇張的手法去鋪寫,是合於情理的:武松喝了十八碗「三碗不過崗」的酒,就可以有足夠的膽色與力氣和吊睛白額猛虎搏鬥,書中寫他赤手空拳把老虎打死的結局也就見得合乎邏輯。由此可見,喝十八碗酒的誇張描寫是既必要又適宜,同時也是一條合乎理性的伏線,為武松可以獨力打死猛虎的劇情,作了具說服力的註腳。

對偶:

對偶又稱對仗,是漢語體系的一種特有形式。它是指上下兩句字數相等、句法相侔、平仄相對的一種辭格。對偶是中國古典文學作品中既常見又常用的修辭,特別在駢文、韻文中廣為採用。對偶很早就受到文人重視和研究,不僅分類微細總結出許多的對偶類型,而且存着不少同名異實、同實異名的現象[15]。對偶可以說是中國古典文學中使用頻度甚高的修辭手法,韻文、散文皆屢見不鮮。以下先談談《三國演義》中的對偶,可分之為下列兩種形式:

一 說話中的對偶

①宓(秦宓)乃問曰:「……輕清者上浮而為天,重濁者下凝而為地。……天柱折,地維缺,天傾西北,地陷東南。」(《三國演義》第86回)

---

[15] 詳參:《漢語語法修辭詞典》張滌華等主編,合肥:安徽教育出版社,1988年,頁116,「對偶」條;《漢語修辭藝術大辭典》,頁454-455,「對偶」條;《漢語辭格大全》,頁123-125,「對偶」條。

②瑜執幹（蔣幹）手曰：「大丈夫處世，遇知己之主，外託君臣之義，內結骨肉之恩，言必行，計必從，禍福共之。假使蘇秦、張儀、陸賈、酈生復出，口似懸河，舌似利刃，安能動我心哉！」（《三國演義》第45回）

①例的三組對偶以描述宇宙世界為主體，反映出說話的人（秦宓）對天地的認知。作者利用對偶組成的特性，將一些相對概念交代出來。除一兩個虛詞重複使用，三組對句都對得十分工整。②例亦有三組對偶，前兩組表示說話的人（周瑜）個人處世態度，句子表述比較一致性的思想內容；後一組從另一立場出發，主體是描述游說之士的口才技倆，同是傳遞一致性的內容。此外，①②兩例之對偶也同樣反映出說話者的語氣節奏及說話神態。

二　描述中的對偶

③〔孫〕乾曰：「……將軍可速往汝南與皇叔相會。」……關公依言，不投河北去，徑取汝南來。（《三國演義》第27回）
④到四更時分，人馬困乏，軍士大半焦頭爛額。奔至白河邊，喜得河水不甚深，人馬都下河吃水。人相喧嚷，馬盡嘶鳴。（《三國演義》第40回）
⑤祭畢，狂風頓息，愁雲四散。忽然清風習習，細雨紛紛。一陣過後，天色晴朗。魏兵大喜，皆拜謝回營。（《三國演義》第116回）

③以否定句及肯定句作表述，用相反詞呈示方向及活動，交代關雲長的決定與行動。④⑤兩例都是用對偶對景物作出描述。④之內容相當工整，其中句尾兩字用同一偏旁字形，別具心思。⑤由兩組對句組成，第一句詞類對得恰當，意思亦相當一致，同樣描述了現場環境的氣氛。本例第二句之首加上副詞，對句輔以疊字修飾，所描繪的情景與營造之氣氛也相當一致。

然而，《水滸傳》中的對偶也可以分作說話與描述兩類：

一　說話中的對偶

㊀武松對四家鄰舍道：「……小人此一去，*存亡未保，死活不知*，我哥哥靈床子，就今燒化了。……」（《水滸傳》第26回）

㊁楊林便道：「我自打扮了解魔的法師去，*身邊藏了短刀，手裏擎著法環*，於路搖將入去。……」（《水滸傳》第46回）

㊀㊁句中之說話對句均能呈現出說話者之個人語言風格。武松所說的「存亡未保，死活不知」，言簡而意賅，交代了他當時對報仇一事的心情與決心。句中以兩組相反詞及疑問語調，去表述劇中人將會面臨的不明朗情況。至於楊林話中的對偶，亦見簡潔明快，他以概括之言辭交代自己當時所具備的器物。這組對偶的所表達的思想內容基本上是一致的。

二　描述中的對偶

㊂正是嚴冬天氣，*彤雲密布，朔風漸起*，卻早紛紛揚揚卷下一天大雪來。（《水滸傳》第9回）

㊃此時正是七月間天氣，炎暑未消，金風乍起，兩個解開衣襟，又行不得一里多路，來到一處，不村不郭，卻早又望見一個酒旗兒，高挑出在樹林裏。（《水滸傳》第28回）

㊂㊃兩例都是用對句寫天氣景色。前者寫嚴寒的冬天，描述林沖往草料場時的天氣；後者寫炎熱的夏天，描述武松和施恩兩人去村坊酒肆飲酒，當時的天氣情況。㊂用的對偶為主謂短句，寫雲與風的變化，兩者有承接的關係。㊃用的對句也是主謂句式，句中內容一熱一涼，則有相反及轉折的意思。然而，兩組對句都用字精簡，能扼要的道出當時的天氣與環境。作者筆法精妙，只淡淡幾筆，就將故事人物所處的客觀環描繪出來，對偶的特質也就得以盡情發揮，表露無遺。

㊄正中七寶九龍床上，坐著那個娘娘，*身穿金縷絳綃之衣，手秉*

白玉圭璋之器，天然妙目，正大仙容。（《水滸傳》第41回）

㈥那婦人便上樓去，重勻粉面，再整雲鬢，換些艷色衣服穿了，來到門前迎接武松。（《水滸傳》第23回）

上述兩例都是以對偶寫女姓。㈤寫女姓的衣服和器物，句中以同一類屬相對（如顏色之詞及詞類），但用了相同的助詞，未算是工整的對偶。㈥寫女姓的動態，描寫潘金蓮對整飾容姿的具體活動，對句用字精簡，重視音韻平仄【16】，詞類結構工整，用字並無重複，是典型的對偶修辭格。

排比：

排比就是用三個或三個以上結構相同或相似、語氣一致的語句，成串地排列起來，表達相關內容的修辭方式。從結構上來分，排比有詞組排比和句子排比兩種，每種形式又可分為有提挈語排比和無提挈語排比兩種類型。有提挈語排比指排比各項中有相同的詞語，或在句首，或在句中，或在句末。無提挈語排比則是沒有這些同字或反覆修辭的排比【17】。先看《三國演義》的例子：

一 有提挈語排比

①孔明曰：「吾水戰、步戰、馬戰、車戰，各盡其妙，何愁功績不成，非比江東公與周郎輩止一能也。」（《三國演義》第45回）

②操問其故，（管輅）答曰：「輅額無主骨，眼無守睛，鼻無梁柱，腳無天根，背無三甲，腹無三壬。只可泰山治鬼，不能治生

【16】案傳統音韻學理分析：「重勻粉面，再整雲鬢」為「平平仄仄，仄仄平平」，「重勻」兩字皆收鼻韻，「粉面」兩字同是脣音；「再整」兩字同是三等合口韻，「雲鬢」兩字同屬匣紐，皆收鼻韻。

【17】見《漢語修辭藝術大辭典》，頁528-529，「排比」條；《漢語辭格大全》，頁344-345，「排比」條。

人也。」(《三國演義》第69回)

①②兩組排句中皆有重用之詞語,這類應屬提挈語排比。①是主語的排比,所說的是四種戰鬥,四者共用「各盡其妙」一組謂語。作者先將各種戰鬥說出,再總結其表現。②則以六個主謂小句作排比,語法結構完全一致,可分別作一獨立小句而論。① ②都同樣具有一種急促之語言節奏,強調了說話的主題及有關功能。

二　無提挈語排比

　　③操幼時,好游獵、喜歌舞、有權謀、多機變。操有叔父,見操游蕩無度,嘗怒之,言於曹嵩(操父)。(《三國演義》第5回)
　　④只見門旗開處,數百南蠻騎將兩勢擺開。中間孟獲出馬:頭頂嵌寶紫金冠,身披纓絡紅棉袍,腰繫碾玉獅子帶,腳穿鷹嘴抹綠靴,騎一匹卷毛赤兔馬,懸兩口松紋鑲寶劍。(《三國演義》第87回)

③④兩組排句中並無重用之詞語,這類屬於非提挈語排比。③是謂語的排比,所說各種事項活動及行為態度,都共用「(曹)操」一個主語。作者將句中主角的各種表現先後說出,以分述之手法加以交代。④則以四個主謂句組成排比句式,語法結構完全一致,也可分別作一獨立句子來看。文中以分述之方法將孟獲之一身裝扮具體刻劃出來,強調了所要表述的一致性內容。

　　以下舉《水滸傳》的有關例子看看:

一　有提挈語排比

　　㈠只見管營道:「新到囚徒武松,你路上途中,曾害甚麼病來?」武松道:「我於路不曾害,酒也吃得,肉也吃得,飯也吃得,路也走得!」(《水滸傳》第27回)
　　㈡東壁一隊人馬,盡是青旗、青甲、青袍、青纓、青馬,前面一

把引軍銷金青旗招展處,青旗中湧出一員大將,乃是大刀關勝……。(《水滸傳》第109回)

㈢身軀凜凜,相貌堂堂。一雙眼光射寒星,兩彎眉渾如刷漆。胸脯橫闊,有萬夫難敵之威風;語話軒昂,吐千丈凌雲之志氣;心雄膽大,似撼天獅子下雲端;骨健筋強,如搖地貔貅臨座上。(《水滸傳》第23回)

㈠㈡兩組排句中皆有重用之詞語,這類屬於有提挈語排比。㈠是賓語提前式的謂語排比,所說的都是主語「武松」自認的能力與動作行為,五個語句都共用「武松」一個主語。這類句型也有人認為可以歸入聯用辭格【18】,屬於詞語的連用。㈡則以五個賓語之詞組成排比句式,當中五個重用「青」字之雙音節詞,共用一個主語,作者以分述法將「東壁一隊人馬」各類同一顏色的裝扮清楚地交代出來。㈢是四組八句組成的排比句式,以四字、八字為一組的句型,借對人物形態、說話、氣質等描述,將武松的英雄形象刻劃出來。由於句中有重用的結構助詞,此例也可歸作有提挈語排比,但並不算典型例子。

二　無提挈語排比

㈣這黃文燁平生只是行善事:修橋補路,塑佛齋僧,扶危濟困,救苦撥貧,那無為軍城中,都叫他「黃面佛」。(《水滸傳》第40回)

㈤此時正是七月盡天氣,夜涼風靜,月白江清,水影山光,上下一碧。(《水滸傳》第40回)

㈥盧俊義頂盔掛甲,躍馬橫槍,點軍調將,耀武揚威,立馬在門旗之下,高聲大叫道……(《水滸傳》第85回)

【18】見《漢語修辭藝術大辭典》,頁547-548,「聯用」條;《漢語辭格大全》,頁299-300,「聯用」條。

㈣㈤㈥三組排比句中皆無重用之詞語，此類可歸為無提挈語排比。㈣由四組結構相同的謂語組成，同是說解前句「行善事」的具體內容，四個語句都是「動賓＋動賓」結構，表達共同的主題內容。㈤以三個獨立的並列詞組組成，同樣可以視之為充當前句「天氣」的謂語，由此組成排比句式。句中以四字為一組，以「主＋謂」的相同語法結構組合而成，一并交待了前句主語的具體情況。㈥由四組以「動賓＋動賓」的並列謂語小句組成，以四分法將盧俊義的裝扮與英偉姿容一起描劃出來，與前者同收行文簡潔、節奏明快之效。

除上述常見辭格例，按本文初步查考，《三國演義》與《水滸傳》兩書的文句中都各自有一些獨特的辭格，以下各舉一些例子分析。先看《三國演義》的例子：

拈連：

又稱順連、關連或連物。所指的是兩件事物連說，而把本來只適用於甲事物的詞語，拈來用在乙事物上，使甲乙兩事物自然地連在一起[19]。《三國演義》就有這樣的寫法：

> 曹豹無奈，只得告求曰：「翼德公，看我女婿之面，且恕我罷。」飛曰：「你女婿是誰？」豹曰：「呂布是也。」飛大怒曰：「我本不欲打你，你把呂布來說我，我偏要打你！我打你，便是打呂布！」諸人勸不住。將曹豹鞭至五十，眾人苦苦告饒，方止。
> （《三國演義》第14回）

按書中所言事情，曹豹與呂布二人本來並無直接相關性，但是由於張飛與呂布有宿怨，而張飛又是個魯莽硬直的人，於是就藉着打曹豹之行

---

[19] 詳見《修辭通鑒》，頁446-447，「拈連」條；《漢語辭格大全》，頁338-339，「拈連」條。

動,來把自己對呂布的仇怨加以發洩。文中所謂「我打你,便是打呂布」,就是一種利用動詞作拈連的修辭手法【20】。

聯邊:

聯邊就是指在句中連用三個或更多的同一偏旁、部首相同的字,形成某種結構美并引起聯想的修辭方式。聯邊技巧運用得好,不但能呈示某種結構美感,而且可以加深讀者對字義的理解,使人產生聯想的作用【21】。以下是《三國演義》的有關例子:

> 果然那馬渾身上下,火炭般赤,無半根雜毛;從頭至尾,長一丈;從蹄至頂,高八尺;嘶喊咆哮,有騰空入海之狀。(《三國演義》第3回)

書中所介紹的正是名駒赤兔馬,作者以「嘶喊咆哮」四個聯邊字(字形皆從口,強調了馬的叫呼神情與形態),將這匹寶馬的特質與神態刻劃出來,讓讀者可以同時通過聯想,感受到赤兔馬的鳴叫動態,這樣的筆法能夠豐富描寫對象的形象性和立體感。

雙關:

又稱多義關連,指在一定的語言環境中,運用一個語音,或是一個語詞,又或是一個句子,同時關聯兩種不同的事物,表達雙重含義,所謂言於此而意在彼的修辭手法。【22】雙關按其不同表達形式可以分為若

---

[20] 動詞的拈連,詳見《修辭通鑒》,頁448。

[21] 參《修辭通鑒》,頁558-559,「聯邊」條;《漢語修辭藝術大辭典》頁940,「聯邊」條。

[22] 參《修辭通鑒》,頁418-419,「雙關」條;《漢語辭格大全》,頁423-424,「雙關」條。

干類別[23],其中見於《三國演義》而屬於語義的雙關,有以下例子:

……瑜命請入,教左右扶起,坐於床上。孔明曰:「連日不晤君顏,何期貴體不安?」瑜曰:「『人有旦夕禍福』,豈能自保?」孔明笑曰:「『天有不測風雲』,人又豈能料乎?」瑜聞失色,乃作呻吟之聲。孔明曰:「都督心中似覺煩積乎?」瑜曰:「然。」孔明曰:「必須用涼藥以解之。」瑜曰:「已服涼藥,全然無效。」孔明曰:「須先理其氣,氣若順,則呼吸之間,自然痊可。」瑜料孔明必知其意,乃以言挑之曰:「欲得氣順,當服何藥?」孔明笑曰:「亮有一方,便教都督氣順。」瑜曰:「願先生賜教。」孔明索紙筆,屏退左右,密書十六字曰:欲破曹公,宜用火攻;萬事俱備,只欠東風。寫畢,遞與周瑜曰:「此都督病源也。」瑜見了大驚,暗思:「孔明真神人也!早已知我心事,只索以實情告之。」乃笑曰:「先生已知我病源,將何以為治之?事在危急,望即賜教!」(《三國演義》第49回)

原文情節本來是寫諸葛亮探問周瑜的病況,從兩人的對話表面看,都是談及治病之事,然而話中有話,兩人實際所談的是破敵之計。對話中所謂「人有旦夕禍福」、「天有不測風雲」、「此都督病源也」、「將何以為治之」都是一語雙關的內容。作者以巧妙的一答一問,明來暗去,充份的利用了雙關修辭的特性,把兩個人物的機智、才華表露無遺。

至於《水滸傳》的其他修辭類別也有不少,現舉幾類論說如下:

析數:

這是利用數學上加減乘除關係,描述事物,說明事理的一種修辭

---

[23] 按《修辭通鑑》所析,雙關的類別有諧音、同字、語義、表裏四類。見頁419,「雙關」條。

格，可分為直接析數、間接析數兩類[24]。見於《水滸傳》的是直接類：

> *去時三十六，回來十八雙。縱橫千萬里，談笑着還鄉。*（《水滸傳》第78回）[25]

這是一首歌頌梁山英雄起事的民謠，歌詞巧妙利用析數修辭，把聚義的三十六人分兩句重述出來，而在文字表達上並沒有重複當中的數目，打破了一般民歌反覆重述的單調格局。

鑲嵌：

一種把詞拆開鑲入別的詞，或是把詞拆開交錯配搭，又或是把特定的詞句作有規律的暗嵌在別的語句中的修辭格。鑲嵌的目的一般都在於將普通的詞作交錯相拼，以達到聲音鏗鏘、格式別致、語意突出的語言效果[26]。且看以下例子：

> *眉似初春柳葉，常含着雨恨雲愁；臉如三月桃花，暗藏着風情月意。纖腰裊娜，拘束的燕懶鶯慵；檀口輕盈，勾引得蜂狂蝶亂。*（《水滸傳》第24回）

作者有意利用一連串的鑲嵌修辭手法，將一些普通的詞語，如「雲雨」、「愁恨」、「風月」、「情意」、「鶯燕」、「慵懶」、「蜂蝶」、「狂亂」拆開再拼，以特殊的文學語言效果，將書中女角——潘金蓮的登場，別開生面的鋪展出來。

---

[24] 參《漢語修辭藝術大辭典》，頁902-903，「析數」條；《漢語辭格大全》，頁492-493，「析數」條。

[25] 另有一例見第1回，書中云：「那心頭一似十五個吊桶，七上八落的響」。

[26] 參《漢語修辭藝術大辭典》，頁913-914，「鑲嵌」條；《漢語辭格大全》，頁499，「鑲嵌」條。

移覺：

又稱通感，是一種運用具體而生動的文學語言，通過更換人的感受角度來描述事物的性質、狀態與情貌的修辭技巧。運用這種手法可以讓人在欣賞過程中，產生如臨其境，如見其人，如親身感受其冷暖悲喜等真實感覺[27]。以下是見於《水滸傳》的例子[28]：

> 魯達再入一步，踏住胸脯，提着那醋鉢兒大小拳頭，看着這鄭屠……撲的只一拳，正打在鼻子上，打得鮮血迸流，鼻子歪在半邊，恰便似開了個油醬鋪，鹹的、酸的、辣的，一發都滾出來。……（魯達）提起拳頭來，就眼眶際眉稍只一拳，打得眼稜縫裂，烏珠迸出，也似開了個綵帛鋪的，紅的、黑的、絳的，都滾將出來。……又只一拳，太陽上正着，卻似做了一個全堂水陸的道場，磬兒、鈸兒、鐃兒一齊響。魯達看時，只見鄭屠挺在地下，口裏只有出的氣，沒有入的氣，動彈不得。（《水滸傳》第3回）

原文用了借助式移覺，作者不直接描述觸覺而通過鮮明的視覺、味覺、聽覺的交互錯綜的描繪，將惡霸鄭屠被魯達打了三拳的具體情況，真實、傳神而立體化的表達出來。然而，作者在具體描述魯達儺人的拳頭威力之餘，亦借助其豐富的想像與細膩的文藝筆觸，輔以滑稽、風趣的語言，將這場本來是殘酷又可怖的暴力場面，幽默而輕鬆地展示出來。

歧義：

又稱錯會，指在對話中巧妙利用詞語的意義要素去造就一種臨時的

---

[27] 參《漢語修辭藝術大辭典》，頁1129-1130，「移覺」條；《漢語辭格大全》，頁447-448，「移覺」條。

[28] 此外，尚有見於20回的例子，原文是「不問事由，叉開五指，去閻婆臉上只一掌，打個滿天星」。

誤解，而這種誤解所產生的歧義會製造一種反諷的效果。由於歧義會使人「錯會」，製造懸念，因誤解而產生風趣幽默的情味，它可以打破單調和平淡的描述，發揮引人入勝的文藝效果【29】。以下是《水滸傳》中以諧音歧義為修飾的例子：

> 話說魯智深回到叢林選佛場中禪床上，撲倒頭便睡，上下肩兩個禪和子推他起來，說道：「使不得，既要出家，如何不學坐禪？」智深道：「洒家自睡，干你甚事？」禪和子道：「善哉！」智深裸袖道：「團魚洒家也吃，甚麼『鱔哉？』」禪和子道：「卻是苦也！」智深便道：「團魚大腹，又肥甜了，好吃，那得『苦也』。」（《水滸傳》第4回）

作者借魯智深對「善哉」的諧音誤解，從側面描述他初入空門仍未了斷俗念的酒肉和尚形象。文中接着寫魯智深對「苦也」的錯會回應，更是進一步的把歧義修辭深化，作者藉着這荒唐、無稽的誤會，細入的刻劃了魯智深粗豪戇直、無所避隱的個性。

引用：

引用就是在說話或文章裏引取其他有關言論、材料，又或者使用文獻、史料、典籍、格言、成語、警句、俗諺、寓言、故事、歌謠等，以闡述或佐證自己的論點，表達自己的思想與感情【30】。《水滸傳》在記述或人物的對話裏，都有大量的使用引用修辭，特別是在人物的對話，都經常會引用俗諺去增加語言表達的感染力，例如：

【29】參《漢語修辭藝術大辭典》頁1326，「歧義」條；《漢語辭格大全》，頁367-368，「歧義」條。

【30】參《漢語修辭藝術大辭典》，頁305-306，「引用」條；《漢語辭格大全》，頁557-558，「引用」條。

婆惜道:「好呀!我只道『吊桶落在井裏』,原來也有『井落在吊桶裏』!我正要和張三兩個做夫妻,單單只多你這廝,今日也撞在我裏!……

婆惜道:「可知呢!常言道:『公人見錢,如蠅子見血。』他使人送金子與你,你豈有推了轉去的?這話卻似放屁!做公人的,『那個貓兒不吃腥』?閻羅王面前,須沒放回的鬼!……(《水滸傳》第 21 回)

原文是寫閻婆惜質詢宋江的一段情節,作者借人物口中所引用的俗諺,大力的渲染閻婆惜這個潑辣、狡詐的形象。為了突出她口齒伶俐、腦筋靈活、滔滔不絕的特質,文中除了連串的引用俗諺外,更別開生面的,將其中一句慣常的俗諺——「吊桶落在井裏」[31]加以變用,改為『井落在吊桶裏』的相反意思[32],將主角當時所處的不利境地加以描繪,在語言運用方面,確是別具心思。

省略:

這是一種借助語言環境,將某些內容加以省減,或以略寫的手法來處理的修辭格。省略又可以分為積極和消極兩類:積極的是指省略的完全不寫;消極的則是上文有的以一二語了之[33]。一般的消極省略都是詞(句子成份)的省略。如以下例子:

史進道:「如何使得!恁地時是我賺你們來捉你請賞,枉笑天下

---

[31] 本意指任人掌握擺佈。見《水滸傳》施耐庵集撰、羅貫中纂修,臺北:聯經出版事業公司,1987 年,頁 283,【註釋四六】。

[32] 引用又可分為正引用、反引、化引幾類,以上可以歸入「反用」類。引用的特點與用法,詳見《修辭通鑒》,頁 430-431,「引用」條。

[33] 參《修辭通鑒》,頁 567-568,「省略」條;《漢語修辭藝術大辭典》,頁 840-841,「省略」條。

> 人笑我。若是死時,與你們同死;活時,同活。你等起來,放心
> 別作緣便,且等我問個來歷緣故情由。」(《水滸傳》第3回)

原文是寫九紋龍史進與朱武等三個頭領一起抵抗官兵逮捕之事。作者寫史進向三人表示願意承擔的說話,當中特別以省略的筆法,強調史進具有「同死、同活」的英雄氣慨,將說話中的重心「若是死時,與你們同死」作省略的交代——「(若是)活時,(與你們)同活」。這種省略的處理,既使得語言更加簡潔、明快,又同時將人物的豪邁、爽朗個性突顯出來,進一步加深了文章的感染力。

連珠:

又稱頂真、頂針,是用前一句的結尾做後一句的開頭,使前後相接的句子首尾相,由上遞下接的一種修辭手法。頂接的部分可以是字、詞、或句子。連珠技巧運用得好,可以充份的反映出事物的辯證關係、因果關係、層遞關係和連貫關係,用於敘事狀物,可以讓事物輪廓鮮明,可以把空間與時間的位置與順序交代得一目了然,收到良好的表達效果[34]。以下是《水滸傳》的有關例子:

> 那大漢卻待用力跌武松,怎禁得他千百斤神力?就手一扯,扯入
> 懷中,只一撥,撥將去,恰似放翻小孩兒的一般,那裏做得半分
> 手腳!(《水滸傳》第31回)

原文是寫武松在酒店內與孔亮大打出手之事,作者運用連珠修辭,輔以節奏性的動態描繪(將動詞「扯」、「撥」分別作連珠式的使用),將武松矯健的身手、驚人的爆發力與純熟、精湛的武藝,清晰而具體的呈現於讀者眼前。

---

[34] 參《修辭通鑒》,頁636-637,「頂針」條;《漢語修辭藝術大辭典》,頁656-657,「頂真」條。

綜觀而論，《三國演義》《水滸傳》的修辭是多樣多姿的，在文學藝術上來說，可謂明代章回小說中的表表者。我們通過上述的各類修辭研究，可以確定的說，《三國演義》與《水滸傳》在修辭格上的寫作運用，都是具有極高水平的藝術造詣。基本上，兩者可謂各有千秋，不相伯仲。眾所周知，《三國演義》是一部以文言為主體的章回小說，文筆與修辭風格都比較接近傳統的文言敘事散文。事實上，書中不少情節與文句，都參照或改編自晉人陳壽的《三國志》、宋人裴松之的《三國志注》及流行於五代的《三國志平話》。《三國演義》的表達手法與文采，在一定的程度上，都保留著古代史傳文學的風格和情味。例如上文曾引述的劉、關、張三人謁見諸葛亮的背景；馬超出場威風凜凜的神態；關公刮骨療傷談笑自若的表現；的盧躍過檀溪的雄姿；張飛怒打曹豹的心理思想；劉備與孔明初次見面的對話語體；孔明、周瑜二人商議破曹的計劃，以及對赤兔馬的描述等等，單從文筆來看，都具有濃厚的文言語體風格，或者可以這樣總結說，《三國演義》的文風是揚麗、奔放，明快、簡潔，大刀闊斧的。這一點我們大致上可以從書中所見的修辭技巧中得到進一步的驗證。

至於《水滸傳》，雖然同是明代的章回小說，成書時期或許與《三國演義》差不多（有專家學者曾考證羅貫中有份參與修纂之事，認為是與施耐庵的合著），但文筆風格與表達方式都與《三國演義》有所不同，它寫的是江湖草莽龍蛇鬥爭的事件，故事藍本來自《大宋宣和遺事》，由幾宗發生於宋代的民間事件綜合組成。然而，書中對人物的活動、姿態、行為，思想、情感，乃至心理活動，都有比較細緻的描寫，這些都是在前代的話本小說中罕有的筆法，而作者所用的文字，特別是人物之間的對話，都是接近當時口語的語言，並不似《三國演義》那樣充滿着古典文言的風味。從書中對各類辭格的運用，正如上文所論證的各類修辭例子，特別是寫魯智深揮擲禪杖營救林冲；戴宗的神行技法以及李逵在高空的所見所感；魯達連出三拳打死鄭屠的神威；閻婆惜與潘金蓮的

惡毒心腸及其潑辣嘴臉；武松的驚人酒量與精湛武藝等等，都是精彩絕倫的文藝描寫，也同樣可以通過對辭格的分析加以驗證。因此，我們可以綜合的說，《水滸傳》的文辭色彩是既細膩又精緻，活潑而真實，不但絲絲入扣、淋漓透徹，而且新穎、多變，富於創意，特別是對人情、動作、行為、思想、情感、心理活動等方方面面的處理，都是奇峰特出，別樹一幟。

最後值得一提，《三國演義》、《水滸傳》兩書作者的修辭運用，在魏晉、唐宋，乃至元明各代的古典小說創作來說，委實已達到爐火純青的境地。書中很多時不是單用一種修辭格，就如前文所述，有不少是兼具兩類的辭格運用（例如：比喻中的①「周得呂望」兼用了典事；誇張中的②「直至於骨，骨上已青」兼用了頂針；對偶中的㈥「雲鬢」一詞兼用了雙聲疊韻；排比中的㈣「修橋補路」兼用了鑲嵌；移覺中「鹹的、酸的、辣的」亦兼用了摹味，諸如此類，屢見不鮮），甚至有三類、四類、五類等多種修辭的連環使用。這些高水平的修辭運用技巧，全書所見繁多，實在不勝枚舉。這也正好具體的論證了《三國演義》、《水滸傳》兩書作者的匠心獨運氣度與超卓的寫作技巧。以下就兩書所見，分別各舉一節多種連續使用修辭格的文字，以結全文。

其一、比喻、對偶、疊字【35】、婉曲【36】、繁複【37】、設問【38】、

【35】疊字是一種把同一字或單音節詞作無間隔、重複相疊起來使用的修辭格，具有音樂性及描繪性的修飾作用。詳見《漢語修辭藝術大辭典》頁1221，「疊字」條；《漢語辭格大全》，頁200-201，「疊字」條。

【36】婉曲是一種運用婉轉曲折、含蓄暗示的話來表達的修辭方式，有使語言文雅，富於禮貌，或使語言含蓄，避免衝突等作用。詳見《漢語修辭藝術大辭典》，頁201，「婉曲」條；《漢語辭格大全》，頁476-477，「婉曲」條。

【37】繁複又稱重說、疊寫，是將兩個或兩個以上的同義的詞語或句子選用在一起，重複描述或分述同一意思，以收到強調語意、補充音節等功效。詳見《漢語修辭藝術大辭典》，頁563，「繁複」條；《漢語辭格大全》，頁149-150，「繁複」條。

謙敬【39】的連續使用：

> 玄德見孔明身長八尺，面如冠玉，頭戴綸巾，身披鶴氅，飄飄然有神仙之概。玄德下拜曰：「漢室末冑，涿郡愚夫，久聞先生大名，如雷貫耳。昨兩次晉謁，不得一見，已書賤名於文几，未審得入覽否？」孔明曰：「南陽野人，疏懶性成，屢蒙將軍枉臨，不勝愧報。」二人敘禮畢。分賓主而坐，童子獻茶。（《三國演義》第38回）

原文是寫劉備與諸葛亮相見情節，也是《三國演義》的重要人物諸葛亮的首次登場描述。這節文字有兩個焦點，第一是介紹諸葛亮：作者以比喻及疊字修辭，描述主角的面容與神態——「面如冠玉」、「飄飄然有神仙之概」，又以「頭戴綸巾，身披鶴氅」一組對偶句去刻劃人物的服飾。第二是兩人對話中所反映的個人修養與氣度：作者以「漢室末冑，涿郡愚夫」一組兼有對偶、繁複、謙敬的辭格句子，去描述劉備的自我介紹；又以「未審得入覽否」的設問修辭，交代劉備曾在見面前作了兩次拜訪，揭示了劉氏對諸葛亮的尊敬和重視。至於諸葛亮的答話，作者就運用了婉曲與謙敬修辭來描述他的謙遜與風度——「疏懶性成」、「蒙將軍枉臨」，如此等等，皆逐一細緻地呈示出來。這些運用的修辭都是按着人物性格與故事情節所需而交織在一起，在文辭表達與故事演繹方面，不但豐富了所要表達的內容，亦收精簡、扼要，以少總多，含蓄有

【38】設問是提出問題，接着自我作出解答，或者問而不答，主要作用是引起別人注意，啟發別人思考，或者強調某種觀點、某種行為、某種氣氛，或使語言生動活潑，富有變化的修辭方式。詳見《修辭通鑒》，頁522，「設問」條；《漢語辭格大全》，頁394-395，「設問」條。

【39】謙敬，又稱敬謙，是指敬語和謙語的運用，即是以這些別具色彩的詞語去表達思想感情的修辭手法。詳見《漢語修辭藝術大辭典》，頁294，「敬謙」條；《漢語辭格大全》，頁279-280，「敬謙」條。

力之效,與此同時,也對人物性格及故事情節的刻劃與鋪敘發揮着積極的意義。

其二、疊韻【40】、誇張、疊字、排比、比喻、反詰【41】、鑲嵌的連續使用:

> 那婦人聽了這話,被武松說了這一篇,一點紅從耳朵邊起,紫漲了面皮,指着武大便罵道:「你這個腌臢混沌,有甚麼言語在外人處,說來欺負老娘!我是一個不戴頭巾男子漢,叮叮噹噹的婆娘,拳頭上立得人,胳膊上走得馬,人面上行的人!不是那等搠不出的鱉老婆!自從嫁了武大,真個螻蟻也不敢入屋裏來,有甚麼籬笆不牢,犬兒鑽得入來?你胡言亂語,一句句都要下落,丟下磚頭瓦兒,一個也要着地。」(《水滸傳》第24回)

原文寫武松在出差前向兄嫂告別時潘金蓮的回話。作者寫潘氏的自我剖白,說明自己是個持家有道、行為高潔的婦人。文中運用十分形象化的語言,以擴大的誇張修辭手法,通過「拳頭上立得人」、「胳膊上走得馬」、「人面上行的人」以及「螻蟻也不敢入屋裏來」的誇張想像,把潘金蓮自信十足、驕矜誇耀的情態,活生生的描繪出來。說話中「拳頭上立得人」、「胳膊上走得馬」、「人面上行的人」也同是一組排比辭格,它加強了潘金蓮說話的氣勢與節奏。文章又分別以「叮叮噹噹」、「一句句」、「一個個」等疊字修辭,來描述潘氏如何自誇不凡及其對武松言辭所作出的尖銳批評。潘金蓮以「不戴頭巾男子漢」來比

【40】疊韻指相連接的兩個音節的韻母相同,或收音之輔音相同,或主要元音相同或相近,以達到聲音促節蕩漾、婉轉鏗鏘的美感。詳見《修辭通鑒》,頁38-41,「雙聲和疊韻」條。

【41】反詰,又稱反問、詰問,是一種以疑問形式表達確定思想內容的修辭格,其特點是無疑而問,明知故問,而且不需要回答。詳見《漢語修辭藝術大辭典》,頁752-753,「反問」條;《漢語辭格大全》,頁164-165,「反問」條。

喻自己行為品格與男子無異,又以「有甚麼籬笆不牢,犬兒鑽得入來」來反詰武松不必質疑她持家的能力,文句中亦兼用暗喻(如「籬笆不牢」)來申訴所謂不穩當的事情。此外,作者又使用了疊韻詞「腌臢混沌」[42]和鑲嵌詞「胡言亂語」,去潤飾潘氏對武松的為人及其說話行為的質問。諸如此類的文藝修飾,區區一兩百字的篇幅,就把潘金蓮這位潑辣、尖酸,言辭滔滔的惡婦形象,細緻而傳神的鋪寫出來。

---

[42] 案:腌,於嚴切,談部;臢,茲三切,侵部。談、侵二韻古通用,為疊韻字。混,戶昆切,文部;沌,徒渾切,亦文部,二字疊韻。以上切語主要根據《廣韻》、《字彙補》二書。

風格之確立與藝術之表現
——現代新詩人舊體詩十二家選評

朱少璋*

提要

本文主要集中評述現代新詩人的舊體詩作（選評十二家），[1]評論焦點集中評析其詩歌的主體風格及相關的藝術表現。符合先設之前提條件，即為本論文之研究對象者，即有三十五家之多，本文擇選其中十

---

*香港浸會大學語文中心高級講師。

[1] 論文中將論及的「現代新詩人」係須符合下述三項條件：（1）生於1949年以前及（2）在1917-1949年間具體、積極從事新詩創作的作家而（3）同時創作舊體詩的詩人；除符合上述各項條件外，尚參考《中國現代詩歌史》及《中國新詩大辭典》二書而定；讀者詳參朱少璋：〈現代新詩人舊體詩創作「承繼」與「創新」〉附注〔1〕，載《新亞學報》〔香港〕第24卷（2006年1月）。又舊體詩的同義詞尚有以下各種：（1）「舊詩」，如吳奔星：《魯迅舊詩新探》（江蘇：人民出版社，1981）；（2）又有以「詩詞」偏義指詩，如毛谷風：《二十世紀名家詩詞鈔》（上海：華東師範大學出版社，1993），書前錢仲聯序指出：「詩之一稱，有白話新體與古典舊體之殊。詩詞合稱，胥指舊式。」（頁1）；（3）又有「傳統詩」，如許霆、魯德俊：〈十四行體與中國傳統詩體〉，《中國韻文學刊》2期（1994）；（4）又有「格律詩」，如朱雲達：〈格律詩果真會衰亡嗎？〉，《江南詩詞》4期（1987）；（5）又有「古體詩」，如劉東：〈古體詩生命力管見〉，《昆明師院學報》1期（1981）；（6）又有「古典詩」，如公木：〈簡論中國古典詩歌傳統問題〉，《詩刊》第5期（1957）：「所謂中國古典詩歌，就是指五四以前的舊詩。舊詩，對新詩而言。」

二家,評其舊體詩風格及藝術表現特點;綜合所得判以己見,副以實例,對這十二家舊體詩作評析。當然,某些新詩人在舊體詩創作方面已卓然成名家(如魯迅、郭沫若、田漢),其作品之分量完全可以獨立自成另一研究專題,本文在討論時盡量兼顧平衡,務求全面地作出評析。本文目的在於展示現代新詩人舊體詩創作之水平。現代文學的研究,長期以來忽略舊體文學、偏重新文學,這情況可以透過了解新詩人的舊體詩,得到理性而恰切的補充。

小引

符合本文先設之前提條件,即為本論文之研究對象者,即有三十五家之多:陳獨秀(1880-1942)、劉大白(1880-1932)、魯迅(周樹人,1881-1936)、沈尹默(1883-1971)、周作人(1885-1967)、李大釗(1888-1927)、胡適(1891-1962)、劉半農(劉復,1891-1934)、郭沫若(郭開貞,1892-1978)、陳衡哲(1893-1976)、徐志摩(徐章垿,1896-1931)、蕭三(蕭子璋,1896-1983)、康白情(1896-1945)、王統照(1897-1957)、成仿吾(1897-1984)、宗白華(宗之櫆,1897-1986)、田漢(1898-1968)、朱自清(朱自華,1898-1948)、聞一多(聞家驊,1899-1946)、俞平伯(俞銘衡,1900-1990)、冰心(謝婉瑩,1900-1999)、應修人(1900-1933)、蔣光慈(蔣光赤,1901-1931)、汪靜之(1902-)、胡風(張光人,1902-1985)、饒孟侃(1902-1967)、馮雪峰(1903-1976)、朱湘(1904-1933)、馮至(馮承植,1905-1993)、樓適夷(1905-2001)、臧克家(1905-2004)、施蟄存(1905-2003)、徐訏(1908-1980)、何其芳(何永芳,1912-1977)、金克木(1912-2000)。在這三十五家中,詩人性格不同,其詩作風格自是不同,理固宜然。而各詩人中,能卓然自成鮮明風格者,計有陳獨秀、劉大白、魯迅、周作人、李大釗、郭沫若、王統照、朱自清、田漢、俞平伯、施蟄存及金克木等十

二家,而其藝術表現亦有可供討論者。談論詩歌之風格,論者多有提到「風格」與詩人「人格」之關係。作品風格,直接受詩人品格影響,因此形成詩作具不同風格,各如其面,清朝詩論家薛雪(1681-1763)在《一瓢詩話》就曾分析道:

> 爽快人詩必瀟灑,敦厚人詩必莊重,倜儻人詩必飄逸,疏爽人詩必流麗,寒澀人詩必枯瘠,豐腴人詩必華贍,拂鬱人詩必淒怨,磊落人詩必不羈,清修人詩必峻潔,謹敕人詩必嚴整,猥鄙人詩必委靡。[2]

可見詩人的個人品味,直接影響詩歌風格。本文先就十二家詩人的詩歌總體風格作描述,並引例加以說明;另附列各家的詩歌藝術表現特點。

(1) 陳獨秀

雅潔豪放

王森然在《近代二十家評傳》中評陳獨秀詩:「雅潔豪放,均正宗也。」[3] 陳氏所作詩,確如王氏所言,兼得「雅潔」與「豪放」兩種風格,是以筆下多姿多采,其雅潔之作品,如〈游虎跑〉二首,[4] 就寫得閒淡恬適,雅潔非常,其一云:

> 昔聞祖塔院,幽絕浙江東。山繞寺鐘外,人行松澗中。清泉漱石齒,樹色暖碧空。莫就枯禪飲,階前水不窮。

詩中在取景上,就很能表達出一股清雅而明潔的風格,詩中的「幽絕」、「寺鐘」、「松澗」、「清泉」、「碧空」、「枯禪」等用語,

---

[2] 丁福保編:《清詩話》(上海:古籍出版社,1978)頁708;江盈科:《雪濤詩評》亦有類似說法。

[3] 王森然:《近代二十家評傳》(北京:出版社不詳,1934)頁257。

[4] 任建樹、靳樹鵬、李岳山編注:《陳獨秀詩集》(長春:時代文藝出版社,1995)頁84。

也有一種超然出塵的氣息，讀之令人心曠心怡，又如其二云：

> 神虎避人去，清泉滿地流。憎貧慵款客，山邃欲迎秋。竹沼滋新碧，山堂鎖暮愁。烹茶自汲水，何事不清幽。

詩中營造出一派清幽氣息，由首聯寫虎跑泉的傳說起，繼而寫山區的幽靜，最後寫烹茶清幽之趣，他選取了虎跑泉附近的典型景色，以閒適清幽為主線，把當地寫得有如人間仙景。

單就寫景的作品，陳氏也有「豪放」的風格，如〈華嚴瀑布〉組詩，[5] 就很能表現詩人豪放的風格，其一云：

> 湖水深且碧，波靜斂微白。東注落為瀧，高懸一千尺。

詩中前靜後動，前二句用「深」、「斂」二字，令氣氛顯得平和，而後二句用「注」、「懸」二字，就顯得很有動感，還略帶誇張地說「一千尺」，令瀑布的氣勢更為懾人。其二云：

> 矯若天龍垂，倒挂玲瓏石。飛沫驚四筵，無語萬山碧。

此首更直接寫瀑布，以天龍作喻，用「倒挂」、「飛沫」二詞，突顯水流之湍急，結句用「無語」二字顯出肅穆的氣氛。

陳獨秀〈感懷二十首〉，均為五言八句，托興深遠，繼承傳統者亦多，其一云：

> 委巷有佳人，顏色艷桃李。珠翠不增妍，所佩蘭與芷。相遇非深恩，羞為發皓齒。閉戶弄朱弦，江湖萬餘里。[6]

詩中大有美人香草之傳統痕跡，古詩中詩人每以佳人自況，寄托懷才未遇之情，而陳氏詩中「閉戶弄朱弦」一語，似有自得其樂之寓意，自有其豁達風度。衡諸王氏評「均正宗也」，允為的評。

藝術表現特點

靳樹鵬、李岳山在〈詩人陳獨秀和他的詩〉中總結了陳氏在舊體詩

---

[5]《陳獨秀詩集》頁56-58。

[6]《陳獨秀詩集》頁93。

詩藝上的功力,其中如:「精通詩藝,長於創新」、「國學根柢雄厚,精通文字學、音韻學,又博采古詩家之長,形成了自己繁富艷麗多姿多彩的詩藝特色」。[7] 道出詩人深具體詩根柢的事實,又王旡生在〈小奢摩室詩話〉中,評陳氏詩藝:

> 思想絕高,胎息亦厚……氣體之稱,均非時人士流所能窺者。[8]

「胎息」既厚,詩藝自通,可見評論者對陳獨秀詩藝之佩服,如陳獨秀〈感懷二十首〉其十云:

> 東鄰有處子,文采何翩翩。高情薄塵俗,入海求神仙。歸來誇鄰里,朱樓列綺筵。今日橫波目,昔時流淚泉。[9]

作者自況之辭,又是託以古意,今喜昔悲,對比鮮明強烈,而末二句化用李白〈長相思〉「昔日橫波目,今成流淚泉」而反用其意,意趣迥然不同,而詩句鑲嵌得妥貼自然,完全將前人詩藝化為己用。又其十九云:

> 天路絕泥滓,人世終苦辛。一念脫塵網,雙足生青雲。雲中發簫管,悅耳何繽紛。回瞰所來地,泣下為人群。[10]

此詩純然聯想,表達詩人對世人悲憫之深情,對世人不離不棄之感,在詩中表達得極為具體。詩的第二、三句,用對偶法,自然而意義相銜接,對偶自然而不露刻意匠氣,四、五句以「雲」字拈連上下,語氣更為洽接無間,是有心思之作。又〈題劉海粟作古松圖〉:

> 黃山孤山,不孤而孤,孤而不孤。孤與不孤,各有其境,各有其圖。[11]

---

[7]《陳獨秀詩集》頁4-37。

[8]《民立報》1911年1月19日,此處引自台北黨史史料纂委員會藏本(1910年10月10日至1913年9月4日止),1969年影印版。

[9]《陳獨秀詩集》頁105。

[10]《陳獨秀詩集》頁117。

[11]《陳獨秀詩集》頁187。

此詩在體式上極為特別，四言六句，節奏明快，而且詩中「山」、「孤」、「不」、「各有」等字詞，不避重覆，又能做到疊而不厭，在體式和遣詞上，都能不為成規所困，以詩意為主導，非為單純滿足格式之要求。又如〈書贈同鄉胡子穆詩〉云：

> 嫩秧被地如茵綠，落日銜天似火紅。閒依柴門貪晚眺，不覺辛苦亂離中。【12】

詩中首二句寫景，即用對偶，而寫得具體，視覺一高一低，細寫晚景之美，詩末句為點題之筆，詩人人亂離中仍能有閒情細心欣賞景色，寓閒適於亂離之中，對比鮮明，效果不俗；詩人在亂世中保留的一顆滿是詩意的心靈，在末句中表露無遺。

（2）劉大白

細膩纖濃

曹聚仁（1900-1972）在《文壇五十年》中評劉大白詩云：

> 劉大白的舊詩詞修養，也和俞平伯、沈尹默差不多，而劉詩細膩。【13】

道出了劉氏詩作的藝術風格。劉大白詩以七言絕句居多，而所寫情事，跡近婉約，故遣詞造句，均細膩別緻，刻畫無遺，辭采美麗，華光煥發，風格以細膩確以見長，如〈催妝〉云：

> 先教青鳥為傳詞。夫婿情懷說與知。准備一支京兆筆，替卿仔細畫雙眉。【14】

詩意綿密，句與句之的跳躍不大，詩中交代人情事均極細膩，讀去如看工筆畫，只覺綿綿密密，由「傳詞」到「說與知」再到「仔細畫雙眉」，

【12】《陳獨秀詩集》頁195。

【13】曹聚仁著：《文壇五十年》正編（香港：新文化出版社，1976）頁152。

【14】劉大白著：《白屋遺詩》（北京：書目文獻出版社，1984）頁8。

都處處表現出夫婦間的情意,類似的細膩作品如〈舊時〉:

> 舊時螺黛舊時眉。新樣翻來費巧思。私語囑郎郎自懂,雙尖應寫入新詩。[15]

此詩焦點更集中在「畫眉」的主題上,寫得又深又細,與〈催妝〉並讀,益見劉大白詩風細膩的一面。劉氏的寫景作品也寫得極為細膩,如〈艷情〉云:

> 珍珠簾子水晶鉤。四面紅窗百尺樓。小玉嬌慵貪睡慣,日高還未起梳頭。[16]

詩中首二句如精雕細刻而作,用詞華艷細膩,簾綴珍珠,鉤連水晶,窗紅而樓高,樓中有人慵睡未起,一派慵懶懨懨的氣息,每句都修飾得深濃而具體,都寫得極為工細。劉氏有〈月夜集溫句〉:

> 紅絲穿露珠簾冷。四座無喧梧竹靜。綺閣空傳唱漏聲,階前碎月鋪花影。[17]

劉氏集溫庭筠(812?-866?)的詩句,表示了劉氏對溫庭筠的作品有一定程度的認同,而句中那種「紅絲」、「珠簾」、「綺閣」、「碎月」、「花影」的情調、用語,風格細膩纖濃,明顯是與劉大白詩風一脈相通的。

藝術表現特點

劉氏寫傳統的古體詩,也寫得很有功力,如他的〈北郭有健兒〉,就以傳統的「戰事」為題材,描寫參戰的一名戰士的心情,寫得很有感染力,詩云:

> 北郭有健兒。短衣匹馬將何之。漢家將軍北征胡,欲往從之效驅馳。妻子牽衣挽不得,匈奴未滅家何為。生不願麒麟閣,死不願

---

[15]《白屋遺詩》頁11。

[16]《白屋遺詩》頁15。

[17]《白屋遺詩》頁15。

> 勒壯士碑。但願朝斬匈奴將，暮寒匈奴旗。飢食匈奴肉，倦寢匈奴皮。誓剪國仇洗國恥，男兒縱死此志終不衰。胡中之沙黃如綺，胡中之草白如絲。白草黃沙大好埋我骨，魂雄魄毅勿畏胡兒欺。何用馬革裹尸還葬北邙下，徒令道旁過者共道從軍之苦悲。【18】

詩中塑造了一個堅毅為國的「征人」，他肯為國捐軀，還有遠大的理想，他從軍的理想不是為個人的榮譽，而是一心一意為國出力，打走敵人。他還願意死在異鄉，不願還葬故土，為免民眾因他的死而興起對從軍者的憐憫。全詩主題明確，用語淺白，而主角形象鮮明，把這種傳統的從軍征戰題材發揮得淋漓盡致。劉大白的〈書參議院眾議院（新國會）初選舉調查單後〉，是作者拒絕參予選舉的「明志」作品，共八首，其一云：

> 摩登伽女工淫術，漫把阿難戒體沾。我是如來最小弟，曾從佛座聽楞嚴。

詩中以佛學典故為主題，說明權位對自己起不了引誘作用，詩人自謂定力堅定，以佛弟阿難不受淫女誘惑為喻，十分貼切而達意，最難得是全詩含蓄委婉，但主題十分明確，又其六云：

> 新人雖好故人姝。縑素同工總不如。何必下山長跪問，上山且自採蘼蕪。【19】

全詩用古詩〈上山採蘼蕪〉詩意，詩人自謂甘於於淡泊，無意涉足官場，全詩翻用古詩詩意，而另有意在，可見詩人詩藝之深，詩人深具根柢，又能因應題材而自如地揮灑，翻古成今，脫胎換骨，別成詩章。

（3）魯迅

孤傲雄奇

關於魯迅詩之風格，劉正強在〈魯迅詩歌風格淺探〉中，亦論及魯

【18】《白屋遺詩》頁27。
【19】《白屋遺詩》頁67。

迅舊體詩風格之多變,其中云:

> ……有的柔婉,像空谷的幽蘭;有的蔫美、猶刀劍的鋒刃;有的明麗,似山間的流泉;有的沉鬱,如地下的熔巖。

文中稱讚魯迅舊體詩具鮮明之時代色彩、含蓄的抒情手法及尖辛的諷刺色彩。[20]這都是魯迅舊體詩風格的特徵。吳星奔在〈魯迅舊體詩的思想藝術特色〉一文中,說魯迅的舊體詩表現了兩種突出的風格,一種是抒情的,一種是諷刺的。[21]綜合各論者所言,無非是說魯迅詩風格亦剛亦柔,又結合李怡在〈魯迅舊體詩新論〉中云「魯迅的舊體詩的社會批判遠遠超越了古典詩歌的層次。」又云「魯迅的舊體詩最大的價值在於深刻而細膩地向我們呈現了這位現代思想先驅那複雜的心靈世界。」、「不甘媚俗的孤傲和由而生的孤寂是魯迅舊體詩的基調」。[22]道出了詩人心靈,正好反映在其作品的上,形成個人風格。總體而論,其風格是「孤傲雄奇」。

魯迅的早年舊體詩作,未脫傳統習套,個人風格尚未形成,如其〈別諸弟〉、〈惜花四律〉等作品,傳統氣息十分濃,如〈惜花〉之四:

> 繁英繞甸競呈妍。葉底閒看蛺蝶眠。室外獨留滋卉地,年來幸得養花天。文禽共惜春將去,秀野欣逢紅欲然。戲仿唐宮護佳種,金鈴輕綰赤闌邊。[23]

詩中用語稍見新鮮,但對偶、用典均不出前人習套,詩意也沒有突破的地方。但後期的作品,則脫盡前人的窠臼,自成面目,他的作品個性極強,人如其詩,如果說魯迅是一個不同濁流、孤傲不群而略帶冷酷的人,那麼,他的詩作也有著相同的風格,試看他的〈自題小像〉的「我

---

[20]《昆明師院學報》第3期(1980),頁36-41。

[21] 詳參吳星奔著:《魯迅舊詩新探》(江蘇:人民出版社,1981)頁1-14。

[22]《中國現代文學研究叢刊》第2期(北京:作家出版社,1997)頁82-101。

[23] 周振甫編注:《魯迅詩全編》(杭州:浙江文藝出版社,1991)頁19。

以我血荐軒轅」，又如〈慣於長夜〉的「月光如水照緇衣」，【24】都是表現出一種與眾不同的特立獨行，詩中表現的是孤傲而略帶寂寞的風格；在造景方面，也有同樣的風格，如〈無題──洞庭木落楚天高〉一首，就能代表「孤傲」風格：

> 洞庭木落楚天高。眉黛猩紅涴戰袍。澤畔有人吟不得，秋波渺渺失離騷。【25】

首句寫景清冷孤峭，全詩的氣氛因此句而定，末句以《離騷》作結，借用了屈原的孤臣形像，以配合那份孤傲的格調，十分傳神而有力。又如〈悼丁君〉，也是寫得孤峭之極：

> 如磐夜氣壓重樓。剪柳春風導九秋。瑤瑟凝塵清怨絕，可憐無女耀高丘。【26】

首句渲染一種凝重的氣氛，再以「九秋」、「清怨」引導氣氛成另一種清冷的孤寂，結句用《離騷》的「哀高丘之無女」之意作結，表現出孤忠一點，耿耿難釋，集中而明確地展示出魯迅詩中孤傲的風格。

魯迅詩也極雄奇，用詞和營造意象上均予人濃重之感（雄），又給讀者一種極深而神秘多變的興味（奇），如〈無題──血沃中原馬勁肥〉：

> 血沃中原馬勁肥，寒凝大地發春華。英雄多故謀夫病，淚灑崇陵噪暮鴉。【27】

詩中用詞準確，「沃」、「勁」、「凝」、「噪」，四字有力，令全詩頓時充滿張力，而句中又有強烈對比：血沃、馬肥；寒凝、春華。對比十分鮮明，末句以聲結情，用暮鴉之叫聲帶出淒厲的氣氛，令全詩罩著

【24】《魯迅詩全編》頁24、77。

【25】《魯迅詩全編》頁138。

【26】《魯迅詩全編》頁173。

【27】《魯迅詩全編》頁111。

濃重晦暗的感覺，風格十分鮮明。又如〈贈人二首〉之一：

> 明眸越女罷晨妝。荇水荷風是舊鄉。唱盡新詞歡不見，旱雲如火撲晴江。【28】

相對於首三句而言，末句無論在想象（旱雲如火）還是用詞（撲晴江）上，都顯得奇特而有力；如果這能體現「奇」的風格，那麼〈贈人二首〉之二也展示同樣的風格：

> 秦女端容理玉箏。梁塵踴躍夜風輕。須臾急響冰弦絕，但見奔星勁有聲。【29】

第二句引用《劉向別錄》的典事，以善歌者能動「梁塵」，魯迅寫秦女的箏聲是在本來帶誇張色彩的典事上再上一層，詩人用了「踴躍」一詞，表現得更為有力，想象也更「奇」了；而沒句寫流星掠過，以「見」字點出是視覺上的描寫，但同句忽又說「有聲」，以托出流星飛掠的「勁」，視覺、聽覺相互交感，令讀者有一種突如其來，變化莫測之感。他的〈無題——萬家墨面沒蒿萊〉，可謂是其「雄奇」風格的代表：

> 萬家墨面沒蒿萊。敢有歌吟動地哀。心事浩茫連廣宇，於無聲處聽驚雷。【30】

詩中的「萬家墨面」、「動地」、「浩茫」等用語，都有濃重凝重的感覺，以營造一種在壓迫下的「死寂」，末句忽發奇想，說「無聲」之處可聽「驚雷」，讀者的閱讀情緒也隨著陡變，也因這雄奇的詩風而感到一點驚奇。

藝術表現特點

　　馮至在〈魯迅先生的舊體詩〉中說分析了〈慣於長夜過春時〉一律，

【28】《魯迅詩全編》頁176。

【29】《魯迅詩全編》頁176。

【30】《魯迅詩全編》頁200。

說明魯迅在詩歌方面拋棄了「溫柔敦厚的傳統」。【31】李怡在〈魯迅舊體詩新論〉中云：

> 魯迅舊體詩多有不合古典詩歌藝術規則的「犯忌」之處，魯迅彷彿是不能不運用著這種傳統詩歌的藝術，但又有意識地對這樣的藝術形式作出自別出心裁的改做……

又認為「用典實則又是魯迅舊體詩藝術的重要成部分」。文中還談到魯迅的「戲擬」作品，李氏引〈吊大學生〉，認為：

> 實際上是溝通了這樣的幾重世界：古典詩學世界、現代生存世界與作為一位文化啟蒙主義者的理想世界。【32】

吳星奔在〈魯迅舊體詩的思想藝術特色〉一文中，說魯迅的舊體詩表現了兩種突出的風格，一種是抒情的，一種是諷刺的。又評他「把雜文的諷刺手法運用到詩歌創作中去，也是魯迅舊體詩比較突出的藝術特色」，又說「運用方言、口語，形成特有的幽默感」，而所表達的內容也跟他運用的語言形式非常適應，【33】可見魯迅舊體詩在內容、語言上，均有創新之處。

魯迅詩藝之深，評論者一致推崇，如陳聲聰（1897-1987）於《荷堂詩話》中，就談到關魯迅詩藝問題：

> 魯迅大哲人，不當以詩稱之。然其所作，有真摩古人之壘者，亦使人詠誦於無窮也。

詩藝能「摩古人壁壘」，實非詩藝淺者所能企及；詩話中並引錄魯迅〈無題——慣於長夜過春時〉、〈自嘲〉、〈亥年殘秋偶作〉、〈無題——萬家墨面沒蒿萊〉、〈贈畫師〉、〈自題小像〉及〈題《彷徨》〉諸首，評為「皆語有陽秋，筆大如椽，胸中奇氣，無以尚之。」【34】對魯

【31】《馮至詩文選集》（北京：人民文學出版社，1955）頁167。

【32】《中國現代文學研究叢刊》第2期（北京：作家出版社，1997）頁82-101。

【33】吳星奔著：《魯迅舊詩新探》（南京：江蘇人民出版社，1981）頁1-14。

【34】陳聲聰：《荷堂詩話》（福州：福建美術出版社，1996）頁31-32。

迅詩藝之深，可謂推崇至極，而評亦中肯，非過譽也。

馮至在〈魯迅先生的舊體詩〉中文分析魯迅〈無題——大江日夜向東流〉、〈贈日本歌人〉及〈二十二年元旦〉等詩，評為「好像看著西方的魔鬼跳舞圖，淒涼中摻雜著滑稽」。對魯詩藝兼貫中西的情況作了具體的說明。馮氏又留意到魯迅詩中「喜歡用《楚辭》中的比喻……詩中的詞藻和句法穠麗處甚至使人想到李義山，但是粗獷處又有些像南宋的劉後村；兩種極不相同的風格在這裏結合起來。」詩藝不深，又怎能融匯結合前人之長，收為己用？【35】

張千帆在〈魯迅的舊體詩〉認為魯迅的舊體詩質量非常高，還總結地說出魯迅的詩藝：

> 以舊形式寫新內容，語言精煉，富於藝術的感染力，令人感到他的詩，充滿著新的血液和生命。在他的詩篇裏，正如在他的小說、雜文裏所表現的一樣，是充滿著堅韌無比的戰鬥精神的。【36】

張氏引〈自題小像〉，並評此詩「全詩表達的沉重感情，至今讀來猶令人有置身在風雨危舟中之感」。又評〈慣於長夜過春時〉一首為：

> 它有深刻的歷史意義，含蘊著高度的愛國思想和革命熱情，無論從社會性、思想性和藝術性方面。都達到了登峰造極的高度，創造了非常優秀的藝術就。

又評〈洞庭木落楚天高〉一首為「意境高遠，感情深厚」，【37】對其詩藝之評價，可謂極高。

鄭子瑜在《魯迅詩話》中引〈哀范君三章〉為例。又引〈己亥殘秋偶作〉，評為「句句深穩，層層俱到，無論就意境說，就音韻說，都是

【35】《馮至詩文選集》頁165-167。

【36】葉靈鳳等著：《新綠集》（香港：新綠出版社，1961）頁179。

【37】《新綠集》頁179-188。

卓越的」。詩藝中之「意境」、「聲韻」兩項，魯迅俱能顧及，且發揮盡致。又引〈無題——故鄉黯黯鎖玄雲〉及〈無題——皓齒吳娃唱柳枝〉二首，評為「二詩都是一氣渾成，氣機流暢，風調自佳。」又引〈所聞〉一絕，評為「不愧是絕詩中最超絕的一首」。又引〈贈人二首〉，評為「風韻特佳」。又引〈贈畫師〉，評為「細意鉤剔，格力遒緊，令人百讀不厭」。又引〈一二八戰後作〉，評為「險詞入詩，不見其險」。【38】均為的評。

《中國現當代傳統詩詞研究》中，引魯迅〈自嘲〉一首，評為：

> 不用一個典、一個冷僻字，明白、自然、深沉有力……無半點舊體詩詞的腐朽氣息，又完全合乎傳統詩的格律要求。【39】

魯迅詩能做到深入而淺出，體舊而意境新，詩藝之深，可以想見。魯迅後期的作品，確是很有個人特色，出入古今，能寫出具現代氣息的舊體作品，如〈一二八戰後作〉：

> 戰雲暫斂殘春在，重炮清歌兩寂然。我亦無詩送歸棹，但從心底祝平安。【40】

詩中寫到戰火中的片刻安寧，「暫」字對時態的描摹十分準確，又以炮聲、歌聲皆寂，道出這暫安局面的具體情況，詩人在「詩」中說「無詩送歸棹」，是以有詩為無詩，寫得很別緻，末句對友人寄予無限的祝福，字淺情深，簡單中有深情在。魯迅的〈所聞〉也是力作之一，詩中描寫一個戰火中可憐的女侍應，寫得感人，詩云：

【38】鄭子瑜編：《魯迅詩話》（香港：大公書局，1952）頁15-26；又鄭文中所用的詩題與所本者有出入，為全文檢閱統一起見，筆者據《魯迅詩全編》所載之詩題，不另注出。

【39】王小舒、王一民、陳廣澧合著：《中國現當代統傳詩詞研究》（濟南：山東大學出版社，1997）頁25。

【40】《魯迅詩全編》頁119。

華燈照宴敞豪門。嬌女嚴妝侍玉樽。忽憶情親焦土下，佯看羅襪掩啼痕。【41】

詩中以豪門夜宴為襯托，先渲染一派熱鬧氣氛，然後寫女侍應，只寥寥數筆，並不著意寫人的外貌，接著代入女子的立場，寫她心中想到在戰火中死去的親人，對比於眼前的華燈豪宴，女子忍不住哭了出來，但為了掩飾，只好低下頭來，佯看羅襪。詩的節奏安排很好，把一個身世不幸的女子置於豪門大戶之中，把有錢人的歡樂對比於那可憐的小女子，而女子的心事，也曲曲地表達出來，那「佯看羅襪」的舉動，把女子心中的矛盾、積鬱，都表達得十分有力而傳神，詩中雖沒有交代女子的不幸遭遇，但作為動亂時代的一不幸「典型」，她的遭遇是不難想像得到的，詩人偏不願重覆這些遭遇的內容，反而是輕輕一筆帶過，讓讀者自行思考，而著力寫女子的具體動作，用動作來反映她的內心世界，可謂別出心裁。又〈答客誚〉一詩，魯迅又用巧妙的類比，令詩意很清楚明白，詩云：

無情未必真豪傑，憐子如何不丈夫。知否興風狂嘯者，回眸時看小於菟。【42】

詩人認為豪傑、丈夫也有柔情的一面，為了論證這個看法，詩人以兇猛的老虎為例，作出類比：老虎在人的心目中是兇殘無情的動物，但牠也有柔情一面；作者刻劃了老虎回眸戀戀不捨地看著小老虎，那種目光，那種溫柔，都是人類忽略的。詩中以虎論證人，認為任何人都有柔情一面，特別是對自己的親人，不論是豪傑還是英雄，都會「有情」、「憐子」的。這首作品類比恰當，主題明確，論證力強，作者巧妙地借眈眈的虎視，一化而為溫柔的憐子目光，確是成功的寫法。

【41】《魯迅詩全編》頁133。
【42】《魯迅詩全編》頁145。

（4）周作人

陰鬱苦寒

羅孚《燕山詩話》談周作人的舊體詩「是確實可以自成一家的」，又云「以詩論詩，周氏兄弟可以說在伯仲之間，郁達夫次之，郭沫若又次之」，又云「周作人的詩就像他的散文，就像他的庵名，是苦茶，而苦茶總是清茶，在清苦以外，也還有清澀和清甜的味道」，下引「烏鵲呼號繞樹飛」及「鎮日關門聽草長」二絕，評為「這些寫得都很苦」；而「苦而帶澀，澀而富有餘味」的品，則引「禪床溜下無情思」及「河水陰寒酒味酸」二絕為例。又「頗為清甜的」則引兒童雜事詩中的「新年拜歲換新衣」、「書房小鬼忒頑皮」、「蒲劍艾旗忙半日」及「一霎狂風急雨催」四絕為例；評周作人的兒童雜事詩是寫給大人看的。又評周氏的婦女詩中的有關《紅樓夢》和《白蛇傳》的作品「有意思，有意趣」。【43】周作人舊體詩作題材多樣化，而在各題材中均能發揮出周氏本人特有之風格，蓋得力於深厚詩藝也。鄭子瑜在〈論氏兄弟的雜事詩〉中，也認為周作人的雜詩題材風格是「環繞著他個人的趣味，而這種趣味同他的時代是極不合拍的。」他用「寄沉痛於幽閒」和「陰鬱」來總結周作人舊體詩的總體風格。【44】

如果說周作人的詩作風格是「陰鬱苦寒」，大概是符合上述論者的看法的，周氏的作品往往含藏著一種無可排遣的苦悶積鬱，又有一股無奈的感覺，如〈苦茶庵打油詩二十首〉之二十：

> 琅玕珍重奉春君。絕塞荒寒寄此身。竹簡未枯心未爛，千年誰與再招魂。【45】

【43】《燕山詩話》（香港：牛津大學出版社，1997）頁90-99。

【44】王仲三箋注：《周作人詩全編箋注》（上海：學林出版社，1995附錄，頁465-480。

【45】《周作人詩全編箋注》頁44。

此詩借寫《流沙墜簡》中致「春君」的竹簡，但又似是周氏夫子自道。詩中寫「絕塞荒寒」，又問誰與招魂，都充分展現了詩人「陰鬱苦寒」的風格，詩中感嘆物是人非，人生的無奈在第三第四句中表露無遺，這是周氏因物及人的聯想，正如竹坡在〈周作人的〈兒童雜事詩〉〉中又評周氏 1937 至 1945 年間寫成的〈苦茶庵打油詩〉為：

> 不時地露出一種感傷和苦悶，甚至帶著絕望。看上去不失幽默詼諧，實在是對人生無可奈何。【46】

他的〈梧桐〉也是同樣的風格，詩中寫出時序變幻之感慨，也寫得陰冷和無奈：

> 中庭有奇樹，亭亭如華蓋。碧葉手掌大，蔭庇諸蟬類。繁榮極夏日，倏值歲時改。時光不可見，日日奪蒼翠。桐子已黃熟，收入兒童袋。蕭蕭秋風起，飄然一葉墜。蟬聲俄寥落，漸以促織代。卻驚懶婦心，寒衣未補綴。【47】

詩中用詞淺白率真，而「奪蒼翠」與桐子黃熟，是要襯托出「蕭蕭秋風」，而葉墜與寥落的蟬聲，也正是「陰寒」氣氛的開始，「促織」鳴叫，益覺秋風清冷，在陰寒的氣氛中，貫串了詩人對時光流逝的無奈。周氏的題畫詩也貫徹了相同的風格，如〈芙蓉〉：

> 灼灼芙蓉花，凌寒發紅萼。徒有拒霜姿，臨風自開落。【48】

詩人不以花之「艷」為主線，反而以「寒」、「霜」為全詩經緯，末句的「自」字，尤能表現出無可奈何花落去之意，又如〈杜鵑花〉：

> 寂寞攢宮道，冬青搖晚風。山花不解事，獨自映山紅。【49】

此詩寫帝王棺木暫殯之攢宮，用「寂寞」二字，更見陰冷，晚風中的冬

【46】《大成》第 13 期（1974 年 12 月）。

【47】《周作人詩全編箋注》頁 161。

【48】《周作人詩全編箋注》頁 247。

【49】《周作人詩全編箋注》頁 258。

青樹在搖,更覺鬼氣森森,詩人無非要借此導引讀者向「蜀帝魂化杜鵑」的傳說方面作聯想,又如〈孔令奇畫女子抱琵琶圖〉之二:

> 調弦時一弄,蒼涼塞外聲。無由寄幽怨,胡語不分明。【50】

以「蒼涼」作全詩基調,末句點出幽怨無由寄的原因,是因為身在異邦,言語不通,把一個嫁往異邦的女子的無奈寫得很傳神,這正是周氏「陰鬱苦寒」的風格。

藝術表現特點

周作人詩極具個性,無論在題材或用典上,都自成一格,自抒胸臆,故其詩作舊中有新,讀之令人回味,而其中又間雜詼諧打油,嬉笑怒罵,但又寄興深遠,他的詩作在眾多新文學家中是很有份量的,其〈梧桐〉云:

> 中庭有梧桐,亭亭如華蓋。碧葉手掌大,蔭庇諸蟬類。繁榮極夏日,倏值歲時改。時光不可見,日日奪蒼翠。桐子已黃熟,收入童兒袋。蕭蕭秋風起,飄然一葉墜。蟬聲俄寥落,漸以促織代。卻驚懶婦心,寒衣未補綴。【51】

這首五言古詩,寫夏秋更替,梧桐的變化,詩中寫梧桐、寫蟬聲,盛夏寫梧桐之茂綠、蟬聲之噪雜,而去秋來,則寫葉墜蟬靜,對比鮮明,節序明確,最後筆觸一轉,寫擔心妻子未備寒衣,暗示寒風已起,寫得間接但有趣味,筆法奇特。又如〈陶淵明〉:

> 離家三月旋歸去,三徑如何便就荒。稚子候門倏不見,菊花叢裏捉迷藏。【52】

詩人寫陶潛(365-427)辭官歸里的歷史事件,寫到陶氏回家後一片寂靜,歡迎他的孩子一下子不見了,詩人運用想像,設想活潑的孩子躲在

【50】《周作人詩全編箋注》頁259。

【51】《周作人詩全編箋注》頁161。

【52】《周作人詩全編箋注》頁202。

花叢中,要給父親一個驚喜。這種「詠」古人的方法,是歷史真實與文學想象的結合,而詩人的想象又合情合理,還把場面氣氛營造得更溫馨、更具詩意,詩人結合真假的嘗試,顯然是十分成功的。又如〈李太白〉:

> 太白兒時不識月,當作一張白玉盤。無怪世人疑胡種,蒲萄美酒吃西餐。【53】

以李白有胡種之嫌為題,借題發揮,設想李李白喝洋酒、吃西餐,其中不無戲謔,但可見周作人以想象結合實情的創作手法,已成為他愛好常用的表達手法,也是周氏舊體詩歌的一大色。周作人詩作游戲味很濃,因此其中多具童真、童趣,他曾在〈童話〉一詩中說:「平生有所愛,婦人與小兒」、「著手兒童學,喜讀無厭時」,還立志要寫一些童詩:「何時得還願,補寫童話詩,特贈小朋友,聊當一勺飴」,【54】可見詩人之所好,事實上,周氏的詩作中,不少是表現出童趣、童事的,竹坡在〈周作人的〈兒童雜事詩〉〉中,談到周作人的特殊風格:

> 平淡含蓄,筆調常帶有很濃厚的感情……至於他的詩,也一如其文,讀之令人咀嚼有味,在晚近詩壇中另樹一風格。【55】

又評周氏的〈兒童雜事詩〉是周氏的兒童文學理論的一次很有效的實踐,又云「這些詩確實體現了一種童趣」。說明了周作人詩中的天真特點,實為同期的詩人所缺乏;如〈兒童雜事詩〉是一大型組詩,其中分門別類,寫兒童的玩藝、衣著、外表等,都全面而傳神,其中有寫及零食果餌的,凡六首,果餌琳瑯滿目:

> 荸薺甘蔗一筐盛,梅子櫻桃赤間青。更有楊梅誇紫艷,輸它嬌美水紅菱。

【53】《周作人詩全編箋注》頁205。

【54】《周作人詩全編箋注》頁110-111。

【55】《大成》第13期(1974年12月),頁44-45。

> 嘉湖細點舊名馳。不及糕糰快朵頤。艾餃印糕排滿架,難忘最是炙麻糍。
> 漫誇風物到江南。蒸藕包來荷葉香。藕粥一甌深紫色,略添甜味入餳糖。
> 兒曹應得念文長。解道敲鑼賣夜糖。想見當年立門口,茄脯梅餅遍親嘗。
> 一盞盛來琥珀光。百花風味最清涼。新煎洋菜晶瑩甚,獨缺稀微海水香。
> 居然嘗藥學神農。莫笑貪饞下苦功。玉竹香甜原好吃,更將甘草潤喉嚨。【56】

詩中著意點染果餌的顏色,令人看到眼花繚亂;又寫果餌的味道,以甜為主,雜有清涼、海水香味、藥味,共冶一爐,很能引起共鳴。【57】詩中也偶有加插典事,如第四首就加入徐文長(1521-1593)詩詠夜糖的典事;這類童詩,其實是寫給成年人看的,以期引起成年人對童年的回憶,與一般寫給兒童看的童謠大不相同。周氏的詩也有陰冷幽靜的一路,他的〈苦茶庵打油詩〉,自況之辭甚多,抒發鬱情亦多,如第十一首:

> 烏鵲呼號繞樹飛。天河暗淡小星稀。不須更讀枝巢記,如此秋光已可悲。【58】

首二句似有〈短歌行〉之詩意,詩人有無枝可棲之感,秋光滿園林,詩人自悲身世,詩意淒涼,意境悲苦,詩人孤獨無依的心情,在詩中表露無遺。

【56】《周作人詩全編箋注》頁238-242。

【57】有關周氏的兒童詩介紹,可參看竹坡:〈周作人的「兒童雜事詩」〉,《大成》第13期(1974年12月)。

【58】《周作人詩全編箋注》頁15。

(5) 李大釗

縱橫豪宕

《中國現代詩歌史》評李大釗舊體詩為：

> 不論是五言詩，還是七言律詩與絕句，基本是依循傳統的韻律，較為嚴謹，講究詩的平仄與押韻……律呂和諧、流暢，格調清新剛健。【59】

可見李氏能透徹掌握統傳詩藝，特別在體式、韻律方面，尤為著重。李大釗的作品，豪氣十足，風格縱橫豪邁，擲地有聲，陽剛氣息很濃，這跟李氏的革事業是分不開的，李氏的〈太平洋舟中詠感〉一首五古長詩詩，最能代表李氏詩歌豪邁不凡的獨特風格，詩云：

> 浩淼水東流，客心空太息。神州悲板蕩，喪亂安所極。八表正同昏，一夫終竊國。黯黯五彩旗，自茲少顏色。逆賊稽征討，機勢今已熟。義聲起雲南，鼓聲動河北。絕域逢知交，慷慨道胸臆。中宵出江戶，明月臨幽黑。鵬鳥將圖南，扶搖始張翼。一翔直沖天，彼何畏荊棘。相期吾少年，匡時宜努力。男兒尚雄飛，機失不可得。【60】

這首五言古詩，充份表現出李氏憂國憂民的心情，他在詩中用詞激揚英發，列舉家之苦難，勉勇少年人要為國出力，詩中以鵬鳥沖天、扶搖上天、將翼圖南等「壯語」，激勵少年人的愛國心，詩中意氣蕩室，節奏明快而有力，是李大釗詩歌風格的代表。其他如〈復辟變後寄友人〉的：

> 英雄淘盡大江流。歌舞依然上畫樓。一代聲華空醉夢，十年潦倒剩窮愁。竹帘半卷江天雨，蕉扇初迎海外秋。憶別萬山無語句，只應共泛五湖舟。【61】

【59】朱光燦：《中國現代詩歌史》（濟南：山東大學出版社，1997）頁69。

【60】《李大釗詩文選集》（北京：人民文學出版社，1981）頁18-19。

【61】《李大釗詩文選集》頁25。

寫大江淘盡英雄,一代聲華、十年潦倒;用詞十分豪宕。又江天雨、海外秋,意境開闊;而萬山無語,更有一種肅穆氣氛在其中,收結以五湖泛舟,又見詩情縱橫,全詩流暢,表現力強,在一股滄桑感慨中又別有一重瀟灑意態,而且全詩音節鏗鏘,又如〈前意未盡更賦一律〉:

> 策馬玉門關。不為兒女顏。悲歌辭易水,壯士出天山。白草千層雪,黃河九曲灣。遙知斷腸處,應有雁飛還。【62】

此詩風格自是豪邁縱橫,馬、玉門關、易水、天山、黃河、雁,關山河水、地上馬、天上雁,構成一闋絕塞壯士的悲壯歌曲,讀之令人感發起興。詩歌雄渾有力,作品內容充實而又筆意縱橫。

藝術表現特點

李氏的〈吊圓明園故址〉可說是吊古作品中的傑作:

> 圓明兩度昆明劫,鶴化千年未忍歸。一曲悲笳吹不盡,殘灰猶共晚煙飛。
>
> 玉闕瓊樓委碧埃。獸蹄鳥跡走荒苔。殘碑沒盡宮人老,空向蒿萊撥劫灰。【63】

第一首總括圓明園遇劫難的史實,以悲笳、晚煙、飛灰襯托氣氛,第二首則寫具體的破落情況,句句均扣緊荒涼破爛的主題氣氛,末句又提到劫灰,是回應第一首首句的「昆明劫」,兩首詩集中地表達出詩人對外人踐踏國土的痛恨心情。又其〈詠玉泉〉云:

> 殿閣嵯峨接帝京。阿房當日苦經營。只今猶聽宮牆水,耗盡民膏是此聲。【64】

詩人在玉泉的潺潺流水中,聯想到當政者耗費民脂修河濬泉,詩題中所言「詠」,當非「歌頌」之意,而是借寫景以道出詩人的想法,國計民

【62】《李大釗詩文選集》頁24。
【63】《李大釗詩文選集》頁12。
【64】《李大釗詩文選集》頁14。

生,是李大釗最關心的,因此在詩作中往往加以抒發。李大釗〈山中即景〉,【65】寓動靜於寫景中,很有特色,其二云:

  雲在青山外。人在白雲內。雲飛人自在,尚有青山在。

人與雲俱在山上,而人又身處雲中,很有層遞之感,當雲飄走,山中人離開時,還剩青山在那兒矗立著,青山常在,白雲來去去無常,人跡往還不定,靜中有動,動中帶靜,遂成佳構。

(6) 郭沫若

豪邁飄逸

  陳永志在《論郭沫若的詩歌創作》中,談到郭氏的風格為「豪邁奔放而外,郭沫若的詩歌還表現出沖淡,飄逸的一面」。【66】「豪邁」風格,在郭詩中甚為矚目,如〈在昔有豫讓〉組詩,詩人就借一個戰國時的刺客的故事,寫出一股豪邁的風格來,如詩的末節云:

  豫讓自砍指,血書在橋頭。願斬君之衣,以報智伯仇。襄子下馬來,脫衣授其手。豫讓砍其衣,還刀自刎頭。士為知己死,義氣高千秋。【67】

寫刺客的忠義,以死報知己的情義,雖是重寫一個歷史人物,但經郭氏渲染,用一個個獨立而連貫的畫面,展現出刺客如何在自刎前向敵人作出「砍衣」的要求,在詩中作者加入了「血書在橋頭」一節,全詩更覺豪邁悲壯。郭氏的名作〈歸國雜吟〉組詩,就是豪邁風格的代表作,其二「又當投筆請纓時」一律,評論者多有引錄,此詩不但意境佳,音節佳,又步魯迅「慣於長夜過春時」韻,更能引人注意。其實在這組詩

【65】《李大釗詩文選集》頁27。

【66】陳永志:《論郭沫若的詩歌創作》(上海:外語教育出版社,1994)頁14。

【67】王繼權、姚國華、徐培均編注:《郭沫若舊體詩詞繫年注釋》(哈爾濱:黑龍江人民出版社,1982)上冊,頁165-166。

中，不乏豪邁飄逸的佳作，如其三：

> 此來拚得全家哭，今日還將遍地哀。四十六年餘一死，鴻毛泰岱早安排。【68】

此詩音節響亮，狂歌當哭，詩意明確，立場堅定，遣辭豪宕，節奏明快。首句寫得意切情真，第三句表現出視死如歸的壯志，的確豪邁不凡，末句以鴻毛和泰山相對比，深化了句的含意，但詩意又較上句為豁達飄逸，又如其七：

> 炸裂橫空走迅霆，春申江上血風腥。清晨我自向天祝，成得炮灰恨始輕。【69】

道出了詩人拚諸犧牲的決心，但激情而詩意不露，為其優點，末句願作灰而減輕恨意，詩筆委飄逸無滯，詩意明確，郭氏詩風，可見一斑。又如〈游太宰府〉之二，寫詩人去國五年的情懷，寫得極為輕快飄逸：

> 除夕都門去國年。五年來事等輕煙。壺中未有神仙藥，贏得妻兒作挂牽。【70】

詩人將沉重的心情和生活上的負擔，用輕快飄逸的風格表現出來，令人感到人生匆匆之餘，也感到生活中的種種現實負擔原來可以如此面對，風格輕靈而飄逸有致。又如詠物作品，也有同樣的風格，如〈斷線風箏〉：

> 橫空欲縱又遭擒。挂角高瓴月影沉。安得姮娥宮裏去，碧海青天話素心。【71】

寫風箏身不由己，詩人忽發奇想，祝願風箏飄入月宮，與嫦娥一起談心；詩意和風格都飄逸浪漫，讀之令人有一種愉快和明快的感覺。郭氏

【68】《郭沫若舊體詩詞繫年注釋》上冊，頁192。
【69】《郭沫若舊體詩詞繫年注釋》上冊，頁197。
【70】《郭沫若舊體詩詞繫年注釋》上冊，頁123。
【71】《郭沫若舊體詩詞繫年注釋》上冊，頁183。

的〈題巫峽圖〉也寫是飄逸風格的代表，詩中筆觸跳蕩，詩意輕靈流暢：

> 不來蜀道不知難。試看行舟上碧灘。伏地勞人呼欸乃，凌空健翮語間關。黃牛峽過天仍狹，白帝城邊木尚寒。待到明年春色至，一帆風順出巫山。【72】

詩的首頷腹三聯都寫三峽的險要，令讀者有一種壓迫感，似乎是前無去路，但尾聯筆鋒一轉，詩人期望來年春天水漲風順時，便可以輕舟一葉，暢通無阻地駛出巫峽，尾聯寫得輕快，對比前三聯，一緊一鬆，一重一輕，在對比中表現了詩人的輕快心情，也同時表現了詩歌的飄逸風格。

藝術表現特點

陳永志在《論郭沫若的詩歌創作》中，評郭氏的舊體詩詞在體式方面運用得心應手，「古體、近體、四言、五言、七言、雜言，無不應用」。【73】《中國現當代傳統詩詞研究》中評郭詩為「意味雋永，寓意深長」。【74】

郭沫若的舊體詩作，總體而言，深具大家風範，他詩藝不弱，對詩的體材、主題、聲韻、修辭等，都很能掌握，而且詩思不斷，是多產詩人，水平不低。詩人在構思和表達上，都顯出了心思，如四言長詩〈石頌〉，便是構思奇佳的作品：

> 拳拳者石，有聖者相。表裏如一，為壽無量。天地低昂，不隨俯仰。無臭無香，不聲不響。無用有用，人不能離。為地之骨，為家之皮。當其無用，屹立不倚。仁者見之，仰為型義。當其有用，任人轉徙。粉身碎骨，無所吝鄙。勿謂無生，心中有火。牛

【72】《郭沫若舊體詩詞繫年注釋》下冊，頁24。

【73】陳永志：《論郭沫若的詩歌創作》頁135。

【74】《中國現當代傳統詩詞研究》頁28。

角敲擊，可焚巨柯。勿謂無知，有理有文。創世之紀，是為典墳。聖哉聖哉，石維敢當。無怪農民，以毆方良。【75】

詩人以石為主題，並用不同角度寫石的特性，其中有實在的作用，有想想象的作用，而且把石的地位抬高，把石頭「神聖化」，詩中特別寫到石的有用和無用，詩人巧妙地指出石之無用亦為其有用，最後總結以石為做人之楷模，詩意明確，主題集中，用語流暢，內容充實，確是詠物中之佳作。又如〈反七步詩〉，詩人以〈七步詩〉為主題，借題發揮自己的想法，寫得很有深度：

煮豆燃豆萁，豆熟萁已灰，熟者席上珍，灰作田中肥，不為同根生，緣何甘自毀。【76】

詩人站在豆萁的角度去想，認為豆萁自焚自毀，不但令豆作席上菜餚，成灰的萁還可作肥田料，詩人想像豆萁完全出於自我犧牲的偉大精神，其結論與〈七步詩〉的意恰恰相反，但又言之成理，而且結合原詩而讀，更覺趣味盎然，也可以從中看到詩人的構思才華。詩人善於在平凡的題材中翻出新意，寫出個人風格，如〈詠虎〉二首，就是這類作品的代表，其一云：

獨在山林潛隱，平生恥見狐貍。人乃謂余暴猛，世間多少不平。【77】

詩以六言寫成，寫老虎潛隱自高之性，刻意重塑老虎的猛暴兇殘形象，末句以世間之不平作結，分明是意在言外，暗示人性遠不如獸性，諷刺現實，詩筆鋒銳，不留情面地指出人性醜惡的一面，詩中的人獸對比，有力地指出人不如獸，叫讀者再三細想其中意思。其二云：

世間只見人吃人，山中未聞虎吃虎。我亦未嘗自稱王，人之王者

【75】《郭沫若舊體詩詞繫年注釋》下冊，頁3。

【76】《郭沫若舊體詩詞繫年注釋》下冊，頁11。

【77】《郭沫若舊體詩詞繫年注釋》下冊，頁59。

自比虎。【78】

首句的「人吃人」是指人與人之間的鬥爭,殘暴得有如人吃人,而虎卻不吃同類,而且沒稱王,反而是人類自比為虎,獸未以王居,而人卻自比於獸,其中諷刺,強而有力。

(7) 王統照

明快慷慨

臧克家在《王統照詩詞解析》的序言中,也談到王統照詩風之多變,其中有云:

> 王統照先生,長於舊體詩,自青少年時代起直至老年,創作不衰,收穫豐富……他寫的舊體詩,或以抒情,或以志感,或以紀游,或以描繪祖國山河,大自然風貌。

有力起總結了王統照的舊體詩的創作風格,還列舉了王氏詩作中的不同風貌:

> 詩人從幼年起,即延讀古代典籍……轉益多師,融諸家之長於一爐,建立了個人的獨特藝術風格。他的詩作,有的沉鬱,有的隱晦,有的清秀,有的明快,有的慷慨,有的感傷……【79】

這也說明了詩人的學習背景也會導致詩歌風格的不同,而點出王氏詩歌風格多樣化,能兼眾長的特點,綜合而言,王氏的詩風是以「明快慷慨」為近,明快指的是詩中的節奏安排,而慷慨則是指詩歌所表達的略帶悲壯的感歎;王氏把「明快」和「慷慨」都處理得好:因有「慷慨」,則「明快」不至於過「輕」;而因有「明快」,則「慷慨」也不至於過「重」。兩者配合,形成一種明快慷慨的特有風格。如〈二月二十夜對月〉:

【78】《郭沫若舊體詩詞繫年注釋》下冊,頁60。

【79】見姚素英編著:《王統照詩詞解析》(長春:吉林文出版社,1999)序言,頁1-2。

> 逸興消此夜,離情嘆獨醒。飄蕭負綠鬢,慷慨哭青萍。斜月透疏樹,幽齋冷畫屏。蒼茫塵世感,此夜念滄溟。【80】

詩寫月夜詩人的感慨,王氏在幽齋懷念故人,而窗外月色茫茫;但全詩的節奏依然明快,詩中先以「逸興」為全詩導引,而「嘆」、「負」、「哭」、「透」、「冷」、「念」各字,分別有抽象(負)、有具體(哭),又有感嘆(嘆)、有回憶(念),有視覺(透)、有觸覺(冷),句句轉移,絕不拖泥帶水,明快之極。又如〈北國〉四首,也是明快慷慨之作,作者1931年初夏自四平街返關內途中,目睹東北淪亡之險,激發了王氏的抗敵情緒:

> 北國春寒雪未消。驛程溫夢過西遼。略知邊塞風霜苦,飛度荒原又此宵。(其一)
>
> 處處風翻紅日旗。殘山剩水認依稀。博眼異語三千里,豈待他年事可知。(其二)
>
> 鐵網縱橫貫北州,江山蒼茫望中收,火雲遙接飛虹影,回首荒邊起暮愁。(其三)
>
> 江月光昏微月零。風沙漫漫罩邊城。蕩胸萬感難成寐,坐聽寒郊夜角聲。(其四)【81】

詩的節奏依然明快,其一的「過」、「飛度」,其二的「風翻」,其三的「貫」、「遙接」;把詩意有節奏地連連道出,轉接明快有力,而每首詩都抹上淡淡的感慨:「風霜苦」、「殘山剩水」、「江山莽蕩」、「蕩胸萬感」;這些感慨又結合了不同的具體意象:「雪未消」、「紅日旗」、「鐵網縱橫」、「江月光昏」、「風沙漫漫」,兩相結合,譜成了一首亂世中的慷慨悲歌。

【80】《王統照文集》(濟南:山東人民出版社,1982)卷四,頁455。

【81】《王統照文集》卷四,頁503-504,又第二首「眼」字疑誤。

藝術表現特點

王統照詩藝頗深，創作技巧純熟，寫景抒情均所專長，作品在數量和質量上都值得重視，王氏的作品有感而發，內容充實，表達力強，如〈莒縣呂家莊綠灣坐口號〉之四，在寫景方面就有極出色的表現：

> 田園疏灌分畦引，日夜勤勞注水忙。小麥抽芒苗出壟，如膏畝畝潤生香。[82]

詩中渲染農田氣息，寫水道注水灌溉農田，寫農作物抽芽發條，末句是寫遠望之景，「膏」、「潤」、「香」二字傳神地道出農田的那股生命力和朝氣，十分成功。又如〈迎春〉，也寫得春意綿綿：

> 病後欣春至，窗前細萼黃。折來留嘉意，靜裏散幽芳。帶雪開獨早，迎暉伴日長。歲華先借得，溫笑謝東皇。[83]

詩的結構完整，首句點題，二、三、四句寫替花早開，帶出初春的一股生氣，以小見大；五、六句寫花日長，喻春光無限，而詩人感謝歲華先得，乃笑謝東風，詩中洋溢著一片歡愉氣氛，詩人著意點染，乃成佳作。王氏的懷人作品，也寫得極深情，而且古典味十足，其〈客思〉云：

> 輕陰漠漠漾輕塵。杜宇聲啼到耳頻。王粲登樓成獨嘯，莊生涸轍感浮身。河山破碎留殘照，琴劍飄零又一春。已過花朝寒食近，餳簫聲裏未歸人。[84]

此詩略嫌古典氣息稍濃，習用套語亦多，但詩中不乏真情，詩人以杜鵑聲興，引出國破流離之感傷，末聯以節序之遷移道出時光飛逝，復以餳簫聲呼應首聯的杜宇聲，兩種幽怨的聲音，交織出一種愁苦鬱悶的氣氛。他的〈匯泉山行〉，則點化前人詩作而成，寫出了個風格：

---

[82]《王統照文集》卷四，頁407。
[83]《王統照文集》卷四，頁434。
[84]《王統照文集》卷四，頁457。

> 間眺好天氣,行行景不同。萬山圍眾綠,高閣矗叢紅。樹影雲隙亂,笳聲谷口通。河山無限好,只在夕陽中。【85】

詩的頷腹二聯對偶工整,分寫樹、花、影、聲,兩實兩虛,兩兩相生;末聯以無限江山在夕陽中,道出了詩人對物的個人看法,絕無「近黃昏」之嘆,詩意積極,景與情都配合得很好。又如〈春暮〉:

> 梨雲夢醒悵斜暉。紅紫飄零綠漸肥。燕子不歸春事盡,滿城風絮帶花飛。【86】

詩中寫暮春迷離之景色,寫斜暉中紅少綠多,是花事已過,燕子未歸,而滿城風絮,夾雜著落花飛舞,意景淒迷,詩中略帶幽怨格調,隱約有一股淡淡的哀愁在其中,但詩人沒有在詩中點明,只用暮春之作襯托,氣氛的渲染十分成功。姚素英在《王統照詩詞解析》的前言中說:

> 王統照的舊體詩喻體繁複多姿,廣事包羅,其詩意在筆先,含蓄蘊藉,令人尋繹無窮。

又說王氏詩「善於驅事用典,化用名人詩詞佳句,信手拈連,隨意點染」。【87】《中國現當代傳統詩詞研究》中評王氏舉〈題畫〉為例,中有「老樹著花無醜枝」之句,評為「為人傳誦」。【88】

(8) 朱自清

平實勁健

《中國現當代傳統詩詞研究》中舉朱自清〈漓江絕句〉及〈南岳方廣道中寄內作〉,評為「極富深情,純樸而有清剛之氣」。【89】對朱氏的

【85】《王統照文集》卷四,頁462。

【86】《王統照文集》卷四,頁476。

【87】《王統照詩詞解析》前言,頁1-9。

【88】《中國現當代傳統詩詞研究》頁47。

【89】《中國現當代傳統詩詞研究》頁39。

詩，推崇備至。時萌《聞一多朱自清論》中，認為朱自清的「書生氣」與甚詩作風格一脈相承，書中云：

> 朱自清的舊體詩，頗能表示其書生氣的風格……他的舊體詩，嚴謹而又清新，瘦勁兼顯雋永，讀之初覺生澀，品則回味津津如嚼青果。【90】

對朱氏詩風評會頗高。向天在〈朱自清先生的舊體詩〉中，總結朱氏風格云：

> 他（朱自清，筆者）的風格是清新勁健，文字質樸無華，不尚雕飾；詩的感情是老實坦誠，真摯動人。【91】

這風格上的評論，若結合朱自清本人的性格——誠懇、謙虛、溫厚、樸素；實在是詩風如其人格。朱氏的詩風質樸而不事雕飾，平平實實，又有硬朗清勁的風格；由於不事雕飾，初讀覺生澀，也給讀者「硬」的感覺，而其內容又感情真摯而流沛，表現力強，又給讀者「勁健」之感。如〈盛年〉：

> 盛年今已盡蹉跎。游騎無歸可奈何。轉眼行看四十至，無聞還畏後生多。前塵項背遙難望，當世權衡苦太苛。剩欲向人賈餘勇，漫將頑石自磋磨。【92】

全詩用語直接，沒有誇飾之詞，句句平實，如話家常，不賣弄、不造作，而全詩的感受卻是詩人的真感受，詩人行將四十，面對不斷進步的社會生起一種莫名的「落後感」，這是詩人自省自覺的心情，詩人雖感嘆歲月蹉跎，但又欲向人賈其餘勇，詩人以頑石磋磨自勵，詩歌把詩人的心中矛盾表現得真實而有力，良堪咀嚼玩味。朱氏大量擬作古體，打好創作根柢，因此他的其他詩作，都寫得極具法度，面目古雅、情感真

【90】時萌：《聞一多朱自清論》（上海：文藝出版社，1982）頁167。

【91】《新綠集》（香港：新綠出版社，1961）頁1-8。

【92】朱喬森編：《朱自清全集》（南京：江蘇教育出版社，1990）卷五，頁198。

摯,如〈除夕書感〉之二:

> 追歡逢令節,少壯互招尋。三徑無人跡,空山絕足音。身微青眼少,世短客愁深。獨坐縈千慮,剎那成古今。【93】

像這些創作,都有很濃厚的古詩意味,詩人用字濃縮,節奏偏於緩慢,求拙不求巧,求澀不求暢,字句飽滿,神完意足,都因有深厚的擬古經驗和功力。無怪時萌《聞一多朱自清論》評〈除夕書感〉及〈盛年〉為「雖無逸奇之致,但敞開坦蕩襟懷,寫來深入淺出,平平實實,詩格酷似人格。」【94】

陳孝全在《朱自清的藝術世界》中,特別談到朱氏後期舊體詩的藝術成就與風格:

> 讀朱自清的舊體詩,尤其後期的,總感到有一股悲愴激越之情縈繞其間,此中有血,有火,有淚,有力,時代氣息比較濃郁。……顯風骨,是朱自清舊體詩作的又一特色……言志乃詩人本意,詠物詠事都是達到這一目的,而人民骨氣恰是這「氣」的核心,詩格恰似人格。

又云:

> 情真,是朱自清舊詩最動人的因素,情是他詩篇的生命力所在,是全詩思想的催化劑。

評語中談到「風、骨、氣、情」各項,朱自清詩能兼而有之;【95】這大概可以理解為「勁健」風格的解釋,試看〈聖陶示〈偶成〉一章超世而不出世所感甚深即次原韻並效其體〉:

> 驕衍談天識世變,陶公飲菊期年長。達觀無可與不可,日用知常守其常。破山雷霆響未徹,嚌膚蚊蚋癢難忘。米鹽事殫酸生活,

【93】《朱自清全集》卷五,頁177。

【94】《聞一多朱自清論》頁167-174。

【95】陳孝全:《朱自清的藝術世界》(福州:福建教育出版社,1995)頁83-93。

方寸心亦今戰場。【96】

這首詩句中平仄不太講究（三、五、七句與上句失粘），是一首不合律的作品，但詩意完足，詩中談到詩人在「世變」之中的「達觀」人生態度，表現出一種積極而健康的風格，詩中的「陶公」似乎是詩人自比之詞，而恬靜的「知常守常」生活中，詩人能悠然面對「破山雷霆」，把創痛看成是蚊蚋嚼膚，一介書生能泰然面對身外的戰爭、心內的矛盾（末句），正如陳孝全在《朱自清的藝術世界》中說：

> 在抗戰期間，朱自清與友人酬唱甚多，但絕不是一般的禮節應酬，而是「常懷悵觸」之作……著眼人生，面向現實，揭示矛盾，抨擊醜惡，這是朱自清舊詩的一大特色，它顯示了詩人憂國憂民的可貴情懷。【97】

這正好道出了朱自清「勁健」的詩歌風格。

藝術表現特點

　　時萌《聞一多朱自清論》評朱自清之雜擬漢魏六朝名作「凡遣辭琢句以至對偶、聲律皆極考究」。此實為朱氏詩藝之源，又評朱氏的詠自然風物詩為「渾成蘊藉之致」，下引〈小孤山〉及〈看花〉為例，說「寫景畫花，都顯得神采飛動。鑄詞織句，妥貼而渾成，功夫老到，詩格是豐腴的」。又評朱氏懷舊之作，評為「感情真摯，尤善描繪友朋風貌品格」，下引〈懷南中諸舊游〉，評為「自然親切，如見豐子愷其人，也如見朱自清關切友朋的深厚誠篤的情誼。」又評朱氏之〈漓江絕句〉，評為「傾注以悲涼激越之情」；〈龍門夜泊觀賽神〉一絕「覺得一股憤世之情奪紙而出」。又以〈近懷示聖陶〉為例，說明：

> 朱自清寫古詩的功力極深……（五古、七古，筆者）皆不拘平仄，韻腳多變；但吟誦上口覺得音節自然，無喑啞苦澀之弊。

【96】《朱自清全集》卷五，頁264。
【97】《朱自清的藝術世界》83-93。

又說朱氏的古詩「達到了入乎古又能出乎古的境界」，這實在是詩藝湛深之明證；又論朱氏詩作的體裁為：

> 絕句較少，擅長古風，即寫今體詩（即指近體詩，筆者）亦以律詩為多，往往對仗工整，格律嚴謹……【98】

可見朱氏詩藝能兼正變，堪稱現代舊體詩之大家。

向天在〈朱自清先生的舊體詩〉中，評〈中秋有感〉為「代全國老百姓喊出了心坎裏的話」又引〈南獄方廣道中奉寄之作〉，評首二句「鍛鍊得真精純、簡練有力！」後二句則評為一往情深，評曰：「不俗即仙骨，多情乃佛心」。又引〈漓江絕句〉，評為「抒情樸質可喜。」【99】陳孝全在《朱自清的藝術世界》說朱自清寫景注意想象、寫人則概括力強，且多用「賦」的表達手法，鋪陳各有側重，可見其修辭功力亦自不淺。在格式方面，陳氏評朱自清：

> 嚴守詩格，領頸二聯對仗不但貼切而自然。和韻次韻，格律更嚴……其疊韻也無生硬牽強之處。

又總結朱氏的舊體詩如何在詩藝方面承上啟下：

> 朱自清推崇宋詩，但他並不屋下架屋，一味模仿，而是兼采歷代各之長，走脫胎換骨的路，他有許多詩源自李賀、杜甫、李白、蘇軾、陳子昂的詩句，但都不落前人窠臼，均點化開去，翻舊出新，以自己的語言，自己的方式，表現自己的方式，表現自己對生活的感受。

並說「朱自清舊體詩作是他詩歌世界的重要組成部分」。【100】

朱自清學詩從擬古入手，功力甚深，古體近體俱佳，他的古體作品以擬作居多，而自抒情懷者則多為五七言近體，質量和質量都不容忽

【98】時萌：《聞一多朱自清論》頁167-174。

【99】《新綠集》頁1-8。

【100】《朱自清的藝術世界》頁83-93。

視。先說他的擬古作品,逐句換字,用詞用語均古雅迫真,可見其駕馭古體的能力,如〈迢迢牽牛星〉:

> 耿耿天漢長,舟梁在何許。睆彼牽牛星,跂彼機中女。相望終日間,褰裳不能去。低頭弄素手,經緯亂無序。【101】

詩中用詞古雅,格調亦古,並用古詩詩意,但詩人不是全數模仿,其中也有詩人重新賦予的元素,詩人以凌亂的經緯,表示織女的內心世界,這是別出心裁的,因此,朱氏的擬古詩是加上濃厚的創作成分在內的,並非專門擬作一些「假古董」作品。他的〈漓江絕句〉向為評論者所稱道,其一云:

> 招攜南渡亂風催。碌碌湘衡小住才。進分漓江清淺水,征人又照鬢絲來。【102】

此詩風調絕佳,韻調和諧,表面寫漓江,實在是寫離亂之情,詩人在亂世中四處流離,自湘衡到漓江,風塵僕僕,在清淺的江水又映照出征人花白的鬢絲,一片滄桑之感,油然而生;又其四云:

> 皮鼓蓬蓬徹九幽。百夫爭扛木龍頭。齊心高唱祈年曲,自聽勞歌自送愁。【103】

這是詩人描寫賽神時鑼鼓喧天的熱鬧情況,詩人在眾人高唱的祈年曲中,別有懷抱,他「自聽勞歌自送愁」,這「愁」是憂國之愁,在一片歡愉氣氛之中,詩心顯得冷靜而自我,外在的熱鬧反襯詩人內心的寂寞和憂傷,成了強烈的反差,營造出很好的藝術效果。又〈南岳方廣道中寄內作〉:

> 勒住群山一徑分。戶行幽谷忽干雲。剛腸也學青峰樣,百折千回卻憶君。【104】

【101】《朱自清全集》第五卷,頁142。

【102】《朱自清全集》第五卷,頁243。

【103】《朱自清全集》第五卷,頁243。

【104】《朱自清全集》第五卷,頁244。

首二句寫景，筆法雄奇，其中「勒」、「忽」字都很有力，表現出山徑的分明，幽谷的奇特，第三句以「剛腸」類比於蜿蜒的峰巒，百折千回，都朝著所想念的人去，全詩先剛後柔，對比鮮明有力，主題明確，而末句中的「卻」字，就道出了詩人多少次的內心掙扎，最後還是感情戰勝理智，不能遏止地想念妻子。又如〈滇南臨安酸石榴最美曩在蒙自駐軍方營長曾以見貽今三年不嘗此味矣〉：

> 避寇猶能謀飲啄，滇南異味石榴酸。雄姿英發承推食，絳玉魁奇似聚鑾。不數黃柑三百顆，長留微齒一千般。頻年相憶天涯客，薇藿充腸見汝難。

詩中借一種土特產——酸石榴作發揮，借此而思念舊友，沒句以薇藿充飢喻一己之窮愁潦倒，句意尚能扣緊「食物」這個焦點，十分切題；而石榴之味酸，亦暗示了詩人念故友遠天涯之「心酸」，一語相關，詩人以味覺寫人情，匠心獨運，是很好的嘗試。

（9）田漢

自然鮮活

　　李振明在《田漢詩詞解析》的前言中，就談到田漢舊體詩的時代氣息特重的詩歌風格：

> 在舊體詩詞創作方面，他更是具有高深的造詣和修養……他平生所經歷的每一個歷史時期，都在他的舊體詩詞中留下鮮明強烈的時代印跡。

又說田氏的作品：

> 常是興之所至，一揮而就。正因為如此，他的詩詞絕無拘泥、板澀之感，形一種清新流蕩、自然鮮活的風格。才思敏捷，並非率爾成章，在遣詞用字、謀篇煉句乃至意境營造等方面，是相當講究的。【105】

【105】李振明編：《田漢詩詞解析》（長春：吉林文史出版社，1999）前言，頁1-6。

能一揮而就,又「相當講究」,可見田漢對舊體詩有確實深刻的了解,當然,透過「一揮而就」還是「講究」,田漢詩風格始終予人「自然鮮活」之感。「自然」是不造作的表達,「鮮活」是作品鮮明深刻,如〈偕林老出關聞南京解放〉:

> 戰後遼西快此眸。彈痕如斧削碉樓。危崖遠水過秦島,寒月疏星入錦州。枯柳數行春尚在,冰河千里碧如流。江南紅杏應相待,又報降旗出石頭。【106】

這首詩是用語自然之作,不作奇險之語句,詩意也同樣順暢自然,並不曲折,而詩中最鮮活的,是寫碉樓上的彈痕,詩人用「斧」喻「彈」,以斧削之跡喻彈痕,確是十分具體鮮明的描寫,讀者心中留下極其鮮活的畫面。又如〈鞍鋼所見〉:

> 嵯峨爐頂接天高。鐵錠如山上橡槽。傾瀉口中飛火瀑,壓延機下走銀龍。【107】

寫煉鋼的情景,比喻生動具體,第三的「火瀑」是以「水」喻「火」,而能令噴火濺火之勢寫得活靈活現;鐵錠入火爐後,經壓延機處理,變成一道道長鋼枝,詩人以「走銀龍」為喻,令鋼枝的形象更生動、更具體,更可貴的是用語自然合理。在寫人方面,田漢也是一貫的自然鮮活,〈京郊片斷〉組詩中第八首:

> 爭傳游擊妙峰山。老樹危岩雪後攀。且向樵農尋戰士,腰橫短斧鬢毛斑。【108】

描寫一個老戰士的形象,詩人抓住了「腰橫短斧」的特徵,可謂畫龍點睛,又寫「鬢毛斑」,表示戰士已老,寫一個老游擊隊隊員的形象,塑造得十分鮮活傳神。

【106】《田漢文集》(北京:中國戲劇出版社,1983)卷十三,頁3。
【107】《田漢文集》卷十三,頁154。
【108】《田漢文集》卷十三,頁162。

藝術表現特點

　　李振明在《田漢詩詞解析》的前言中舉「隨將滄海無邊月，踏遍櫻花第幾街」、「何用螺紋留十指，早將鴻爪付千秋」等句，評為「即置於唐人集中，亦難以辨認出來」。【109】廖沫沙在〈暴雨飆風總不移〉中也印證了田漢詩藝深厚的事實，廖氏說：

　　　　他（田漢，筆者）在詩詞方面，在舊體詩詞上，是有長期的素養
　　　　和精練的技能的，而且真正達到了「敏捷詩千首」的境界。【110】

《中國現當代傳統詩詞研究》中田漢的舊體詩「富有時代精神，語言流暢無做作氣，而律詩對仗工整，內涵豐富」。【111】這都是深厚詩藝的表現。

　　田漢的舊體詩的質量與數量俱高，也是一位多產的詩人，他的詩順暢而節奏明快，吟唱自然，起合自如得體，題材多變，表達手法完熟，以七言居多，自具一種瀟灑的風致，詩人詩情洋溢，詩句如順手拈來，全無苦吟造句之跡，如〈太平洋〉：

　　　　無限投荒去國情。沙鷗幾點伴南征。一波將落一波起，洋上何年
　　　　有太平。【112】

詩人在太平洋上看到波起波落，便聯想到「太平」之名，因而採用語意相關之修辭，設問何年得太平，詩人匠心如此，詩意亦見有趣。詩人的去國心情，用沙鷗和波濤襯托，益見淒美；此詩甚具獨特性，不能移置於其他場合，可見詩人之功力。又如〈題關羽像〉之二：

　　　　單騎斬將馳神勇，千里尋兄發至情。我亦江湖飄泊甚，桃園爭待
　　　　結新盟。【113】

【109】《田漢詩詞解析》前言，頁1-6。
【110】《田漢詩選》（北京：人民文學出版社，1982）頁3。
【111】《中國現當代傳統詩詞研究》頁47。
【112】《田漢文集》第十二卷，頁69。
【113】《田漢文集》第十二卷，頁98。

詩中借桃園結盟，道出詩人渴望找到志同道合的人，詩中有史實、有言志，兩者配合得天衣無縫，而歷史人物又是家傳戶曉者，詩人在選材時也花了不少心思。田氏的悼亡作品也寫得情深如海，十分動人，如〈悼亡詩〉二首：

> 兩聞危篤殊難信，細雨寒風奔到門。掀帳挑燈看瘦骨，含悲忍淚囑遺言。生平一點心頭熱，死後猶存體上溫。應是淚珠還我盡，可憐枯眼尚留痕。

> 歷盡艱辛願尚乖。雙雙忍見舊時鞋，隨將滄海無邊月，踏遍櫻花第幾街。南通旅況不可憶，西子游蹤難去懷。待到一身人事盡，猖狂乞食到天涯。【114】

兩首詩都寫得淺白而情真，第一首情較濫，但具體情況寫來令讀者如見其景，而細雨寒雨，氣氛襯托亦佳。第二首情較含蓄，滄海月、櫻花街、南通旅況、西湖游蹤，種種回憶，叫讀者走入了詩人的記憶長廊中，與詩人一起經歷、同喜同悲。第二句的「鞋」字，既為實物，又諧音相關「諧」，意味深長，良堪玩味。詩人在戰火中過如皋，有詩記當時戰爭之氣氛：

> 橋頭隱約見沙包。垛去城低戍卒高。冒子流風應有在，漫留後約別如皋。【115】

首二句寫戰爭布防氣氛甚緊張，第三句則一筆帶開，寫如皋名人冒辟疆（1611-1693），詩人似有意訪尋前人遺蹤、憑弔遺跡，但在漫天烽火中，也只好「漫留後約」了，詩人在戰火中尚有平常心，鎮定自如，一片詩人閒適之心，在詩中流露。在戰火中，詩人也有憂國之思，他在〈四塘所見〉一詩中云：

> 卻把人情仔細描。高灘橋似宛平橋。羅襦繡屨都殘破，皓腕猶舒

【114】《田漢文集》第十二卷，頁62。
【115】《田漢文集》第十二卷，頁183。

一段嬌。【116】

詩人在重慶的四塘橋上，想到了引發中日戰爭的蘆溝橋，而四塘橋上有不同姿態的女體雕像，詩人頓時覺得國家殘破，烽火處處，就如羅襦都殘破了，但四塘橋上的雕像，依舊展示不同的美態，這種「美」跟戰火中的「殘」成了對比，詩中用「嬌」字襯托漫天戰火，以正寫反，藝術效果很好，很具感染力。詩人後期的詩作，略為濫情，但絕不是全無佳作，如寫於1958年的〈西柏坡憶舊〉之二，就寫得很好：

> 囊布揮成酒未乾。捷書連夜到平山。非無倒海翻江量，尚有吾民一飽難。【117】

寫報捷的緊急情況，報捷者酒未乾便連夜趕到平山報訊，原因是為了百姓，甚具豪氣，而且表達得非常具體。

（10）俞平伯

溫婉含蓄

俞平伯詩詞俱佳，下筆章法嚴謹，作品極具意趣，寫景寫情均所專長，詩意輕靈活潑，韻調亦佳。陳聲聰《荷堂詩話》引俞平伯〈西湖早春〉四首，評為：

> 溫婉多姿，得未曾有，西湖勝地，卻少好詩，俞樓後人，固宜有此佳作。【118】

其實，「溫婉」二字也正好道出俞伯詩的風格，他的詩溫煦而不怒，情致極深，加上詩情含而不露，全不直率淺露，蘊藉深遠；他的作品是委婉地表達情事，詩人能深刻、細緻地觀察，運用典型化手段表現事物深含的內蘊，能給讀者一種餘味不盡的享受。如〈憶君〉：

【116】《田漢文集》第十二卷，頁257。

【117】《田漢文集》第十三卷，頁130。

【118】陳聲聰著：《荷堂詩話》（福州：福建美術出版社，1996）頁33-34。

> 君憶南湖盪槳時。老人祠下共尋詩。而今陌上花開日,應有將雛舊燕知。【119】

此詩寫得很有感情,詩人寫回憶片段中難忘的兩個情景:南湖盪槳、祠下尋詩。集中在這兩個場景上,都因為當中蘊含著浪漫而溫馨的感情在內,但詩人沒有直接道出,只是選取了這回憶中兩個典型的片段,供讀者玩味尋繹。又如〈郊園春望〉:

> 曾從秋苑分紅葉,今日燕郊獨看花。欲折一枝誰寄與,題詩應不到天涯。【120】

首二句作今昔之對比,而用秋苑、紅葉和花表示節序的轉移,第三句還是扣住主線,詩人折花欲寄,但想到人在天涯,音問難通,全詩寫得深情款款,寫離人別恨而沒有悲苦的情調,相反是情致綿綿,末句「應不」一詞,作猜想之語,尤使離情含蓄而不直露。又如〈憶昔〉也很能表現溫婉的風格,而詞意尤為自然平白:

> 與君吳下別,後會在杭州。六十餘年矣,悠悠竟未酬。【121】

詩中寫俞氏與友人一約而六十年過去,當年在杭州見面的願望竟不能實現。全詩二十字意思連貫,「後會在杭州」見二人之交情,而「矣」字又能概括「六十餘年」的萬千感慨,末句中的「竟」字,道出了一個簡單的約會,在人生無奈前提下,竟然是可以六十年也不能實踐的。詩中含蓄地表達了人生無奈、聚散無常的感嘆,但卻是無怨無尤,心平氣和地道出,加上用詞白如話,尤使讀者感到親切、溫和、沖淡,而萬千人生感慨都在不言中。俞氏在數年後(1975)的〈乙卯五月廿八日寫贈郭學群外甥〉也重提此「約」,依然是爐火純青:

> 與君甥舅猶昆季,閱歷滄桑歲月悠。榆樹陰濃門巷改,螾園花好

【119】樂齊、孫玉蓉編:《俞平伯詩全編》(杭州:浙江文藝出版社,1992)頁352。
【120】《俞平伯詩全編》頁363。
【121】《俞平伯詩全編》頁504。

夢中游。樓頭把晤誠如願，湖上兒嬉惜未酬。老境應同蔗味永，黃花誰道不宜秋。【122】

詩人以蔗味雋永喻人生之老境，把蕭索的老境寫得非常有情味；又反問「誰道不宜秋」，就令寒傖的秋菊頓時添上一種詩人賦予的生命和價值，寫得溫厚無比，能有這種溫婉含蓄的風格，詩人的學養、修養、閱歷是缺一不可的，俞平伯的詩就是有這種風格——無稜無角、不慍不火；相信也是俞氏詩的優勢。

藝術表現特點

俞平伯的〈賣菊女〉：

賣菊何如賣笑錢。人間笑靨劇堪憐。釘頭靴子綠油傘，踏遍風前又雨前。【123】

詩人由賣花人的笑靨聯想到賣花和賣笑的關係，寫出一個到處賣花幹活的女子的形像，她穿著釘頭靴，打著傘，在風中雨中來回叫賣，她的笑容，當是苦澀的、無奈的，詩人在此留著空白，讓讀者自行想象。又如〈送朱佩弦兄游歐洲〉之二：

下城蕡舍戶披襟。去矣年光不可尋。眼底滄桑同閱歷，尊前哀樂半銷沉。壯君絕域關河氣，愧我荒居懶病心。欲寫楚歌代驪唱，山中松桂未成陰。【124】

詩中追念與朱自清共事時的往事，二人滄桑同歷、哀樂銷沉，而今朱氏歐游，詩人以絕域關河之意氣相勉，而自愧荒居懶病，對比恰成相反。詩人不落俗套，以楚聲代〈驪歌〉，亦欲引發朱氏思鄉之情；全詩工整完熟，意思周密，結句以景結情，情致不盡。又如〈凡情〉，就表達出一種幽玄的意趣：

【122】《俞平伯詩全編》頁 511。

【123】《俞平伯詩全編》頁 347。

【124】《俞平伯詩全編》頁 365。

> 凡情殊聖趣，聖悟若凡情，萬葉凝雲夜，山空見一燈。【125】

首二句回環往覆，寫凡情與聖趣的微妙關係，二者雖殊，但又有相通相容之處，後二句運用意景營造氣氛，寫靜夜叢林、寫天上凝雲不動，無聲無息的空山裏，孤懸著一點燈火；場景寫得優美，又帶點肅穆，又具一些禪意，但又那麼真實，這正是詩人要表達的「凡」與「聖」兩重境界的微妙組合，這詩寫得有點佛偈的味道，很能引人省思。詩人也偶作打油，如〈戲作打油詩〉：

> 何用卑詞乞稻粱。天然清水好陽光。倘教再把真經取，請換西方辟穀方。【126】

這詩主題其實並不詼諧，詩人表達出不願卑詞阿臾，以求衣食，他以大自然的清水和陽光為衣食，不假外求，表現出一派自得其樂、樂天知命的人生態度，詩人想像到西天取經，取得辟穀的秘方，則自然可以不吃人間糧食，想法天真，但又非常配合主題。詩人心態天真，也表現在一些描寫風景的詩作中，如〈紀東岳事〉之一：

> 櫻子黃先赤，紅桃更綠桃。塘春多扁嘴，延頸白鵝高。【127】

詩的首二句用豐富的顏色摹描，色彩鮮明艷麗，大自然氣息很濃，「紅桃更綠桃」的「更」字，就傳神地表達出山花開滿的層次感，二三句帶點童謠意趣，詩人以扁嘴代稱鴨子，既形象化，又活潑，末句寫白鵝延頸，刻畫得很真實，長頸與扁嘴兩兩相對，寫出一幅大自然美景，而且富有童真童趣。

（11）施蟄存

寫實傳神

施蟄存寫風物小品，寫得很有地方色彩，詩人觀察入微，寫來每每

【125】《俞平伯詩全編》頁382。

【126】《俞平伯詩全編》頁493。

【127】《俞平伯詩全編》頁496。

是寫實而傳神,表現力很強,他的寫作風格以寫實為主,令讀者如見其人其景,而字句傳神,尤為耐讀,如〈蜑娘謠〉,是刻劃水上人家生活的作品,經過詩人的取捨和提煉,筆下的「蜑娘」形貌鮮活,而水上人家的生活更是使人神往:

> 馬尾風頭風雨狂。黃歧島外沙洲長。蜑娘搖櫓夷猶過,自笑今朝得甚忙。【128】

寫水上人家的笑語、活動,寫得活靈活現,風土人情,歷歷在目,又如〈東京小女謠〉,寫妓女情態,寫得冶艷傳神,又兼具異國情調,風格十分明顯:

> 湖上風涼夜氣新。一盤圓月皺金輪。佳人不語凌波坐,閒嚼檳榔點絳唇。
>
> 輕拖錦屐過芳茵。笑摘蠻花贈遠人。莫遣多情怨遙夜,高唐倘許夢橫陳。【129】

詩人在越南夜觀游妓動態,寫妓女媚態和活動,寫得細緻;夜涼如水,游妓不語閒坐,他們的活動有:「嚼檳榔」、「點絳唇」、「拖錦屐」,又摘花贈人;均意態冶蕩。詩人觀察細緻,詩筆刻劃入微,筆下形象鮮明。詩人風格雖近寫實,但在詩中又不忘加入主觀聯想,令作品「實」中有「虛」,如詩中末句以高唐夢作結,正是以詩的寫實風格基調,配合中國神話傳說,兩相交融,效果極佳。

陳聲聰在《荷堂詩話》評施蟄存的《北山樓詩》的〈坑田道中六詩〉之兩首、〈榕城風物八首〉之六首及〈蜑娘謠〉,也注意到詩人的特殊風格,陳氏評云:

> 情真景實,妙筆如繪,不獨勾起吾之鄉思,其耐人吟詠,欲掩白劉竹枝之詞,而補周櫟園《閩小記》之不及也。【130】

【128】《荷堂詩話》頁46。

【129】《荷堂詩話》頁46。

【130】《荷堂詩話》頁45-47。

可見陳氏的評焦點,也是集欣賞施蟄存的寫實風格上的特點,「情真景實,妙筆如繪」,是寫實風格的最佳注腳。

藝術表現特點

陳聲聰在《荷堂詩話》評施蟄存的《北山樓詩》:

> 施蟄存(舍,原注)近出示其《北山樓詩》一卷,屬為細斟一過,才情發越,言語鮮新,雖自謂其詩雜學不純,未脫前人蹊徑,然自是近代之詩,蟄存之詩也。君學術廣泛,淹貫中西,於抗戰時期,道路崎嶇,教授著述百端填委之中,餘事為此,亦至可觀,予最喜其詠地方風物之作。

對施氏的詩歌評價甚高,陳氏又引〈東京小女謠四首〉評為「詞亦妖嬈」。至於人事往還間作品,以〈吊魯迅先生詩〉一最有價值,評為:

> 懷賢溯往,靜氣平心,生雖割席,死而負荊。原屬學術之爭鳴,終為世人所共諒,文壇一哄,反成佳話,是必傳之作也。[131]

又引其〈吳橋十詠〉,評為「味趣彌永」、「偶然舊憶,揮灑自如,不求工而自工」。[132] 又施蟄存金石百詠稿成,分寄詩友求和,其中周大烈評其〈金石百詠〉為「不作骨董家語」、陸維釗評「詩既雅韻,註亦多識」、周退密評「雖一時興之所寄,亦可覘才學宏肆,古之淵博,拜讀一過,為之神往。」[133] 皆以其詩藝能兼學術,涵養深沉也。

施蟄存的詩寫得揮灑自如,舊詩功底甚深,他詠金石碑版,以百首絕句詠之;自述浮生,亦動輒題詩百首以詠,洋洋灑灑,詩思充沛,他的〈北山樓金石百詠〉,結合了詩歌的文藝性與金石碑版的學術性,兩者交融,詳贍可觀,其運意之巧與創新之嘗試,是應該得到肯定的,如〈北山樓金石百詠〉其一云:

---

[131]《荷堂詩話》頁45-47。

[132]《荷堂詩話》頁172-173。

[133]《北山集古錄》(成都:巴蜀書舍,1989)頁297-298。

> 歸心逸志無長策，石蘚銅花遣暮年。得句偶然隨興會，屬辭何敢落言筌。【134】

說明了詩人百詠金石之動機，一方面是自娛以遣暮年，一方面是偶隨興會而作，詩人一方面寫「石蘚銅花」，一方面又寫「得句偶然」，正如道出詩人兼容金石古物與詩歌創作，而詠金石古物之同時，又兼有詩人的生活、履歷、心得在其中，在運意上是不同於一些純客觀的詠物作品。

其實金石百詠不詩人是隨興之作，而是同時深藏著施氏對金石的研究心得，如：

> 陶陵銅鼎篆勻分。刻款原來異鑄文。肥瘦方圓因事見，規秦律漢妄紛紜。【135】

詩中討論到篆字的方圓肥瘦的問題，一般書法家以秦篆本圓，而漢人變之為方，魏又變方為圓，施氏不以為然，他認為古字或方或圓，乃隨宜取勢，因事而異，未可一概言之；像這樣的詠作品，又兼有心得的分享。

詩人也利用詩歌表達一些學術上的見解，讀來精簡扼要，表達了詩人在金石學上的具體看法，如：

> 金石難徵前漢刻，秦餘文託瓦頭傳。百三十紙五百字，別錄西京繆篆篇。【136】

金石文字中西漢金石鏤刻文字最罕見，作者在收集的一百三十張瓦當拓片中，識出五百字，且多西京舊物，作者認為可別錄漢篆專集。這種詠金石之詩，要寫出作者的具體意見，又要顧及詩律韻調，施氏兩方面都掌握得很好，既為實用紀錄，又可供欣賞吟誦，是很好的組合。

【134】《北山集古錄》頁 261。

【135】《北山集古錄》頁 265。

【136】《北山集古錄》頁 270。

隨了這類結合學術的詩作外,施氏的抒懷作品也寫得很有情致,如〈三宿武夷永樂庵得十絕句〉之一:

> 少日曾先天下憂。中年懷抱落滄洲。殘山剩水無歸計,來佔伽藍一曲樓。【137】

寫詩人少懷先天下憂之壯志,但晚年卻苦無出路,壯志難酬,只好在廟宇中借小樓一曲靜居,滄桑之感極濃,且以僧房對比暮年消歇之壯心,也配合得宜;詩人在詩中暗用兩典事,都是宋朝的名人,「先天下憂」是指名臣范仲淹(989-1052),而「懷抱落滄洲」是指南宋愛國詩人陸游(1125-1210),兩位愛國名人,在詩人筆下分別代表了自己的少年和中年兩個階段,也代表詩人心路歷程的轉變,詩中表現的時空甚闊,第三句寫「殘山剩水」,營造開闊而悲涼的意象,詩人心中的無奈,在詩人表現得甚為具體,但詩人在運意上別出心裁,末句一筆轉寫「伽藍」,暗示詩人以一種出世遁隱的態度來面對紛亂的世局,「一曲樓」寓意幽隱、狹小的空間,與詩的前三句成一強烈對比,一種亂世中的詳和與生趣,令讀者感到豁然開朗詩中的一張一弛、一廣一狹、一亂一淨、一亂世一出世,是詩人苦心經營的結果。

(12) 金克木

禪風佛味

金克木的詩,佛家氣息很濃,他自謂太平洋戰爭爆發後,便致力讀印度文學及哲學,他在〈甲申歲闌〉一詩中,就曾說過自己是「卻把出家當在家。年年廟裏度生涯」,【138】可見他的「佛學生涯」是頗為漫長的,這形成了他的詩有著一種禪風佛味,而作品中又略帶哲理,耐人尋

【137】 上海詩詞學會詩選編委會編《上海近百年詩詞選》(上海:百家出版社,1996)頁285。

【138】《挂劍空壟》(北京:三聯書店,1999)頁238。

索；金克木在〈悼亡友周君〉一詩中也說過：

> 傾蓋論交憶珞珈。西裝道服與袈裟。蟹行貝葉同宣讀，斷簡殘編共嘆嗟。【139】

可見他的交游中也有對佛學有研究、有興趣的同好，因此他的詩作中頗多採用佛家語，【140】也就成為金克木舊體詩的主體而明顯的風格。

金克木1941年以後，他在印度逗留了好幾年，所作詩歌，都有濃厚的禪風佛味，頗含哲理色彩，較諸前期的詩作，更具詩味，也更耐讀，如〈辛巳秋作〉：

> 無端佛國寄萍蹤。再倩游絲繫轉蓬。親舍望窮千里目，覺心記取五更鐘，盧名梵竺前修遠，夢憶邯鄲影事空。縱有因緣皆苦諦，何勞殘雪舞回風。【141】

寫詩人為避戰亂到印度，佛國萍蹤，頓覺前塵如夢，一夢邯鄲，都是虛幻，佛言四諦以苦為先，詩人總結半生，證諸佛言之苦諦，千因萬緣，都歸一個「苦」字，詩中似有參透諸行苦空之意，耐人尋味。又如〈壬午春作〉：

> 三十年華一瞬中。虛空粉碎見虛空。有情難視冤親等，無我方知誓願窮。大劫初來天地閉，世緣既了死生同。從茲不作窮途哭，雲自歸山鳥出籠。【142】

此詩玄妙中有豁達之情，詩人在人生中參透虛空，又經歷戰火，似有看透生死之意，詩人進一步自我作解脫，末句有力地寫出詩人渴望解脫的心情，寫得如詩又如佛偈，一如老僧談禪，詩中的佛家語甚多，如「冤親」、「誓願」、「大劫」、「世緣」等，佛家色彩更見濃厚。

【139】《挂劍空壟》頁243。

【140】《挂劍空壟》頁229附註。

【141】《挂劍空壟》頁228。

【142】《挂劍空壟》頁229。

藝術表現特點

金克木的〈漫興〉，就是詩人寫得詼諧輕鬆而又不無感慨的作品，詩云：

> 眼底難誇無餘子，胸中枉自有千秋。生涯甘願逢三黜，思想恥居第二流。世事明知鹿是馬，人情慣見友成仇。娶妻當學維摩詰，生子羞如孫仲謀。【143】

詩末二句寫得風趣，娶妻要如維摩居士，生子則一反前人之見解，【144】詩人自有個人標準，不同於流俗，世事如指鹿為馬，人情則多反目成仇，詩人在自注中云「此戲擬狂人自誇語」，現實世態如此荒誕，詩人游戲其間，自擬為狂人，其中不無感慨。又如〈己卯雜詩三首〉之三：

> 蛙鼓聲聲驚客夢，夢隨情斷莫相思。誰知一夜秋風息，綴網勞蛛又做絲。【145】

寫詩人相思之情，欲斷還續，一夜秋風過後，蛛網被吹毀，但「勞蛛」又吐絲另作新網，有如暫息的相思之情，霎時又從心底湧起來，拂之不去，詩人用客觀事物作比喻，暗示心中時斷時續的相思情意，表現得很有畫意、禪意。

他在印度游佛陀聖蹟，到佛陀最初說法的鹿野苑，在那裏，詩人寫出感慨很深的詩篇，〈鹿野苑作二首〉之二云：

> 往時聖哲經行跡，寂寞而今生綠苔。古塔有靈還佇立，野花無主為誰開。鹿王已證涅槃去，烏鵲寧聞聖諦來。入夜豺狐爭號哭，應知大地有餘哀。【146】

寫荒苑破落，佛證無上果位，而人間尚有餘哀，野花雖無主而自開，古

【143】《挂劍空壟》頁219。

【144】南宋詞人辛棄疾曾云：「生子當如孫仲謀」。

【145】《挂劍空壟》頁208。

【146】《挂劍空壟》頁235。

塔依然佇立，只是烏鵲飛來，再難聞佛說聖諦，入夜豺狐號叫，為一片祥和佛地染上淒厲陰森的氣氛，描寫非常成功。其他如〈戲成三首〉之一「關心已在油鹽米，稽首且依佛法僧」、〈漫興〉「娶妻當學維摩詰，生子羞如孫仲謀」、〈西來二首〉之一「老去冤親如夢幻，且看雲影自婆娑」、〈甲申歲闌〉「人間何緣見法華。梵唄唐勞賡絕響」等句，[147]都能表現出鮮明意象。

小結：

詩人風格較鮮明者，如陳獨秀、魯迅、周作人、朱自清、田漢、俞平伯等詩人，在中國現代詩壇上均見矚目，其舊體詩作品，比之南社、同光詩人，不遑多讓；作品風格獨特，個性鮮明，可謂新詩人兼作舊體詩之佼佼者。其中以魯迅最為突出，魯迅舊體詩創作量不多，而風格盡現，素質之高，可以想見。餘者如陳獨秀、周作人、朱自清、田漢、郭沫若、劉大白、王統照、俞平伯、施蟄存等，創作量高，每能自具面目，自立風格，絕非出其餘事而作舊體詩，實在是其文學創作之重要組成部分，也是心思貫注之作。

此外，綜合各論者欣賞新詩人之詩藝，有摘句欣賞、有名篇欣賞、有詩體欣賞、有格律欣賞、有意境欣賞，綜合所得，新詩人之舊體詩藝，確實不淺；評論者能注意新詩人在詩藝上的成就，特別留意詩人在煉字、遣詞、用典、對偶等方面的心思，詩人煉字精警、遣詞暢達、用典貼切、對偶工整，完全能掌握、運用舊體詩的表達藝術。至於體式方面，無論律詩絕句、五言七言，均能應用自如；古風近體，亦能應題而用，是故作品音韻清諧而合於法度，亦多能貼合主題，表達力強。

---

[147]《挂劍空壘》頁211、219、232、238。

稿　約

（一）本刊宗旨專重研究中國學術，以登載有關中國歷史、文學、哲學、教育、社會、民族、藝術、宗教、禮俗等各項研究性之論文為限。

（二）本刊年出一卷。

（三）本刊由新亞研究所主持編纂，歡迎海內外學者賜稿。

（四）來稿每篇以三萬字為限，請附中文提要（二百字內）；英文篇題；通訊地址、電話、傳真及電郵地址。

（五）來稿均由本所送呈專家學者審閱，以決定刊登與否。

（六）本所有文稿刪改權，如不同意，請預先聲明。

（七）文責自負；文稿若涉及版權問題，由作者負責。

（八）來稿請勿一稿兩投。本所不接受已刊登之文稿。

（九）來稿如以電腦處理，請以word系統輸入，並隨稿附寄電腦磁片。

（十）請作者自留底稿。來稿刊用與否，恕不退還。若經採用，將盡快通知作者；如半年後仍未接獲採用通知，作者可自行處理。

（十一）本刊所載各稿，其版權及翻譯權均歸本研究所；作者未經本所同意，不得在別處發表或另行出版。

（十二）來稿刊出後，作者每人可獲贈本刊二本及抽印本三十冊，不設稿酬。

（十三）來稿請寄：

香港　九龍　農圃道6號，新亞研究所

《新亞學報》編委會收

Editorial Board, New Asia Journal

New Asia Institute of Advanced Chinese Studies

6 Farm Road, Kowloon

Hong Kong

景印香港新亞研究所《新亞學報》（第一至三十卷）

版權所有
不准翻印

新亞學報 第二十五卷

出　　版：新亞研究所
　　　　　九龍農圃道六號
　　　　　No. 6, Farm Road, Kowloon, Hong Kong
　　　　　電話：(852) 2715 5929

編　　輯：《新亞學報》編輯委員會

發　　行：新亞研究所圖書館
　　　　　九龍農圃道六號
　　　　　No. 6, Farm Road, Kowloon, Hong Kong
　　　　　電話：(852) 2711 9211

定　　價：港幣一百六十元
　　　　　美金二十元

ISSN: 0073-375X

出版日期：二〇〇七年一月初版

景印香港新亞研究所《新亞學報》（第一至三十卷）

新亞學報

目　錄

第二十五卷　　　　　　　　　　　　　　　　二〇〇七年一月

一	王世襄與中國傳統工藝美術	李學銘
二	基督教和儒教在十九世紀的接觸：	
	基督教入南洋和中國先驅麥都思研究（下）	龔道運
三	論《新世訓》對中庸之道的新詮釋	翟志成
四	康德的形而上學新論	盧雪崑
五	德里達（Derrida）與柏拉圖（Platon）的文字遊戲	莫詒謀
六	吳敬恆與丁福保之學術情誼	何廣棪
七	劉沅禮學中的儒道關係	盧鳴東
八	從來是拾得，不是偶然稱	
	——唐白話詩僧拾得生平年代考略	方志恩
九	韓愈貶潮行跡與三詩繫年新論	柯萬成
十	日本天理圖書館所藏宋刊《劉夢得文集》流傳考略	劉衛林
一一	楊億與北宋詩文革新	馮志弘
一二	從修辭格的運用看《三國》《水滸》之文藝特色	馬顯慈
一三	風格之確立與藝術之表現	
	——現代新詩人舊體詩十二家選評	朱少璋

NEW ASIA INSTITUTE OF ADVANCED CHINESE STUDIES

景印香港新亞研究所《新亞學報》（第一至三十卷）